제4판

초등수학교육의 이해

김수미 · 강흥규 · 권석일 · 남진영
박문환 · 서동엽 · 송상헌 · 유현주
이종영 · 임재훈 · 정영옥

KM 경문사

머리말

인류 문명의 성장·발달에 수학과 과학이 기여해온 바가 심대하다는 점에 대해서는 굳이 언급할 필요도 없거니와, 지식·정보사회로 특징지어지는 오늘날과 미래사회에서의 그 역할이나 중요성을 강조하는 것 자체가 사족이나 다름이 없다. 특히 수학은 자연과학이나 공학뿐 아니라 인문사회과학에 이르기까지 그 밑바탕이 되는 학문으로, 국가와 인류 발전을 위해 지속적으로 발전시켜 나가야 할 분야이다. 우리나라 학생들의 수학 실력이 세계 상위권에 속해 있다는 것은 그나마 다행스러운 일이라 할 수 있다. 그러나 여전히 수학기초학력부진 집단의 비중이 적지 않으며, 성취수준에 상관없이 학생들의 수학에 대한 흥미도가 낮은 것은 심각한 사회문제가 아닐 수 없다.

세계 선진 각국은 학생들의 '수학적 소양'과 '수학적 힘'의 신장을 위해 과거와는 다른 새로운 방향으로 수학교육 개혁에 박차를 가하고 있다. 이와 같은 시점에서 우리나라가 세계 수학교육의 조류에 발맞추지 못한다면, 이는 국가경쟁력 저하를 초래하여 우리의 발전을 위태롭게 하는 요소로 작용할 것이다. 이와 같이 중요한 시기에 "수학은 무엇이며, 왜 가르치고 배워야 하는가?", "어떤 수준의 학생에게 어떤 내용의 수학을 어떻게 가르쳐야 하는가?"라는 것은, 수학교육의 연구와 실천에 종사하는 모든 사람이 가져야 할 본질적인 의문이며, 또 그들은 마땅히 이에 대한 해답을 찾기 위해 고민해야 할 것이다.

이 책은 저자들이 이러한 문제의 해결을 위한 단초를 제공하고자, 수학교육에 대한 오랜 연구와 지도 경험, 현장 교사들과의 담론을 통해 얻은 견해를 바탕으로 엮은 초등수학교육의 이론적 기초서이다.

이 책의 구성은 다음과 같다.

제 1장에서는 수학의 학문적 특성과 수학교육의 목적에 대하여 다루었다.

제 2장과 3장에서는 수학교육사에 대하여 세계적인 변천 과정과 우리나라 초등

학교 수학과 교육과정의 변천을 요약·정리하였다.

제 4장에서는 연합심리학, 형태심리학, 발달심리학, 정보처리심리학 등 수학을 효과적으로 지도하기 위해 요구되는 대표적인 수학학습 심리 이론을 제시하였다.

제 5장에서는 인간 활동으로서의 수학을 이해하기 위해 Freudenthal이 주장하는 수학적 활동과 수학화의 의미, 수학화 학습-지도 원리에 대하여 다루었다.

제 6장과 7장에서는 수학교육의 궁극적 목표라 할 수 있는 문제 해결 및 수학적 사고·태도에 관하여 그 지도 의의와 방법 등을 초등학교에서 유용한 구체적인 보기와 더불어 제시하였다.

제 8장에서는 수학의 일반적 교수 원리를 소개하고 이에 따른 다양한 수학교수 방법에 대하여 다루었다.

제 9장에서는 초등학교 수학 학습에 도움이 되는 여러 가지 교구와 계산기, 컴퓨터의 활용 방법 및 수학 게임에 대하여 다루었다.

제 10장에서는 수학사의 개관 및 수학사를 수학 교수에 활용하는 문제에 대하여 다루었다.

제 11장에서는 최근의 수학 평가에 대한 연구와 관심을 반영하여 평가의 원리와 다양한 평가 방법을 다루었다.

제 12장에서는 수학을 지도하기 위한 실제로서 그 계획의 수립과 학습 지도안 작성에 대하여 살펴보았다.

부록에서는 수학의 교수·학습 과정안을 예시하였으며, 2015 개정 교육과정에 따른 초등학교 수학과 교육과정을 제시하였다.

이 책은 장차 초등학교에서 직접 수학을 가르치게 될 교육대학교 학생들의 수학학습 지도의 이해에 초점을 맞추었으며, 다루는 소재 역시 주로 초등학교 수준에 적합한 것으로 하였다. 그러나 초등학교 범위에 국한된 것이 아닌 일반적인 내용도 많기 때문에 수학교육에 관하여 폭넓게 연구하는 사람들에게도 도움을 줄 수 있을 것으로 기대한다.

아직 미흡한 점이 많지만, 독자들의 기탄없는 충고와 애정 어린 조언이 주어진다면 이 책을 다듬어 가는 데 큰 힘이 될 것이며, 나아가 우리나라 수학교육 개선에 일익을 담당할 것으로 기대한다. 끝으로 이 책의 출판을 위해 성심 성의껏 노력해 주신 경문사의 조경희 대표님과 편집부 여러분께 심심한 감사의 뜻을 표하는 바이다.

2017년 2월

저자 일동

차례

01

수학의 특성과 수학교육의 목적

'수학이란 무엇인가?', '왜 수학을 가르치고 배워야 하는가?'라는 물음에 대답하기는 쉽지 않다. 그러나 이 물음은 수학 교사에게 매우 중요하며, 이에 대해 좀 더 깊이 있게 생각해 보아야 할 필요가 있다. 이 장에서는 일반적으로 인정하고 있는 수학의 특성과 수학교육의 목적에 대해서 살펴보기로 한다.

1. 수학의 특성

수학의 특성을 아는 것은 수학을 가르치거나 학습하는 데 큰 도움이 된다. 그러나 수학이 무엇인가에 대한 생각은 사람에 따라 다르고, 시대에 따라 바뀌어 왔다.

수학은 오랫동안 가장 확실한 지식의 상징으로 여겨져 왔다. 약 2300년 전 유클리드(Euclid)는 ≪원론≫에서 훌륭한 논리적 구조를 세웠는데, 그것은 19세기 말까지 진리와 확실성을 확립하는 전형으로 취급되었다. 수학이 절대적으로 확실하여 의문의 여지가 없고 객관적인 것이라고 믿는 사람들은 수학을 체계적이고 연역적인 과학으로서, 정의, 정리, 알고리즘과 그 연역 체계 등으로 본다.

이와 반대로 수학적 지식은 절대적 진리가 아니며 절대적 타당성을 갖지도 않는다는 입장을 견지하는 사람들도 있다. 그들은 수학은 구성 도중에 있는 실험적이고 귀납적인 과학으로 여긴다. 그들은 수학 이론을 만들고 수정하는 인간의 사고 활동, 즉 수학을 하는 과정을 강조한다.

이와 같이 수학은 양면성을 지니고 있기 때문에 수학을 보는 관점에 따라 강조하는 수학의 특성은 달라질 수밖에 없다. 그러나 일반적으로 받아들여지는 수학의 특성으로서 실용성, 추상성, 형식성, 계통성, 직관성과 논리성, 일반화와 특수화, 이상성, 역동성 등이 있다.[1)] 이것을 좀 더 상세하게 살펴보면 다음과 같다.

1) 실용성

원래 수학은 인간 생활의 필요에 의하여 생겨났으며, 다른 여러 교과의 기초적 역할을 담당하므로 그 실용성이 매우 높다. 주변에 있는 물건의 개수를 세고 측정하는 활동으로부터 수 개념이 생겨났다. 오래 전부터 수학을 이용하여 강을 건너지 않고도 강 너비를 계산하고, 산에 오르지 않고도 산의 높이를 구했다. 달에 가보지 않고도 달까지의 거리를 쟀으며, 막대의 그림자를 이용해 지구의 크기를 측정했다. 또 수학자들은 천체의 운동을 관측하면서 시각을 알려줬는가 하면, 땅의 넓이를 재는 법도 알려줬다. 비록 그러한 수학이 현재는 이론 수학으로 발전하고 있을지라도, 수학이 다른 학문과 실생활에 모델로 작용하고 있으며, 또 장차 작용할 개연성이 대단히 높다는 점에서 수학의 실용성을 무시할 수 없다.

2) 추상성

수학에서 다루는 대상은 대부분 추상화하여 얻어진 개념이다. 추상화란 어떤 구체물의 집합에서 이질적인 속성을 제거하고, 동질적인 속성만을 끄집어내는 과정이다. 예를 들어, 성냥갑, 벽돌, 상자 등이 지닌 여러 가지 속성 중에서 이질적인 속성, 즉 각 물체의 색깔이나 각 물체를 구성하고 있는 물질, 크기 등을 생각하지 않고 모양이라는 동질적인 속성만을 생각하여 직육면체라는 개념을 얻게 된다. 이와 같이 직육면체는 구체적인 물리적 대상에서 추상화가 이루어진 결과이다. 또 다른 예로 자연수 '3'의 개념은 세 사람, 자동차 석 대, 책 세 권 등 원소의 수가 3인 집합 각각에 대해 이들이 가지고 있는 이질적인 속성 즉 각각의 쓰임새, 색깔, 모양 등을 제거하고 집합의 크기라는 동질적인 속성을 뽑아낸 개념이다.

이와 같이 물리적 대상을 수학적 대상으로 추상화할 때는 추상화 과정이 특별히 선택적으로 이루어진다. 또 원, 삼각형 등으로부터 단일폐곡선이라는 개념을 추상화하듯이, 이미 추상화된 수학적 대상을 다시 더 높은 수준으로 추상화하기도 한다. 이와 같이, 추상화의 수준이 상승하는 방향으로 추상화는 계속 이루어진다.

수학이 추상성을 갖는다는 것은 우리가 느끼고, 맛보고, 냄새 맡고, 듣고, 볼 수

1) 2015 개정 초등학교 수학 교사용 지도서에서는 수학적 지식의 특성으로 형성 단계에서 추상성, 형식성, 이상성, 발전 단계에서 일반성과 특수성, 정리 단계에서 계통성과 논리성을 보인다고 하고 있으며(교육부, 2016, pp. 22-24.), 류희찬 등(1996, pp. 11-12)은 계통성, 추상성 또는 관념성, 역동성 내지 발생성, 유용성을 수학과의 특성으로 거론하고 있다.

있는 물리적 세계나 그 세계에 대한 우리의 경험을 직접 다루는 것이 아니라 우리 마음속에 있는 추상화된 아이디어를 다루기 때문이다.

3) 형식성

일상생활에서 형식을 갖추는 일이 있듯이 수학에도 원리, 규칙과 같은 형식이 많이 있다. 수학적 대상을 직관적으로 설명할 때는 엄밀하지 못한 언어도 그대로 받아들이지만, 추상화하면 할수록 점점 정확하게 표현해야만 한다. 수학적 언어는 매우 형식화되어 있는 것이 특징이다. 형식화는 더 나은 의사소통 수단을 얻기 위한 언어적 활동으로서, 어떤 현상에서 추상적 방법을 통하여 필요한 원리나 규칙을 발견하고 좀 더 편리한 격식, 틀 등을 만들어 가는 과정이다. 형식화는 알고리즘의 개발을 촉진한다. 수 언어가 인도·아라비아 기수법에 의해 형식화하면서 그 알고리즘적 특성이 부각되며, 자연수의 계산 형식은 소수의 계산 나아가 정수, 유리수, 실수의 계산 형식이란 틀을 만들어낸다.

이러한 형식성은 수학적 표현의 엄밀성을 보장하기 위한 장치로서 수학의 힘을 증대시킬 뿐 아니라 수학 학습 과정을 통하여 형식화 능력을 배양하게 되면 아동의 사고력에도 효율성과 함께 힘이 실리게 된다.

4) 계통성

계통성이란 어떤 기초적인 내용을 기반으로 하여 그 기반 위에 다른 내용을 더 첨가함으로써, 발전되고 통합된 새로운 내용을 일관성 있게 이어나가는 것을 말한다. 예를 들면, 자연수의 사칙 계산에서 덧셈과 뺄셈, 곱셈과 나눗셈은 서로 역연산 관계를 가지며, 덧셈은 동수누가(同數累加)의 과정을 거쳐 곱셈으로, 뺄셈은 동수누감(同數累減)의 과정을 거쳐 나눗셈으로 발전하는 계통성을 갖는다. 또 자연수, 정수, 유리수, 실수로의 확장은 바로 이러한 계통성의 전형적인 예라고 할 수 있다.

수학은 어느 교과보다도 계통성이 강한 교과라고 할 수 있다. 어느 교과나 마찬가지겠지만 특히 수학의 경우 어떤 수준의 내용에 대한 학습결손이 생기면 그 다음 내용을 제대로 이해할 수 없게 되는 것은 이러한 이유 때문이다.

계통성은 수학 교육 과정을 구성하는 데 핵심적인 역할을 한다. 즉, 계통성은 학습 내용의 순서를 정할 때 논리적 연결성을 가지고 학습이 단계적으로 이루어지도록 해주는 것이다.

5) 직관성과 논리성

유클리드 기하와 같이 수학은 엄밀한 논리적 구조로 이루어져 있다. 즉, 수학은 분석적이고 단계적으로 전제나 선행 명제로부터 결론이나 후속 명제가 타당하게 이끌어지는 연역 논리에 따라 구성되어 있는 것이다.

논리성은 계통성을 지원하는 규칙으로써, 수학 발전 과정에서 수학 내용을 모순 없이 체계화하여 질서 있는 구조를 갖추게 해준다. 그러나 초등학교에서는 논리를 엄밀하게 다룬다기보다는 기본 개념이나 원리, 법칙 등을 토대로 하여 지식 사이의 상호 의존 관계나 결합 관계를 간단히 밝혀보는 정도이다. 이에 대한 학습은 아동의 사고를 효율적이면서 정연하게 가다듬어 세련된 사고를 가능하게 해준다.

그러나 논리적으로 정당화할 대상은 직관에 의해서 발견, 발명하는 경우가 많다. 직관은 사고 대상을 인지하는 활동이 다소 불분명하지만 전체를 감지할 수 있는 사고이며, 이론 전개의 방향, 기틀을 마련해 주는 직감적 아이디어로서 이론과 구체를 맺어 주는 것 또는 구체에서 논리의 방향을 시사해 주는 것이다. 이런 의미에서 수학은 직관성을 갖는다고도 할 수 있다.

요약하면, 직관적 사고는 수학의 발명 또는 발견에 중요한 역할을 하며, 논리적 사고는 발명 또는 발견된 수학의 정리에 정당성을 부여하는 데 필수적이다. 따라서 논리성은 완성된 수학의 특성이고, 직관성은 구성 중에 있는 수학에서 나타나는 특성이라고 할 수 있다.

6) 일반성과 특수성

수학 문제를 일반화나 특수화를 사용하여 해결하는 경우가 많이 있으며, 수학 개념 형성 과정에서나 개념 형성이 된 후에도 일반화나 특수화는 중요한 역할을 한다. 이런 점에서 수학은 일반성과 특수성을 갖는다.

일반화는 하나의 대상에 대한 고찰로부터 그 대상을 포함하는 집합에 대한 고찰로 옮아가는 것을 말한다. 예를 들면, 삼각형에 대한 고찰로부터 임의의 다각형에 대한 고찰로 나아가거나, 한 자리 수의 덧셈에서 두 자리 수, 세 자리 수의 덧셈, 나아가 모든 자연수의 덧셈을 하는 것도 일반화이다. 수학에서 사용되는 여러 가지 원리, 법칙 등은 모두 일반화의 결과이다. 때로는 단 한 가지 사실을 관찰하고도 일반화를 통하여 놀라운 법칙을 발견하기도 한다.

일반화와 반대되는 개념이 특수화이다. 특수화는 주어진 대상의 집합에 대한 고찰로부터 그 집합에 포함되는 더 작은 집합 또는 단 하나의 대상에 대한 고찰로 옮아가는 것이다. 다각형에 대한 고찰에서 정다각형에 대한 고찰로, n각형에 대한 고찰에서 삼각형에 대한 고찰로 옮아가는 것은 모두 특수화의 예이다. 이러한 특수화는 일반화된 명제를 검증하거나 그 증명 또는 풀이의 힌트를 제공하기도 한다. 예를 들어 소수(素數)에 대한 어떤 성질을 확인하려고 할 때, 소수 중의 어느 하나를 택하여 그 소수가 주어진 성질을 만족하는지를 알아봄으로써 이를 확인할 수 있다.

7) 이상성

이상성은 수학적 사고 과정에서 그 사고의 대상인 어떤 사물이나 현상을 볼 때, 그 사물이나 현상의 겉모양에 의존하기보다는 최적의 사고가 가능하도록 본질적인 요소만을 고려하여 바람직한 형태로 단순화하여 생각하는 것을 말한다. 예를 들면, 직사각형 모양의 땅의 넓이를 구할 때, 그 땅이 정확하게 직사각형이 될 수는 없겠지만 직사각형으로 이상화하여 직사각형의 넓이 구하는 공식을 사용한다. 이러한 이상성은 추상성과 밀접한 관련을 가진다고 할 수 있다.

8) 역동성

역동성은 수학의 발생, 즉 '구성 과정'에 초점을 둔 것으로서, 시행착오와 직관, 개연적 추론, 발견, 탐구 양식 등을 부각시킨 성질이다. 예를 들어, 공리·공준에서 시작하는 유클리드 기하는 이미 완성된 수학이지만, 수학자들이 거기에 포함된 여러 명제를 추측하고 그것을 증명하는 과정에는 많은 오류와 시행착오가 있었다. 이러한 수학적 과정과 활동은 고정된 상태가 아니라 계속 살아 움직이는 활화산과 같다. 이런 의미에서 수학은 역동성을 갖는다고 말할 수 있다.

2. 수학교육의 목적

1) 수학교육의 일반적 목적

수학을 배우고 가르쳐야 하는 이유는 여러 가지가 있겠지만, 수학의 가치에 바탕을 둔 이유로 다음 네 가지를 들 수 있다.

첫째, 수학의 실용적 가치를 들 수 있다. 수학은 사회생활을 하는 데나 장차 과학이나 다른 학문을 공부하는 데 도움이 되며, 국가 발전에도 도움이 되기 때문에 가르쳐야 한다는 주장이다. 실제로 어떤 수학적 지식은 일상생활을 하는 데 필수적이다. 수 읽기, 쓰기, 사칙 계산, 표 읽기 등을 할 수 없으면 일상생활에서도 어려움이 많을 것이다. 또 어떤 수학적 지식은 일상생활에서는 사용하지 않지만, 특정 직업에서 사용하는 것도 있을 것이다. 사회생활에 직접 소용이 되지 않는 수학적 지식도 수학 이외의 학문을 공부하는 데 필요하다. 당장 이용하지는 않지만, 과학 기술의 발달로 수학을 필요로 하는 분야가 많아지고 있기에 수학의 중요성은 점점 증대되고 있다. 따라서 언젠가 수학을 이용하기 위해서는 수학을 배워야 한다는 것이 수학의 실용적 목적인 것이다.

그러나 사회생활에 필요한 수학은 극히 일부분이며 수학자나 과학자가 되지 않을 학생도 그렇게 많은 수학을 배워야 하는가 하는 의문을 제기할 수 있다. 또한, 실용성의 기준은 시대에 따라 다르기 때문에 어떠한 수학적 지식을 장차 응용할 것인가, 그리고 지금 응용하는 수학적 지식이 장래에도 여전히 유용할 것인가 하는 의문을 제기할 수 있다. 이런 점에서, 과연 수학의 실용성 때문에 수학을 배우는 것인가 하는 의문을 제기하기도 한다.

둘째, 수학의 도야적 가치를 들 수 있다. 이것은 수학을 배우면 우리의 정신 능력을 신장시킬 수 있다는 것이다. 수학을 배움으로써 신장할 수 있는 능력은 합리적이고 논리적인 사고력, 추상적 사고력, 창의적 사고력, 비판적 능력, 기호화하고 형식화하는 능력, 단순화하고 종합화하는 능력 등이다. 이러한 능력은 수학과 관련이 없는 분야에 진출하는 사람에게도 요구되는 정신 능력으로서, 수학을 배워야 하는 강력한 이유이기도 하다.

이러한 입장에 따르면 수학교육에서 중요한 것은 수학을 '하는' 방법과 그 경험이라고 할 수 있다. 그러나 어떠한 수학을 통하여 수학을 하는 방법을 가르칠 것인지, 과연 수학을 하는 방법이 학습될 수 있는 것인지 하는 의문이 제기되기도 한다.

셋째, 수학의 심미적 가치를 들 수 있다. 기하학적 도형이나 황금 분할 등을 보면 수학적 대상도 아름답다고 할 수 있으며, 또 수학 공식이나 방법을 절묘하게 적용하는 경우에서도 수학의 아름다움을 찾을 수 있다. 수학을 가르치는 이유는 수학적 안목을 가지고 주변의 현상을 올바르게 파악하고 아름답다고 느낄 수 있도록 하기 위함이다. 그러나 수학의 미적 가치에 대한 견해는 주관적인 요소가 강하기 때문에 수학을 배우는 학생들에게 수학의 심미성을 인식시키기는 매우 어렵다. 그렇기는 하지만 위대한 수학자들은 수학의 아름다움을 인식하였고, 바로 이 아름다움이 그들의 수학 연구에 커다란 원동력이 되었음은 부인할 수 없다.

넷째, 수학의 문화적 가치를 들 수 있다. 즉, 인류가 오래 전부터 오늘날까지 구축해 온 수학이라는 문화는 수용, 전달할 가치가 있다는 것이다. 그러나 그 많은 문화를 전달하는 것이 가능하고 전달할 가치가 있는 것인가, 취사선택하여야 한다면 어느 것을 선택하여 가르쳐야 하는가 하는 의문이 남는다.

위와 같이 수학을 가르쳐야 하는 이유를 여러 가지 들 수 있으며 그 어느 한 가지만을 고집하는 것은 잘못일 것이다. 그 시대의 사회, 경제 구조, 철학 등에 따라 어느 한 쪽을 강조하기도 하고 무시하기도 하지만, 그 경중은 있되 위의 주장을 종합하는 것이 수학교육의 올바른 목적이 되리라 생각한다.

2) 초등학교 수학 과목 목표

지금까지 언급한 수학교육의 목적은 매우 일반적이고 포괄적이어서, 어떤 교과 내용, 어떤 활동을 통해 이 목적을 달성할 수 있는가 하는 것은 그리 쉬운 문제는 아니다.

우리나라 2015 개정 초등학교 수학 과목의 목표는 교육과정에서 추구하는 인간상[2], 초등학교 교육 목표[3]와 더불어 초등학교, 중학교 수학 교과 목표를 제시하고 있다. 교육과정에서 제시하는 수학교육의 목표는 수학의 개념, 원리, 법칙을 이해하고 기능을 습득하며 수학적으로 추론하고 의사소통하는 능력을 길러, 생활 주변과 사회 및 자연 현상을 수학적으로 이해하고 문제를 합리적이고 창의적으로 해결하며, 수학 학습자로서 바람직한 태도와 실천 능력을 기르는 것이다.

초등학교와 중학교에서 학습한 수학은 고등학교 수학 학습의 토대가 되고, 자연과학, 공학, 의학뿐만 아니라 경제·경영학을 포함한 사회과학, 인문학, 예술 및 체육 분야를 학습하는 데 기초가 되며, 나아가 창의적 역량을 갖춘 융합 인재로 성장할 수 있는 기반을 제공한다. 이를 위해 학생들은 수학의 지식을 이해하고 기능을 습득하는 것과 더불어 문제 해결, 추론, 창의·융합, 의사소통, 정보 처리, 태도 및 실천의 6가지 수학 교과 역량[4]을 길러야 한다. 수학 교과 역량 함양을 통해

---

2) 2015 개정 교육과정이 추구하는 인간상은 다음과 같다.
 가. 전인적 성장을 바탕으로 자아정체성을 확립하고 자신의 진로와 삶을 개척하는 자주적인 사람
 나. 기초 능력의 바탕 위에 다양한 발상과 도전으로 새로운 것을 창출하는 창의적인 사람
 다. 문화적 소양과 다원적 가치에 대한 이해를 바탕으로 인류 문화를 향유하고 발전시키는 교양 있는 사람
 라. 공동체 의식을 가지고 세계와 소통하는 민주 시민으로서 배려와 나눔을 실천하는 더불어 사는 사람

3) 초등학교 교육은 학생의 일상생활과 학습에 필요한 기본 습관 및 기초 능력을 기르고 바른 인성을 함양하는 데에 중점을 둔다.
 1) 자신의 소중함을 알고 건강한 생활 습관을 기르며, 풍부한 학습 경험을 통해 자신의 꿈을 키운다.
 2) 학습과 생활에서 문제를 발견하고 해결하는 기초 능력을 기르고, 이를 새롭게 경험할 수 있는 상상력을 키운다.
 3) 다양한 문화 활동을 즐기고 자연과 생활 속에서 아름다움과 행복을 느낄 수 있는 심성을 기른다.
 4) 규칙과 질서를 지키고 협동정신을 바탕으로 서로 돕고 배려하는 태도를 기른다.

4) 2015 개정 교육과정의 중요한 특징은 핵심역량을 강조하는 것으로, 총론에서 제시한 핵심역량인 '자기관리 역량', '지식정보 처리 역량', '창의적 사고 역량', '심미적 감성 역량', '의사소통 역량', '공동체 역량'의 6가지 중 수학과와 직결되면서도 구현하기 적합한 교과 역량으로 문제 해결, 추론, 창의·융합, 의사소통, 정보 처리, 태도 및 실천을 선정하였다. 이는 학생들이 수학 지식을 이해하고 기능을 습득하는 것과 더불

학생들은 복잡하고 전문화되어 가는 미래 사회에서 사회 구성원의 역할을 성공적으로 수행할 수 있고 개인의 잠재력과 재능을 발현할 수 있으며, 수학의 필요성과 유용성을 이해하고 수학 학습의 즐거움을 느끼며, 수학에 대한 흥미와 자신감을 기를 수 있다.

초등학교 수학 과목 목표는 다음과 같다.

(1) 생활 주변 현상을 수학적으로 관찰하고 표현하는 경험을 통하여 수학의 기초적인 개념, 원리, 법칙을 이해하고 수학의 기능을 습득한다.
(2) 수학적으로 추론하고 의사소통하며, 창의·융합적 사고와 정보 처리 능력을 바탕으로 생활 주변 현상을 수학적으로 이해하고 문제를 합리적이고 창의적으로 해결한다.
(3) 수학 학습의 즐거움을 느끼고 수학의 유용성을 인식하며 수학 학습자로서 바람직한 태도와 실천 능력을 기른다.

이상에서 살펴본 2015 개정 수학과 교육과정에서 제시하는 수학교육의 목표는 크게 두 가지 측면으로 나누어 생각할 수 있다. 하나는 수학적 지식과 기능의 습득 및 그 응용과 같은 인지적 영역과, 다른 하나는 수학에 대한 관심과 흥미, 수학의 가치 이해, 바람직한 인성과 태도 등과 같은 정의적 영역이다. 다시 말하면, 수학 학습에서는 수학적 개념, 원리, 법칙과 같은 기초적인 수학적 지식을 익히고 기능을 습득하도록 지도하고, 이를 바탕으로 수학적으로 추론하고 의사소통하는 능력을 길러, 생활 주변과 사회 및 자연 현상을 수학적으로 이해하고 여러 가지 문제를 합리적이고 창의적으로 해결할 수 있는 수학적 능력과 수학 학습자로서 바람직한 태도와 실천 능력을 기르도록 지도해야 한다고 하고 있다.

초등학교의 하위 목표는 전문과 마찬가지로 인지적 영역과 정의적 영역으로 나눌 수 있다.

목표 (1)항은 수학과의 학습 지도에 있어서 일상 세계에서 수학의 세계로 고찰의 관점을 바꾸는 수학화와 거기서 얻어진 지식의 이해에 관한 것이다. 생활 주변

어 복잡하고 전문화되어가는 미래 사회에서 사회 구성원에게 필요한 역량으로 본 것이다.

"교과 역량으로서의 문제 해결은 해결 방법을 알고 있지 않은 문제 상황에서 수학의 지식과 기능을 활용하여 해결 전략을 탐색하고 최적의 해결 방안을 선택하여 주어진 문제를 해결하는 능력이고, 추론은 수학적 사실을 추측하고 논리적으로 분석하고 정당화하며 그 과정을 반성하는 능력이다. 창의·융합은 수학의 지식과 기능을 토대로 새롭고 의미 있는 아이디어를 다양하고 풍부하게 산출하고 정교화하며, 여러 수학적 지식, 기능, 경험을 연결하거나 타 교과나 실생활의 지식, 기능, 경험을 수학과 연결·융합하여 새로운 지식, 기능, 경험을 생성하고 문제를 해결하는 능력이다. 의사소통은 수학 지식이나 아이디어, 수학적 활동의 결과, 문제 해결 과정, 신념과 태도 등을 말이나 글, 그림, 기호로 표현하고 다른 사람의 아이디어를 이해하는 능력이고, 정보 처리는 다양한 자료와 정보를 수집, 정리, 분석, 활용하고 적절한 공학적 도구나 교구를 선택, 이용하여 자료와 정보를 효과적으로 처리하는 능력이다. 끝으로, 태도 및 실천은 수학의 가치를 인식하고 자주적 수학 학습 태도와 민주 시민 의식을 갖추어 실천하는 능력이다"(교육부, 2015, p.4).

현상을 수학적으로 관찰하고 표현하는 경험, 다시 말하면 수학화의 경험을 통하여 수학의 기초적인 개념, 원리, 법칙을 이해하고 수학적 기능을 습득하도록 지도하자는 것이다.

목표 (2)항은 수학과의 학습 지도에 있어서 수학적 능력과 응용에 관한 목표이다. 이 목표는 수학적으로 추론하고 의사소통하는 능력을 기르고, 창의·융합적 사고와 정보 처리 능력을 바탕으로 생활 주변 현상을 수학적으로 이해하고 여러 가지 문제를 합리적이고 창의적으로 해결할 수 있도록 지도할 것을 요구하는 것으로, 수학적 능력의 응용을 요구한다고 볼 수 있다. 또한 이는 문제 해결, 추론, 창의·융합, 의사소통, 정보 처리 능력과 같은 교과 역량을 강조하는 것이기도 하다.

목표 (3)항은 수학과의 학습 지도에 있어서 태도와 실천에 관한 것이다. 수학적 지식, 기능을 문제 해결에 적용하여 성공한 체험을 통하여 수학 학습의 즐거움을 느끼고 수학의 유용성 등 수학의 가치를 인식하게 함으로써 수학 학습자로서 바람직한 태도와 실천 능력을 가지게 하자는 것이다. 다시 말하여 목표 (3)은 목표 (1), (2)의 지도를 통하여 수학에 대한 흥미와 관심을 지속적으로 가지게 하고, 수학의 가치를 이해하게 하며, 이를 바탕으로 하여 바람직한 태도와 실천 능력을 육성하도록 지도하자는 것이다.

이것을 그림으로 나타내면 다음과 같다.

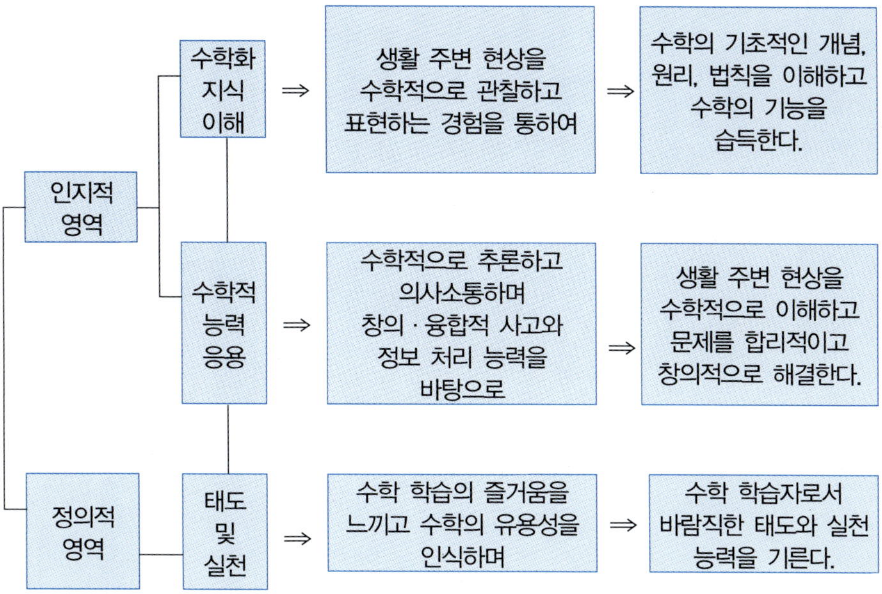

생각해 볼 문제

1. 절대적 진리관과 상대적 진리관의 입장에서 바라보는 수학적 진리에 대하여 비교, 분석하시오.

2. 수학의 특성 중 추상성, 이상성을 드러내는 각각의 예를 초등학교 교과서에서 찾아 제시하시오.

3. 2015 개정 교육과정에 따른 수학과 교육과정에서 강조하고 있는 6가지 수학 교과 역량과 관련된 내용의 예를 초등학교 교과서에서 찾아보시오.

■ 참고문헌 ■

교육부 (2015a). 초 · 중등학교 교육과정 총론, 교육부 고시 제2015-74호 [별책 1], 교육부.

교육부 (2015b), 수학과 교육과정, 교육부 고시 제2015-74호 [별책 8]. 교육부.

교육부 (2016). 수학 6-1 교사용 지도서. 서울: 천재교육.

교육인적자원부 (2006), 교육인적자원부 고시 제 2006-75호.

류희찬, 강문봉, 전평국 (1996), 교원양성대학의 중학교 수학과 교육학 교재개발 연구, 한국교원대학교부설 교과교육공동연구소.

우정호(역) (1986), 어떻게 문제를 풀 것인가(Polya의 *How to Solve It*), 서울: 천재교육.

Black, M. (1959), *The Nature of Mathematics*. Pateron, N. J.: Littlefield, Adams, and Co.

Courant, R. and Robbins, H. (1941), *What Is Mathematics?,* London: Oxford University.

02

수학교육의 변천

오늘날과 같은 형태의 수학교육이 이루어지게 된 것은 대략 1900년대 초라고 볼 수 있다. 이 장에서는 유럽과 미국을 중심으로 1900년 이후 수학교육의 흐름을 개관하고자 한다. 1900년 이후의 수학교육을 크게 나눈다면 1900년대 초 수학교육 개혁 운동, 1950~1970년대 수학교육 현대화 운동, 그리고 1980~1990년대의 수학교육으로 구분할 수 있다. 이와 더불어 2000년대를 이끌어나갈 수학교육 이론에 대해서도 간략하게 설명할 것이다.

1. 수학교육 개혁 운동

20세기 초에 유럽과 미국에서 수학교육을 개선하고자 했던 일련의 움직임을 일컬어 흔히 '수학교육 개혁 운동'[1]이라고 한다. 수학교육 개혁 운동에서는 수학 지도에서 물리적 양과 공간을 중요시하였고, 학생들의 심리를 고려함으로써 실제적이고 심리적인 교육 방법을 중시하였다. 그러나 그 성과는 미흡하였다. 실제로 물리적 양과 공간의 구조는 학교 교재로 제대로 구현되지 못하였다. 또, 그것을 위한 이론적 연구도 미진하였다. 나아가 실제적이고 심리적 원칙을 지나치게 강조한 나머지, 논리적 원칙을 등한시하게 되었다. 심지어 논리를 배척하는 경향마저 표출하게 되었다(김응태, 김연식, 1982).

1) '수학교육 개량 운동' 혹은 '수학교육 근대화 운동'으로 불리기도 한다.

1) 유럽의 수학교육 개혁 운동

18세기 후반에 산업 혁명이 시작되면서, 유럽에서는 노동자의 수가 증가하게 되었고 이들에 대한 과학기술 교육이 요청되었다. 또한 봉건 제도가 무너지면서 새로이 출현한 자본가들이 이윤을 극대화하기 위하여 과학기술 교육을 요구하게 되었다. 영국, 독일, 프랑스 등에서는 1870년부터 이러한 과학기술 교육의 문제를 국가적인 차원에서 다루기 시작했으며, 그것의 일환으로 수학교육도 주요한 국가적 관심사가 되었다. 사람들은 수학의 실용성과 과학기술과의 관련성에 많은 관심을 가지게 되었다. 그러나 당시의 수학교육은 유클리드 기하학을 중심으로 순수한 사유의 훈련에 집중되어 있었다. 당시 기하학은 소수 엘리트의 필수 교양이었고, 유명 대학 입학시험의 필수과목이었다. 수학의 실용성 및 과학기술과의 관련성은 수학교육에서 거의 다루어지지 않았다. 유럽에서의 수학교육 개혁 운동은 이러한 상황을 개선하고자, 영국의 페리(John Perry, 1850~1920)와 독일의 클라인(Felix Klein, 1849~1925)을 중심으로 전개되었다(Perry & Klein, 1972).

(1) 페리의 운동

19세기 영국의 수학교육은 유클리드 기하학을 중심으로 이루어지고 있었다. 예를 들어 옥스퍼드 대학이나 케임브리지 대학의 입학시험에서는 유클리드의 ≪원론≫에 제시되어 있는 증명을 순서까지 일치시켜서 똑같이 쓸 것을 요구하고 있었다. 이러한 상황을 개선해야 한다는 주장이 제기되기도 하였지만, 20세기에 들어서기까지는 실제적으로 아무런 변화도 일어나지 못했다(Perry & Klein, 1972).

이러한 상황에서 페리는 1901년 글래스고에서 열린 '영국과학개선협회'[2] 모임에서 '수학의 교육'이라는 제목으로 강연을 하였다.[3] 그는 이 강연에서 현재의 수학교육의 가장 큰 결함은 학생들이 입학시험을 통과하여 수학 전문가가 되도록 만드는 것을 목적으로 하고 있다는 점이라고 주장하였다. 또 수학교육의 우선적이고 절대적인 과업은 유클리드 기하학에서 탈피하는 것이며, 수학교육은 발명과 발견 능력을 양성하는데 주된 가치를 두어야 한다고 역설하였다. 다음은 그 강연의 일부이다.

> 학생들이 장차 전문 수학자가 될 것 같이 그들에게 초등수학을 가르치는 현재의 교수 체제는 바뀌어야 한다고 확신합니다. … 천 명의 학생 중에서 단 한명의 학생만이 추상적 추론을 좋아한다고 할지라도 교사는 이 한 명의 학생에게 해로운 교수 방법은 채택해서는 안 됩니다. 그러나 동시에 보통의 소년들에게도 해로워서는 안 된다는 것 또한

2) British Association for the Improvement of Science.

3) 유럽에서의 수학교육 개혁운동은 페리의 강연에 의해서 촉발되었다. 이런 이유에서 이 운동을 '페리의 운동(Perry movement)'이라고 말하기도 한다.

> 매우 중요합니다. … 지금 우리는 단 한 명의 순수 수학자를 찾아내기 위하여 수리철학이라고 불리는 것을 모든 학생들에게 가르치면서, 그 한 명을 제외한 다른 모든 학생들을 파멸시키기 위해 최선을 다하고 있는 셈입니다(Perry, 1901, p. 225).

이러한 페리의 신랄한 비판은 당시 보수적인 영국 수학교육계에 큰 충격으로 받아들여졌다. 페리의 전체 강연을 요약하면 다음과 같다(김응태, 김연식, 1982, p. 6).

- 실험과 실측을 중요시한다.
- 계산에 로그를 사용한다.
- 모눈종이를 사용한다.
- 대수 공식을 이용하는 능력을 기른다.
- 미적분을 조기에 도입한다.
- 수학의 실용적 측면 특히 자연과학과 관계되는 측면을 중시한다.

(2) 클라인의 운동

클라인은 1870년 뮌헨 공업 대학의 교수로 재직하면서 수학교육이 공업과 과학의 발달에 부응하는 형태로 변화되어야 한다는 생각을 갖게 되었다. 1901년에 독일 정부는 수학교육의 개혁을 시도하였으나, 그 결과는 그리 혁신적이지 못하였다. 반면 프랑스에서는 1902년에 푸앵카레(Henry Poincaré, 1854~1912)를 비롯한 일류 수학자들을 중심으로 국가적 차원에서 수학교육 개혁 운동을 전개하였다. 이러한 국내외 사정에 자극을 받은 클라인은 1904년에 브레슬라우에서 열린 자연과학자 회의에서 강연을 통하여 수학교육과 물리교육 그리고 교사 양성 등에 대한 정부의 정책을 비판하면서, 이에 대한 자신의 견해를 피력하였다(Perry & Klein, 1972). 클라인의 주장을 요약하면 다음과 같다(이성헌, 1991, p. 14).

- 학생의 마음 상태가 자연적 발달 단계에 적응하도록 교재를 선택하고 배열한다. (심리적 원칙)
- 수학의 형식도야적 가치에만 치우치지 말고 실용적 측면도 중시하여 사회의 여러 현상에 대하여 수학적으로 관찰하는 능력을 기르도록 한다. (실용적 원칙)
- 수학의 각 분과를 융합하고 다른 교과와의 관계를 밀접하게 한다. (교육적 원칙)
- 함수적 사고 함양과 공간 관찰력 양성을 수학교육의 골자로 한다.

클라인은 수학교사들과 공동으로 새로운 수학교육과정안을 연구하여, 그 결과를 1905년에 메란(Meran)에서 발표하였다. 이 '메란 요목'은 클라인 자신의 생각보다는 온건한 것으로 학교에서 적용하기에 용이한 것이었으며, 실제로 많은 영향을 미쳤다(Perry & Klein, 1972; 김응태, 김연식, 1982).

2) 미국의 수학교육 개혁 운동

19세기의 미국은 영국과는 달리 유클리드 기하학으로부터 어느 정도 탈피하고 있었기 때문에 페리의 강연이 그다지 큰 영향을 미치지는 않았다. 당시 미국의 수학교육계에 큰 영향을 미친 사람은 무어(Eliakim Hastings Moore, 1862~1932)였다. 무어는 1902년 제9차 미국수학회의 연차 회의에서 행한 '수학의 기초에 관하여'라는 제목의 강연에서, 그 당시 미국의 수학교육의 형식성과 추상성을 강하게 비판하면서, 수학교육 개혁의 필요성을 역설하였다. 이 강연에서 무어는 수학교육 특히 초등학교 수학교육에서는 수학을 구체적 상황과 직접 관련시킴으로써 관찰하고 실험하고 추리하는 능력을 단련시켜야 한다고 주장하였다. 무어의 이러한 주장은 당시 미국의 수학교육계에 큰 반향을 불러 일으켰고, 그 결과 많은 학교와 단체들이 수학교육을 실제적으로 개선시키기 위해서 움직이기 시작했다. 다음은 그 강연의 일부분이다.

> 초등학교 학생들이 수학을 구체적인 사항과 직접적으로 관련시킬 수 있도록 그들의 관찰과 실험과 반성과 연역의 힘을 훈련시키는 것이 가능하지 않을까요? 그 대답은 매우 긍정적이며 현재 이러한 일을 하고 있는 유치원과 초등학교가 존재합니다. 물론 이러한 교육 방법이 초기에 주어지는 다소 단순하고 구체적인 수학에 더 이상 만족하지 못하는 9세부터 12세까지의 학생들에게는 추상적인 수학의 진가를 맛보게 하지 못한다는 어려움이 있다는 것을 저도 이해합니다. 어떤 사람들은 이러한 어려움의 원인이 수학을 도입할 때 다른 교과목과의 관련 아래 암시적으로 도입했기 때문이라고 말합니다. 그러나 수학의 재료와 방법이 풍부해져야만 하며, 또 그것에 활력을 불어 넣어야만 합니다. 그림 그리기와 종이 접기, 도안과 모델의 제작 등은 기하학적 추론에서의 단순한 훈련과 함께 직관 기하의 체계화와 직접적으로 이어져야 합니다. 기하는 수치적이고 문자적인 산술과 밀접하게 연결되어야 합니다(Moore, 1902, pp. 45–46).

또한 무어는 수학교육에서 '실험실 방법(laboratory method)'을 도입해야 한다고 주장하였다. 실험실 방법은 "과학자들이 실험실에서 실험을 통해 새로운 물질을 합성하여 개발하듯이, 정리의 증명을 학생 스스로 탐구하며 개발해 가도록 하는 지도 방법이다(정은실, 1995, p. 109)." 무어는 삼각법, 해석기하, 미적분학의 기원과 발달이 구체적인 하나의 현상에 모두 연합된다면, 학생들이 이들 사이의 생생한 관계를 쉽게 이해하게 된다는 페리의 말에 동의하면서, "수학과 물리학의 실험실 방법은 일반 학생이나 순수 수학, 물리학, 천문학, 공학을 준비하는 모든 학생들에게 최고의 교수 방법이 될 수 있다고 확신한다."라고 하였다(Moore, 1902, p. 52).

2. 수학교육 현대화 운동

1900년대 초의 수학교육 개혁운동이 거의 퇴조한 1950년 전후에, 유럽과 미국에서는 새로운 수학교육 개선 움직임이 서서히 일어나기 시작했다. 이 움직임은 옛 소련이 1957년 10월에 세계 최초로 인공위성[4] 발사에 성공함으로써 가속화되기 시작하여 1970년대 후반에는 세계 각국으로 광범위하게 전파되었다. 이러한 일련의 수학교육 개혁 움직임을 '수학교육 현대화 운동' 혹은 '새수학 운동(new math movement)'이라고 한다.

1) 유럽과 미국에서 수학교육 현대화 운동의 진행 과정

1950년대에 들어 유럽에서는 고급 과학기술 인력을 양성할 필요성과 이를 위한 국가적 차원의 수학교육과정 현대화 필요성이 제기되기 시작하였다. 1959년에는 유럽경제협력기구[5] 가맹국들을 중심으로 이에 관한 세미나를 개최하는 등 수학교육 현대화 운동의 기운이 무르익어 갔다. 미국은 소련의 인공위성 발사 성공으로부터 국가 안보에 대한 위협을 느낀 결과, 과학기술 및 수학교육의 현대화 작업에 더욱 박차를 가하였다. 그리고 빠른 속도로 현대화 운동을 진행시켜서 세계의 여러 나라에 큰 영향을 주었다.

(1) 유럽에서의 수학교육 현대화 운동의 진행 과정

OEEC 가맹국들은 1959년에 프랑스의 로야몽에서 '수학교육에 있어서의 새로운 관점'이라는 제목의 세미나를 개최하였다. 이 세미나의 의장이었던 프랑스의 수학자 듀돈네(Jean Dieudonné, 1906~1992)는 다음과 같은 사항을 제안하였다(김응태, 김연식, 1982, p. 13).

- 현대수학을 과감히 도입한다.
- 현대수학을 도입하기 위하여 전통적인 수학 교재를 정비한다.
- 논리적 엄밀성을 강조한다.

---

4) 스푸트니크 1호. 스푸트니크(Sputnik)는 러시아어로 동반자라는 뜻.

5) OEEC(Organization of European Economic Cooperation)는 OECD(Organization for Economic Cooperation and Development)의 전신이다.

- 대수적 구조와 공리적 방법을 중시한다.

몇몇 반론이 제기되기는 했지만, 그 세미나에서는 듀돈네의 이러한 주장에 만장일치로 합의하였다. 이듬해인 1960년에 수학교육 현대화의 취지에 부응하는 중등수학 교수요목이 발표되었다. 이 교수요목은 당시 미국의 것보다 훨씬 더 현대수학에 가까운 것이었다.

이 세미나의 영향을 받아 영국에서는 1961년 4월에 서덤프톤 수학 회의가 개최되었다. 이 회의를 계기로 같은 해에 '학교수학 프로젝트'[6]가 결성되었다. 이 프로젝트는 서덤프톤 대학의 트웨이츠(B. Thwaites) 교수를 중심으로 추진되었으며, 그 결과 수학교육 현대화를 위한 새로운 교수요목과 교과서의 초안을 만들어 내었다(佐々木元太朗, 1967; 佐々木元太朗, 1986). 한편, 영국의 디에네스(Zoltan P. Dienes)와 벨기에의 파피(Georgy Papy)도 각각 수학교육 현대화의 취지에 부응하는 교재를 독자적으로 개발하여 주목을 받았다(數學敎育硏究會, 1995a).

(2) 미국에서의 수학교육 현대화 운동의 진행 과정

흔히 옛 소련이 세계 최초로 인공위성 발사에 성공한 시점이 미국에서의 수학교육 현대화 운동의 출발점이라고 말하기도 하지만, 이것은 사실이 아니다. 그 사건이 있기 전부터 이미 미국에서는 수학교육을 현대화해야 한다는 주장이 제기되고 있었다.

> 1957년 10월 4일에 있었던 소련의 인공위성 스푸트니크 1호의 발사 성공이 미국의 수학교육 현대화에 자극을 준 것으로 많은 문헌에서 인용하고 있다. 이 사건이 미국 국민들로 하여금 교육 문제에 관심을 가지게 했다는 것은 의심할 여지가 없다. 그러나 많은 역사적 기록들이 분명하게 말해주는 것은 수학교육 현대화 운동은 스푸트니크가 미국 국민의 의식을 흔들어 놓기 이전에 이미 시작되었다는 사실이다(NCTM, 1970, p. 256).

미국의 수학교육 현대화 운동의 효시는 1951년에 시작된 일리노이대학 학교수학위원회[7]이다. 이후에도 많은 단체가 생겨났는데 가장 선도적인 역할을 수행한 단체로는 1958년 NCTM(미국수학교사협의회)[8]과 MAA(미국수학협회)[9]의 지원을 받으며 예일대학의 비글(Edwards G. Begle, 1914~1978) 교수가 중심이 되었던 SMSG(학교수학연구회)[10]이다. SMSG는 수학교육 현대화의 철학에 입각하여

---

6) SMP(School Mathematics Project).
7) UICSM(University of Illinois Committee on School Mathematics).
8) NCTM(National Council of Teachers of Mathematics).
9) MAA(Mathematical Association of America).
10) SMSG(School Mathematics Study Group).

유치원 과정부터 고등학교 과정까지의 실험 교과서를 제작하는 등 대담하고 적극적으로 현대화를 추진하여 세계 여러 나라에 영향을 미쳤다.

NCTM은 1958년에 ≪현대수학에 대한 통찰(*Insights into modern mathematics*)≫을, 1959년에 ≪수학적 개념의 성장(*The Growth of mathematical ideas*)≫을, 1961년에 ≪학교수학의 혁명(*The Revolution in school mathematics*)≫을, 그리고 1963년에 ≪새로운 수학 프로그램의 분석(*Analysis of new mathematics programs*)≫을 잇달아 간행하였다. 이 책들은 현대수학의 새로운 정신과 내용을 어떻게 학교수학에 반영할 것인지, 또 현대화의 관점에서 전통적인 내용을 어떻게 개정할 것인지에 대한 방향을 제시해 주고 있다(김응태·김연식, 1982; 佐々木元太朗, 1986).

2) 수학교육 현대화 운동의 요인과 방향

수학교육 현대화 운동은 수학교육의 목표, 내용, 방법의 전 분야에 걸쳐 광범위한 영향을 미친 운동이다. 그 규모의 방대함으로 볼 때 20세기 초의 수학교육 근대화 운동을 상회하는 거대한 개혁 운동이었다(平林一榮, 石田忠男, 1992). 수학교육 현대화 운동이 그처럼 거대하게 이루어질 수 있었던 이유로 대략 다음과 같은 네 가지가 거론되고 있다(數學敎育硏究會, 1995a, p. 29).

- 수학의 비약적 발달과 그에 따른 응용 영역의 확대
- 과학기술의 비약적 발달(특히 컴퓨터의 발달)
- 수학교육을 개선해야 할 필요성의 발생
- 교육 이론의 발달(피아제의 인식론과 브루너의 교육 이론)

이 네 가지 요인에 기인하여 수학교육 현대화는 전 세계적으로 진행되었다. 그 진행의 흐름은 각 나라의 사정에 따라 약간씩 다르지만, 대략 다음과 같은 방향으로 진행되었다(數學敎育硏究會, 1995a, pp. 29–30).

- 전통적인 내용보다는 현대수학과 그 응용을 주로 채택하여, 새로운 주제와 새로운 수학적 방법을 다룬다.
- 과학기술의 진보와 정보 사회에 대응할 수 있도록 수학교육 내용을 개조한다.
- 교육학과 심리학의 연구 성과를 반영하여 새로운 지도법을 도입한다.

수학교육 현대화 운동을 뒷받침한 교육 이론은 브루너(Jerome. S. Bruner, 1915~)의 구조중심 교육론이다. 브루너에 의하면 구조란 각 교과의 기저를 이루는 기본적인 개념, 원리, 법칙으로 이 구조가 바로 교육 내용이 되어야만 한다. 브루너가 세운 유명한 가설 “어떤 교과든지 지적으로 올바른 형식으로 표현하면 어떤 발달 단계에 있는 아동에게도 효과적으로 가르칠 수 있다(Bruner, 1990, p. 92).”는 이것을 잘 나타낸다. 수학교육 현대화를 추진하던 사람들은 브루너의 교육 이론을 열렬하게 지지하였으며, 브루너의 교육 이론 또한 수학교육 현대화 운동을 더욱 강력하게 뒷받침하였다.

3) 수학교육 현대화 운동에 대한 비판과 반성

이처럼 수학교육 현대화 운동의 추진자들은 수학적·교육학적 배경과 강력한 사회적인 지원, 그리고 이론적 확신을 가지고 운동을 진행시켰지만 그 결과물이 그들의 의도대로 나타나지는 않았다. 영국의 호손(A. G. Howson)이 말했듯이 “지난 20여 년간 현대적인 수학교육 과정을 개발하기 위하여 막대한 비용과 노력을 소비했지만, 그 효과는 보잘 것 없고 실망스러운 것이었다(平林一榮, 石田忠男, 1992, p. 29 재인용).” 그 뿐만 아니라 교육 방식의 급격한 변화와 수업 진행에서의 과도한 형식화, 그리고 부실한 교사 재교육 등과 같은 부작용이 발생하기 시작하였다(平林一榮, 石田忠男, 1992).

(1) 수학교육 현대와 운동에 대한 비판

수학교육 현대화 운동에 대한 비판은 그 운동이 진행되던 초기부터 제기되었다. 1962년에 폴리아(George Polya, 1887~1985)와 클라인(Morris Kline, 1908~1992)*을 포함한 미국과 캐나다의 저명한 수학자 64명은 수학교육 현대화 운동에 대하여 다음과 같은 비판의 글을 발표하였다(*On the mathematical curriculum of the high school*, 1962).

- 장래에 수학자가 될 학생들에게 필요한 특수한 내용을 대부분의 학생들에게 부과해서는 안 된다.
- 학생들의 흥미와 동기를 발달시키기 위하여 수학을 다른 과학과 관련지어야 한다.
- 형식적인 증명은 학생들이 귀납, 유추, 직관 등을 사용한 후에 도입되어야 한다.
- 대학 이전의 수학교육 단계에서는 형식적 방법 대신 발생적 방법이 사용되어야만 한다.

이러한 비판 이외에도 현대화 운동에 대해서는 일반적으로 다음과 같은 비판이 제기되었다(數學敎育硏究會, 1989, pp. 24–25).

- 현대화 운동은 과학기술 및 수학의 발달이라는 사회적, 학문적 상황에 의해서 추진된 것으로 아래로부터가 아닌 위로부터의 운동이었다.
- 현대화 운동은 수학자가 전면에 나서고 교육학자와 심리학자가 지원하는 형

* 수학교육 현대화 운동을 주도했던 클라인은 독일의 수학교육개혁운동을 주도했던 클라인(Felix Klein)과 다른 인물이다.

태였으며, 그 결과 수학교육적인 결함이 있었다.

- 현대화 운동을 실질적으로 추진하는 사람은 교사이므로, 교사에 대한 적절한 교육이 필요함에도 불구하고 충분한 지원이 없었다.
- 현대화된 교재와 전통적인 교재를 조화시키기 위한 연구가 충분하지 않았다.

이렇게 다양한 비판에도 불구하고 현대화 운동은 초등학교를 거쳐 유치원까지 확장되었다. 현대화에 대한 본격적인 비판은 1971년에 열린 제 2차 ICME(국제수학교육회의)[11]에서 프랑스의 수학자 톰(René Thom, 1923~2002)에 의해 제기되었다. 그는 전통적인 수학과 대립되는 의미에서의 현대수학이라는 것은 존재하지 않으며, 엄밀한 공리적 방법을 학교수학에서 다루는 것은 부당하다고 지적하였다. 특히 집합과 논리를 결합시킨 것에 대해서 강한 비판을 가하였다. 톰의 비판은 현대화 운동의 진행과정에 큰 영향을 미쳤다(佐々木元太朗, 1986).

클라인은 1973년에 ≪왜 쟈니는 덧셈을 못하는가: 새수학의 실패(*Why Johnny can't add: The failure of the new math*)≫라는 책을 출판하여 현대화 운동을 비판하였다. 그는 다음과 같이 말하고 있다.

> 새수학을 지도하는 교실에서 교사가 "왜 2 + 3 = 3 + 2인가?"라고 질문하면 학생은 주저 없이 "양쪽 모두 5이기 때문이다."라고 대답하지만, 이에 대하여 교사는 "아니다."라고 질책하며 "정답은 덧셈에 대한 교환법칙이 성립하기 때문이다."라고 말한다. 교사가 계속해서 "왜 9 + 2 = 11인가?"라고 질문하면, 어느 학생이 "9와 1은 10이고 1이 더 있으므로 11이다."라고 대답한다. 교사는 다시 그 답이 틀렸다고 말하면서 "정답은 2의 정의에 의해 9 + 2 = 9 + (1 + 1)이고, 덧셈의 결합법칙이 성립하므로 9 + (1 + 1) = (9 + 1) + 1이고, 10의 정의에 의해서 9 + 1 = 10이고, 다시 11의 정의에 의해 10 + 1 = 11이기 때문이다."라고 설명한다(Kline, 1973, p. 1).

클라인에 따르면 새수학을 지도하는 교실에서는 이러한 상황이 계속되고, 결국 학생은 혼란에 빠지며 덧셈을 못하게 된다는 것이다. 그는 새수학을 가르치는 프로그램에 엄청난 돈, 시간, 에너지 그리고 생각이 투자되었지만, 그것이 수학교육을 실제로 개선시켰는지, 그리고 학생들이 수학에 더 가까워지게 만들었는지는 확실하지 않다고 주장하고 있다. 그는 전통적인 수학 교육과정에는 결점이 있고, 그래서 개선되어야 하는 것은 사실이지만, 새수학이 그러한 결점을 치료하지는 못했다고 말하고 있다. 그럼에도 불구하고, 새수학이 수학자들의 이익을 위하여 장려되고 있다고 비난하였다(Kline, 1973).

11) ICME(International Congress on Mathematical Education).

(2) 기초로의 복귀 운동

수학교육 현대화 운동의 영향으로 인하여 수학이 의미충실하게 지도되지 못하였을 뿐만 아니라, 학생들의 기초적인 계산 능력이 저하되었다는 견해가 팽배해지면서, 수학에서의 기초기능(basic skills)을 선정하여 이것을 학생들을 위한 수학 교재로 구성하자는 움직임이 나타나게 되었다. 이러한 운동을 '기초로의 복귀 운동(back-to-basics movement)'이라고 한다. 이 운동에서는 수학교육의 목표를 행동적으로 진술하려고 하였으며, 필산을 강조하였다. 또한 승급을 위한 최소 학력 기준을 설정함으로써 학생들의 학력을 향상시키려 하였다. 그러나 이러한 운동의 결과로 우수한 학생들의 성적이 오히려 낮아졌고, 특히 문제 해결력과 같은 사고 능력이 감소되었다.

이러한 부작용을 해소하기 위하여 1977년에 NCTM과 NCSM(미국수학장학사협의회)[12]은 수학의 기초기능으로 문제 해결, 모든 상황에 수학을 적용하기, 결과의 합리성 찾기, 어림과 근삿값 계산, 적절한 계산 기능, 기하, 측정, 표·차트·그래프를 읽고 해석하고 작성하기, 수학을 이용하여 예측하기, 컴퓨터 소양(computer literacy)의 열 가지를 공식적으로 제시하였다(NCTM, NCSM, 1977). 한편, NCSM에서는 1988에 새로운 기초기능을 발표하였는데, 그것은 문제 해결, 모든 상황에 수학을 적용하기, 결과의 합리성 찾기, 어림, 적절한 계산 기능, 기하, 측정, 수학적 개념의 표현, 수학적 추론, 대수적 사고, 통계, 확률이다(한국교육개발원, 1988).

3. 1980~2000년대의 수학교육

1980년대를 대표하는 수학교육 이론은 문제 해결 교육론과 수학 학습 수준 이론이며, 1990년대를 대표하는 수학교육 이론은 NCTM의 ≪규준≫과 구성주의이다. 2000년대의 대표적인 수학교육 이론은 수학교수학적 상황론과 현실적 수학교육론이다.

1) 1980년대의 수학교육

1980년대의 수학교육에서는 문제 해결이 강조되었다. 동시에 수학 학습 수준 이론도 크게 주목을 받았다.

12) NCSM(National Council of Supervisors of Mathematics).

(1) 문제 해결

NCTM이 1980년에 출판한 ≪1980년대의 학교수학을 위한 권고≫에서 문제 해결(problem solving)이 학교수학의 초점이 되어야 한다고 주장한 이래, 문제 해결은 1980년대 수학교육계를 풍미하게 되었다. 수학교육에서 문제 해결을 부각시키고 이론적으로 뒷받침한 인물은 폴리아이다. 그에 따르면 수학적 사고는 문제 해결을 통해서 가장 효과적으로 함양될 수 있다. 또한 문제 해결 과정은 학생이 많지도 적지도 않은 적절한 몫의 활동을 하고, 그 결과로 문제의 해법을 스스로 발견하는 기쁨을 누릴 수 있도록 지도되어야 한다. 교사가 학생의 문제 해결을 지도하는 방법은 학생의 사고 단계나 수준에 적합한 발문이나 권고를 제기하는 것이며, 이것은 학생의 마음속에 사고 작용을 유발하는 역할을 한다. 폴리아는 ≪어떻게 문제를 풀 것인가(*How to solve it*)≫에서 문제 해결 과정을 네 단계로 구분하고, 각 단계에 적합한 발문과 권고의 목록을 다음과 같이 제시하고 있다(Polya, 1986).

- 문제의 이해 단계: 미지의 것은 무엇인가? 자료는 무엇인가? 조건은 무엇인가? 그림을 그려보아라. 적절한 기호를 붙여라.
- 계획의 수립 단계: 관련된 문제를 알고 있는가? 문제를 달리 진술해 보아라. 보다 일반적인 문제는? 보다 특수한 문제는? 자료는 모두 사용했는가?
- 계획의 실행 단계: 계획을 실행하고 각 단계를 점검하여라.
- 반성 단계: 결과를 한 눈에 알 수 있는가? 결과를 다른 문제에 활용할 수 있는가?

폴리아의 문제 해결 교육론의 가장 큰 특징 중의 하나는 문제 해결 활동을 예술적 활동과 동일시한다는 점이다. 문제를 해결하기 위해서는 기계적으로 숙달된 기능을 보유해야 할 뿐만 아니라, 이러한 기능으로 환원될 수 없는 심미안이나 판단력을 동시에 갖추어야 한다. 또한 폴리아는 학생의 문제 해결 활동뿐만 아니라, 그것을 돕기 위하여 교사가 제기하는 발문과 권고 또한 예술적 활동이라고 말한다. 발문과 권고를 제기하는 활동은 교수법으로서의 대화법인 동시에 사고 방법으로서의 자신과의 대화술이다. 그것은 결코 프로그램화 하거나 기계화할 수 없는 것, 즉 예술적인 것이다. 이 사실은 문제 해결 교육의 장점이자 가장 큰 난점이기도 하다.

(2) 수학 학습 수준 이론

네덜란드 출신의 판 힐러 부부(Dina van Hiele Gedolf와 Pierre Marie van Hiele)의 수학 학습 수준 이론도 1980년대의 수학교육계를 풍미했던 이론 중의 하나이다. 판 힐러 부부가 수학 학습 수준 이론[13)]에 관한 최초의 논문을 발표한 시기는 1955년이며, 그 후 점점 전파되기 시작하여 1980년대에 이르러서는 전 세계적으로 알려지게 되었다.

판 힐러 부부는 중등 수학 교사로 재직하면서 학생들이 기하 학습에서 부딪치는 어려움을 해소해 줄 수 있는 방법을 다각적으로 연구하던 중 기하 학습에는 다음과 같은 다섯 가지 수준이 있다는 것을 실증하였다(박교식 외 역, 2010).[14]

- **제 1수준 (시각적 수준)** 주변의 사물을 전체적인 시각적 외관에 의해서만 파악한다. 도형(圖形)이 수단으로 쓰인다. 그러나 도형의 구성 요소를 명확히 고려하지는 않는다.
- **제 2수준 (기술적(記述的) 수준)** 비형식적인 분석을 통하여 도형의 구성 요소와 성질을 파악한다. 그러나 성질 사이의 관계를 파악하지 못한다.
- **제 3수준 (이론적 수준)** 도형의 여러 성질 사이의 관계를 파악할 수 있으며 이러한 관계를 진술한 명제를 이해한다. 수학적 정의(definition)를 이해한다.
- **제 4수준 (형식논리 수준)** 여러 명제 사이의 논리적인 관계와 증명을 이해한다. 무정의 용어, 공리, 정리를 이해한다.
- **제 5수준 (논리 법칙의 본질 수준)** 여러 가지의 연역 체계를 서로 구별하고 비교하며 통합할 수 있다.

판 힐러의 기하 학습 수준은 다음 표와 같이 도식화될 수 있다(김응태, 박한식, 우정호, 2003, p. 8).[15]

고찰 \ 수준	제1수준	제2수준	제3수준	제4수준	제5수준
대상	주변의 사물	↗ 도형	↗ 성질	↗ 명제	↗ 논리
수단	도형	성질	명제	논리	

2) 1990년대의 수학교육

1990년대 수학교육을 주도한 것은 NCTM의 ≪학교수학을 위한 교육과정과 평가 규준≫이라 할 수 있다. 이와 더불어 1990년대 수학교육의 두드러진 특징은 구성주의 수학교육철학이 전면에 등장했다는 사실이다.

13) 부인인 Dina van Hiele Gedolf는 1958년에 사망했다. 현재의 수준 이론은 남편인 Pierre Marie van Hiele가 발전시킨 것이다. 오늘날에는 대부분 '판 힐러 수준 이론'이라고 부른다.

14) 판 힐러가 제안한 기하 학습의 다섯 수준은 학자에 따라 다양하게 명명되고 있다. 이에 대한 자세한 설명은 5장 2절 96쪽의 각주를 참고하여라.

15) 김응태, 박한식, 우정호(2003)에서는 판 힐러의 기하 학습 수준이 0~4수준으로 제시되어 있으나, 이 책에서는 최근의 경향을 감안하여 1~5수준으로 수준명을 수정하여 제시하였다. 판힐러는 1955년 논문에서 기하 학습 수준을 0~4수준으로 명명하였으나, 1986년 저서에서 1~5수준으로 고쳐 부를 것을 제안하였다. 그 이유는 0수준이라 생각했던 시각화 수준의 중요성을 그가 간과했기 때문이라고 한다(박교식 외 역, 2000).

(1) 학교수학을 위한 교육과정과 평가 규준

1986년에 NCTM은 향후 10년간 학교수학을 개혁하고 질을 향상시키기 위하여 위원회를 설립하였다. 이 위원회의 임무는 새로운 시대가 학생들에게 요구하는 수학적 능력의 청사진을 제시하고, 그러한 청사진에 적합한 교육과정과 평가에 관한 규준을 만드는 것이었다. 이 위원회는 1989년에 ≪학교수학을 위한 교육과정과 평가 규준(*Curriculum and Evaluation Standards for School Mathematics*)≫(이하 간단히 ≪규준≫)을 발표하였다.[16] 이 ≪규준≫에는 향후 10년간 교육과정에 포함되어야만 할 우선적인 내용과 강조점이 담겨져 있으며, 1990년대 학교수학이 지향해야 할 새로운 수학적 정신의 핵심으로서 다음과 같은 수학 학습 목표 다섯 가지를 제시하고 있다(NCTM, 1992, pp. 9–11).

- 수학의 가치를 이해할 수 있다.
- 수학을 할 수 있다는 자신의 능력을 확신할 수 있다.
- 수학 문제의 해결자가 될 수 있다.
- 수학적으로 의사소통할 수 있다.
- 수학적으로 추론할 수 있다.

이러한 목표는 학생들이 수학적 개념이나 원리를 사용하여 문제를 해결하는 능력뿐만 아니라, 논리적으로 추론하고 추측하고 탐구하는 능력 즉 '수학적 소양(mathematical literacy)'까지 갖추는 것도 의도하고 있다.

(2) 구성주의

구성주의는 1990년대부터 수학교육 분야에서 주도적인 수학교육철학으로 등장하기 시작하였다. 그러나 구성주의의 출발점은 훨씬 이전까지 거슬러 올라갈 수 있으며, 그 후 인식론의 발달과 함께 계속적으로 진화되어 오다가 1960~1970년대를 거치면서 이론적 체계를 갖춘 것이다(박영배, 1996). 일반적으로 구성주의의 기원은 칸트(Immanuel Kant, 1724~1804)에 있다고 말한다. 앎에 대해서 칸트 이전의 전통적인 인식론에서는 '앎이란 주체가 객체를 수동적으로 받아들이는 것'이었던 반면에, 칸트에게는 이러한 전통적인 인식론의 근본 전제와는 반대되는 것으로서 '앎이란 주체가 객체를 능동적으로 구성하는 것'이 되었기 때문이다.[17] 칸트

16) NCTM은 이 ≪규준≫을 보완하기 위하여 *Professional Standards for Teaching Mathematics*(1991)와 *Assessment Standards for School Mathematics*(1993)를 출판하였다.

17) 칸트는 자신의 이러한 견해에 대하여 코페르니쿠스적인 혁명이라고 스스로 지칭하였다(박영배, 1996).

이후의 인식론에서는 앎의 중심은 주체이며 앎의 방향은 주체에서부터 객체를 향하게 되었다. 일반적으로 구성주의는 '구성'의 의미를 어떻게 해석하느냐에 따라서 다음의 네 가지로 구별될 수 있다.

- 조작적 구성주의(operational constructivism)
- 급진적 구성주의(radical constructivism)
- 인류학적 구성주의(anthropological constructivism)
- 사회적 구성주의(social constructivism)

조작적 구성주의는 피아제(Jean Piaget, 1896~1980)의 인식론을 지칭하는 용어이다. 그는 지식의 본질을 조작으로 보고, 이러한 조작을 통한 반영적 추상화와 균형을 향한 조절 과정에서 지식 구성의 근원을 찾는다. 우정호(2000)에 의하면, 피아제의 견해는 일차적으로는 수학적 지식에 대한 구성주의적인 것으로 여겨질 수 있으나 근본적으로 본다면 구성주의와는 정반대의 플라토니즘과 일치한다. 왜냐하면 피아제는 객관적인 수학적 지식이 인식 주체에 잠재적인 형태로 내재되어 있으며 그러한 수학적 지식에 이르는 불변의 발달 통로를 가정하고 있기 때문이다.

급진적 구성주의를 표방하는 주요 인물은 글레이저스펠트(Ernest von Glasersfeld)이다. 그는 주체가 객체를 수동적으로 수용할 때 지식이 가능하게 된다는 전통적인 실재론적 인식론의 대전제를 부정하고, 앎은 주체가 객체를 능동적으로 구성하는 것이라고 주장하였다. 글레이저스펠트는 이에 그치지 않고 개인의 주관으로부터 독립된 객관적인 지식의 존재를 거부하고, 지식의 의미를 적응을 위한 도구로서의 실용성과 그에 의한 도태와 생장의 원리에서 찾는다(von Glasersfeld, 1999). 급진적 구성주의는 이성 중심의 합리주의 사상, 과학의 권위와 가치, 지식의 확실성과 보편성을 부정하고 대신에 문화적·사회적·개인적인 다양성과 다원성, 상대성, 불확실성을 중시하는 수학교육철학으로 볼 수 있다.

인류학적 구성주의를 주장하는 대표적인 인물은 콥(Paul Cobb)이다. 인류학적 구성주의는 급진적 구성주의에 의해서 수학적 지식의 객관성이 부정됨으로써 교육의 기반이 상실되고, 이에 따라 수학 교육이 딜레마에 빠지는 것을 방지하기 위하여 제안된 것이다(우정호, 2000). 그에게 있어서 수학적 지식이 객관적이라는 것은 수학 공동체 내의 구성원들 사이의 상호 교섭과 조정 활동을 통하여 간주관적인 합의가 형성되었음을 의미한다.

사회적 구성주의는 수학적 지식의 사회적 성격을 강조하고 수학적 지식의 객관성을 사회의 공유성에서부터 확보하는 어니스트(Paul Ernest)의 견해를 일컫는다. 사회적 구성주의에서는 언어가 수학적 지식 형성에 결정적인 역할을 수행한다고 본 비고츠키(Lev S. Vygotsky, 1896~1934)의 주장을 수용하면서, 수학적 지식의 기반을 사회적 규약으로서의 언어로 보는 규약주의의 관점을 취하고 있다. 또한 수학의 발견을 추측과 증명 및 반박의 논리에 의한 사회적 구성 과정이라고 본 라카토스(Imre Lakatos, 1922~1974)의 준경험주의 수학관을 바탕으로 하고 있다(우정호, 2000).

3) 2000년대의 수학교육

2000년대의 수학교육에서는 ≪학교 수학을 위한 원리와 규준(*Principles and Standards for School Mathematics*)≫이 유력한 지침으로 널리 채용되고 있다. 수학교육 이론으로는 구성주의 이외에도 수학교수학적 상황론과 현실주의 수학교육론이 대표적이다.

(1) 학교 수학을 위한 원리와 규준

NCTM은 수학교육을 선도하기 위해 2000년에 ≪학교수학을 위한 원리와 규준≫(이하 ≪원리와 규준≫)을 발표하였다(NCTM, 2000). 이는 NCTM이 1989년에 발표한 ≪수학교육과정과 평가의 새로운 방향≫을 대체하는 것이었다. ≪원리와 규준≫에서는 학교수학의 위상을 다음과 같이 네 가지로 설정하고 있다.

- 삶을 위한 수학
- 문화유산으로서의 수학
- 일터를 위한 수학
- 과학·기술을 위한 수학

≪원리와 규준≫에서는 여섯 가지의 수학 교수·학습 원리(공평[18], 교육과정, 교수, 학습, 평가, 테크놀로지)와 다섯 가지의 내용 규준(수와 연산, 대수, 기하, 측정, 자료 분석과 확률) 그리고 과정 규준(문제 해결, 추론과 증명, 의사소통, 연결성, 표현)을 제시하고 있다. 내용 규준은 학생들이 학습해야 할 수학 내용 영역을 규정한 것이고, 과정 규준은 그러한 내용을 획득하고 사용하는 방법을 규정한 것이다.

(2) 수학 교수학적 상황론

수학 교수학적 상황론(theory of didactical situations in mathematics)은 프랑스의 브루소(Guy Brousseau)가 구축해 온 이론으로서 학생들이 수학적 개념의 본질을 터득할 수 있는 '교수 상황'을 어떻게 구성할 것인가를 논의하는 이론이다. 브루소가 말하는 '수학 교수학적 상황'이란 교사와 학생이 상호 작용하는 상황으로서 학생에게 어떤 수학적 지식을 학습시키고자 하는 교사의 교수학적 의도가 담긴 상황이며 수

18) '공평(equity)'은 모든 학생에게 높은 성취 수준을 '공평하게' 기대하며 이를 위한 강력한 지원을 '공평하게' 제공한다는 뜻이다.

학적 개념의 본질이 실제로 작용하는 문제 상황이다. 이 이론은 1970~1990년을 거치면서 완성되었으며, 그 정교함으로 인하여 2000년에 들어 점점 세계적인 주목을 받고 있다.

브루소는 역사발생적 상황을 고려하여 수학의 교수 상황을 다음의 네 단계에 따라 전개할 것을 제안하고 있다.

- 행동 상황
- 형식화 상황
- 타당화 상황
- 제도화 상황

행동 상황은 수학적 지식이 암묵적으로 사용되는 문제 상황이며, 형식화 상황은 그러한 지식을 의식하고 표현하는 상황이다. 타당화 상황은 형식적으로 표현된 지식의 타당성을 입증하는 상황이며, 제도화 상황은 교사가 개입하여 학생들의 구성 결과를 정돈하고 공인한 다음, 그것을 이전 지식과 관련시켜 주는 상황이다.

브루소는 '교수 의도'의 측면에서 교수 상황을 '교수학적 상황(didactical situation)'과 '비교수학적 상황(adidactical situations)'으로 구분하고 있다. 교수학적 상황은 교사가 문제를 사려 깊게 선택하여 학생들에게 인지적 불균형을 야기하고 기대했던 적응을 이끌어 내려고 시도하는 상황이다. 비교수학적 상황은 교사의 중재 없이도 수학 지식이 문제 해결의 도구로 기능하고 구성될 수 있는 상황이다. 학습의 최종 목적은 비교수학적 상황으로의 이행과 적응이다. 교사는 교수 활동을 통하여 학생들이 교수학적 상황을 벗어나 가급적 빨리 비교수학적 상황으로 이행하도록 도와주어야 한다.

(3) 현실주의 수학교육론

현실주의 수학교육론(RME: Realistic Mathematics Education)은 네덜란드의 프로이덴탈(Hans Freudenthal, 1905~1990)의 수학교육론을 지지하는 일단의 네덜란드 사람들이 1970년대 초부터 연구·실천하고 주창한 수학교육 이론이다(Grave- meijer, 1994). '현실주의 수학교육'이라는 이름은 트레퍼스(Adrian Treffers)가 수평적 수학화와 수직적 수학화 모두를 강조하는 수학교육을 '현실적(realistic)'이라고 한 것에서부터 비롯되었다(Treffers, 1987).[19] 현실주의 수학교육론은 이론과 실제를 이상적으로 조화시킨 것으로 인정되고 있으며, 2000년대 들어서 세계적으로 확산되는 추세에 있다.[20] 현실주의 수학교육론의 기본 원리는

19) 프로이덴탈에게 있어서 '현실'이라는 용어는 독특한 의미를 가진다. 현실은 단지 생활 사태라는 좁은 의미가 아니라 물리적, 사회적, 정신적인 세계를 총괄하는 것으로서 과거와 현재의 삶과 의미를 함유하면서 미래를 향하여 계속적으로 재조직되고 확장되는 것이다.

다음과 같은 세 가지로 정리할 수 있다(정영옥, 2000).

- 수학화와 안내된 재발명 방법
- 교수학적 현상학
- 수준이론

수학화는 현실 안에 있는 여러 현상을 수학적 수단을 통하여 조직하고, 그렇게 함으로써 현실에 질서를 부여하는 것을 말한다. 한 차례 수학화가 이루어지면 이 수학화의 산물은 현실에 함유됨으로써 현실을 확장하게 된다. 확장된 현실은 새로운 수학적 수단에 의하여 또다시 수학화된다. 이때 이전 단계에서는 조직의 수단이었던 본질이 현 단계에서는 조직되어야만 할 현상이 된다. 수학화는 이러한 현상과 본질의 교대 작용에 의한 수준의 상승으로 이루어지며, 종국적으로는 추상적이고 연역적인 구조에 이르게 된다. 예를 들어 공간적 형태를 도형으로 파악하는 것은 공간을 수학화하는 것이다. 평행사변형의 여러 특성 중 어느 하나가 다른 하나로부터 연역되도록 그 특성을 배열하는 것은 평행사변형의 개념 영역을 수학화하는 것이다. 기하학적인 여러 정리를 그 중의 몇 개로부터 추론할 수 있도록 배열하는 것은 기하학을 수학화하는 것이다(Freudenthal, 1991).

안내된 재발명 방법이란 프로이덴탈의 수학교육 방법론에 해당하는 것이다. 그것은 어떤 지식을 가르칠 때 그 지식이 형성된 순서와 방법을 따라야 한다는 발생적 원리의 연장선 위에 있다. 안내된 재발명 방법은 수학적 개념이나 구조를 가르칠 때, 그것이 현실 속의 여러 현상을 조직하는 수단으로 작용하는 과정을 거치게 한다는 것, 요컨대 수학화 과정을 재현시키는 것을 의미한다(Freudenthal, 1991).

수학적 지식이 수학화에 의해서 발생되고, 수학화는 현실 안의 현상을 수학적 수단을 통하여 조직하는 것을 의미한다고 볼 때, '교수학적 현상학(didactical phenomenology)'은 수학적 현상과 본질의 상대적 관계를 교수학적 측면에서 탐구하는 것이라고 볼 수 있다. 교수학적 현상학이란 어떤 수학적 개념, 구조가 조직 수단으로 작용하는 현실적 문맥을 찾고, 그 문맥과의 관련 아래 수학적 개념, 구조가 발생하고 응용되고 조직되는 과정을 아동의 학습과 관련해서 기술하는 것이다(Freudenthal, 1983).

프로이덴탈의 수준 이론은 판 힐러의 수준 이론에 바탕을 두고 있으며 그것과 유사하다. 그러나 판 힐러의 수준 이론이 거시적인 반면, 프로이덴탈의 수준 이론은 미시적이라 할 수 있다(정영옥, 2000).

20) 네덜란드의 프로이덴탈 연구소와 미국의 Wisconsin Center for Educational Research는 NCTM의 규준과 RME의 교수·학습 이론을 바탕으로 1998년에 'Mathematics in context'라는 중등교과서를 제작하였으며, 이 교과서는 현재 우리나라에서도 번역·시판되고 있다.

생각해 볼 문제

1. 20세기 수학교육의 변천 과정은 유용성(수단적 가치)과 예술성(내재적 가치)이라는 수학의 두 가지 교육적 가치 사이의 그네 운동으로 특징지어진다. 각 사조는 두 가치 중에서 어떤 가치를 더 본질적인 교육적 가치로 중시했는지 고찰하시오.

2. 이 장에서 고찰한 다양한 수학교육 이론들은 크게 볼 때 경험적 관점과 선험적 관점으로 분류될 수 있다. 예를 들어 문제 해결 수학교육론과 현실주의 수학교육론은 대표적인 '경험주의적' 수학교육론으로 볼 수 있다. 여타의 각 사조는 어떤 부류에 속하는지, 왜 그러한지 고찰하시오.

3. 피아제의 인식론과 브루너의 교육 이론이 수학교육 현대화 운동에 미친 영향에 대하여 구체적으로 제시하고 그 시사점에 대하여 논하시오.

4. 수학교육 현대화 운동이 실패하게 된 원인을 분석하고, 교육적 시사점을 논하시오.

5. 수학교육 근대화 운동과 수학교육 현대화 운동이 문제 해결 운동에 미친 영향에 대해 논하시오.

6. 판 힐러의 수준 이론에 비추어 현행 학교수학의 도형 영역의 특징에 대하여 설명하시오.

7. 1989년에 NCTM에서 발표한 ≪학교수학을 위한 교육과정과 평가 규준≫에서 강조하는 사항을 내용 영역별로 정리하시오.

8. 브루소의 수학교수학적 상황론에 대해 조사하고, 브루소의 이론에 따른 수업 설계의 예를 제시하시오.

9. 현실주의 수학교육론에 대해 조사하고, 그 이론에 따른 수업 설계의 예를 제시하시오.

▪ 참고문헌 ▪

김응태, 김연식 (1982), 수학교육교재론, 서울: 이우출판사.

김응태, 박한식, 우정호 (2003), 수학교육학개론(제2증보), 서울대학교출판부.

박영배 (1996), 수학 교수·학습의 구성주의적 전개에 관한 연구, 서울대학교 박사학위 논문.

박교식 외 역(2010), 구조와 통찰, 경문사(van Hiele, P. M. (1986), *Structures and insight: A theory of mathematics education*, Orlando: Academic Press, Inc.)

우정호 (2000), 수학 학습–지도 원리와 방법, 서울대학교출판부.

이성헌 (1991), 수학교수법, 서울: 교학사.

정영옥 (2000), 수학교육 연구 동향: 네덜란드의 현실적 수학교육, 학교수학, 2(1), pp. 283–310.

정은실 (1995), Polya의 수학적 발견술 연구, 서울대학교 박사학위 논문.

한국교육개발원 (1988), 수학과 기초 기능에 관한 연구, 서울: 한국교육개발원.

數學教育研究會編 (1995a), 新算數教育の理論と實際, 東京: 聖門社.

數學教育研究會編 (1989), 算數教育の理論と實際, 東京: 聖門社.

佐々木元太朗 (1967), イギリスのS.M.P.[第1券] 總論, 東京: 近代化新書出版社.

佐々木元太朗 (1986), 數學教育學の研究, 東京: 教育出版センター.

平林一榮, 石田忠男(編) (1992), 算數·數學科 重要用語300の基礎知識, 東京: 明治圖書.

Bruner, J. S. (1990), 교육의 과정, (이홍우 역), 서울: 배영사. (원작은 1961년 출판)

Freudenthal, H. (1983), *Didactical Phenomenology of mathematical Structures,* Dordrecht: D. Reidel Publishing Company.

Freudenthal, H. (1991), *Revisiting mathematics education*, Dordrecht: Kluwer Academic Publishers.

Gravemeijer, K. P. G. (1994), *Developing realistic mathematics education*, Utrecht: CDβ Press.

Kline, M. (1973), *Why Johnny can't add: the failure of the new math*, New York: St. Martin's Press.

Moore, E. H. (1902), On the foundations of mathematics, In National Council of Teachers of Mathematics, *A general survey of progress in last twenty five years* (first yearbook, 1995), pp. 32–57. Reston VA: National Council of Teachers of Mathematics.

NCTM (1970), *A history of mathematics education in the United States and Canada* (32 yearbook), Reston VA: National Council of Teachers of Mathematics.

NCTM (1992), 수학교육과정과 평가의 새로운 방향, (구광조, 오병승, 류희찬 역), 서울: 경문사. (원작은 1989년에 출판)

NCTM (2000), *Principles and standards for school mathematics*, Reston, VA: National Council of Teachers of Mathmatics.

NCTM, NCSM (1977), Position statement on basic skills, *Arithmetic Teachers*(Oct), pp. 18–22.

On the mathematical curriculum of the high school (1962), *American Mathematical Monthly 69*, p.189–193.

Perry, J. (1901), The teaching of mathematics, In Bidwell J. K. & Clason, R. G. (Eds.), *Readings in the history of mathematics education*, pp. 221–245, Reston, VA: National Council of Teachers of Mathematics.

Perry, J. & Klein, F. (1972), 數學教育改革論, (丸山哲朗 譯), 東京: 明治圖書出版株式會社.

Polya, G. (1986), 어떻게 문제를 풀 것인가, (우정호 역), 서울: 천재교육. (원작은 1957년 출판).

Treffers, A. (1987), *Three dimensions. A model of goal and theory description mathematics education: The Wiscobas Project*, Dordrecht: D. Reidel Publishing Company.

von Glasersfeld, E. (1999), 급진적 구성주의: 앎과 학습의 길, (김판수 외 6명 역), 서울: 원미사. (원작은 1995년 출판)

03

우리나라 초등수학교육의 변천

우리나라에서 수학을 비교적 체계적으로 지도하기 시작한 것은 갑오경장(1894) 이후라고 할 수 있다. 그러나 갑오경장 이후 광복(1945)까지의 수학교육은, 우리나라 사람들에 의해 이루어진 자율적인 수학교육이었기보다는 일본 사람들에 의해 이루어진 타율적인 수학교육이었다. 그래서 여기서는 광복 이후 초등수학교육의 변천을, 1946년에 발표된 교수요목(敎授要目)부터 2015년에 수정 고시된 교육과정까지의 변화를 중심으로 알아본다.

1. 교수요목

광복 이후 정부 수립(1948)까지는 미군정청(美軍政廳)이 주도하는 수학교육이 이루어졌다. 광복이 되고, 이어 9월 14일에는 모든 공립 초등학교가 다시 문을 열게 되었다. 그러나 새로운 교과서를 미처 준비하지 못했기 때문에, 광복 초기에는 광복 이전에 사용하던 일본어 교과서를 직역하여 사용하는 것이 고작이었다. 이어 1946년 3월 미군정청에서, 초등학교에서 지도해야 할 수학 내용만을 간추려 산수과(算數科) 교수요목으로 제정·발표하게 되어, 9월 1일부터는 이 교수요목에 따른 수학교육이 이루어졌다. 이때, 교과의 이름이 '산수'에서 '셈본'으로 바뀌게 되었다(박한식, 1991).

산수과 교수요목은 급박하게 만들어졌기 때문에, 그 내용은 일본 사람들이 만든 광복 직전의 교수요목 내용과 크게 다르지 않았다. 더구나 이 교수요목 내용은 대체로 아동들의 수준을 넘어서는 것이었다. 또, 실제 지도 과정에서도 이 교수요목 내용이 계통적으로 지도되지 않았고, 이해와 숙련을 위한 충분한 기회도 주어지지 않았다. 그 결과 이 교수요목에 의한 수학교육은 대체로 불만족스러운 것이었다. 심지어 아동들이 생활에 필요한 기본적인 산수 능력마저도 제대로 갖추지 못할 정도이었다. 그러나 곧이어 발발한 6·25 전쟁(1950)으로 인해, 적절한 새 교육과정이 만들어질 수 없었고, 따라서 이 교수요목에 따른 수학교육이 실질적으로는 1955년까지 계속될 수밖에 없었다.

2. 제 1 차 교육과정

정부 수립 후 미군정 시대의 수학교육을 재검토하기 위한 노력이 있었다. 6·25 전쟁의 와중에서도 이러한 노력이 결실을 맺어 1955년 8월 1일 문교부령 제44호로 제1차 교육과정이 제정·공포되었다. 제1차 교육과정은 미국의 진보주의 교육사상, 특히 듀이(John Dewey, 1859~1952)의 실용주의 사상의 영향을 받아 실용성이 매우 강조된 생활 경험 중심의 교육과정이었다.[1] 이러한 실용성의 강조는 제1차 교육과정에서 제시하고 있는 다음의 산수과 목표에도 잘 나타나 있다(문교부, 1986, p. 12).

> 산수과는 일상생활에 있어서 수량적인 관계와 형(形)에 대하여 고찰하고 이해하고 처리하는 능력과 태도를 기르는 데 있다. 즉, 학생들의 일상생활이나 사회 현상 중에서 생활에 필요한 수량적인 내용을 이해하고 또 활용할 수 있도록 풍부한 경험을 통하여 고찰하고, 처리를 시킴으로써, 생활에 일어나는 문제를 필요에 따라 자유로이 잘 해결지을 수 있는 능력을 기르며, 수량적인 처리를 통하여 언제나 생활을 더욱 더 낫게 하도록 하는 태도를 기름으로써 유능한 사회의 일원이 되도록 성장 발달시키는 데 있다.

제1차 교육과정에서는, 산수과의 내용을 1~2학년에서는 '수', '계산', '분수', '측정', '표와 그림표', '문제 해결과 실무', '형과 도형'의 일곱 영역으로, 그리고 3~6학년에서는 '수', '계산', '분수', '소수', '측정', '표와 그림표', '문제 해결과 실무', '형과 도형'의 여덟 영역으로 나누었다.

비록, 제1차 교육과정에서는 산수과의 내용을 몇 개의 영역으로 구분함으로써, 학년별 지도 계통을 확립하기 위해 노력했으나, 교과서에는 그러한 노력이 반영되지 않았다. 오히려 당시의 교과서는 수학의 계통성을 무시한 채, 일상생활에 필요

1) 박한식(1991)은 제1차 교육과정기를 '생활 단원 학습기'라고 부르고 있다.

한 내용을 중심으로 집필하였다.

제1차 교육과정은 우리나라 사람들에 의해 의욕적으로 만들어진 최초의 교육과정이었으나, 충분한 의견 수렴과 검토의 과정을 거쳐 만들어진 것은 아니었다. 따라서 여러 가지 부작용이 속출하게 되었다. 특히, 산수과의 목표가 제시하고 있는 것과는 다르게, 수학적으로 사고하고 처리하는 태도를 배양하기보다는, 일상생활에서 요구하는 계산 그 자체에 더 치중하게 되었다. 그 결과 산수과의 내용이 소홀히 취급되었고, 아동들의 산수 실력 수준도 낮아지게 되었다. 한편, 1차 교육과정에서는 교과의 이름이 '셈본'에서 다시 '산수'로 환원되었다(이용률·성현경, 1991; 박한식, 1991).

3. 제 2 차 교육과

제1차 교육과정 운영에서 드러난 여러 가지 문제점을 새로운 시각에서 검토하기 시작하여, 드디어 1963년 2월 15일 문교부령 제19호로 제 2차 교육과정을 공포하였다.[2)]

제2차 교육과정의 특징은, 제1차 교육과정의 생활 중심에서 벗어나 수학의 계통을 중시하는 것이었다(교육부, 1994). 그러나 수학의 실용성 그 자체의 포기를 의미하는 것은 아니었고, 생활 장면에 바탕을 둔 교수·학습 대신, 수학의 계통성에 바탕을 둔 교수·학습을 전개한다는 것을 의미하는 것이었다(문교부, 1986, p. 40).

제2차 교육과정에서는, 제1차 교육과정과는 다르게, 산수과의 내용을 '수', '계산', '양과 측정', '도형', '수량 관계'와 응용의 다섯 영역으로 나누었다. 이때부터 초등학교 수학과의 내용을 다섯 영역으로 구분하는 것이 일반화되었다. 특히, '수량 관계와 응용'이라는 영역에 '문장제(文章題), 함수, 생활 문제, 식, 표와 그래프' 등을 포함시켰다. 또, '지도상의 유의점'을 제시하여 순환식 학습을 강조하였다. 다른 교과, 학년, 영역 사이의 관계에도 유의할 것과 지역 사회의 발전 및 생산 기술의 향상도 고려할 것을 요구하였다. 제2차 교육과정의 특징은 대체로 다음과 같다(박한식, 1991, pp. 133–134).

- 수학 본연의 계통성을 중시하였다.

2) 1969년 9월 4일 문교부령 제251호로 부분 개정됨.

- 수학의 기초 학력을 신장하는 데 주력하였다.
- 지도의 방법과 원리가 제시되었다.

제2차 교육과정은 제1차 교육과정과 같이 경험 중심 교육과정이라 할 수 있고, 수학의 계통성을 강조하였기 때문에, '계통 중심 교육과정'이라고 부르기도 한다. 그러나 제1차 교육과정의 문제점인 생활 중심을 완전히 탈피하지 못했고, 그 당시 세계적인 수학교육의 조류를 반영하지 못했다.

4. 제 3 차 교육과정

제2차 교육과정이 시행되던 때는, 세계적으로 수학교육 현대화 운동이 활발하게 전개되던 시기였다. 이러한 흐름은 우리나라에도 영향을 미치게 되어, 수학교육 현대화를 반영한 제 3차 교육과정이 1973년 2월 14일 문교부령 제 310호로 공포되었다. 제3차 교육과정의 개발에서는 다음의 여섯 가지가 강조되었다(이정실, 1973, p. 26).

- 집합의 기본 개념의 생각을 토대로 한다.
- 수학적인 구조 구명(究明)을 중요시한다.
- 심리성(心理性), 논리성(論理性) 등을 강조한다.
- 관계(關係) 개념을 중시한다.
- 실용성을 중요시하되, 계산 위주의 학습 형태를 제거한다.
- 지엽적인 사고를 지양(止揚)하고 광범위하고 통일된 사고를 강조한다.

제3차 교육과정에서는 산수과의 내용을 '수', '연산(演算)', '관계', '도형', '측도(測度)'의 다섯 영역으로 나누었다. 집합 개념을 바탕으로 하여, 각 학년의 내용을 통합적으로 취급할 것을 요구하였고, 제2차 교육과정에서의 '계산', '양과 측정', '수량 관계와 응용'이라는 영역의 이름이 각각 '연산', '측도', '관계'로 바뀌었다. 또한, 〈지도상의 유의점〉이라는 항목에서 처음으로, 각 영역을 지도할 때 특별히 염두에 두어야 할 점을 제시하였다. 제3차 교육과정의 특징은 대체로 다음과 같이 요약될 수 있다(이용률·성현경, 1991, p. 25).

- 수학적 체계를 강조하고 논리적 엄밀성을 기하였다.
- 발견학습법을 권장하여 창의력 신장을 꾀하였다.

- 기호, 용어를 이해하여 간결 명확한 표현 능력을 기르도록 하였다.
- 현대 수학의 몇 가지 개념을 과감히 도입하였다.[3)]

수학교육 현대화라는 세계적 조류에 맞추어 3차 교육과정이 의욕적으로 시행되었다. 그러나 충분한 정지 작업 없이 시행되어, 다음과 같은 문제점들이 속속 드러나게 되었다(이용률·성현경, 1991).

- 내용이 시수(時數)에 비해 너무 많아, 기본적인 이해를 시키는데 급급한 나머지, 교육과정에서 의도하고 있는 수학적 사고력 신장을 기대할 수 없었다.
- 새로 도입된 내용의 교재화가 불완전하여, 새로 도입된 내용에 대한 이해가 불충분하였다.
- 수학적 구조를 지나치게 강조하고 기본 기능을 소홀히 취급한 결과, 기본 기능의 약화를 가져왔다.

5. 제 4 차 교육과정

제3차 교육과정이 시행되던 때는 세계적으로 이미 수학교육 현대화에 대한 비판과 반성이 폭넓게 이루어지고 있던 시기였다. 우리나라에서도 1970년대 중반부터 제3차 교육과정에 대한 비판이 대두되기 시작하여, 1981년 12월 31일 문교부 고시 제 442호로 제 4차 교육과정이 고시되었다. 제4차 교육과정 제정의 기본 방침은 다음 다섯 가지였다(이영덕 외 17인, 1982, pp. 194–197).

- 내용이나 개념의 선정 및 제시 방법은 학습자의 발달 수준, 학교 급간의 관련성을 고려하여 기초적인 지식의 습득을 중시한다.
- 기초 연산의 이해를 바탕으로 계산 기능을 강화한다.
- 단계적 교재의 구성으로 기본 개념을 보다 더 철저하게 이해시킬 수 있는 시간을 가지게 한다.
- 일상생활의 여러 가지 현상을 수리적으로 생각하는 경험을 통한 문제 해결력을 강화한다.
- 발견적인 학습 방법을 강조한다.

3) 수학교육 현대화의 입장에서 도입된 내용은 주로 현대 수학에서 많이 사용되는 개념이었다. 이러한 의미에서, 그것을 '새수학(new math)'이라고 부르기도 한다.

제4차 교육과정은 수학교육 현대화를 포기하였다기보다 사실상 수학교육 현대화의 정신을 그대로 계승하면서(이용률 · 성현경, 1991) 제3차 교육과정의 운영에서 드러난 문제점을 수정 · 보완하는 차원에서 개발되었다[4]. 그러나 기초적인 지식, 기능 및 문제 해결력을 강조하였다는 점에서는 제3차 교육과정과 차별화된다고 할 수 있다(문교부, 1986, p. 85).

제4차 교육과정에서는, 제3차 교육과정에서와 마찬가지로, 산수과의 내용을 '수', '연산', '도형', '측도', '관계'의 다섯 영역으로 나누었고, 평가상의 유의점을 처음으로 제시하여, 산수 교수 · 학습에서의 평가의 역할을 강조하였다. 내용 선정은, 수학교육 현대화라는 입장에서 무리하게 조기 도입된 내용을 경감하고, 수준도 적정화한다는 관점에서 이루어졌다(박한식, 1991).

특별히 제4차 교육과정기에는, 1학년의 경우 산수 교과서와 자연 교과서를 통합하여 '슬기로운 생활'이라고 하는 하나의 교과서를 만들어 사용했다. 그러나 이 통합은 교육과정끼리의 통합이 아닌 교과서끼리의 통합으로, 학교에서 실제로 지도하는데 어려움이 많았다.

제4차 교육과정에서는, 수학의 기본 개념과 기본 기능에 중점을 두고 문제 해결력을 신장시키는 수학교육을 지향했다. 그러나 실제적으로는 무엇을 기본 개념과 기본 기능으로 볼 것인가에 대한 분명한 기준을 제시해 주고 있지 않았다. 또, 문제 해결력을 강조하였으나, 문제 해결에 대한 사전 연구와 문제 해결을 교수 · 학습에 반영하기 위한 구체적인 방안이 마련되지 못해, 교육과정이 의도하는 것만큼 문제 해결을 교수 · 학습에 충분히 반영시키지는 못하였다(한국교육개발원, 1986).

6. 제 5 차 교육과정

제5차 교육과정은 제4차 교육과정의 운영에서 드러난 문제점을 수정 · 보완하는 차원에서 만들어진 것으로, 제4차 교육과정의 골격을 거의 그대로 유지하였다.[5] 제5차 교육과정은 1987년 6월 30일 문교부 고시 제87-9호로 고시되었다. 제5차 교육과정 제정의 기본 방향은 다음의 다섯 가지이었다(문교부, 1988, pp. 392–393).

4) 이러한 의미에서, 박한식(1991)은 제4차 교육과정기를 수학교육 현대화의 '제1차 수정기(修正期)'라고 부르고 있다.

5) 이런 의미에서 박한식(1991)은 제5차 교육과정기를 수학교육 현대화의 '제2차 수정기'라고 부르고 있다.

- 기초 학습 능력 및 기초 학력과 관련되는 내용을 강화한다.
- 학생용 보조 교과서의 제공으로 학생들의 학습 활동을 늘리고, 자율적인 학습의 기회를 많이 제공한다.
- 수학적 지식과 기능의 활용을 바탕으로 수학적 사고를 통한 문제 해결력을 강조한다.
- 학습 내용의 양과 수준을 적정화시킨다.
- 내적인 학습 동기 유발 및 긍정적인 태도 육성을 강조한다.

제5차 교육과정에서는 수학의 기초적인 지식, 기능, 문제 해결은 강조하면서, 처음으로 심리학적 측면을 고려하여 수학교육의 목표에 '수학에 대한 흥미와 관심을 지속적으로 가지게 하고, 수학적 사실을 간결, 명확하게 처리하는 생활 태도를 가지게 한다.'는 정의적 목표가 제시되었다(문교부, 1988).

제5차 교육과정에서는, 제4차 교육과정에서와 마찬가지로, 산수과의 내용을 '수', '연산', '도형', '측도', '관계'의 다섯 영역으로 나누었다. 〈지도상의 유의점〉 항목에서 발문(發問)의 역할을 처음으로 언급하였으며, 문제 해결에 대해서도 처음으로 언급하였다. 또, 〈평가상의 유의점〉 항목에서는 처음으로 정의적 목표의 평가와 문제 해결력의 평가에 대해 언급하였다(문교부, 1988, p. 401).

제4차 교육과정기에서는 1학년에서 산수 교과서와 자연 교과서를 통합한 '슬기로운 생활'이라는 교과서를 사용했었다. 그러나 제5차 교육과정기에서는, 1학년에서부터 다시 산수 교과서가 독립적으로 사용되었다. 또 하나 두드러진 특징은 보조 교과서인 ≪산수 익힘책≫을 처음으로 발간하여 산수 교과서를 보충, 보완하고 좀 더 심화된 내용을 다루도록 한 점이다.

7. 제 6 차 교육과정

제 6차 교육과정은 제5차 교육과정을 부분적으로 개정한 것이다. 다시 말해, 제6차 교육과정은 제5차 교육과정을 바탕으로 하여, 초등학교 수학의 내실을 기하는 방향으로 개정되었다. 제6차 교육과정은 1992년 9월 30일 교육부 고시 제1992-16호로 고시되어 1, 2학년은 1995년부터 3, 4학년은 1996년부터 5, 6학년은 1997년부터 시행되었다. 제6차 교육과정의 개발에서 중점을 둔 것은 다음의 다섯 가지이었다(교육부, 1994, pp. 227–229).

- 기초 교과, 도구 교과의 성격이 뚜렷하게 부각되도록 수학의 초보적인 지식

습득 및 기능을 강화하였다.

- 학습 지도 내용의 적정화와 계통성을 고려하였다.
- 미래 사회에 대비하여 수학 내용을 정선하였다.
- 수학적 지식과 기능의 활용을 바탕으로, 사고를 통한 문제 해결력과 그 활용성을 강조하였다.
- 학습 목표와 내용에 적합한, 다양한 교수·학습 방법과 평가를 강조하였다.

제6차 교육과정에서는 교과의 이름을 '산수'에서 '수학'으로 바꾸었다. 이것은 세계적인 추세에 따른 것이기도 하고 또, 단순히 계산 중심의 교수·학습이 아니라는 것을 분명히 하기 위한 것이기도 하다. 한편, 제6차 교육과정에서는 초등학교수학에서 중점을 두고 있는 측면을 부각시키기 위해 수학과의 '성격'을 새로이 제시하였다.

제6차 교육과정에서도 수학과의 내용은 '수', '연산', '도형', '측도', '관계'의 다섯 영역으로 나누었다. 특히, 관계 영역에서 문제 해결을 하나의 하위 영역으로 설정하여, 제4차 교육과정에서부터 강조되어 오던 문제 해결을, 각 학년에서 매우 상세하게 취급하였다. 지도 및 평가상의 유의점을 '방법'과 '평가'로 나누어 제시하였고, 평가에서는 인지적 영역, 문제 해결력, 수학적 성향(性向)의 평가에 대해 비교적 자세히 언급하였다.

한편, 제6차 교육과정에서는, 새로이 국제단위계(單位系)에 따른 단위 표기를 사용하였다. 또, 교육과정에는 언급되어 있지 않지만, ≪교육과정 해설서≫에는 아동들이 사용할 수 있는 문제 해결 전략(戰略)으로 '식 만들기', '그림 그리기', '표 만들기', '규칙성 찾기', '예상하고 확인하기', '거꾸로 풀기', '수형도 그리기', '단순화하기', '문제를 발전적으로 만들기', '문제를 재구성하기' 등을 제시하고 있다(교육부, 1994). 이상을 볼 때, 기초 학습 능력의 강화와 문제 해결력의 중시가 제6차 교육과정의 특징이라고 할 수 있다(교육부, 1994).

8. 제 7 차 교육과정

제7차 교육과정은 제6차 교육과정을 큰 폭으로 개정한 것이다.[6] 제7차 교육과정

6) 백석윤·이명희(2003)는 어니스트(Paul Ernest)의 수학교육철학적 관점을 기준으로 하여 의미론적 방법으로 우리나라 초등학교 수학과 교육과정 변화의 경향을 파악한 바 있다. 그들에 따르면, 제7차 교육과정은 사회적 구성주의 수학관을 가진 '대중교육자 이데올로기'에 가깝다.

은 1997년 12월 30일 교육부 고시 제1997-15호로 고시되어 1, 2학년은 2000년, 3, 4학년은 2001년, 5, 6학년은 2002년부터 시행되었다.[7] 제7차 교육과정에서는 1학년부터 10학년까지의 10년 동안 '국민 공통 기본 교육과정'을 편성·운영하여 국민으로서 기본적으로 갖추어야 할 최소한의 지식, 능력, 태도를 기르고자 하였다. 수학과는 1학년부터 10학년까지 10단계를 두고, 각 단계별로 학기를 단위로 하는 2개의 하위 단계를 설정하여 단계형 수준별 교육과정으로 운영하였고, 각 하위 단계별로 기본 과정, 심화 과정으로 나누어 구성하였다. 제7차 초등학교 수학과 교육과정 개발의 중점은 다음의 여섯 가지이었다(교육부, 1998, pp. 14–15).

- 개인의 능력 수준을 고려한 수학교육을 도모한다.
- 수학의 기본 지식을 가지게 하는 수학교육을 추구한다.
- 학습자의 활동을 중시하는 수학교육을 강조한다.
- 수학 학습에 흥미와 자신감을 가지게 하는 수학교육이 되도록 한다.
- 계산기, 컴퓨터 및 구체적 조작물을 학습 도구로 활용하는 수학교육을 권장 한다.
- 다양한 교수·학습 방법과 평가 방법을 활용하는 수학교육을 실현한다.

제7차 교육과정에서는 학습량을 경감하여 학생들의 학습 부담을 줄이고자 하였고, 학생들의 인지 발달 수준을 고려하여, 그리고 학습의 위계도와 난이도를 고려하여 단계형 수준별 교육과정을 운영하였다. 모든 영역에서 문제 해결력을 강조하였고, 다양하고 재미있는 활동을 통해 수학적 사고력과 창의력 배양을 도모하였다. 수준별 교육과정은 국민의 기초·기본 교육을 충실히 하자는 것으로 기본 과정을 중심으로 학습 능력이 떨어지는 학생에게 보충 학습의 기회를 부여하여 학습 결손을 예방하고, 학생의 능력에 따라 상이한 수준의 교육과정을 제공함으로써 학습자의 개인차를 최대한 존중해 주고자 한 것이다. 이에 기본과정 외에 각 단계별로 보충, 심화 과정, 학습 지도상의 유의점을 제시하였고, 〈용어와 기호〉 항목이 신설되었으며, 5, 6단계 수업 시수가 축소되었다.

제7차 교육과정은 내용을 새로이 '수와 연산', '도형', '측정', '확률과 통계', '문자와 식', '규칙성과 함수'로 여섯 영역으로 구분하였다. 그리고 각 영역별 소항목을 두어 지도 내용을 목표 진술형으로 제시하였다. 내용 중에는 구체적 활동 방법을 제시하여 개념이나 원리를 이해하도록 명시하기도 했다. 각 단계에 따라

7) 제7차 교육과정이 본격적으로 운영되면서, 제7차 교육과정의 문제점이 점차 노출되었다. 이를테면 방정숙(2002)은 제7차 교육과정의 실제적인 운영에서 '구체적으로 활동을 중시하나 수학적 개념이나 원리 탐구가 미흡한 경우, 멀티자료를 적극 활용하나 유의미한 학습보다는 시각적인 차원이 강조된 경우, 학생들의 사고 과정에 대한 유추나 문제 해결력 향상보다는 직접적인 놀이 자체에만 그치는 경우, 개별화된 학습지만으로 수준별 수업이 이루어지는 경우'가 있는 것으로 보았다.

영역별로 처음 사용되는 용어와 기호, 학습 지도상의 유의점, 심화 과정의 내용을 제시하였다.[8)]

제7차 교육과정에서는 내용을 더욱 정선하고 체계화하였고, 학습자 중심의 다양한 활동을 강조하였다. 또한, 제7차 교육과정에서는 '교수·학습 방법'과 '평가'로 나누어 지도, 평가상의 유의 사항을 제시하였다. 교수·학습 방법에서는 단계형 수준별 교육과정 운영과 보충, 심화 과정 운영에 대한 유의점을 제시하였고, 문제 해결력의 지도와 각 영역별 지도상의 유의점을 제시하였다. 교수·학습 과정에서 계산 능력 배양이 목표인 영역을 제외하고는 복잡한 계산, 수학적 개념·원리·법칙의 이해, 문제 해결력 향상 등을 위하여 가능하면 계산기나 컴퓨터를 적극 활용하도록 하였다. 평가에서는 수업에 따라 적절한 평가 방식을 활용할 것과 문제 해결의 과정을 중시하고 다양한 평가 방법을 활용하도록 강조하였다. 또 평가 기준의 수준 구분을 제시하였다.

9. 2007 개정 교육과정

제7차 교육과정은 그간의 운영에 대한 반성과 최근 수학교육의 흐름에 대한 분석을 바탕으로 부분 개정되어 2006년 8월 29일과 2007년 2월 28일에 고시되었다.[9)]

개정의 방향은 다음과 같다(신성균 외, 2005, pp. 78–82).

- 단계형 수준별 교육과정을 폐지한다.[10)]
- 교육 내용을 적정화하여 제시한다. 21세기 지식 기반 정보화 사회를 살아가는 데 적합한가, 다른 내용과 긴밀한 관련을 갖는가, 학생의 이해 수준과 학습 능력에 적합한가, 수학적 능력 신장에 도움이 되는가 등의 여러 측면에서 내용을 검토하여 선정한다.
- 수학적 사고력의 신장을 강조한다. 귀납적 추론능력과 논리적 추론 능력을 향상시키고, 문제 해결력과 의사소통 능력을 기르는 데 초점을 둔다.

8) 제7차 교육과정 1–6단계에서 제시하고 있는 용어는 123개이고 기호는 27개이다(박교식, 2001a).

9) 2006년 8월 29일에 고시된 내용은 초등학교 1학년에서 고등학교 1학년까지의 내용에 관한 것이었고, 2007년 2월 28일에 고시된 내용은 고등학교 2, 3학년 때 배우는 선택과목 내용에 관한 것이었다(교육인적자원부(2006), 교육인적자원부(2007). 이를 '2007 개정 수학과 교육과정'으로 통칭한다.

10) 제7차 교육과정에서 의욕적으로 추진했던 단계형 수준별 교육과정은 우리나라 교육현실에는 적합하지 않으며, 따라서 여건이 조성될 때까지 유보하는 것이 바람직하다고 판단하였다(신성균 외, 2005, pp. 86–88).

• 수학의 가치를 제고하고 정의적 측면을 강조한다.
• 진로와의 연계를 강화하고 선택교육과정의 효율적인 운영이 가능하도록 선택 과목을 개선한다.

수학과 교육과정 편제의 개선은 다음과 같다.

첫째, 국민 공통 기본 교육과정의 내용 영역 구분을 광역화하였다. 초등학교는 '수와 연산', '도형', '측정', '확률과 통계', '규칙성과 문제 해결'의 다섯 영역으로 구분하고, '수와 연산' 영역에서는 자연수, 분수, 소수의 개념과 사칙계산을 '도형' 영역에서는 평면도형과 입체도형의 개념과 성질을, '측정' 영역에서는 길이, 시간, 들이, 무게, 각도, 넓이 부피의 개념과 활용을, '확률과 통계' 영역에서는 자료의 정리와 해석, 경우의 수, 확률의 의미를, '규칙성과 문제 해결' 영역에서는 규칙 찾기, 비와 비례, 문자의 사용, 간단한 방정식, 정비례와 반비례, 여러 가지 문제 해결 방법을 다루었다.

둘째, 단계형 수준별 교육과정 운영을 폐지하고 대신 수준별 수업을 권고하였다. 국가 수준에서는 모든 학생이 필수적으로 학습해야할 내용만 제시해 주고, 학교 및 교사는 자율적으로 심화 내용이나 보충 내용을 정한 다음 학생의 수준에 맞게 지도하도록 하였다.

셋째, 선택 교육과정에서는 과목 간 중복된 학습 내용을 조정하였고, 과목 간 학습량과 난이도의 차이를 줄였으며, 내용 영역 간 위계 및 연계를 고려하여 조직하였다.

수학과 국민 공통 교육과정의 개선은 다음과 같다.

수학과 '목표'에서는 단계별 목표를 삭제하고, 국민 공통 기본 교육과정을 운영하는 10년간의 총괄 목표와 초·중·고등학교 각각의 교육목표를 제시하였다. 초등학교의 수학교육 목표는 "기초적인 수학적 지식과 기능을 습득하고 수학적으로 사고하고 의사소통하는 능력을 길러, 생활 주변에서 일어나는 현상과 문제를 합리적으로 해결하는 능력을 기르며, 수학에 대한 긍정적 태도를 기른다."이었다.

수학과 '내용'에서는 초등학교의 경우, 6학년에 문자 x와 방정식 그리고 정비례와 반비례를 도입하였다. 시간, 무게 등에 대한 학습은 3학년으로 이동시켰고, 타 교과 학습의 원활한 이해를 돕고 수학 교과의 유용성과 가치를 인식시키기 위해서 비와 비율 개념 지도를 5학년으로 이동시켰다. 분수 개념의 경우, 학생들이 긴 기간에 걸쳐 점진적으로 심화시켜 이해할 수 있도록 2학년에서 간단한 분수 개념을 도입하였고, 혼합 계산의 경우 계산 연습보다 원리 이해에 치중하도록 하였다. 제 7차 수학과 교육과정에서 새롭게 도입된 '공간감각' 항목은 내용 영역 중심으로 분류하는 교육과정 체제와 맞지 않아 관련된 내용 영역과 통합하여 기술하면서 지나치게 난해한 학습 내용은 정비하거나 통합하였다(신성균 외, 2005, p. 204).

수학과 '교수·학습 방법'에서는 '능력, 적성, 흥미 등 학생의 특성과 지역 및 학교의 여건을 고려하여' 교육과정을 재구성하여 운영할 수 있다고 함으로써 수준별 수업을 운영할 수 있는 근거를 제시하였다. 또한 설명식 수업, 소집단 활동 수업, 발표 및 토론 수업 등 다양한 교수·학습 방법의 활용을 권장하였다. 수학적 사고력 신장을 위해 문제 해결력, 추론 능력, 의사소통 능력, 수학적 모델링 등을 강조하였고, 공학적 도구를 활용하여 학생의 탐구활동을 촉진시키도록 권장하였다(신성균 외, 2005, p. 193).

수학과 '평가'에서는 평가의 목표와 지침 그리고 현장에서 적용 가능한 평가의 유형을 제시하였다. 수학 학습 평가는 학생들의 발달 상태, 학습 활동, 성취 수준 등에 대한 유용한 정보를 제공하여 교사의 교수 활동과 수업 방법을 개선하기 위한 것이어야 한다. 수학 학습의 평가는 수업의 전개 국면에 따라 진단평가, 형성평가, 총괄평가 등의 적절한 방법이 선택되어야 하며, 지필 검사, 관찰, 면담, 자기평가 등 다양한 방법이 종합적으로 활용되어야만 한다. 특히 인지적 영역에 대한 평가는 계산, 이해, 추론, 문제 해결 등을 포함하여 하며, 학생들의 사고력 신장을 위하여 결과보다는 과정을 중시해야만 한다(신성균 외, 2005, p. 196).

10. 2009 개정 교육과정

교육과학기술부에서는 21세기 지식 기반 사회를 살아가는 민주 시민에게 필요한 소양과 경쟁력을 갖추고, 배려와 나눔을 실천하는 창의적인 인재를 육성하고자 교육과정을 개정하고, 개정 교육과정 총론을 2009년 12월 23일 고시하였다.[11)]

2009 개정 교육과정 총론에서 수학과와 관련된 주된 개정의 방향은 다음과 같다.

- 교육과정 편성에 있어서 초등학교 1학년부터 중학교 3학년까지를 공통 교육과정으로 하고, 고등학교 1학년부터 3학년까지를 선택 교육과정으로 한다.
- 학년 간 상호 연계와 협력을 통한 학교 교육과정 편성·운영의 유연성을 부여하기 위하여 학년군을 설정한다. 학년군제는 학생들이 배워야 할 내용을 학

11) 교육과학기술부 고시 제 2009-41호(교육과학기술부(2009))

년별이 아니라 몇 개 학년을 묶어서 제시하는 것이다. 초등학교의 학년군은 1~2학년군, 3~4학년군, 5~6학년군으로 구분되고, 중학교는 1~3학년이 한 학년군으로 묶인다.

- 학기당 이수 교과목 수를 축소하여 학습 부담을 적정화하고, 의미 있는 학습 활동이 전개될 수 있도록 집중이수를 확대한다. 따라서 기존의 '최소수업시수' 대신 '기준수업시수'를 제공하여, 각 학교에서 각 교과목의 이수 시간을 최종적으로 결정하도록 하였다.

이와 같은 2009 개정 교육과정 총론에 부합하기 위하여 교육과학기술부에서는 수학과 교육과정을 개정하고 이를 2011년 8월 9일 고시하였다.[12] 2009 개정 교육과정에 따른 수학과 교육과정[13] 개발의 주요 방향은 총론에서 제시한 창의적인 인간 교육 추구에 부합하기 위하여 문제 해결, 의사소통, 추론으로 이루어진 '수학적 과정'을 통한 수학적 창의성을 강조하고, 학생들의 성향, 태도, 능력의 수준을 고려한 맞춤형 수학 교육을 위하여 수학 교과 내용 양의 20%를 경감하며, 교육과정 운영의 유연성 확보를 위한 학년군제를 반영하는 것이다(신이섭 외, 2011). 또한, 교과서 개발 및 활용에 있어서 자율성을 허용하기 위해 교과서 인정제를 도입하였다.

2009 개정 수학과 교육과정에서 교과목의 '목표'는 이전 교육과정의 '성격'과 '목표' 부분의 진술을 통합하여 진술하였으며, 이전 교육과정에서 학교급별로 분리되어 제시되었던 것을 통합하여 제시하였다. '합리적인 문제 해결 능력'과 함께 창의적 사고 능력, 정보처리 능력, 의사소통 능력 등의 신장을 추구하고, 이를 위하여 수학적 추론, 수학적 문제 해결, 수학적 의사소통과 같은 '수학적 과정'의 교수·학습을 강조하였다. 또한, 인지적 능력의 증진과 함께 정의적 영역을 개선하고, 상대방을 이해하고 배려하는 바람직한 인성을 기르는 것을 수학과 교육 목표로 제시하였다.

수학과 교수·학습 방법에서 역시 창의성과 인성에 관한 부분을 새롭게 강조하여 진술하였다. 수학적 창의성을 신장시키기 위하여 수학적 문제 해결력, 추론 능력, 의사소통 능력을 강조하고, 다양한 아이디어를 산출할 수 있는 수학적 과제를 통해 학생들의 확산적 사고를 촉진시키며, 하나의 수학 문제를 여러 가지 방법으로 해결한 후 그 해결 방법을 비교해 보고, 더 높은 차원으로 확장해서 사고할 수 있도록 지도할 것을 명시하였다. 또한, 수학 개념이나 용어의 정의를 직접 제시하

12) 교육과학기술부 고시 제 2011-361호(교육과학기술부(2011))

13) 개정 수학과 교육과정은 2011년에 고시되었지만, 2009년에 고시된 개정 교육과정 총론에 의거한 교육과정 개정이므로 이를 '2009 개정 교육과정에 따른 수학과 교육과정'이라고 한다. 이하에서는 간단히 '2009 개정 수학과 교육과정'이라고 한다.

기보다 학생 스스로 개념과 용어의 필요성을 인식하고 정의해 보게 할 것을 권고하였다. 인성과 관련하여서는 다른 학습자의 풀이 방법과 의견을 존중하며 이를 통해 타인을 배려하는 성품을 기르게 하는 것, 자신의 수학적 아이디어를 설득력 있게 논리적으로 표현하여 그 타당성을 입증하고, 이에 기초하여 합리적으로 결론을 내리는 과정을 통해 민주 시민의 소양을 기르게 하는 것, 수학 문제를 해결함에 있어 결과에 이르는 과정의 중요성을 인식하게 하는 것 등에 유의하여 지도하도록 하였다. 또한, 수학 학습 시 학생 스스로 학습 목표를 설정하고 학습을 수행하며 학습 결과를 스스로 평가하는 자기 주도적 학습 능력을 신장시키도록 하였다.

교육과정의 성취 기준은 학생의 특성, 내용의 연계성, 지역성 및 현실성을 고려하여 지도하고, 학습 결손이 있는 학생에게는 보충 학습, 우수한 학생에게는 심화 학습의 기회를 제공할 것을 명시하였다. 수준별 수업과 관련하여, 내용 요소보다는 내용의 깊이나 접근 방법에 차이를 두고 수업을 진행하도록 권고하였다.

평가 부분에서는 서술형 평가와 '수학적 지식과 기능을 바탕으로 창의적으로 사고하는 능력'의 평가를 추가하였다.

내용 영역과 관련하여, '규칙성과 문제 해결'의 '문제 해결'은 다른 영역의 내용과 달리 과정적 성격을 띠고 있으며 수학 교과 전 영역에서 지도되어야 한다는 취지에서 전 영역으로 재편하고, 기존의 '규칙성과 문제 해결' 영역명을 '규칙성'으로 변경하였다. 수와 연산 영역에서는 자연수와 분수의 지도 시기를 조정하였고, 연산 감각 및 양적 추론 능력을 강화하며, 계산기 활용을 확대함으로써 지나친 계산 연습에서 기인하는 학습 부담을 경감하도록 하였다. 도형 영역에서는 도형의 모양 인식 및 분류 활동을 토대로 하여 도형 및 구성 요소에 대한 직관적인 이해와 더불어 이름을 학습한 후 점차 분석적, 명시적으로 도형의 개념 및 성질을 학습하도록 하였다. 또한 선분과 직선 내용은 3~4학년군으로 상향 이동하고, 반직선을 도입하였으며, 이전 교육과정에서 다루었던 사각형의 포함 관계, 선대칭 위치에 있는 도형, 점대칭 위치에 있는 도형, 회전체 내용은 삭제하였다. 측정 영역에서는 측정 활동과 어림 활동을 통하여 양감을 기르는 데에 중점을 두었고, 측정 결과 간의 단순 연산이나 단위 환산은 축소하고 측정 활동에 중점을 두도록 하였다. 부피의 단위 사이의 환산, 부피와 들이의 단위 환산은 삭제하였다. 규칙성 영역에서는 각 학년에 분산되어 있던 규칙 찾기 활동을 통합하고 탐구 활동 및 놀이를 활용하도록 하였다. 비율 중 할, 푼, 리와 연비를 삭제하였고, 방정식은 중학교의 '일차방정식'으로 이동 통합함으로써 학습량을 감축하였다. 확률과 통계 영역에서는 분류 활동 및 의사소통을 강조하고, 가능성의 개념을 도입하였다. 반면, 줄기와 잎 그림, 경우의 수, 확률을 중학교로 이동 통합함으로써 학습량을 감축하였다.

11. 2015 개정 교육과정

교육부에서는 우리나라 교육과정이 추구해 온 교육 이념과 인간상을 바탕으로, 미래 사회가 요구하는 핵심역량을 함양하여 바른 인성을 갖춘, 인문학적 상상력과 과학기술 창조력을 갖춘 균형 잡힌 창의융합형 인재를 양성하기 위하여 교육과정을 개정하고, 개정 교육과정 총론을 2015년 9월 23일 고시하였다.[14] 2015 개정 교육과정은 2017년부터 초등학교 1, 2학년, 2018년부터 초등학교 3, 4학년, 중학교 1학년, 고등학교 1학년, 2019년부터 초등학교 5, 6학년, 중학교 2학년, 고등학교 2학년, 2020년부터 중학교 3학년과 고등학교 3학년에게 시행된다.

2015 개정 교육과정에 따른 수학과 교육과정(이하 '2015 개정 수학과 교육과정')은 총론과 함께 2015년 9월 23일 고시되었다. 수학과 교육과정 개정의 방향은 '수학 교과 역량의 구현', '학습 부담 경감 추구', '학습자의 정의적 측면 강조', '실생활 중심 통계 내용 재구성', '공학적 도구의 활용 강조'이다(박경미 외, 2015, pp. 17-36).

2015 개정 교육과정의 가장 주목할 만한 특징은 핵심역량(core competency)의 강조이다. 교육과정 총론 차원의 핵심역량은 '자기관리 역량', '지식정보 처리 역량', '창의적 사고 역량', '심미적 감성 역량', '의사소통 역량', '공동체 역량'으로, 수학과에서는 이를 교과의 관점에서 특화시킨 '문제 해결', '추론', '창의·융합', '의사소통', '정보 처리', '태도 및 실천'의 6가지를 교과 역량으로 규정하였다(교육부, 2015a; 2015b; 박경미 외, 2015, p. 17). 문제 해결은 해결 방법을 알고 있지 않은 문제 상황에서 수학의 지식과 기능을 활용하여 해결 전략을 탐색하고 최적의 해결 방안을 선택하여 주어진 문제를 해결하는 능력이고, 추론은 수학적 사실을 추측하고 논리적으로 분석하고 정당화하며 그 과정을 반성하는 능력이다. 창의·융합은 수학의 지식과 기능을 토대로 새롭고 의미 있는 아이디어를 다양하고 풍부하게 산출하고 정교화하며, 여러 수학적 지식, 기능, 경험을 연결하거나 타 교과나 실생활의 지식, 기능, 경험을 수학과 연결·융합하여 새로운 지식, 기능, 경험을 생성하고 문제를 해결하는 능력이다. 의사소통은 수학 지식이나 아이디어, 수학적 활동의 결과, 문제 해결 과정, 신념과 태도 등을 말이나 글, 그림, 기호로 표현하고 다른 사람의 아이디어를 이해하는 능력이고, 정보 처리는 다양한 자료와 정보를 수집, 정리, 분석, 활용하고 적절한 공학적 도구나 교구를 선택, 이용하여 자료와 정보를 효과적으로 처리하는 능력이다. 태도 및 실천은 수학의 가치를 인

---

14) 교육부 고시 제 2015-74호(교육부(2015a))

식하고 자주적 수학 학습 태도와 민주 시민 의식을 갖추어 실천하는 능력이다.(교육부, 2015b, pp. 3-4) 이 6가지 역량의 하위요소, 의미, 기능은 <표 Ⅲ-1> ~ <표 Ⅲ-6>과 같다(박경미 외, 2015, pp. 39-43).

〈표 Ⅲ-1〉 문제 해결 능력의 요소와 그 의미 및 기능

하위 요소	의미	기능
문제 이해 및 전략 탐색	문제에서 구하고자 하는 것과 주어진 조건 및 정보를 파악하고, 적절한 해결 전략을 탐색하여 풀이 계획을 수립하는 능력	(문제) 이해하기, 분석하기, (조건, 정보) 파악하기, (관계) 파악하기, 계획하기, 탐구하기, 일반화하기, 특수화하기, 유추하기, 분류하기, 조사하기, 거꾸로 생각하기, 단순화하기, 그림으로 나타내기, 표 만들기, 식 세우기, (다양한 전략) 구사하기
계획 실행 및 반성	계획한 풀이 과정을 수행하고 검증 및 반성을 통하여 해결 방법과 해답을 평가하는 능력	계산하기, (절차) 수행하기, 문제 해결하기, 적용하기, 활용하기, 점검하기, 반성하기, 평가하기
협력적 문제 해결	균형 있는 책임 분담과 상호작용을 통해 집단적으로 문제 해결을 수행하는 능력	설명하기, 정당화하기, 질문하기, 비판하기, (의견) 존중하기, (의견) 조정하기, 의사결정하기, 토론하기, 제안하기, 종합하기
수학적 모델링	실생활 문제 상황을 수학적으로 나타내고 분석하여 결론을 도출하고 이를 상황에 맞게 해석하는 능력	(상황) 모델링하기, 변환하기, 분석하기, 적용하기, 활용하기, 해석하기, 결론 도출하기, 점검하기
문제 만들기	주어진 문제를 변형하거나 새로운 문제를 만들어 해결하는 능력	(조건) 변형하기, 유사성 찾기, 비교하기, 관련짓기, 확장하기, 생성하기, (문제) 만들기

〈표 Ⅲ-2〉 추론 능력의 요소와 그 의미 및 기능

하위 요소	의미	기능
관찰과 추측	관찰과 탐구 상황에서 귀납, 유추 등의 개연적 추론을 사용하여 수학적 사실을 추측하는 능력	관찰하기, 추측하기, 규칙찾기, 탐구하기, 일반화하기, 특수화하기, 유추하기
논리적 절차 수행	수학적 절차와 수학적 사실 도출 과정을 논리적으로 수행하는 능력	형식화하기, 작도하기, 순서 짓기, 대입하기, 단순화하기, 계산하기, 절차 따르기, 풀기, (해) 구하기, 함수 구하기
수학적 사실 분석	수학적 개념, 원리, 법칙을 분석하는 능력	이해하기, (조건, 정보 등) 파악하기, 분석하기, 정의하기, 관계 짓기, 비교하기, 구별하기, 측정하기, (단위, 식) 변환하기, 공식 유도하기, (수, 개수, 경우의 수) 세기, 어림하기, 분해하기, 합성하기
정당화	수학적 사실이 참임을 보이기 위해 증거를 제시하고 이유를 설명하는 능력	정당화하기, 반례 찾기, 예증하기, 증명하기, 설명하기, 규칙 정하기
추론 과정의 반성	자신의 추론 과정이 옳은지 비판적으로 평가하고 되돌아보는 능력	반성하기, 되돌아보기, 비판하기, 평가하기, 검토하기, 판단하기, 판별하기, 확인하기

〈표 III-3〉 창의·융합 능력의 하위 요소와 그 의미 및 기능

하위 요소	의미	기능
독창성	문제 상황에서 새로운 아이디어, 해결전략, 해결 방법을 찾아내거나 새로운 관점에서 문제를 제기하는 능력	(새로운 관점에서 문제 해결 방법이나 전략) 찾아내기, (새로운 관점에서) 문제 제기하기, 발견하기, 창작하기, 상상하기, 발명하기, 만들기
유창성	문제 상황에서 많은 아이디어나 해결 방법, 해답을 산출하는 능력	(많은 해결 방법이나 해답) 찾아보기, (문제 해결 방법이나 전략을 2개 이상) 제시하기, (개방형 문제에서 다양한 해답) 산출하기
융통성	고정된 사고방식에서 벗어나 다양한 관점에서 해결 방법이나 전략, 아이디어를 찾아내거나 문제를 제기하는 능력	(다양한 관점에서 해결 방법이나 전략, 아이디어) 찾아내기, 여러 범주(대수, 기하, 식, 표, 그래프 등)에서 해결책 찾아내기, (다양한 관점에서) 문제 제기하기
정교성	기존의 수학적 아이디어에 세부사항을 추가하거나 변형하여 더욱 가치 있는 것으로 발전시키는 능력	(수학적 아이디어) 구체화하기, (수학적 사실을 표, 그림, 모델, 수학 용어, 기호 등을 사용하여) 간단명료하게 표현하기, (수학적 아이디어나 문제 풀이 과정) 정련하기/정교화하기, (여러 풀이나 설명 중에서) 완결성 높은 것 찾아보기
수학 내적 연결	여러 수학적 지식, 기능, 경험 등을 연결하여 새로운 수학적 지식, 기능, 경험 등을 생성하고 수학 문제를 해결하는 능력	(서로 다른 주제 또는 서로 다른 학년의 수학 지식, 기능, 경험 사이의) 관계 찾기/관련짓기/연결하기/통합하기/재구성하기, (수학 문제 상황에 두 가지 이상의 지식, 기능) 적용하기/문제 해결하기
수학 외적 연결 및 융합	수학과 타 교과나 실생활의 지식, 기능, 경험 등을 연결·융합하여 새로운 지식, 기능, 경험 등을 생성하고 문제를 해결하는 능력	(실생활이나 타 교과 상황과 관련된 수학적 지식, 기능, 경험 등) 찾아보기, (실생활이나 타 교과 상황에 수학적 지식, 기능, 경험 등) 적용하기/연결하기/관련짓기/융합하기

〈표 III-4〉 의사소통 능력의 하위 요소와 그 의미 및 기능

하위 요소	의미	기능
수학적 표현의 이해	수학적 표현의 의미를 이해하고 정확하게 사용하는 능력	그리기, (수, 시각) 읽기·쓰기, 표현하기, 형식화하기, 서술하기, 작도하기, 이해하기
수학적 표현의 개발 및 변환	자신의 아이디어를 나타내는 표현을 만들고 수학적 표현들끼리 변환하는 능력	(표) 만들기, (그래프) 그리기, 꾸미기, 채우기, 이름짓기, (그림, 식, 표 등으로) 나타내기, 표현하기, 선택하기, 변환하기(바꾸기)
자신의 생각 표현	수학 학습 활동 과정과 결과를 다른 사람에게 표현하는 능력	설명하기, 쓰기, 말하기, 보여주기, 토론하기
타인의 생각 이해	다른 사람의 생각을 이해하고 평가하는 능력	경청하기, 질문하기, 파악하기, 토론하기

〈표 Ⅲ-5〉 정보처리 능력의 하위 요소와 그 의미 및 기능

하위 요소	의미	기능
자료와 정보 수집	실생활 및 수학적 문제 상황에서 적절한 자료와 정보를 탐색 및 생성하여 수집하는 능력	(자료를) 수집하기, 조사하기, 기록하기 탐색하기, 생성하기
자료와 정보 정리 및 분석	수집한 자료와 정보를 목적에 맞게 분류, 정리, 분석, 평가하는 능력	표현하기, 분류하기, 정리하기, 열거하기, 배열하기, 비교하기, 묶기, 분석하기, 분류하기, 분할하기, 시각화하기, 평가하기
정보 해석 및 활용	분석한 정보에 내재된 의미를 올바르게 파악하여 해석, 종합, 활용하는 능력	예측하기, 설명하기, 해석하기, 종합하기, 활용하기
공학적 도구 및 교구 활용	수학적 아이디어와 개념을 탐구하고 문제를 해결하는 데 적합한 공학적 도구 및 교구를 선택하고 이용하는 능력	선택하기, 조작하기, 공학적 도구 활용하기, 시각화하기

〈표 Ⅲ-6〉 태도 및 실천 능력의 하위 요소와 그 의미 및 기능

하위 요소	의미	기능
가치 인식	수학에 대해 관심과 흥미를 갖고, 수학의 실용적, 도야적, 심미적, 문화적 가치를 인식하는 능력	(수학에 대해) 관심과 흥미 갖기, (수학의) 가치 인식하기, (수학의) 역할 이해하기, (수학의) 필요성/유용성 인식하기, (수학의) 편리함 인식하기
자주적 학습 태도	수학 학습 의지와 자신감, 끈기를 갖고 자신 스스로 목표를 설정하여 자율적으로 학습을 수행하며 학습 결과를 평가하는 태도	(즐거움, 성취감, 동기화, 안정감, 만족감, 도전의식, 적극성, 자신감, 끈기) 갖기, 목표 설정하기, 계획 세우기, 조절하기, 점검하기, 평가하기, 시간 관리하기, 자율적으로 행동하기
시민의식	수학적 활동을 통하여 정직하고 공정하며 책임감 있게 행동하고 어려움을 극복하기 위해 도전하는 용기 있는 태도, 타인을 배려하고 존중하며 협력하는 태도, 논리적 근거를 토대로 의견을 제시하고 합리적으로 의사결정하는 태도를 갖고 이를 실천하는 능력	(공정, 정직)한 태도 취하기, (책임감, 도전정신, 용기) 갖기, 배려하기, 존중하기, 협력하기, 논리적 근거를 토대로 의견 제시하기, 이유 설명하기, 합리적으로 의사결정하기

초등학교 내용 성취기준에 반영된 수학과 교과 역량의 예는 다음과 같다(박경미 외, 2015, pp. 28-30).

<문제 해결>

[2수01-10] 곱셈이 이루어지는 실생활 상황을 통하여 곱셈의 의미를 이해한다.

[4수03-10] 실생활에서 무게를 나타내는 새로운 단위의 필요성을 인식하여 1t의 단위를 안다.

[6수03-01] 실생활 장면에서 이상, 이하, 초과, 미만의 의미와 쓰임을 알고, 이를 활용하여 수의 범위를 나타낼 수 있다.

[6수03-06] 평행사변형, 삼각형, 사다리꼴, 마름모의 넓이를 구하는 방법을 다양하게 추론하고, 이와 관련된 문제를 해결할 수 있다.

<추론>

[2수01-07] 덧셈과 뺄셈의 관계를 이해한다.
[2수03-07] 여러 가지 물건의 길이를 어림하여 보고, 길이에 대한 양감을 기른다.
[4수02-10] 여러 가지 모양의 사각형에 대한 분류 활동을 통하여 직사각형, 정사각형, 사다리꼴, 평행사변형, 마름모를 알고, 그 성질을 이해한다.
[4수03-14] 여러 가지 방법으로 삼각형과 사각형의 내각의 크기의 합을 추론하고, 자신의 추론 과정을 설명할 수 있다.
[4수04-02] 규칙적인 계산식의 배열에서 계산 결과의 규칙을 찾고, 계산 결과를 추측할 수 있다.
[6수02-11] 쌓기나무로 만든 입체도형의 위, 앞, 옆에서 본 모양을 표현할 수 있고, 이러한 표현을 보고 입체도형의 모양을 추측할 수 있다.
[6수03-04] 넓이를 나타내는 표준 단위의 필요성을 인식하여 1㎠, 1㎡, 1㎢의 단위를 알며, 그 관계를 이해한다.

<창의·융합>

[2수04-01] 물체, 무늬, 수 등의 배열에서 규칙을 찾아 여러 가지 방법으로 나타낼 수 있다.
[4수02-07] 컴퍼스를 이용하여 여러 가지 크기의 원을 그려서 다양한 모양을 꾸밀 수 있다.
[6수05-02] 실생활 자료를 그림그래프로 나타내고, 이를 활용할 수 있다.
[6수05-03] 주어진 자료를 띠그래프와 원그래프로 나타낼 수 있다.

<의사소통>

[2수02-05] 삼각형, 사각형에서 각각의 공통점을 찾아 말하고, 이를 일반화하여 오각형, 육각형을 알고 구별할 수 있다.
[2수03-01] 구체물의 길이, 들이, 무게, 넓이를 비교하여 각각 '길다, 짧다', '많다, 적다', '무겁다, 가볍다', '넓다, 좁다' 등을 구별하여 말할 수 있다.
[2수03-06] 1m가 100cm임을 알고, 길이를 단명수와 복명수로 표현할 수 있다.
[4수04-01] 다양한 변화 규칙을 찾아 설명하고, 그 규칙을 수나 식으로 나타낼 수 있다.
[6수04-03] 비율을 이해하고, 비율을 분수, 소수, 백분율로 나타낼 수 있다.

<정보 처리>

[2수02-01] 교실 및 생활 주변에서 여러 가지 물건을 관찰하여 직육면체, 원기둥, 구의 모양을 찾고, 그것들을 이용하여 여러 가지 모양을 만들 수 있다.
[4수05-03] 여러 가지 자료를 수집, 분류, 정리하여 자료의 특성에 맞는 그래프로 나타내고, 그래프를 해석할 수 있다.
[6수03-07] 여러 가지 둥근 물체의 원주와 지름을 측정하는 활동을 통하여 원주율을 이해한다.

[6수05-04] 자료를 수집, 분류, 정리하여 목적에 맞는 그래프로 나타내고, 그래프를 해석할 수 있다.

<태도 및 실천>

[2수03-05] 길이를 나타내는 표준 단위의 필요성을 인식하고, 1cm와 1m의 단위를 알며, 상황에 따라 적절한 단위를 사용하여 길이를 측정할 수 있다.
[2수05-03] 분류한 자료를 ○, ×, / 등을 이용하여 그래프로 나타내고, 그래프로 나타내면 편리한 점을 말할 수 있다.
[4수03-03] 길이를 나타내는 새로운 단위의 필요성을 인식하여 1mm와 1km의 단위를 알고, 이를 이용하여 길이를 측정하고 어림할 수 있다.
[6수03-02] 어림값을 구하기 위한 방법으로 올림, 버림, 반올림의 의미와 필요성을 알고, 이를 실생활에 활용할 수 있다.

또한, 초등학교 내용 성취기준과 함께 제시된 '교수·학습 방법 및 유의 사항'에 반영된 수학과 교과 역량의 예는 다음과 같다(박경미 외, 2015, pp. 30-31).

<문제 해결>

- [초 1~2학년군 수와 연산 영역] 덧셈과 뺄셈에 관련된 실생활 문제를 만들고 해결할 수 있게 한다.
- [초 3~4학년군 도형 영역] 도형 영역의 문제 상황에 적합한 문제 해결 전략을 지도하고, 문제 해결 과정을 설명하게 하여 문제 해결 능력을 기르게 한다.

- [초 5~6학년군 측정 영역] 측정 영역의 문제 상황에서 문제 해결 전략 비교하기, 주어진 문제에서 필요 없는 정보나 부족한 정보 찾기, 조건을 바꾸어 새로운 문제 만들기, 문제 해결 과정의 타당성 검토하기 등을 통하여 문제 해결 능력을 기르게 한다.

<추론>

- [초 1~2학년군 도형 영역] 삼각형과 사각형에 대한 직관적 이해를 통하여 도형의 이름과 변 또는 꼭짓점의 개수와의 관계를 파악하고, 그 관계를 일반화하여 오각형과 육각형을 구별하여 이름 지을 수 있게 한다.
- [초 1~2학년군 자료와 가능성 영역] 표를 만들 때 자료가 중복되거나 빠지지 않도록 세어보는 방법을 함께 지도한다.
- [초 3~4학년군 수와 연산 영역] 덧셈, 뺄셈, 곱셈, 나눗셈을 하기 전에 계산 결과를 어림해 보고, 어림한 값을 이용하여 계산 결과가 타당한지 확인해보게 한다.
- [초 5~6학년군 수와 연산 영역] 분모가 다른 분수의 크기 비교에서 수 감각을 이용하여 추론하고 토론하는 활동을 하게 한다.

<창의·융합>

- [초 1~2학년군 수와 연산 영역] 덧셈과 뺄셈을 여러 가지 방법으로 계산하는 활동을 통하여 연산 감각을 기르게 한다.
- [초 1~2학년군 규칙성 영역] 자신의 규칙을 창의적으로 만들어보고, 다른 사람의 배열에서 규칙을 찾아보거나 규칙에 대해 서로 말하게 한다.
- [초 3~4학년군 측정 영역] 여러 가지 속성을 측정하는 활동은 실생활과 밀접하게 다룬다.
- [초 5~6학년군 규칙성 영역] 비율의 의미를 다룰 때 타 교과 및 실생활에서 비율이 적용되는 간단한 사례를 사용할 수 있다.

<의사소통>

- [초 1~2학년군 도형 영역] 쌓기나무로 만든 입체도형의 모양에 대해서 '~의 앞', '~의 오른쪽', '~의 위', '2층' 등을 사용하여 말하게 한다.
- [초 3~4학년군 수와 연산 영역] 10000 이상의 수를 비교하면서 수의 크기를 비교하는 방법을 찾아 설명하게 한다.
- [초 3~4학년군 도형 영역] 여러 가지 삼각형과 사각형을 이름 짓는 활동을 통하여 각 도형의 정의에 대해서 학생들 스스로 사고하게 한다.
- [초 5~6학년군 측정 영역] 겉넓이와 부피를 구하는 방법에 대하여 다양한 추론을 하고, 자신의 추론 과정을 다른 사람에게 설명하게 한다.

<정보 처리>

- [초 1~2학년군 도형 영역] 쌓기나무를 이용한 모양 만들기, 칠교판을 이용한 모양 채우기나 꾸미기를 통하여 도형에 대한 공간 감각을 기르게 한다.
- [초 3~4학년군 규칙성 영역] 규칙적인 계산식의 배열에서 계산 결과의 규칙을 찾는 활동을 할 때 계산기를 사용하게 할 수 있다.
- [초 5~6학년군 자료와 가능성 영역] 띠그래프와 원그래프를 지도할 때 신문, 인터넷 등에 있는 표나 그래프를 소재로 활용할 수 있게 한다.

<태도 및 실천>

- [초 1~2학년군 수와 연산 영역] 자연수가 개수, 순서, 이름 등을 나타내는 경우가 있음을 알고, 실생활에서 수가 쓰이는 사례를 통하여 수의 필요성을 인식하게 한다.
- [초 3~4학년군 수와 연산 영역] 1보다 작은 양을 나타내는 경우를 통하여 분수의 필요성을 인식하게 하고, 분수를 도입할 때 '분자', '분모'를 사용한다.
- [초 3~4학년군 자료와 가능성 영역] 그래프로 나타내면 자료의 특성을 알아보는 데 편리함을 설명하게 한다.
- [초 5~6학년군 규칙성 영역] 두 양을 비교할 때 한 양을 기준으로 다른 양이 몇 배가 되는지를 나타낼 필요성을 인식하게 하면서 비의 개념을 도입한다.

2015 개정 수학과 교육과정의 초등학교 내용 선정 방향은 유치원 교육과정인 누리과정과의 연계성 확보, 학습 부담 경감을 위한 내용 감축 및 이동, 성취기준에 따른 학습량 적정화, 수시 개정으로 인한 현장 교사들의 피로도 누적을 고려한

변화의 최소화이다. 구체적으로, 수와 연산 영역에서는 자연수의 혼합 계산을 3~4학년군에서 5~6학년군으로 이동하고, 분수와 소수의 혼합 계산을 삭제하였다. 도형 영역에서는 물체의 위치와 방향에 대한 표현을 성취기준에 추가하였다. 측정 영역에서는 실생활에서 유용성이 낮은 넓이 단위인 아르(a)와 헥타르(ha)를 삭제하고 무게 단위인 톤(t)을 3~4학년군으로 이동하였다. 수의 범위와 어림하기를 5~6학년군으로 이동하고, 원기둥의 겉넓이와 부피는 계산의 복잡성과 중학교와의 중복을 고려하여 중학교에 통합시켰다. 규칙성 영역에서는 정비례와 반비례를 5~6학년군에서 중학교로 상향 이동하고, 규칙과 대응을 3~4학년군에서 5~6학년군으로 이동하였다. 자료와 가능성 영역은 확률과 통계 영역의 명칭을 바꾼 것으로, 자료의 수집, 분류, 정리, 해석 활동을 강조하였다.

2015 개정 수학과 교육과정에서는 2009 개정 교육과정에서 삭제되었던 '성격'이 복원되었고, 내용 체계에 '핵심 개념', '일반화된 지식', '기능' 등이 추가되었으며[15], 내용 성취기준이 코드화되는 등 교육과정 문서 체제에 변화가 있다. 초등학교 내용 성취기준의 코드는 다음에서 볼 수 있듯이 '학년군 1자리 + 교과목명 앞 글자 1자리 + 영역 2자리 + 성취기준 2자리'로 구성되고, 성취기준에는 내용 요소와 기능이 결합된 형태로 진술된다.

학년군 1자리	+ 교과목명 앞 글자 1자리	+ 영역 2자리	+ 성취기준 2자리
2	수	01	01

[2수01-01] <u>0과 100까지의 수 개념을</u> <u>이해하고,</u> <u>수를</u> <u>세고 읽고 쓸 수 있다.</u>
내용 요소 + 기능 내용 요소 + 기능

이 외에 2015 개정 수학과 교육과정에서는 각 학년군별 내용 성취 기준에서 〈용어와 기호〉 대신 '학습 요소'를 제시하고, '교수 · 학습 방법 및 유의 사항' 이외에 '평가 방법 및 유의 사항'을 제시하며 교수·학습과 평가의 일관성을 도모하였다.

2015 개정 수학과 교육과정의 특징을 요약하면 다음과 같다. 첫째, 6가지 교과 역량을 제시하고, 내용 성취기준과 교수 · 학습 방법 등 교육과정 전반을 통하여 이를 구현하고자 하였다. 둘째, 학습 부담 경감을 위해 내용 감축과 연계성 강화, '평가 방법 및 유의 사항'을 통한 평가 가이드라인 제공, 교수 · 학습 방법 개선의 세 가지를 제시하였다. 셋째, 학습자의 정의적 측면을 강조하였다. 넷째, 실생활 중심의 통계 내용을 재구성하였다. 다섯째는 공학적 도구의 활용을 강조하는 것이다.

15) 내용 체계 양식의 변화는 부록을 참조하길 바란다.

생각해 볼 문제

1. 우리나라 수학과 교육과정에서 지속적으로 추구하고 있는 수학교육의 목표에 대하여 조사하시오.

2. 2015 개정 수학과 교육과정에서 강조하는 6가지 교과 역량을 사례와 함께 설명하고, 이를 함양하기 위해 강조하는 교수·학습 방법을 제시하시오.

3. 2015 개정 수학과 교육과정의 초등학교 수학에서 제시하는 교수·학습 방법 및 유의 사항에 대하여 각 학년군 및 내용 영역별로 조사하시오.

4. 2015 개정 수학과 교육과정의 초등학교 수학에서 제시하는 평가 방법 및 유의 사항에 대하여 각 학년군 및 내용 영역별로 조사하시오.

5. 2015 개정 수학과 교육과정에서 제시하는 평가 원칙과 평가 방법에 대하여 서술하시오.

■ 참고문헌 ■

교육과학기술부 (2009), 초·중등 교육과정 총론, 교육과학기술부 고시 제2009-41호 별책 8.

교육과학기술부 (2011), 수학과 교육과정, 교육과학기술부 고시 제2011-361호 별책 8.

교육부 (1992), 국민학교 교육과정, 서울: 대한교과서주식회사.

교육부 (1994), 제6차 국민학교 교육과정 해설(I), 서울: 대한교과서주식회사.

교육부 (1997), 수학과 교육과정, 서울: 대한교과서주식회사.

교육부 (1998), 초등학교 교육과정 해설(IV): 수학, 과학, 실과, 서울: 대한교과서주식회사.

교육부 (2015a), 초·중등 교육과정 총론, 교육부 고시 제2015-74호 [별책 1]. 교육부.

교육부 (2015b), 수학과 교육과정, 교육부 고시 제2015-74호 [별책 8]. 교육부.

교육인적자원부 (2006), 초·중등 학교 교육과정 부분 수정 고시.

교육인적자원부 (2007), 수학과 교육과정, 교육인적자원부 고시 제2007-79호 별책8.

문교부 (1986), 초·중·고등학교 수학과 교육과정(1946–1981).

문교부 (1987), 국민학교 교육과정, 서울: 대한교과서주식회사.

문교부 (1988), 국민학교 교육과정 해설, 서울: 서울시인쇄공업협동조합.

박경미 외 43인 (2015), 2015 개정 수학과 교육과정 시안 개발 연구 II. 교육부.

박교식 (2001a), 제7차 초등학교 수학과 교육과정에 제시된 수학 용어에 대한 연구, 학교수학 3(2), 233–248.

박교식 (2001b), 제7차 초등학교 수학과 교육과정에서의 문제해결 관련 내용의 분석, 학교수학 3(1), 1–23.

박한식 (1991), 한국수학교육사, 서울: 대한교과서주식회사.

방정숙 (2002), 제7차 수학과 교육과정의 초등학교 현장 적용에서 나타나는 문제점 및 개선 방향, 학교수학 4(4), 657–675.

백석윤·이명희 (2003), 우리나라 초등학교 수학과 교육과정의 변화 경향 재고 - Ernest의 수학교육철학적 관점에서, 학교수학 5(2), 151–165.

신성균 외 7인 (2005), 수학과 교육과정 개선 방안 연구, 서울: 한국교육과정평가원.

신이섭 외 (2011), 2009 개정 교육과정에 따른 수학과 교육과정 연구, 한국과학창의재단.

이영덕 외 17인 (1982), 국민학교 교육과정 해설, 서울: 교육과학사.

이용률·성현경 (1991), 수학교육론, 서울: 교학연구사.

이정실(편) (1973), 교육과정 해설 및 학습 지도의 전개 시리이즈 5: 국민학교 산수과 편, 서울: 서울신문사.

한국교육개발원 (1986), 제5차 초·중학교 수학과 교육과정 시안 개발 연구, 서울: 한국교육개발원.

04

수학 학습 심리학

수학 학습 심리학은 수학 학습이라는 제한된 상황에서 학습자의 의식과 행동의 양태를 연구하는 학문이다. 즉 수학을 학습할 때 학습자는 어떤 식으로 사고하고 이해하고 행동하는지, 그리하여 수학적 지식과 기능은 어떻게 형성되고 발전되어 가는지를 고찰한다. 대부분의 인간 행동은 학습된 것이기 때문에 학습 원리를 알게 되면 학습자가 왜 현재의 방식대로 행동하는지를 이해하는 데 도움이 된다. 교사가 학생들의 학습과정을 의식하게 되면 학생들의 비정상적이고 부적응적인 행동을 유발하는 환경을 더 잘 이해하게 되며, 이러한 이해로부터 효과적인 학습지도 방안이 마련될 수 있다.

이 장에서는 대표적인 학습심리이론으로 연합 심리학, 형태 심리학, 발달 심리학, 정보처리 심리학 분야의 이론을 개관해 보고, 그로부터 수학지도를 위한 시사점을 도출해 보고자 한다. 또한 수학교육 분야에서 수학교육의 개선을 염두에 두고 학습심리를 연구한 스켐프(Skemp)의 이론과 1960년대 수학교육 현대화 운동 시기에 수학의 구조가 무엇이며, 이를 어떻게 지도할 것인가에 대해 많은 연구 업적을 남긴 브루너(Jerome. S. Bruner)와 디에네스(Zoltan P. Dienes)의 이론을 고찰해 보고자 한다.

1. 연합 심리학

1) 주요 이론

실용성과 행동의 객관적인 결과를 중시하는 미국의 실용주의적 풍토는 객관적으로 관찰 가능한 행동만을 그 연구 대상으로 하는 행동주의 심리학을 발전시켰다. 행동주의 심리학의 창시자인 왓슨(John B. Watson, 1878~1958)은 파블로프(Ivan Pavlov, 1849~1936)의 '조건화된 반사'[1] 원리를 인간 행동의 조건화에 확대 적용하였다. 조건화란 이전에는 무관하였던 자극과 반응이 보상에 의해 결합되어 일정한 자극에 대하여 일정한 반응이 일어날 확률을 증가시키는 과정을 말한다.

손다이크

손다이크(Edward Thorndike, 1874~1949)는 이와 같은 행동주의적 관점과 더불어 연합주의적(associationism) 관점에서 인간의 사고를 감각 인상과 행동 충동 사이의 연합으로 설명하고자 하였다. 손다이크의 유명한 실험 중의 하나는 특정 장치에 닿으면 열리도록 고안된 나무 상자에 고양이를 가두는 실험이다. 고양이는 좁은 상자에서 나오려고 저항하며, 그 상자에서 나오기 위해 벽을 할퀴고 긁어 댄다. 그러다 우연히 그 특정 장치를 건드려 문이 열리고 밖으로 나가게 된다. 고양이가 또 다시 그 상자에 갇히면 앞서와 유사한 행동을 한다. 그러나 그러한 실험이 반복됨에 따라 고양이가 밖으로 나가는데 더 적은 시간이 걸리게 된다. 할퀴고 긁는 모든 반응 중 문을 여는데 도움이 되지 않는 반응은 점점 감소하고, 단지 문을 열 수 있는 반응만이 상자 밖으로 나가는 것에 의해 보상을 받게 된다. 손다이크의 생각은 고양이가 상자를 열 수 있는 방법을 생각해 내는 것이 아니라, 상자에서 빠져나갈 수 있었던 경험이 일종의 보상으로 작용하여, 상자 안의 실험적 상황과 특정 반응 사이의 결합을 강화시키는 역할을 했다는 것이다.

손다이크는 이와 같은 동물 실험을 통해, 인간에게 주어지는 외적 사건인 '자극'과 그러한 외적 사건에 대해 인간이 대응하는 '반응'이 인간 사고 행위의 기본 단위임을 유추하였다. 특정 자극에 대해 여러 가지 다양한 반응이 나타날 수 있는데, 만약 그 중 한 반응에 대해 긍정적인 보상이 뒤따른다면, 다른 나머지 반응은 모두 소멸하고, 특정 자극과 특정 반응 사이에 결합 혹은 본드(bond)가 형성되기 시작한다는 것이 '효과의 법칙(the law of effect)'이다. 즉 보상이 뒤따르는 연습이야 말로 학습이 일어날 수 있는 기본적인 메커니즘이라는 것이다.

이와 관련된 수학적 보기를 살펴보자. 교사가 3 더하기 4를 아동에게 물었을 때, 7이라는 답이 즉각적으로 나온다면 이는 아동의 머릿속에 3 더하기 4라는 문제가 제기되는 상황과 7이라는 반응 간에 '결합($3+4 \leftrightarrow 7$)'이 이미 형성되어 있음을 의미한다. 반면, 셈을 겨우 하는 정도의 아주 어린 아동들에게 이와 같은 물음

1) 개에게 먹이와 중립 자극인 종소리를 동시에 거듭 제공하면 조건화가 일어나 차후에는 종소리만 울려도 개가 침을 흘리게 된다.

을 던진다면, 그들은 제대로 답을 내지 못할지도 모른다. 이것은 경험이나 연습의 부족으로 인해 그와 관련된 '결합'이 형성되어 있지 않거나, 그 결합의 정도가 너무 약한 경우이다. 따라서 아동이 3 더하기 4라는 문제 상황에서 7이라는 답을 내도록 만들고 싶다면, 긍정적인 보상이 뒤따르는 연습을 통해 결합을 형성시켜야 하며, 이것이 바로 효과의 법칙이다.

그런데 동물의 단순한 행동을 관찰함으로써 개발된 원리를 인간의 학습과 같이 복잡한 사고 작용에 적용하는 것이 과연 바람직한가에 대한 의문이 제기될 수 있다. 이것은 손다이크(1922)의 저서 *The Psychology of Arithmetic*에서 제기된 질문으로, 그에 대한 답은 매우 단호하다. 왜냐하면 연합주의자들은 모든 지식은 제아무리 복잡해도 결국은 자극과 반응의 단순한 결합으로 구성되어 있다고 주장하기 때문이다. 특히 수학교과와 관련하여 손다이크는 초등학교 아동들은 보기나 다른 법칙들을 통해 산술의 법칙을 연역적으로 추론하지 못하기 때문에, 교사가 계산하는 것을 보고 지시하는 대로 하면서 자신의 계산 결과로부터 귀납 추론에 의해 계산법을 이해한다고 보고 있다. 예를 들어 덧셈에서의 받아 올림, 뺄셈에서의 받아 내림, 소수의 곱셈과 나눗셈에서의 소수점 찍기, 분수의 곱셈과 나눗셈에서의 수의 조작 등의 산술 학습에 대해, 아동의 연역적 추론을 통한 이해가 불가능하다고 보고, 수를 조작하는 교사의 시연을 보여줌으로써 연상적 습관에 의해 다소 맹목적으로 학습되도록 할 것을 제안하였다.

이와 같은 관점에 의하면 수학 교사는 아동들이 계산을 수행하고 문제를 해결하는데 필요한 '결합'을 신중하게 선별하는 일과 그들을 형성하는 최선의 순서와 수단을 제공해야 한다. 사실 수학교과는 심리학적 분석의 도움을 받지 않더라도 몇 개의 뚜렷한 주제로 나뉜다. 예컨대 곱셈은 '구구단에 대한 지식', 받아 올림이 필요 없는 두 자리(혹은 두 자리 이상) 수를 곱하는 능력, 받아 올림이 있는 2, 3, …, 9로 곱하는 능력, 소수와 분수를 곱하는 능력 등등 여러 능력의 합성으로서 간주될 수 있다. 심리학자로서 손다이크가 제안했던 것은 결합을 구성하고 강화시키기 위해 이러한 능력을 가능한 더욱 세분하여 분석하자는 것이었다. 예를 들면 두 자리의 세로 덧셈에는 무려 7개[2]의 과정과 기능이 존재하며, 이들 각각은 심

---

2) 손다이크가 제시한 7개의 하위 기능을 아래 세로셈의 예를 통해 살펴보면 다음과 같이 생각할 수 있다.

① 세로로 수가 더해질 때, 자릿값 맞추어 쓰기
27 ② 새로운 수가 더해질 때까지 그때까지 더한 결과를 기억하기
12 ③ 눈에 보이는 수를 기억했던 수에 더하기
8 ④ 세로 열에서 빈 자리 무시하기
+ 20 ⑤ 세로 열에서 0 무시하기
⑥ 10씩 커지는 수(higher decades) 이용하기
(예를 들어, 8 + 7 = 15이므로, 18 + 7 = 25일 것이다)
⑦ 세로열의 총합이 받아올림해야 할 경우, 받아올리기로 기록하기

리학적으로 다른 교육적 처리를 필요로 한다는 것이 그의 분석결과이다.

교과내용에 대한 분석절차를 통해 적당한 '결합'이 일단 선택되면, 그것들을 학생의 머릿속에 형성 또는 강화시킬 수단을 강구해야하는데, 이 때 훈련과 연습이 중요한 수단이 된다. 손다이크에 따르면, 적절한 훈련과 연습이란, 중요한 결합은 자주 연습시키고 상대적으로 덜 중요한 결합은 덜 연습시키도록 신중하게 프로그램화된 것을 의미한다. 예를 들어 세로 덧셈에서 5를 네 번 더해야 할 경우, 처음에는 5, 10, 15, 20과 같은 식의 결합으로 훈련받지만, 이것은 나중에 '5의 4배는 20'이라는 결합으로 바뀌기 때문에 그것에 대해서는 많은 연습이 필요 없다. 또한 결합들은 서로에게 영향을 주고받기 때문에 새로운 결합의 형성은 이미 형성되었거나, 앞으로 형성될 결합들을 신중하게 고려하여 결정되어야 한다. 손다이크는 연습의 효과를 높이기 위해서는 계열화된 결합은 쉬운 것에서 어려운 순으로, 제시되어야 하며 각 결합에 대해서 충분한 연습이 주어져야 한다고 주장하였다. 그러나 그 역시 어떤 결합이 더 쉬운가, 충분한 연습이란 어느 정도를 의미하는가, 공통 요소가 없는 두 종류의 결합을 연습시킬 때는 어떤 식의 배열이 효과적인가 등의 문제에 대해서는 직관에 의존할 수밖에 없었다.

손다이크의 학습 이론과 훈련방법은 연합주의 심리학 내에서조차 비판받았다. 손다이크는 훈련은 흥미로운 문제들로 구성되어야 하며, 구체물을 통해 검증되어야한다고 강조했지만, 문제는 그가 훈련을 산술 수업의 주된 방법으로 간주했다는 점에 있다. 일찍이 브라우넬(William Brownell, 1928)은 자극-반응 이론과 그것이 제안하는 훈련 방법에 대해 다음 두 가지 점에서 반대하였다. 첫째, 훈련 방법은 아동의 계산 방식과 어른의 계산 방식 사이의 질적 차이를 고려하지 않은 것이다. 예를 들어 $4+5$의 해를 구해야 하는 경우, 대부분의 어른은 장기기억에 내장되어 있는 덧셈 구구(즉 $4+5$와 9의 결합)를 회상함으로써 이 문제를 해결한다. 반면 아동은 수년간의 훈련 학습을 받은 후에도 직접적인 기억에 의존하기보다는 다양한 절차를 사용하여 해를 구한다고 한다(예를 들어 $4+4=8$이니까 $4+5=9$이다). 즉 자극-반응 이론은 성인의 계산 방식을 설명할 수는 있을지언정, 아동의 계산 방식을 설명하기에는 충분치 못하다는 것이다.

둘째, 훈련 방법은 학습 목적에 대한 왜곡된 관점을 반영한다. 산술교육의 목적은 주어진 산술 문제에 대해 100% 정확한 반응을 하는 것이 아니라 양적으로 생각할 수 있는 능력을 획득하게 하는 것이어야 한다. 예를 들어, 아동들에게 $2+2=4$를 계속해서 몇 번이고 암송시킨다고 해서 그들이 수 개념을 이해했다

(왼쪽의 예에서는, $7+2+8+0=17$이므로, 7을 기록한다)
(Resnick & Ford, 1981, p. 14).

고 말할 수는 없다. 구체적인 대상을 가지고 집합을 결합·분리하는 충분한 경험 없이 수 결합만을 완벽하게 암송하는 것은 단지 정확한 소리를 내게 지도하는 것에 불과하다. 개념과 관계를 강조하는 수업은 기능화된 양적 사고를 기르기 위해 절대적이며, 수학적 개념과 절차에 대해 적절한 이해가 수반되면 학생들은 새로운 상황에서 그들의 지식을 더 잘 적용시킬 수 있을 것이라는 것이 브라우넬의 주된 주장이다.

결국, 브라우넬과 손다이크의 차이점은 가르쳐야 할 것이 무엇인가에 대한 관점에 있다. 손다이크에게 있어 수학교과는 세세한 결합으로 이루어진 통합체이지만, 브라우넬에게 있어 수학교과는 원리와 패턴의 통합체이다. 이와 같이 수학교과에 대한 다른 관점은 상반된 교수방법, 즉 훈련과 유의미 학습으로 이어진다. 오늘날 대부분의 교육자들은 이 두 가지 학습 유형의 필요성은 인정하지만, 그것을 어떻게 통합시켜야 하는가에 대해서는 아직도 분명하지 않다.

2) 효과적인 연습

손다이크 이론에 대한 많은 비판에도 불구하고 연습은 수학학습에서 여전히 중요한 위치를 차지하고 있다. 수학은 하위 기능과 상위 기능 간의 위계가 명확한 계통적 학문이므로, 하위 기능에 대한 충분한 숙달 없이 상위 기능으로 이행할 수 없다. 따라서 수학교수·학습에서 연습을 무조건 배격하기보다는 연습의 효과를 극대화하기 위한 방안을 마련하는 것이 바람직하다.

연습은 휴식의 유무에 따라 집중 학습과 분산 학습으로 구분된다. 집중 학습은 연습과정에서 휴식 없이 연속적으로 반복 연습하는 것으로, 학습과제가 유의성이 있고 통찰학습이 가능한 경우, 과거학습으로부터 전이가 용이한 경우에 효과적이다. 반면 분산 학습은 휴식을 넣어서 연습하는 것으로, 학습내용이 어렵고 복잡한 경우, 학습의 초보단계인 경우, 동기유발이 낮고 많은 노력과 시간이 투입되어야 하는 경우에 효과적이다.

연습은 학습내용이나 기술의 분리 유무에 따라 전습법과 분습법으로 나뉜다. 전습은 익혀야할 모든 내용과 기술을 한꺼번에 학습하는 방법인 반면 분습은 몇 개의 단위로 나누어 학습하는 방법이다. 전습은 망각이 적고 학습에 필요한 반복이 적으며 시간과 노력이 적게 드는 장점이 있지만, 어린 학습자의 경우 분습이 좀 더 효과적인 것으로 알려져 있다.

마지막으로 연습은 유사한 유형의 문제를 연습하는 분리형 훈련과 여러 가지 유형이 섞여 있는 문제를 연습하는 혼합형 훈련으로 구분할 수 있다. 레프(Repp, 1930, 1935)는 12세 아동 538명을 대상으로 두 훈련 방법의 효과성을 비교 분석하였는데, 연구 결과 모든 수준에서 혼합형 훈련이 분리형 훈련보다 더 효과적인 것으로 나타났다. 그러나 그는 후속 연구를 통해 분리형 훈련이 새로운 과제를 학습을 하는데 중요한 역할을 한다는 것을 인정하였다.

이상의 내용을 정리하면 초등학생들의 경우, 많은 양을 한꺼번에 연습하는 것보다 적은 양을 자주 연습하는 것이 더 효과적이다. 또한 새로운 사실, 기능, 정보 등을 학습 할 때에는 분리형 훈련을 하고, 일단 획득된 기능을 유지할 목적이라면 혼합형 훈련을 하는 것이 효과적이라 한다. 그러나 모든 상황에서 모든 학습자에게 공통적으로 효과적인 연습 방법이란 있을 수 없기 때문에, 교사는 효과적인 연습에 대해 의식하고 항상 적절한 연습 유형을 선택하도록 노력해야 할 것이다.

2. 형태 심리학

1) 주요 이론

베르트하이머

쾰러(Wolfgang Köhler), 코프카(Kurt Koffka), 베르트하이머(Max Wertheimer) 등으로 대표되는 형태 심리학자들은 인간의 정신은 인간에게 입력되는 모든 감각과 경험을 그대로 받아들이는 것이 아니라, 어떤 조직 원리를 갖고 그것에 근거하여 해석함으로써 이해에 이른다고 주장한다. 즉, 인간의 지각은 감각에 충격을 주는 모든 자극을 단순히 더해 놓은 것 그 이상의 것으로, 현재 지각하는 사람이 그와 관련하여 과거의 어떤 경험을 가지고 있는가에 따라 다르게 지각될 수 있다. 또한 사람은 자신이 지각하는 것 가운데 구조를 보려는 경향이 있는데, 특히 전체적인 모양이나 형태를 찾으려는 성향이 일반적이다.

형태 심리학 이론의 핵심 개념은 그림 4.1에 예시되어 있다. (a)에 표시된 점들

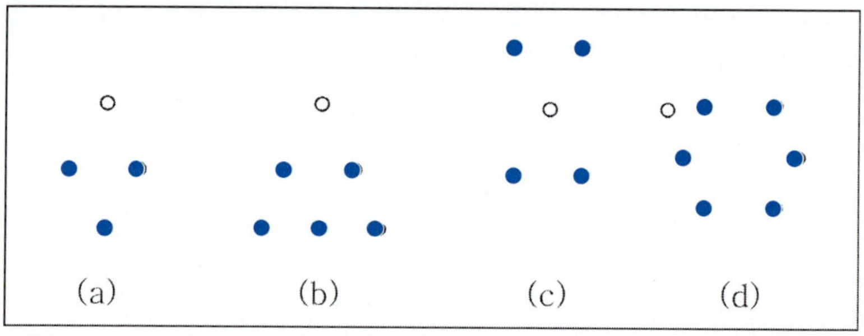

그림 4.1 지각적 조직의 영향: 한 점은 주변의 상황에 따라 다르게 경험된다.

의 배치를 보자. 대부분의 사람들은 그것을 다이아몬드 모양으로 인식하며, 거기서 흰 점은 다이아몬드의 꼭짓점으로 인식된다. 그러나 두 개의 점을 추가하여 (b)와 같이 만들면 흰 점은 삼각형의 꼭짓점으로, 이어 (c)에서는 직사각형의 중심점으로 인식된다. 마지막으로 (d)에서는 흰 점이 육각형의 외부에 있는 한 점으로 인식된다. 이 간단한 예는 같은 위치의 한 점이 그 점 주위에 있는 다른 점들과의 관계에 따라 다르게 인식된다는 것을 암시한다. 즉 주위의 상황에 따라 물체를 지각하는 방식이 달라진다. 뿐만 아니라, 그림 4.1의 경우와 같이, 사람들은 모양과 형태로 물체를 파악한다는 것이다. 다시 말해, 우리는 그 점들을 단순히 개별적인 점으로 지각하지 않고, 어떤 조직 원리에 따라 각 부분들을 단순히 합해 놓은 것 이상의 어떤 전체적인 것으로 지각하려 한다는 것이다.

지금까지의 설명은 인간의 보편적인 지각적 성향에 관한 것이지만, 형태 심리학자들은 인간의 사고 역시 본질적으로는 지각과정과 마찬가지로 문제의 구조를 보려하며, 전체를 파악하려는 성향이 내재되어 있다고 믿었다.

그렇다면 그러한 구조의 파악은 어떻게 이루어지는가? 형태 심리학자들은 이에 대한 답으로 문제 해결 과정에서의 '통찰' 현상을 제시했다. 쾰러(1925)는 침팬지의 행동을 수년간 관찰하면서, 침팬지들이 문제 상황에 직면해서 문제를 해결할 수 있게 하는 힘은 과연 무엇인가를 규명하려 노력하였다. 그는 특히 '손이 닿지 않는 곳에 놓아 둔 음식을 어떻게 먹는가?' 등과 같이 일상생활의 문제를 해결하기 위한 침팬지의 행동에 주목하였다. 손다이크가 동물의 문제 해결을 목표 지향적인 시행착오의 관점에서 설명하려 하였다면, 쾰러는 동물의 문제 해결을 전체적인 조직과정에 의한 것으로 설명하려 하였다는 점에서 매우 다르다. 손다이크의 동물 실험에서는, 고양이는 상자 밖으로 나오려는 목표를 성취하기 위해 여러 가지 반응을 하였다. 그러나 그러한 반응이 모두 목표 성취에 적합한 것이 아니므로, 시행착오를 거치면서 목표에 부합되지 않는 반응은 점차 감소하고 결국 목표 성취에 적합한 반응들이 계열화되어 하나의 목표에 도달하게 된다는 것이다. 그러나 쾰러의 침팬지 관찰은 이와는 상당히 다른 관점을 제안하고 있다. 우선 행동은 항상 목표가 되는 대상을 향해 똑바로 나아가는 것이 아니다. 목표로의 접근이 쉽지 않다고 판단되면 일시적으로 피하기도 하고, 우회 경로를 찾기도 하지만 결과적으로 목표에 이른다. 예를 들어 높은 선반 위의 바나나를 발견했을 때, 침팬지는 한동안 바나나를 외면하다가 어느 순간 자신이 밟고 올라갈 상자를 선반 아래 놓는다. 결국 바나나를 외면한 듯했던 그 시간 가운데, 자신이 밟고 올라갈 상자에 대한 아이디어가 순간적인 통찰에 의해 획득된 것이라 할 수 있다. 이처럼 문제와 그 해결의 본질에 대한 인식은, 한참 동안 겉으로는 멋대로 활동을 하는 듯 보이지만, 어느 순간 갑자기 그리고 동시에 일어난다.

이외의 여러 실험을 통해 쾰러는 사고와 문제 해결은 자극–반응의 결합을 단순히 모아서 전체를 구성하는 것이 아니라, 기능적인 전체로서 문제를 지각하는 것이 틀림없다고 결론 내렸다. 침팬지는 바나나를 먹어야하는 상황에서 상자가 문제를 구성하는 요소들과 관계가 있다는 것을 갑자기 깨닫게 되었고, 그것으로 인해 거의 즉각적으로 문제를 해결하는 행동을 하게 된 것이다. 정리하면 문제 상황은 긴장 상태를 일으키며, 해결이 즉각적으로 이루어지지 않고 문제 상황에서 특유의 갈등이 있게 되면, 역동적인 정신력은 재조직을 통해 평형을 이루려는 성향이 있다. 그리고 통찰은 이러한 재조직화가 이루어지는 시점에서 발생한다.

2) 통찰을 용이하게 하는 방법

이제 우리는 다음과 같은 의문을 품게 된다. 문제의 기본 구조에 대한 통찰력은 향상될 수 있는가? 향상될 수 있다면 어떤 방법으로 가능한가? 사실 형태 심리학자들은 인간의 사고 특성에 대해서는 명확히 언급하였지만, 사고 과정이 어떻게 진행되는지에 대해서는 밝히지 못하였다. 그러나 생산적 사고의 기반이 되는 구조는 수학의 구조로 정의될 수 있다는 베르트하이머(1945, 1959)의 주장이 사실이라면, 수학의 구조에 대한 명확한 이해가 통찰력을 향상시킬 수 있을 것이다. 즉 통찰은 수학의 구조를 이해한 결과의 일부로서 일어날 수 있다는 것이다. 그러나 실제로 수학의 구조를 제대로 이해시키기란 그리 쉽지 않다. 특히 초등학생들의 경우 교사의 적절한 안내는 필수인데, 그러한 때 도움을 줄 수 있는 방안의 하나는 '지적 표상'의 이용이다. 베르트하이머는 문제 해결에서 문제의 구조를 단순화하여 직관적으로 지각하는 것의 중요성을 강조하였다. 특히 초등학생의 경우, 문제의 구조를 그림이나 도형 등으로 적절하게 표현하는 영상적 표상 양식은 문제의 구조를 보다 명확히 드러나게 해주며, 자연스럽게 구조에 대한 직관으로 인도한다.

예를 들어 1부터 100까지의 자연수의 합을 구하는 문제에 대해, $1+2+3+\cdots+100$과 같은 방식으로 일일이 더해 답을 얻을 수도 있겠지만 10살의 어린 소년 가우스는 단 몇 분 안에 이 문제를 해결했다. 이는 명백히 합을 구하는 보다 간단하고 세련된 방법이 있음을 시사하는 것으로, 형태 심리학적 관점에서 보면 구조에 대한 통찰로 얻을 수 있는 값진 결과라 하겠다. 이 문제에 대해 베르트하이머는 몇 가지 시각화 방안을 제안하고 있다. 우선 그는 다음과 같은 이야기를 지도의 출발점으로 삼았다.

> 벽을 따라 19계단을 만들려고 한다. 벽 맞은 편 계단의 측면에 정사각형 널빤지를 이어 붙이려고 한다. 널빤지 한 변의 길이는 한 계단의 높이와 같다. 목수는 조수에게 계단 측면에 붙일 널빤지를 사오라고 했다 … 중략 …
> 독자 여러분이 조수라면 몇 개를 사오겠는가? 여러분이 좋은 방법을 찾아내지 못했다

면, "계단을 벽을 따라 만들지 않고 양측면에 정사각형 널빤지를 이어붙이려 한다면 어떻게 되겠는가? 종이를 잘라 계단 양측면의 패턴을 생각해 보라고 권유하면 도움이 되겠는가?"라고 질문할 것이다(Wertheimer, 1945, 1959, p. 108).

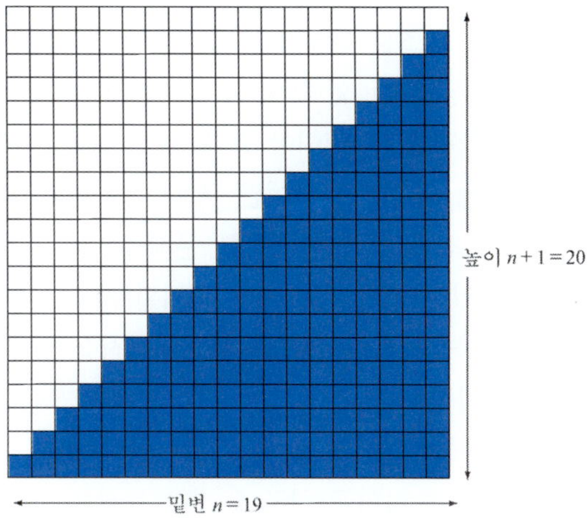

그림 4.2 계단 문제를 한 도형의 절반으로 시각화

베르트하이머는 독자들이 계단을 큰 직사각형의 절반으로 시각화하도록 제안하고 있다. 계단의 한 측면에 모양과 크기가 같은 다른 측면을 정확하게 끼워 넣으면 그림 4.2와 같이 직사각형이 된다. 이렇게 하면 처음에 주어진 문제는 연속적인 덧셈이라는 단조로운 계산 대신 직사각형 넓이의 절반을 구하는 간단한 계산[3)]으로 해결할 수 있게 된다.

결국 $1+2+3+\cdots+100$의 문제는 19계단의 측면에 널빤지를 붙이는 문제의 구조를 파악함으로써 그림 4.3 혹은 그림 4.4와 같이 다시 한 번 시각화된다. 이로부터 보다 일반적인 경우, 즉 1부터 n까지의 합이 $\frac{n}{2}(n+1)$ 혹은 $\frac{n(n+1)}{2}$과 같은 일반화된 공식을 얻게 된다.

그림 4.3 합이 101이 되는 항끼리의 연결

3) 큰 직사각형의 가로는 19, 세로는 20이므로, 그 안을 채우고 있는 정사각형 널빤지의 개수는 19×20개이다. 따라서 한 측면을 붙이는 데 필요한 널빤지의 개수는 그 절반인 $\frac{19\times 20}{2}$이다.

1	2	3	4	…	97	98	99	100
100	99	98	97	…	4	3	2	1

그림 4.4 동일한 수열을 역순으로 나열

이처럼 시각화는 문제의 구조를 통찰하는 데 결정적 기여를 하지만, 모든 수학 문제가 시각적으로 재구성될 수는 없다. 따라서 교사는 문제 상황에 적절한 '발문'이나 '힌트'를 아울러 활용할 수 있어야 한다. 형태 심리학 이론에 영향을 받은 폴리아(1945, 1957)는 문제 해결자로 하여금 문제의 목표를 생각하게 하고("구해야할 것은 무엇인가?"), 이전에 풀었던 유사한 문제를 기억하게 하고("이와 유사한 문제를 풀어 본 적이 있는가?"), 문제에서 제시된 자료를 분석하도록("조건은 미지의 것을 결정하기에 충분한가?") 지도하기 위해 적절한 발문과 권고를 활용할 것을 제안했다. 특히 직접적 경로가 없을 때 간접적 경로를 택하는 우회전략("그와 관련된 비슷한 문제를 알고 있는가?", "유사한 문제를 풀어보아라." 등)은 문제 해결 상황에서 학습자로 하여금 구조에 대한 통찰을 용이하게 한다.

3. 발달 심리학

피아제

형태 심리학은 즉각적인 통찰과 이어 일어나는 완벽한 이해를 강조하였지만, 그러한 통찰과 인식이 어떻게 가능한지, 그리고 시간이 경과되면서 인간의 인식과 통찰 능력이 어떻게 변해 가는지에 대해서는 별로 주의를 기울이지 않았다. 반면, 피아제(Jean Piaget, 1896~1980)는 사고의 과정과 발달에 특히 관심이 있었다. 그는 인간 사고의 기본 특성은 인간의 행동에서 드러나는 논리적 명제와 관계의 관점에서 이해될 수 있다고 믿었다. 논리에 대한 개인적 흥미와, 인간이 성장하면서 사고가 어떻게 변해 가는가에 대한 관심은 피아제가 인지 구조에 대한 정의를 세우는 데 기여하였다고 볼 수 있다.

피아제는 생물학자로서 학문을 시작했으며, 따라서 그의 생물학적 지식은 인간의 인지구조 혹은 사고구조에 대한 심리학적 가설을 세우는 데 기초가 되었다. 즉 인간의 인지구조 역시 신체구조와 더불어 환경에 좀 더 잘 적응해 가도록 발달해 가는 것이라 보았다. 결국 지능의 발달은 나이가 들면서 더 많은 지식을 획득함으로써 성취되는 것이라기보다는 새롭고 복잡한 인지 구조를 발달시킴으로써 성취

되는 것이다. 피아제에 따르면 인간은 유전적으로 환경과 상호작용을 하는 기능을 타고나는데, 이는 내적인 '조직 기능'과 환경에 대한 '적응기능'이다. 이 조직과 적응은 지능의·불변적 기능이며, 상호작용의 내적·외적인 측면으로 서로 분리될 수 없이 결합되어 있다. 개인은 환경과의 상호작용의 결과를 내면화하여 가능한 한 통일적이고 관련성을 갖는 행동 및 사고의 양식 —즉 인지구조—을 구성하고자 부단히 노력하며, 이는 발달과 더불어 끊임없이 세련되고 심화되며, 그를 바탕으로 미래의 행동이 더욱 나은 결과를 얻을 수 있는 방향으로 조종된다.

한편 적응은 '조절과 동화'의 상보적 측면으로 나뉜다. 인지적 적응은 개인의 환경에의 순응을 통해서도 추구되고, 그때그때 개인의 인지적 양식에의 환경의 배합을 통해서도 추구되기 때문이다. 피아제에 의하면, 인간에게는 환경과의 균형을 이룩하여 그의 행동 및 사고 양식의 무모순성을 달성하려는 기본적인 욕구가 있다. 적응과 조직기능에 의한 그러한 균형화과정에서의 행동 및 사고양식의 변화를 학습이라고 할 수 있는 바, 따라서 피아제에 따르면 인간은 학습을 위한 강력한 인지적 동기를 소유하고 있으며, 이는 학문적으로 탐구행동에 대응하는 것이다.

이와 같은 입장을 통해 확립된 피아제의 발달 이론은 아동들의 지적 활동의 역동적 측면과 심리학적 구조에 있어, 한 단계를 다른 단계와 구분하도록 하는 명백한 특성과 차이점을 강조하고 있다. 피아제는 인간의 사고 구조는 역동적으로 발달해 갈 뿐만 아니라, 그 발달 계열과 시기가 대략 일치한다고 보았다. 그에 의하면 모든 인간은 보편적으로 사고 발달에 있어서 다음과 같은 네 단계를 비슷한 연령에서 거친다. 감각운동기(0~2세) → 전조작기(3~7세) → 구체적 조작기(8~12세) → 형식적 조작기(13세 이상).

조작(operation)은 발달 단계를 구분하는 데 가장 중요한 개념이라 하겠다. 예를 들어, 다섯 개의 블록은 세 개의 블록을 제거하여 변화시킬 수 있지만, 최초의 개수로 다시 돌아가기를 원한다면 세 개를 되가져오면 처음으로 환원된다. 이처럼 조작이란 체계를 변환시킬 수 있지만($5 - 3 = 2$), 한편으로 체계를 원래 상태로 환원시킬 수도 있다($2 + 3 = 5$). 변환을 가하고 환원할 수 있는 이러한 성질을 가역성(reversibility)이라고 하는데, 이 가역성은 조작적 사고 구조의 중요한 특징이다. 피아제의 이론에서, 어떤 조작의 존재 여부는, 즉 아동이 특정 조작을 수행할 수 있는지 그렇지 못한지의 여부는 그 아동이 특정 발달 단계에 도달했는지를 결정할 수 있게 한다.

피아제의 연구에 따르면, 아주 어린 아동들은 전혀 조작적으로 생각하지 못하며, 일단 행동이 수행되고 나면, 행동하기 전의 사물의 상태를 기억하지 못한다고 한다. 즉 그들은 행동을 정신적으로 환원하지 못하기 때문에 피아제가 말한 가역성을 획득하지 못한 것이 된다. 보존과 분류에 대한 피아제의 연구는 지각(知覺)이

어린 아동의 사고에 우세한 영향을 미치며, 또한 가역적 사고를 할 수 없다는 것을 보여준다. 예를 들어, 수(數)의 보존 실험에서, 어린 아동에게 일대일대응이 명확한 한 줄의 꽃과 한 줄의 꽃병을 보여주면, 어린 아동은 꽃의 개수와 꽃병의 개수가 같다는 것을 쉽게 알아낸다. 그러나 시각적으로 일대일대응이 명확하지 않도록 재배열하면, 배열의 변형을 눈앞에서 목격했음에도 불구하고, 아동들은 꽃과 꽃병의 개수를 같게 보지 못한다고 한다. 피아제에 의하면, 어린 아동들은 일단 꽃들이 펼쳐진 다음에는 일대일대응이 깨졌기 때문에 그것들을 원래의 상태로 옮길 수 있다는 생각을 하지 못한다는 것이다. 부피나 질량의 보존도 마찬가지이다. 물을 낮고 넓은 그릇에서 길고 좁은 그릇에 따랐을 때, 어린 아동들은 물의 양이 변했다고 믿는 경향이 있으며, 찰흙 덩어리가 기다란 형태로 바뀌면 찰흙의 양이 늘어났다고 믿는다고 한다.

정상적인 초등학교 기간 동안, 아동들은 일반적으로 전조작적 사고에서부터 구체적 조작기를 거쳐서 형식적 조작의 단계로 들어서게 된다. 구체적 조작기에는 행동을 정신적으로 가역화시킬 수 있게 되며, 여러 가지 가설들을 초보적인 수준에서나마 검증할 수 있게 된다. 형식적 조작기에는 추상적으로 사고하며, 문제의 요소에서 변인들을 체계적으로 설계할 수 있다.

피아제의 발달 이론은 다음과 같은 몇 가지를 전제로 한다. 첫째, 인간의 사고는 기본적으로 수학적이고 논리적이다. 예를 들어 아동이 일정한 연령에 도달하게 되면, 조약돌을 일렬로 늘어놓거나 원형으로 늘어놓아도 그 개수가 같음을 알게 된다. 또한 앞에서부터 세어나가나 뒤에서부터 세어나가나 조약돌의 개수에는 변함이 없다는 것 또한 알게 된다. 이와 같이 조약돌의 개수가 늘어놓는 모양이나 순서와 무관하다는 사실을 알게 된다는 것은, 그러한 사실을 받아들이기에 적절한 논리적·수학적 사고 구조가 아동에게 이미 내재되어 있음을 의미한다.

둘째, 신경·생물학적 발달은 사고 구조의 발달에 전제조건이다. 피아제에 의하면, 어떤 정보를 받아들이기 위해서는 그 정보를 받아들이기에 적합한 사고의 구조가 전제되어야 한다. 그리고 이와 같은 구조의 획득은 생물학적 성숙과 밀접하게 연관되어 있다. 신경조직의 발달은 주어진 환경에서 끊임없는 동화와 자기조절적 행위를 통해 균형을 이루려는 유기체의 부단한 노력에 의해 성취될 수 있다. 결국 신경·생물학적 발달이 미숙한, 즉 특정 연령에 도달되지 않은 아동에게 상위의 논리 구조를 기대할 수는 없는 일이다. 수학적·논리적 구조는 생득적이라기보다는 신체의 발달과 더불어 점점 복잡하고 완성된 형태로 발달해 가는 것이라 하겠다.

셋째, 사회적 전이는 사고의 발달을 도울 수는 있지만, 그렇다고 사고의 발달을 보장하지는 않는다. 일반적으로 또래 집단이나 어른들과의 상호작용은 아동의 사고 발달에 상당한 영향을 미친다. 물론 피아제는 이와 같은 사회적 전이의 역할을 전적으로 부정한 것은 아니며, 오히려 사고 발달의 중요한 수단으로 인식하였다. 그러나 이것이 구조의 발달에 근본적인 것으로는 생각하지 않았다. 그는 환경과의 조작적 경험과 그것을 통한 유기체의 생물학적 성숙을 더욱 기본이 되는 것으로 간주했다. 따라서 신경의 성숙이 전제되지 않은 한, 언어의 전이나 교육의 전이는 사고 발달을 보장하지 못한다.

물론 피아제의 이론에 대한 비판이 전혀 없는 것은 아니다. 특히 발달 단계의 실재성에 대한 문제는 끊임없이 제기되어 왔다. 피아제의 연구에 대한 대부분의 보고서는 주로 발달 단계의 계열성을 강조하고 있으며, 마치 아동의 생애에서 이산적인 기간이 있는 것처럼, 그리고 각 기간에 기대되는 사고의 형태가 매우 제한적인 것처럼 주장되어 왔다. 그러나 플라벨(J. H. Flavell, 1971)을 비롯한 몇몇 연구자들은 그와 반대되는 연구결과를 제시하였다. 그들의 실험에서는 수의 보존 과제에 성공한 아동이 무게나 부피의 보존 과제에서는 실패하였다. 즉 이 아동은 수의 보존에 대해서는 가역적으로 그리고 조작적으로, 그러나 무게나 부피의 보존에 대해서는 전조작적으로 행동한 것이다. 피아제의 단계 이론에 따르면, 가역성과 같은 기본적인 논리적 조작이나 구조를 획득한 아동들은, 공간적인 변환이 그 양을 변화시키지 않음도 인식하고 있어야 한다. 그런데 논리적 조작을 획득한 아동들이 수의 보존개념을 인식하면서, 왜 무게의 보존을 인식하지 못하겠는가? 비판론자들에 의하면 논리적 구조 이외의 다른 요인, 예컨대 특정한 양이나 대상에 대한 경험[4]이 작용한다고 한다. 따라서 일단 획득된 논리적 구조가 아동들의 사고에 있어 독특한 질적 변화를 야기할 만큼 영향력이 있다는 관점은 재고되어야 한다. 결국 구체적 조작기를 정확하게 찾으려는 노력은 무의미하며, 대신 특정 논리적 조작 능력을 아동이 발달하면서 획득하게 되는 여러 사고 능력 중의 하나로 간주하는 것이 더욱 바람직하다는 견해이다.

피아제의 이론이 인지적 능력의 변화를 가져오는 데 있어서 교육의 중재 여지를 주지 않는다는 점 역시 비판받고 있다. 피아제의 이론은, 수업은 단지 주어진 발달단계에 부합한 구조적 변화가 일어난 후에만 효과가 있으며, 더욱이 이러한 구조적 변화는 어떤 일반적인 경험의 결과로서만이 발생한다는 것이다. 즉 직접적인 수업은 인지구조의 변화와 발달에 거의 영향을 주지 못한다는 것이다. 그러나 몇몇 훈련 연구가들은 이러한 이론에 반박하고, 직접적인 훈련을 통해 특정 인지 능력의 획득이 가능함을 입증하고 있다. 겔만(Gelman, 1969)은 훈련을 통해 수

4) 일반적으로 아동은 수에 비해 무게나 부피를 경험할 기회가 많지 않다. 이런 이유로 수의 보존에서 성공한다 해도 무게나 부피의 보존에서 실패할 수 있다.

보존 개념을, 베리슨(Bearison, 1969)은 부피의 보존 개념을 아동이 획득하게 하는데 성공하였다. 사실, 아동이 적절한 인지 수준에 도달하지 못하였을 경우, 교육자가 할 수 있는 일은 학생이 적절한 단계에 도달할 때까지 그저 기다리는 것뿐이라는 식의 수동적 교육관은, 피아제 자신도 원치 않았던 해석일 것이다.

이상에서 아동의 사고 발달에 대한 피아제의 이론을 간략히 살펴보았다. 피아제는 수학적 과제를 대상으로 많은 연구를 하였지만, 실제로 수학교육의 지도에 대해서는 언급을 하지 않았다. 따라서 수학교육을 염두에 둔 우리로서는 수학 교수·지도와 관련된 시사점을 스스로 추출할 수밖에는 없는 실정이다. 일반적으로 피아제의 이론에 대한 수학교육에의 시사점은 다음과 같이 요약된다.

첫째, 수업의 내용과 교수기법은 아동들의 현재의 발달 수준과 조화를 이루어야 한다. 교육에서 중요한 것은 아동들이 이해할 수 없는 수준 이상을 제시하는 것이 아니라 현재의 수준을 약간 넘어서는 문제를 제시하는 것이다. 이것이 바로 인지적 갈등 개념이다.

둘째, 피아제는 이해한다는 것은 자기 스스로 만들어 가며 발명하는 것이라고 했다. 특별한 자료나 교사의 질문이 수학적 개념을 습득하는 데 도움을 줄 수 있더라도, 아동들이 정말로 이해한다는 것은 오직 그들 자신의 노력에 의해서이다. 따라서 아동 각 개인에게 피드백을 제공할 수 있는 학습 자료와 학습 환경이 필요하다.

셋째, 피아제의 실험에서 증명되었듯이, 어린 아동들은 실제로 제시된 자료나 상황에 대해서만 조작적으로 생각할 수 있다. 그들은 물리적 환경으로부터 구체적 표상의 형태로 개념에 대한 피드백을 필요로 한다. 그러나 현재의 교육체계는 지도와 평가 모두에 있어 언어화된 개념에 지나치게 의존한다. 수학적 구조에 기초한 여러 가지 조작적 교구나 자료는 아동의 이해를 쉽게 유도해 낼 것이다.

넷째, 피아제에 따르면, 인지 발달과정에서 필수적인 구조적 재조직화는 자신이 제안한 것을 다른 사람들이 거부할 때 부분적으로 일어난다. 피아제는 이 과정에서 어른들과의 의견 불일치는 또래의 의견 불일치보다 덜 영향을 준다고 지적하였다. 정말로 그렇다면 아동들의 학습에서 동료들과 상호작용할 수 있는 기회를 충분히 제공해 주는 것이 필요할 것이다.

4. 정보처리 심리학

정보처리 심리학에서는 인간의 마음속에 있는 지식의 구조와 인간이 환경의 실제적인 요구에 적응하려 할 때 직면하게 되는 문제들을 해결하는 과정에서 발생하는 지식의 조작과 변환 기제에 초점을 두고 있다. 정보처리적 관점에서 이해를 다루기 위해서는 무엇보다도 장기기억(long-term memory)의 개념을 상세화해야 한다. 일반적으로 정보처리 모델에서는 단기기억(short-term memory)[5]과 장기기억[6]이 구별된다. 단기기억에서는 외부로부터 입력된 정보가 즉각적인 사용을 위해 일시적으로 저장·처리된다. 반면 장기기억은 단기기억에서 처리된 정보가 어떤 조직원리에 의해 저장된다.

정보가 조직되는 방법과 관련하여 의미적 기억 이론가들은 '지식 구조'라는 용어를 사용한다(그림 4.5 참조). 우리 인간은 정보를 획득한 순서대로 순차적으로 축적하여 저장하는 것이 아니라, 정보의 내용에 따라 의미 있게 조직화 혹은 구조화하여 장기기억에 저장한다는 것이다. 여기서 구조는 명사인 단위로 구성되며, 각 단위는 어떤 성질과 결합되어 있다. 성질은 단위의 물리적 특성, 그 단위가 할 수 있는 것, 그 단위에 대해 가해질 수 있는 것, 그리고 좀 더 일반적인 특성이 해당된다. 이 모델에서 단위와 성질이 위계적으로 순서화 되어 있는지의 여부는 계속 논쟁이 되고 있으며, 대부분의 의미적 모델은 엄격한 위계로 배열되어 있지 않은 결합의 네트워크(network)를 지지하고 있다. 네트워크에서 항목 간의 관계는 화살표로 나타내어진다. 예를 들어 '새와 물고기'는 모두 동물 쪽으로 향해있으나, '상어'와 '연어'는 '물고기'를 향하고 있다. 네트워크에서 항목간의 연결은 결합으로서, 손다이크의 '결합'과 유사하지만, 여기서의 결합은 특별한 관계에 기초하고 있으며(X는 [대상]을 갖고 있다; X는 [행동]을 한다; X는 [형용사]이다), 가능한 관계의 수는 한정되어 있다. 또한 이 네트워크 관계는 어떤 특별한 지식의 항목을 중앙 또는 집합점의 위치에 놓고 상호 관련된 큰 덩어리로 지식을 조직한다.

이와 같은 의미적 구조 이론은 인간이 추리하는 방법을 설명할 수 있다. 예를 들어, 대부분의 사람들은 아마도 전에는 카나리아의 피부에 대하여 생각해 보지 않았을 것이다. 그러나 그들은 카나리아가 동물이고, 동물은 피부가 있다는 것에 의해 카나리아는 날개뿐만 아니라 피부도 있다는 것을 이해할 수 있다. 따라서 네트워크 구조 모델은 인간이 모든 지식의 항목들을 각각 열거해 보지 않고도 사물을 어떻게 알 수 있는가를 설명할 수 있다. 이와 같은 사실들은, 인간의 정신은 주위 환경의 사건들로부터 지식을 수용할 뿐만 아니라 지식을 구성할 수 있다는 가정을 반영하는 것이다. 즉 인간의 정신은 외부로부터 결합을 수동적으로 기록하는 것이 아니라 능동적으로 구조화한다. 발달 과정에서 지식은 의미 있는 방법으로 구조화되는 것이지 단편적인 정보들을 무작정 수집하는 것이 아니다.

---

5) 또는 작동기억(working memory)이라 하기도 한다.
6) 또는 의미적 기억(semantic memory)이라 하기도 한다.

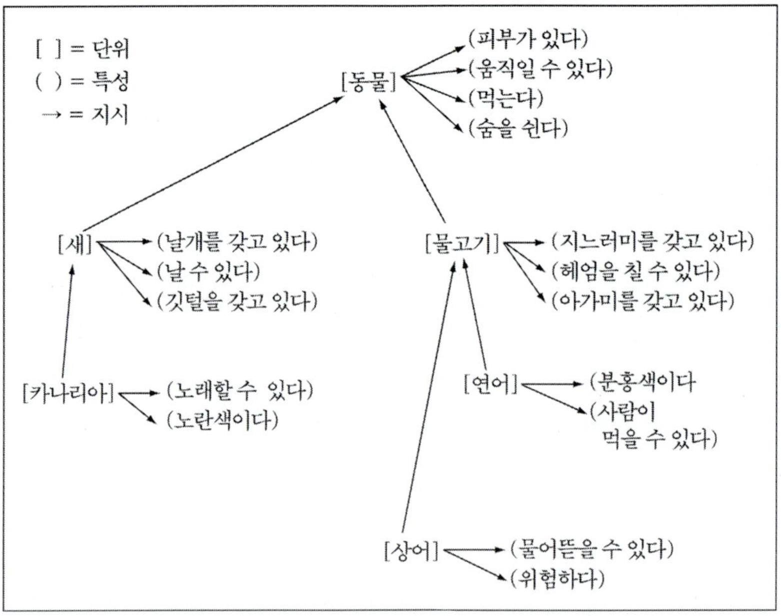

그림 4.5 의미적 기억에서 가정된 지식의 구조의 일부분으로서, '동물'의 범주에서 단위와 특성들 간의 관계를 나타내고 있다(Collins & Quillian, 1969).

이러한 관점에서 보면 수학교육의 주된 목표는 학생들이 수학에 대해 '잘 구조화된' 지식을 획득하도록 돕는 것이다. 그러면 과연 잘 구조화된 지식이란 무엇인가? 그리노(Greeno, 1978)는 잘 구조화된 지식의 일반적 준거로 다음 세 가지를 제시하고 있다. (a) 내적 통합성 (b) 연결성 (c) 일치성.

내적 통합성이란 개념이 얼마나 풍부하게 그리고 얼마나 잘 순서적으로 연결되어 있는가 하는 정도를 의미한다. 통합된 지식의 구조에서는 핵심 개념이 있으며, 이 개념은 특별히 다른 많은 개념들과 결합되어 있다. 일반적으로 전문가들은 비전문가들에 비해 정보를 덩어리로(chunk) 만들어서 저장하는 경향이 있으며, 이와 같은 방식은 기억의 재생과 복구를 한층 쉽게 할 것이다. 그러나 여기서 정보의 덩어리는 단지 물리적인 집합이 아닌, 의미 있는 정보의 조직을 뜻하는 것이다. 예를 들어 곱셈과 나눗셈의 의미를 충분히 이해하고 있으며, 각 연산을 수행하는 데 별 어려움이 없는 학생을 가정해 보자. 그러나 이 학생이 곱셈과 나눗셈의 역관계를 이해하지 못하고 있다면, 즉 곱셈과 나눗셈에 대한 분리된 지식구조를 지니고 있다면, 그 학생이 지닌 구조는 내적 통합성이라는 관점에서 잘 구조화되었다고 할 수 없다(그림 4.6, 4.7 참조).

연결성은 한 영역의 지식이 다른 영역의 지식과 얼마나 잘 연결되어 있는가 하는 문제와 관련된다. 레스닉(Resnick, 1981)은 자릿값의 개념은 가지고 있으나,

그것을 뺄셈에 대한 절차적 지식으로 연결하지 못하는 사례를 들면서, 개념적 지식은 그와 관련된 절차적 지식의 획득으로 반드시 연결되는 것은 아님을 지적하였다. 따라서 아동들이 가지고 있는 개념적 지식과 절차적 지식을 서로 연결하도록 돕는 것은 교사의 중요한 업무임에 틀림없다.

잘 구조화된 지식의 마지막 준거는 개인의 지식 구조와 그 분야의 전문가가 가지고 있는 지식 구조의 일치 정도이다. 사실 어떤 지식의 구조가 정말로 인간의 실제적 수행을 도울 수 있는가를 검증하는 것은 매우 어려운 일이다. 따라서 우리는 구조화가 잘된 지식의 일반적인 표본으로 그 분야에서 전문가로 인정되는 사람의 지식 구조에 관해 경험적으로 이끌어낸 정보에 의존할 수밖에 없는 것이다.

이처럼 의미 있는 네트워크, 지식의 구조 등은 정보처리 이론에서 인간의 사고를 설명하는 중요한 방식이다. 그러나 훌륭한 지식 구조를 가지고 있는 것만으로는 성공적인 사고활동을 보장하지 못한다. 정보를 재생하기 위해 그러한 지적 구조를 탐색하도록 하는, 혹은 필요한 정보가 요구된 형태로 정확하게 저장되어 있지 않았을 때 개념과 구조 사이의 새로운 관계를 능동적으로 생성하고 평가할 수 있도록 하는 메커니즘이 또한 필요하게 된다. 따라서 정보처리 이론에서는 '문제해결전략'이 '지식 구조'와 더불어 인간의 사고를 이루는 주요한 구성요소로 간주

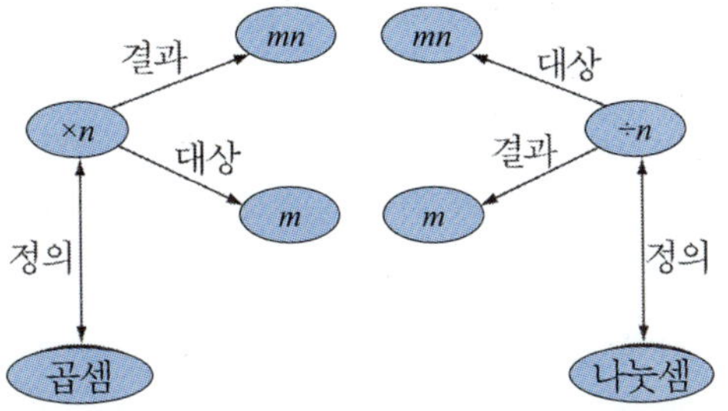

그림 4.6 곱셈과 나눗셈에 대한 가능한 지식의 구조. 두 가지가 분리된 것은 두 연산간의 역연산 관계를 이해하지 못한다는 것을 의미한다(Greeno, 1978).

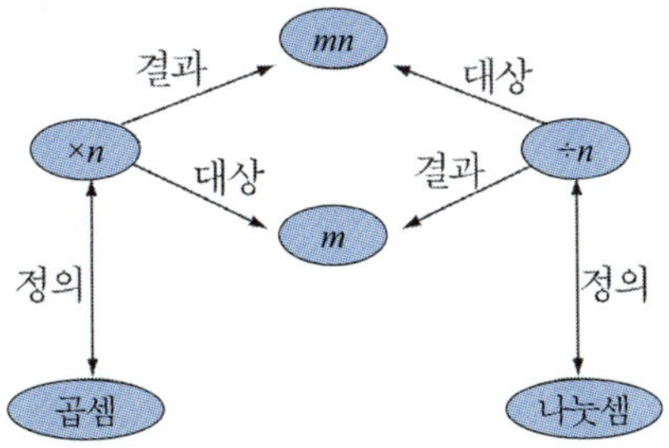

그림 4.7 곱셈과 나눗셈 사이의 역관계의 이해를 나타내는 지식의 구조. 이것은 그림 4.6의 구조를 결합하여 단순화한 것을 나타낸다(Greeno, 1978).

된다. 이는 아무리 많은 책을 보유하고 있더라도 필요한 책이 서고의 어느 곳에 꽂혀 있는지를 알 수 없다면 책을 활용할 수 없는 이치와 마찬가지이다. 따라서 수학에서의 문제 해결을 이해하기 위하여 우리는 두 가지를 고려해야 한다. 하나는 수학적 지식의 구조이며, 다른 하나는 자신의 지식에 접근하도록 하고 유용한 활동을 선택하도록 하는 문제 해결전략이다.

우리는 지금까지 인간의 기억, 사고, 문제 해결 등에 대한 정보처리 심리학의 관점을 대략적으로 살펴보았다. 이것은 인간이 한꺼번에 많은 정보를 어떻게 저장하며, 시간이 흐른 뒤에도 그러한 것을 어떻게 재생하는지, 그리고 어떻게 문제를 해결하는지에 대한 설득력 있는 정보를 우리에게 제공해 주고 있다. 마지막으로 그러한 이론들이 수학 지도에 시사 하는 바를 요약하면 다음과 같다.

첫째, 교사는 잘 구조화된 지식구조를 밝혀내어, 아동의 머릿속에 그와 같은 구조가 형성될 수 있도록 지도해야 한다. 또한 아동에게 형성된 구조에 내재된 개념과 관련 절차가 잘 연결될 수 있도록 지도 방안을 강구해야 한다. 이것은 수학수업이 교과내용의 구조를 나타내도록, 다양한 상황에서 새로운 절차와 개념을 연습시킬 수 있는 기회를 충분히 제공하도록 고안되어야 함을 의미한다. 또한 지식 구조에 연결된 사실, 절차, 관계가 많을수록 필요한 관계를 더 잘 창안하거나 발견할 수 있음은 자명하다. 따라서 교사는 가지에 해당하는 구조 이외에도 잎과 열매에 해당하는 사실적 지식을 가능한 풍부하게 지도해야 한다.

둘째, 교사는 문제 해결에 영향을 미치는 과제 환경의 역할을 고려해야하며, 아동으로 하여금 과제 환경의 특징을 자세히 살펴보도록 지도해야 한다. 유사한 문제라도 문장의 수와 배열, 단어의 친숙도, 문법의 난이도 등 과제 환경에 따라 적절한 문제 해결 전략을 찾을 수도 있고 그렇지 못할 수도 있다. 따라서 교사는 가급적 문제와 무관한 정보를 최소화하고, 그림이나 도해를 아울러 제시해 줌으로써 아동이 문제를 올바르게 이해하여 적절한 문제 해결 전략을 찾도록 도와주어야 한다.

5. 스켐프의 수학학습이론

스켐프

스켐프(Richard R. Skemp, 1919~1995)는 수학교육 분야에서 세계적으로 널리 알려진 권위자로, 앞에서 제시된 대부분의 심리학자들과 마찬가지로 지식의 구조에 많은 관심을 보였다. 그는 지식의 구조, 즉 '스키마(Schema)'는 학습자 개개인의 마음속에서 구성되어야 하며, 따라서 남이 대신해 줄 수는 없는 일이라 하였다. 만약

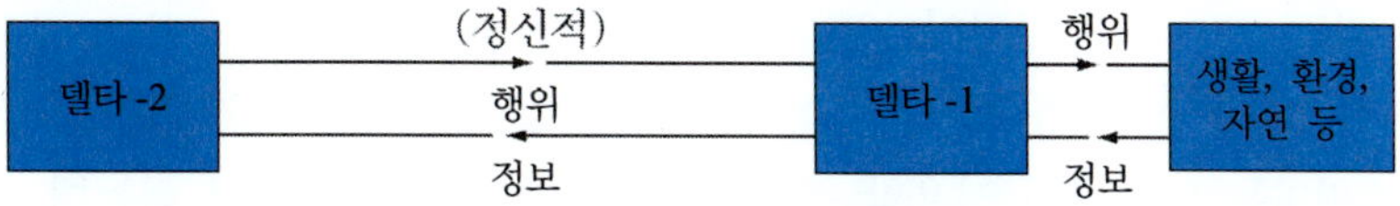

그림 4.8 스켐프가 제안하는 정신 모델

스키마[7]가 중요하다면, 그것은 어떻게 습득되는가? 스켐프에 의하면 어느 누구도 이런 것을 가진 채 태어나지는 않는다. 유전적으로 계승된 본능적 행동은 행위와 매우 밀접하게 결합되어 있으나, 적응력이 떨어진다. 반면 스키마는 학습에 의해 습득되며 적응력이 매우 높다. 따라서 두 가지 관점, 즉 행위와 학습이 어떻게 이루어지는지 이해를 돕기 위해서는 마음속에서 일어나는 일을 하나의 모델로 만들 필요가 있었다. 그것은 다음과 같다.

여기서 델타-1은 물리적 환경에 관련된 목적을 달성할 수 있도록 하는 기능을 가진 지시체계를 나타낸다. 델타-2는 델타-1에 실행되는 제 2의 명령 지시체계로, 델타-1이 임무를 더 잘 수행할 수 있도록 돕는다. 이러한 도움이 스켐프가 생각하

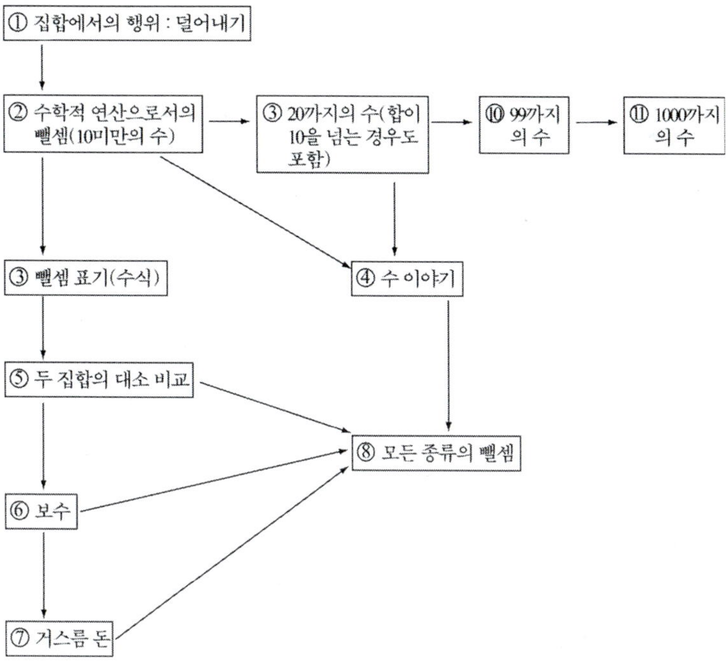

그림 4.9 스켐프가 제안한 뺄셈 개념 도표(김판수, 박성택 역, 1996, p. 74)

7) 예를 들어 우리가 잘 알지 못하는 장소를 찾아가려할 때, 지도를 지참한다면 출발지에서 목적지로 이르게 하는 행위 계획을 세울 수 있으며, 설령 길을 잃었다 해도 다시 찾아가기가 용이하게 된다. 왜냐하면 도로 지도는 우리가 직접 보고 만질 수 있는 대상들에 대한 지식을 구체적으로 나타내고 있기 때문이다. Tolman은 사람의 머릿속에 존재하는 이와 같은 정신적인 지도 즉 '인지 지도'라는 유용한 개념을 만들어 내었으며, 이는 '지식 구조' 혹은 '정신 모델'과도 유사한 개념이다. 그리고 이 세 가지 용어를 모두 포괄하는, 심리학자들이 사용하는 보편적인 용어가 바로 '스키마(혹은 도식)'이다.

는 진정한 의미의 학습인 것이다.

스켐프는 "이해란 무엇인가?"라는 문제에 "어떤 것을 이해한다는 것은 그것을 적절한 스키마에 동화시킨다는 것이다"라고 답하였다. 앞서 기술된 인지 지도 혹은 스키마는 델타-1이 사용할 행위 계획을 델타-2가 만들도록 하는데 필요한 자원이 된다. 그러나 만약 우리가 기존의 스키마에 연결시킬 수 없는 상황에 놓였다고 가정해 보자. 델타-2가 어떠한 행위 계획도 세울 수 없다면, 그것은 우리가 정신적으로 '길을 잃었음'을 의미하는 것이다. 그러나 다행히도 델타-2가 한 번 더 계획을 세워, 새로운 경험을 기존의 스키마에 연결시키는 데 성공하게 된다면 그것은 이해의 성취를 의미하게 된다. 즉 이해의 성취는 새로운 경험을 기존의 스키마에 연결시키는 것이다. 그리고 이와 같은 이해를 스켐프는 '관계적 이해'라 하여, 지적 학습에서 중요한 요인으로 간주하였다. 즉 지적 학습은 많은 공식을 외우는 데 있는 것이 아니라, 필요에 따라 수없이 다양한 행위 계획을 세우고, 이끌어 낼 수 있도록 지식 구조를 쌓아 가는데 있으며, 기존의 지식으로 이러한 계획을 수립하는 것이 바로 지력의 중요한 기능인 것이다.

스켐프는 지식 구조가 학습자 개개인의 마음속에서 구성되어야 함을 강조하였지만, 훌륭한 교수법은 큰 도움이 될 수 있으며, 지식 구조를 만드는 일이 더 추상적이고 더 높은 단계에 이르면 학습자는 더 많은 도움을 필요로 하게 될 것이라 하였다. 그러나 교사의 역할은 학생의 델타-2를 통한 스키마의 구성을 바꾸는 것이 아니라, 스키마의 구성에 적합한 학습 상황을 제공해 주는 일이다. 교사는 아동들이 이해를 수반한 지적 학습을 할 수 있도록 하기 위해, 아동들에게 제공된 학습 자료로 구체화된 새로운 개념들이, 아동들이 가지고 있는 기존 스키마에 동화될 수 있는 것들인지 항상 확인해야 한다. 이러한 확인을 위해서는 관련된 주제의 개념 분석이 필수적이며, 분석 결과를 개념 도표로 나타내면 더욱 편리하다. 이와 관련하여 스켐프는 학교수학에서 다루어지는 몇 가지 수학 개념을 대상으로 개념 도표를 작성하여 제시하기도 하였다(그림 4.9 참고).

그러나 우리는 때때로 기존 스키마에 동화될 수 없는 아이디어를 만나게 되며, 불가피하게 스키마의 재구성을 요구받게 된다. 스키마의 재구성은 수학학습에 여러 가지 도움을 주지만, 때로는 아동들에게 지나친 혼란과 인지적 부담을 안겨줌으로써 자칫 수학학습을 기계적인 암기 학습으로 가져갈 위험이 있다. 특히 한번 형성된 스키마는 쉽게 다른 것으로 대체되지 않는 특성을 가지고 있기 때문에, 스키마를 재구성한다는 것은 아동의 입장에서 결코 쉬운 작업이 아니다. 따라서 교사는 새로운 주제나 개념을 제시할 때 가급적 나중에 다른 것으로 대체될 필요성이 최소화 되도록 '기본 스키마'[8])를 선별하여야 할 것이다.

6. 지식의 구조를 강조하는 수학 교수·학습원리

지금까지 살펴본 수학학습심리 이론들은 명백하게 혹은 암묵적으로 수학 지도에 상당한 영향을 끼쳐왔다. 특히 발달심리, 형태심리, 정보처리이론은 수학의 구조에 공통적으로 관심을 가지고 있었으며, 비록 그것의 형성과 발달에 대해서는 다른 관점을 제시하였으나, 학교에서 수학의 구조를 지도해야한다는 것에는 목소리를 같이 하였다. 따라서 수학의 구조를 지도하는 방안을 고려해보는 것은 매우 실제적인 일이라 하겠다. 이와 관련하여 다음에 제시할 브루너와 디에네스의 수학 학습이론은 수학의 구조를 어떻게 지도할 수 있는가와 관련된다.

1) 브루너의 EIS 원리

브루너

미국의 심리학자 브루너(Jerome S. Bruner)는 인간의 인지능력은 세 단계의 표상 양식을 거쳐 발달한다고 주장하였다. 즉 활동적 표상(Enactive Representation), 영상적 표상(Iconic Representation), 상징적(Symbolic Representation) 표상이 그것이다. 활동적 표상은 과거의 사건을 적절한 운동적인 반응을 통해 표상하는 양식을 의미한다. 이 양식은 피아제가 감각 운동기로 말한 시기로서, 유아들이 사물을 기억할 수 있는 유일한 방법으로 생각되며, 딸랑이를 떨어뜨린 후에 주먹을 흔드는 아이에게서 볼 수 있듯이 수행한 행동과 연결하여 대상을 기억하는 것을 가리킨다. 어른들 역시 어떤 복잡한 운동행위를 활동적으로 표상하기도 한다. 수학학습에서는 덧셈 문제를 손가락으로 꼽으면서 계산하는 아동들에게서 볼 수 있는 경우이다.

표상의 두 번째 양식은 영상적 표상으로, 구체적이고 물리적인 단계에서 정신적 이미지의 영역으로 이동하게 된다. 브루너에 의하면, 영상적 표상은 아동들이 행동을 기억할 뿐만 아니라, 필요할 때 재생해 낼 수 있는 방법으로, 조작(operation)이나 사상(mapping)을 영상화시킬 때 발생하는 것이다. 그러한 정신적 이미지는 발생했던 모든 구체적 사건을 포함하지 않고, 단지 중요한 특징만을 표상함으로써 사건을 요약한다. 수학적 예로는 구체물과의 조작을 통해 덧셈을 학습하던 학생이 그것을 단순화시킨 그림으로 저장하여, 그러한 영상을 참조하여 덧셈

8) 일반적으로 사칙연산은 자연수로부터 출발하기 때문에, 곱셈은 동수누가 모델에 의해 지도된다. 그러나 곱셈이 음수나 분수 영역으로 확장되면 동수누가 모델로는 더 이상 설명되지 않는다. 이러한 경우 불가피하게 곱셈에 대한 도식의 재구성이 요구된다. 스켐프는 이와 같은 현상을 피하기 위해 곱셈을 처음부터 '조작의 결합'으로 지도할 것을 제안하고 있다(김판수, 박성택 역, p. 93 참조).

을 이해하게 되는 것을 가리킨다.

경험을 기억하는 세 번째 방법인 상징적 표상은 주로 언어적 능력이 출현함으로써 가능하게 된다. 기호는 어떤 것을 나타내는 단어나 표시로서 그것이 표현하는 것과 닮은 것은 아니다. 즉 매우 추상적인 것이다. 예를 들어 숫자 8은 그 수의 성질을 갖고 있는 '여덟'이라는 단어와 전혀 다르다. 기호는 어떤 대상, 사건, 아이디어를 나타내려고 사람들이 고안해 낸 것이며, 그들의 의미는 사람들이 함께 쓰기로 했기 때문에 공통으로 널리 쓰이고 있는 것이다. 아동들이 수학적 연산을 사용하기 시작할 때는(숫자, 방정식과 세로셈과 같은 형식, 연산 기호인 +, −, = 등을 사용할 때), 이러한 수학적 표현을 읽는 능력이 발생하는 시기로서, 그들은 상징적 표상을 하기 시작한다. 그들은 곧 그들이 수행한 것을 기호로 동일하게 바꾸어 사고하는 것을 학습한다. 이것은 추상적 사고의 새로운 가능성을 열어주는 것이다.

브루너의 연구에 따르면 행동적, 영상적, 상징적 표상은 발달에 있어서 서로 관련되어 있다. 이들은 이 순서대로 발달하며, 각 표상은 선행하는 표상 양식에 의존하며, 다음 표상 양식으로 전이하기까지에는 전단계의 충분한 연습이 필요하다. 따라서 교사는 자신이 지도하는 학생의 표상 양식이 어느 수준인가를 항상 염두에 두면서, 아동의 수준에 부합하는 지도방식을 채택해야할 것이다. 예를 들어 활동적 혹은 영상적 표상 수준에 있는 아동에게 무리하게 상징적 표상 수준에서 수업을 하는 것은 브루너의 관점에서는 옳지 못한 지도방법이 되는 것이다. 또한 아동이 비록 상징적 수준으로 이행하였다 해도 상징적 표상과 아울러 그 아래 수준인 영상적 혹은 활동적 표상을 아울러 제시해주는 것을 제안하고 있다. 이는 상징적 표상으로 이해하는 것을 실패한 아동에게 의존할 수 있는 대안을 마련해 주고자 함이다. 연구에 의하면 비록 상징적 수준에 있는 아동이라 할지라도, 영상적 표상은 이해를 돕는데 중요한 역할을 한다고 한다.

2) 디에네스의 수학 학습 원리

디에네스(Zoltan Dienes)는 심리학의 연구결과를 수학수업에 통합시켜야 한다고 주장하면서, 주의 깊게 구조화된 학습과정에 구체적인 자료와 게임을 사용할 것을 주장하였다. 그는 아동들이 본질적으로 분석적이라기보다는 구성적인 경향이 있다고 믿었으며, 수학학습에 대한 자신의 이론을 다음 네 가지로 요약·제시하였다.

① 역동성의 원리(Dynamic Principle)
② 구성성의 원리(Constructivity Principle)

③ 수학적 다양성의 원리(Mathematical Variability Principle)
④ 지각적 다양성의 원리(Perceptual Variability Principle)

디에네스

역동성의 원리라는 것은 수학적 개념이 발생할 수 있는 놀이나 게임을 경험시켜 두어야 한다는 것이다. 이 원리는 수학적 개념은 인간의 활동을 통하여 형성된다고 하는 피아제의 활동주의적 수학관의 영향을 받은 것이라 하겠다. 이 원리에 의하면, 어린 아동들이 나무 쌓기나 종이 접기 등의 활동을 많이 하는 것은 도형 개념의 형성에 크게 기여하게 된다.

구성성의 원리는 수학 학습에서는 구성이 분석에 앞서야 한다는 원리이다. 여기서 구성이라는 것은 물건을 만들어 보거나 전체를 파악하는 것이고, 분석이라는 것은 사물을 분해해 보거나, 세밀히 검토하여 그 이유를 알아보는 것을 말한다. 공간 도형의 학습에서, 공간 도형의 절단면을 만들어 본 다음, 그 세부적 성질을 분석해 보거나 이유를 조사하는 학습은 구성성의 원리에 입각한 것이라 하겠다.

수학적 다양성의 원리라는 것은, 수학적 개념을 제시할 때 변화시킬 수 있는 것은 가능한 다양하게 변화시켜 제시해 줌으로써, 학생들로 하여금 변하지 않는 본질 즉, 수학적 개념을 스스로 추상화하거나 일반화하는 경험을 제공해 주라는 것이다. 예를 들어 평행사변형을 지도할 때 평행사변형의 본질적 특성(두 쌍의 대변이 평행)을 파손시키지 않으면서 다양화시킬 수 있는 변의 길이, 변 사이의 각, 위치 등은 최대한 바꾸어 제시해 주어야 한다는 것이다. 그러한 다양성 가운데 변치 않는 본질을 추상하여 일반화하는 것은 아동에게 매우 중요한 활동임에 틀림없다.

마지막으로 지각적 다양성의 원리라는 것은, 수학적 개념 형성에 있어서 그 개념의 본질을 파손시키지 않는 범위에서 가능한 다양한 지각적 형태로 제시하라는 것이다. 재질(종이, 나무, 고무 등), 색상, 크기, 등에 변화를 주는 것이 이에 해당한다고 하겠다. 이것 역시 추상화의 과정을 학생들로 하여금 경험시키도록 한다는 점에서 수학적 다양성의 원리와 일맥상통한다.

(참고 사이트: www.zoltandienes.com)

생각해 볼 문제

1. 수학문제 해결에서의 '그림그리기 전략'의 유용성 및 문제점을 형태 심리학적 관점에서 논하시오.

2. 발달 심리학을 근거로 들어, 지나친 조기교육과 선행학습의 문제점을 논하시오.

3. 연합주의 심리학에 근거하여, 초등학교 수학부진아들을 위한 구구단 암기 프로그램을 구성하시오.

4. 형태 심리학의 관점에서 삼각형의 넓이 구하는 공식 $S=\frac{ah}{2}$, $S=\frac{a}{2}\cdot h$, $S=a\cdot\frac{h}{2}$(a는 밑변, h는 높이)를 각각 시각화하고, 이러한 관점에서 현행 교과서에 제시된 삼각형의 넓이 지도 방식을 분석하시오.

5. 브루너의 EIS이론을 학교수학에 적용한 예를 수학교과서에서 찾아보고, 이 이론의 제한점에 대해 기술하시오.

6. 정보처리 심리학에서 말하는 '잘 구조화된 지식'의 준거 가운데 '연결성'에 해당되는 수학적 보기를 제시하시오.

7. 스켐프가 말하는 관계적 이해와 도구적 이해에 해당되는 수학적 예를 제시하고, 각각의 장단점에 대하여 설명하시오.

8. 디에네스의 다양성의 원리에 근거한 각기둥 지도 방안을 작성하시오.

■ 참고문헌 ■

구광조, 오병승, 전평국 공역 (1995), 수학 학습 심리학. 교우사.

김판수, 박성택 역 (1996), 초등수학교육, 교우사.

이용률 외 다수 공저 (1997), 초등수학교육론, 경문사.

Bearison, D. J. (1969), Role of measurement operations in the acquisition of conservation. *Developmental Psychology 1*(6), pp. 653–660.

Brownell, W. A. (1928), *The development of children's number ideas in the primary grades*, Chicago.

Bruner, J. S. (1960), *The process of education.* Cambridge, Mass: Harvard, University Press.

Collins, A. M. & Quillian, M. R. (1969), Retrieval time from semantic memory, *Journal of Verbal Learning and Verbal Behavior*, *8*, 240–247.

Flavell, J. H. (1971), Stage-related properties of cognitive development. *Cognitive Psychology 2*(4), pp. 421–453.

Gelman, R.(1969), Conservation acquisition: A problem of learning to attend to relevant attributes, *Journal of Experimental child Psychology 7*, pp. 167–187.

Greeno, J. G. (1978), Understanding and procedural knowledge in mathematics education, *Educational Psychologist*, 12(3), pp. 262–283.

Köhler, W. (1925), *The mentality of apes*, New York: Harcourt, Brace & World.

Larkin, J. H. (1977), *Problem solving in physics*, University of California, Berkeley, Group in science and Mathematics Education and Development of Physics.

Piaget, J. (1952), *The child's conception of number*. New York: Norton (Original French Edition, 1941).

Piaget, J. (1964), *Development and learning*, In R. E. Ripple & V. N. Rockcastle Ithaca(Eds.), Piaget rediscovered. N.Y.: Cornell University Press.

Polya, G. (1957), *How to solve it* (2nd Ed), New York: Doubleday Anchor Books.

Polya, G. (1957), *How to solve it* (2nd ed.), New York: Doubleday Anchor Books (Originally published 1945).

Repp A. C. (1935), *Types of drill in arithmetic*, the tenth yearbook of National Council of Teachers of Mathematics, New Yourk: Teachers College, columbia University.

Repp, A. C. (1930), *Mixed versus isolated drill organization*, The twenty-ninth yearbook of the National Society for the Study of Education, Bloomington, III.:Public School Publishing Co.

Resnick, L. A. & Ford, W. W. (1981), *The psychology of mathematics for instrucion*, Lawrence Erlbaum Associates, Publishers, Hillsdale, NJ.

Thorndike, E. L. (1922), *The psychology of arithmetic*, New York: The Macmillan Co.,

Wertheimer, M. (1959), *Productive thinking*, New York: Harper & Row(Originally published 1945).

05

수학적 활동과 수학화

최근 수학교육은 '수학은 인간의 활동'이라는 관점 하에 그에 따른 교수·학습에 대한 많은 연구들이 진행되고 있다. 이러한 관점은 궁극적으로는 수학 인식론에 대한 근본적인 변화에 기인한 것이라고 생각할 수 있다. 이러한 변화의 중심에는 '새수학'의 실패 이후로 그 대안으로 대두된 구성주의가 자리 잡고 있다. 구성주의는 '인간은 능동적인 학습자'라는 전제 하에 '학생들의 의미 있는 수학의 구성'을 강조하고 있다. 이는 수학에 대한 참다운 이해를 의미하는 것으로 수학적 지식을 잘 이해하는 것뿐만 아니라 그러한 이해를 바탕으로 참으로 응용 가능하고 유용한 수학의 학습을 경험시키고자 하는 것이다.

프로이덴탈(Hans Freudenthal, 1905~1990)은 이미 오래 전부터 이러한 '인간 활동으로서의 수학'을 강조하고 1970년대 초부터 활동으로서의 수학을 기본 전제로 학생들에게 의미 있는 수학 교수·학습에 대한 이론적 틀을 제시하고자 노력해 왔다. 그의 이론은 한편으로는 '새수학'에 대한 반작용이었고, 다른 한편으로는 그 당시 전통적인 접근방식인 '기계적 수학교육'에 대한 반작용이었다. 즉, 그는 연역체계를 중시하는 '새수학'을 반교수학적 전도(antididactic inversion)라고 비판하고, 학생들에게 의미 풍부한 유용한 수학을 제공함으로써 수학에 대한 진정한 안목을 형성시키고자 노력해 왔다.

이 장에서는 프로이덴탈이 주장하는 수학교육이론의 핵심이 되는 수학화의 의미, 수학화와 수학적 활동, 수학화 학습·지도 원리 및 수학화 수업의 실제에 대한 예를 살펴보기로 한다.

1. 수학화의 의미

1) 수학화의 의미

(1) 프로이덴탈의 수학관

일반적으로 수학은 추상적이고 형식적인 학문의 전형으로 생각된다. 그러나 프로이덴탈(1991)은 수학이 이렇게 추상적이고 형식적인 학문이 되기까지는 오랜 세월이 걸렸고, 또한 그 과정에서 현격한 수준의 비약들이 존재했으며, 아무리 추상적이고 형식적으로 보이는 수학이라도 그 출발점은 현실이라는 점을 강조한다. 예를 들면, 초등학교에서 지도하고 있는 도형 영역을 포함한 기하학은 추상적이고 형식적이며 엄밀한 수학의 대표적인 분야이지만, 그 출발점은 토지를 측정하는 과정, 즉 인류의 어떤 시기의 현실적인 문제를 해결하는 것이었다. 토지를 측정하는 과정에서 다양한 도형의 모양에 관심을 가지게 되었고, 이러한 모양의 성질들을 탐구하는 중에 도형의 구성 요소와 성질을 인식하게 되었으며, 이런 성질과 성질을 연결한 명제들을 탐구하면서, 이런 명제들 중 가장 기본적인 성질들을 추출하여 공리로 삼고 하나의 공리체계로서의 기하체계를 구성하는 일에 이르기까지 오랜 세월 동안 계속적인 수준의 비약이 있어 왔다는 것이다.

그는 이런 과정에서 수학의 발전에 가장 중요한 역할을 했던 것은 사람마다 그 능력에는 차이가 있지만, 사람이 본래 가지고 있는 수학적인 정신 활동이라고 본다. 또한 이런 과정에서 우리가 놓치지 말아야 할 것은 어떤 시기의 어떤 현실적인 문제를 해결하기 위해 최초로 제안된 방법이나 인류가 즐겨 사용했던 방법이 지금 우리가 알고 있는 것과 같은 수학적으로 잘 다듬어진 추상적이고 형식적인 방법이 아니었다는 점이다. 최초의 다소 세련되지 못한 방법이 현재의 세련된 방법으로 다듬어지기까지는 많은 관련된 사람들의 정신적 활동이 필요했다는 것이다.

한편 수학은 현실에의 필요성에서 발생될 뿐만 아니라, 수학자의 상상력에 의해 먼저 발생된 수학이 현실 속의 여러 가지 상황에 적용되면서 서로 밀접한 관계를 맺으며 발전해 왔다. 따라서 수학을 생각할 때 추상적이고 형식적인 지식의 부분으로 다른 모든 것과 분리하여 생각하는 것은 옳은 것이 아니며, 현실과 밀접한 관련을 가지면서 서로의 지평을 넓혀 가는 것으로 해석하는 것이 더 옳은 것이다.

(2) 수학화의 의미

프로이덴탈은 이러한 특징을 갖는 수학을 결과적 지식 체계인 '기성 수학'과 활동으로서의 수학인 '실행 수학'으로 구분하고, 인간 활동으로서의 수학을 강조한다. 그는 종래의 수학교육이 학생의 마음과는 별도로 존재하는 외적인 '기성수학'을 학생의 심리를 고려하지 않고 수학 자체의 논리적인 전개 순서에 따라 가르쳐 왔음을 비판한다. 그 결과 학생들은 12년이라는 오랜 기간 동안 수학을 배우고도 수학의 유용성을 알지 못하고 자신과는 거리가 먼 무의미한 교과로 생각하는 것이다. 따라서 학생들에게 중요한 것은 '기성수학'을 그대로 전수 받는 것이 아니라 '실행 수학'을 체험하는 일이라는 것이다.

프로이덴탈은 이와 같이 '실행 수학' 곧 인간 활동으로서의 수학을 강조하며, 수학적 사고 활동의 가장 본질적인 특성을 연속된 재조직화로 파악하여 이것을 '수학화'라고 표현하였다. 수학화란 '현상을 수학적 수단인 본질에 의해서 조직하는 것(Freudenthal, 1973)'을 의미한다.

이와 같이 수학화를 강조하는 이유는 수학을 배운다는 것은 단지 기성수학을 전달받는 것이 아니라 학생들 스스로가 수학을 행하는 것이며 무엇보다도 일상적 현실을 수학화하는 활동이 선행되어야 하고 그 이후에 수학을 수학화하는 활동이 뒤따라야 하며, 이를 다시 현실에 응용할 수 있어야 한다는 것이다.

(3) 현실의 의미

프로이덴탈(1991)은 현실이라는 용어를 '자신의 상식 수준에서 현실적인 것으로 경험되는 것'이라는 의미로 사용한다. 한편 판 덴 판하위전 훼펠(van den Panhuizen-Heuvel, 1998)은 학생의 현실이란 '학생들이 그 상황을 상상하고, 자신의 아이디어, 경험, 환상을 구현할 수 있다'는 의미이다. 따라서 현실을 수학화한다고 할 때 현실이란, 일상생활의 상황뿐만 아니라 학생들의 마음속에서 무엇인가 그려내거나 상상할 수 있는 학생들의 물리적·정신적·수학적인 모든 상황을 포함한다. 이는 학생들에게 제시되는 상황이 일상생활의 상황일 수도 있지만, 환상적인 동화 속의 상황 심지어는 형식적인 수학적 상황조차도 그것들이 학생들의 마음속에서 현실적인 것으로 느껴진다면 학생들의 현실에 속한다고 보는 것이다.

반면 트레퍼스(Treffers, 1987)에 의하면, 현실에서 수학적인 세계로 들어서는 것이 수평적 수학화이고 수학적인 세계에서 좀 더 추상적인 수학의 세계로 한 걸음 더 진전하는 것이 수직적 수학화이며, 이것이 또 학생의 현실이 되고 이러한 순환 과정이 반복되면서 현실이 성장되어 가는 것이다.

이때 수평적 수학화와 수직적 수학화의 구분은 절대적인 것이 아니라 학생들의 수준에 따른 상대적인 것이다. 예를 들면 다섯 개의 공깃돌과 세 개의 공깃돌을 서로 합하는 문제에서, 어떤 학생의 경우 '손가락 도식'으로 공깃돌을 나타내는 것은 수평적 수학화인 반면, 손가락을 세는 것은 수직적 수학화일 수 있다. 또는 다른 수준에 있는 학생의 경우, 앞의 문제를 산술적 합 $5+3$으로 나타내는 것은 수평적 수학화이고, '6, 7, 8'과 같이 앞으로 세기나 4 + 4로 대치하는 것 또는 구구단 외운 것을 이용해서 해결하는 것은 수직적 수학화이다.

또한 현실을 수학화 한다는 의미는 단순히 학생의 현실세계에서 시작한다는 것뿐 아니라 수업 상황 자체가 학생의 체험의 일부가 되도록 하는 것을 중시하는 것이다. 따라서 모든 수업에서 이러한 현실의 세계와 수학의 세계가 교대가 되도록 함으로써 수학을 통해 세상을 바라보는 수학적 안목을 기르는 것이 중요하다.

2) 수학화와 수학적 활동

수학화를 현상을 수학적 수단에 의해 조직하는 것으로 볼 때, 이 과정에는 여러 상황에서 수학적인 내용을 발견하고 추상화·일반화하고 도식화하고 국소적으로 조직하고 형식화하며 전반적인 관점의 전환에 의한 공리화에 이르기까지 여러 가지 활동이 포함된다. 이러한 광범위한 수학적 활동 중에 여기서는 정의하기, 도식화, 형식화, 알고리즘화, 일반화, 국소적 조직화에 대해서만 살펴보기로 한다.

(1) 정의하기

사전식 정의는 어떤 대상에 대한 서술이나 설명이지만, 수학에서의 정의는 그 이상이다. 개념을 정의하는 방법에는 내포적 방법, 외연적 방법, 발생적 방법, 귀납적 방법 등이 있다. 내포적 정의는 개념을 생각하는 사람의 의도에 따라 그 개념의 속성으로 정의하는 방법이고, 외연적 정의는 그 개념에 속하는 대상 전체로 정의하는 방법이다. 외연적 방법은 칸토어(G. Cantor, 1845~1918)의 집합론에 의해 시작되고 강화된 현대 수학의 특징적인 정의 방법이다. 외연적 방법의 예로는 유리수를 동치류로 정의하거나 함수를 곱집합의 부분집합으로 정의하는 것을 생각할 수 있다. 내포적 방법의 예로는 '사다리꼴은 한 쌍의 대변이 평행인 사각형'과 같이 정의하는 것을 생각할 수 있다. 학교수학에서는 수학교육의 현대화 운동 이래 외연적 정의 방법이 도입되었으나 오늘날에는 다시 내포적 정의가 강조되는 상황이다. 발생적 정의는 특징적인 정의 대신에 정의될 대상의 형성 과정을 나타낸다. 예를 들면, '원뿔은 직각삼각형의 직각을 낀 한 변을 축으로 1회전했을 때 생기는 입체도형이다.'와 같이 정의할 수 있다(이용률 외, 1997). 귀납적 정의는 최초의 원소와 그 다음 원소를 정하는 규칙을 제공하는 방법으로, 그 예로는 수열의 점화식 등을 들 수 있다.

정의하는 과정은 중요한 수학적 활동 중의 하나이다. 수학의 발달사를 보면 여러 가지 개념에 대한 정의는 암묵적인 아이디어를 사용하다가 정의의 필요성이 대두되면서 도입되는 경우가 많고, 오랜 기간을 거치면서 수정되어 왔음을 알 수 있다. 이를테면, 함수 개념은 종속성을 의미하는 정의에서 대응을 뜻하는 정의에 이르기까지 많은 변화를 거쳐 왔다.

초등학교에서는 처음부터 모든 수학적 대상에 대한 엄밀한 정의를 도입할 필요는 없을 것이다. 예를 들어, 초등학교 때부터 지도되는 도형은 정의를 도입하지 않고 물건의 형태를 인식하는 과정을 통해서 지도하다가, 차츰 고학년이 되면서 직관적으로 정의하고 나중에 중·고등학교에 가서 좀더 형식적인 정의를 도입하는 것이 보통이다. 그러나 무엇보다도 형식적인 정의가 주어지기 전에 학습자는 스스로 정의를 발명해 보는 경험을 통해서 정의의 필요성과 의미 그리고 방법 등을 이해하도록 할 필요가 있다.

(2) 도식화

도식화란 좁은 의미로는 수학에서 풀이 방법이나 절차를 간소화, 간결화, 단축화하는 것을 의미하지만, 넓은 의미로는 현실에 적합한 수학적 도식 즉 모델을 찾는 것을 의미한다. 수학의 성장 단계를 살펴보면, 통찰에 의해 획득된 지식은 도식화·기호화되고 이로 인해 기능이 증대되고 더 높은 수준의 지식으로 전환되어 왔다. 예를 들면 아르키메데스의 천재성을 요구했던 넓이, 부피, 운동률에 대한 계산은 뉴턴과 라이프니츠 덕분에 미적분법으로 도식화되었다. 이와 같이 통찰에 의해 획득된 지식을 체계적으로 조작·표현하는 방식을 찾고, 현실에 대한 단순화·이상화된 모델을 찾아 나아가는 과정이 점진적 도식화 과정이다.

셈수는 5, 10, 100, 1000, …과 같은 단위들이 도입됨으로써 도식화되었으며, 수판의 셈돌로 구체화되는 단위들에 의해 기수법적 아이디어로 도식화되었다.

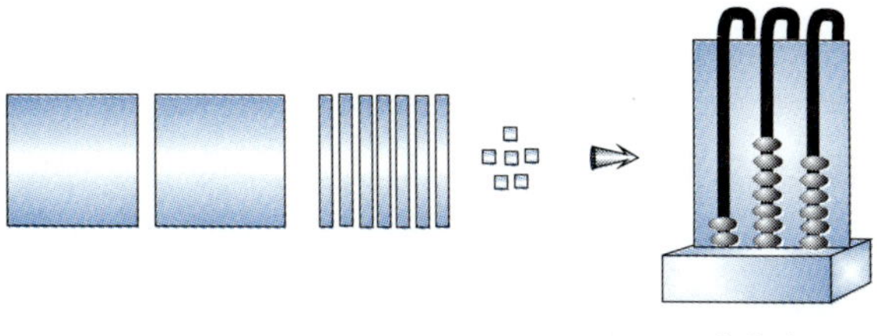

그림 5.1 물건의 더미에서 자릿값을 나타내는 수판으로의 도식화

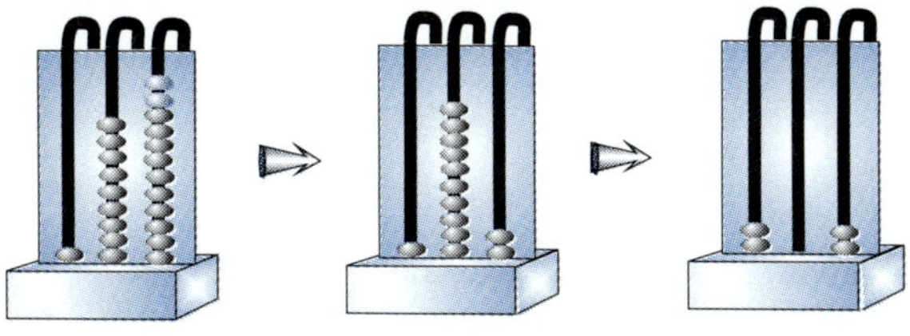

그림 5.2 수판에서 10묶음을 더 높은 단위로 바꾸는 도식화

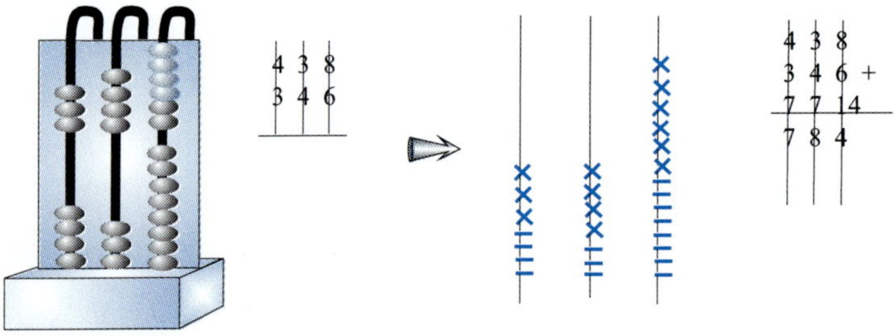

그림 5.3 덧셈이 그림 수판과 필기 수판으로 도식화

4	3	8	
3	9	7	+
7	12	15	
7	13	5	
8	3	5	

4	3	8	
3	9	7	+
7	12	15	
8	3	5	

4	3	8	
3	9	7	+
7	13	5	
8	3	5	

그림 5.4 필기 수판이 자릿값 카드로 도식화

산술을 도식화하는 것은 셈돌을 십진수로 바꿈으로써 한 단계 더 나아갔으며, 수판이 모래나 종이 위에 쓰는 필기구로 대치됨으로써 현재와 같은 세로셈 산술의 도식화가 발생하였다(Freudenthal, 1981).

또한 다음과 같은 문제 '닭과 토끼가 모두 100마리 있는데, 다리를 세어 보니 모두 346개였다. 닭과 토끼는 각각 몇 마리씩 있는가?'를 생각해 보자. 이 문제는 초등학생의 경우에는 예상과 확인의 방법으로 이 문제를 해결할 것이고, 고등학생의 경우에는 이원 일차 연립방정식을 세워 해결할 것이다. 예상과 확인의 방법에서는 닭이 50마리이고 토끼가 50마리라면, 닭이 60마리이고 토끼가 40마리라면 등으로 해결해나간다. 이와 같이 '닭이 …마리이고 토끼가 …마리라면'이라는 생각이 '닭이 x마리이고 토끼가 y마리라면'이라는 생각으로 도식화될 수 있는 것이다.

이와 같이 수학의 역사는 점진적인 도식화의 학습 과정이었으며 학생들은 이러한 도식화의 과정을 경험할 기회를 가져야 할 것이다.

(3) 형식화

형식화는 발견된 내용을 수학적으로 적절하게 표현하기 위해 언어를 손질하고 조정하고 변형시키는 과정을 말한다. 형식화는 의사소통의 더 나은 수단들을 얻기 위한 언어적 활동이다. 한편, 형식화는 알고리즘의 개발을 촉진한다. 수 언어가 인도 아라비아 기수법에 의해 형식화되면서 그 알고리즘적 특성이 부각되고, 계산법도 형식화된 것을 알 수 있다. 또한 지금 우리가 쉽게 사용하는 문자를 포함한 식들은 이전에는 거의 문장으로, 그 다음에는 약어를 사용해서 그리고 거의 15세기에 이르러 지금과 유사한 형태가 나타난 것을 알 수 있다.

초등학교에서는 예를 들면 덧셈과 뺄셈을 형식적으로 다루기 전에 그림 5.5, 5.6에서와 같이 버스의 승객이 타고 내리는 상황에서 수직선 위에서의 화살표 언어와 같은 낮은 수준의 형식화에서 출발하여 점진적으로 높은 수준으로 형식화해 가는 것이 바람직할 것이다. 형식적인 용어를 도입하기 전에 그 필요성을 느끼면서 자신의 용어를 발명해 본다든지, 분수를 도입하는 상황에서 주어진 문제 상황에 적절하게 분수를 표현하는 기호를 발명해보든지, 평면도형의 성질을 자신의 용어로 먼저 기술해 보고 이를 발전시키고 세련화하는 형식화의 경험을 주는 것이 필요할 것이다.

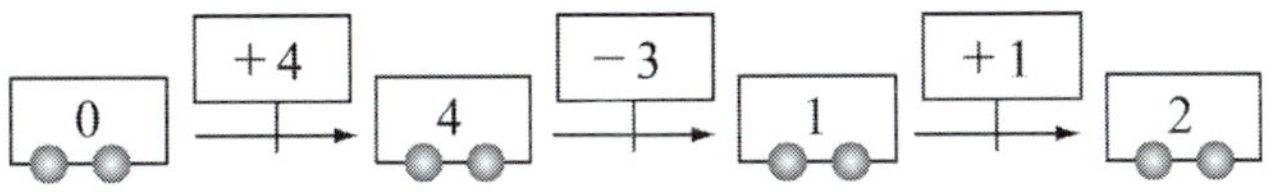

그림 5.5 버스 맥락에서의 화살표 기호

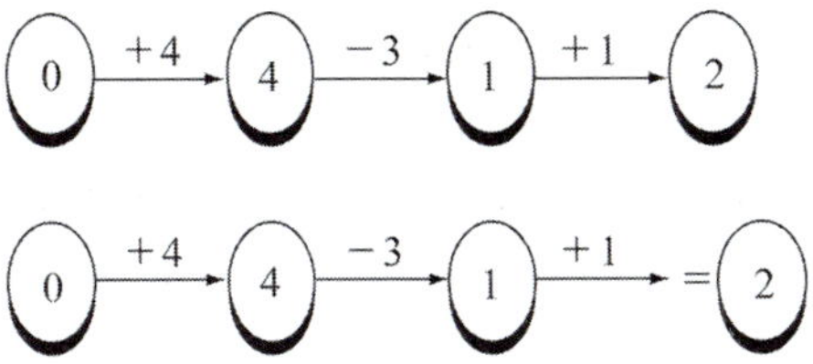

$0+4-3+1=2$

그림 5.6 화살표 기호에서 등호로의 형식화

(4) 알고리즘화

산술, 대수, 삼각법, 미적분 등을 비롯해서 수학은 알고리즘으로 가득 차 있으며, 수학은 알고리즘화의 본성을 갖고 있다. 그러나 학생들은 알고리즘화 과정에는 관심이 적으며, 알고리즘에 따른 기계적인 계산에 빠지기 쉽다. 알고리즘의 숙달은 수학 학습을 위한 중요한 수단이 되지만, 알고리즘을 지도할 때에는 알고리즘의 발명과 더불어 점진적인 형식화가 이루어지도록 하는 것이 중요하다.

12 /	6394	
	1200	100
	5194	
	1200	100
	3994	
	1200	100
	2794	
	1200	100
	1594	
	1200	100
	394	
	120	10
	274	
	120	10
	154	
	120	10
	34	
	24	2
	10	532
	나머지 10	

12 /	6394	
	2400	200
	3994	
	2400	200
	1594	
	1200	100
	394	
	360	30
	34	
	24	2
	10	532
	나머지 10	

12 /	6394	
	6000	500
	394	
	360	30
	34	
	24	2
	10	532
	나머지 10	

그림 5.7 나눗셈의 알고리즘화

예를 들면 6394÷12의 나눗셈을 지도하는 경우에 곧바로 알고리즘을 지도하는 것이 아니라 점진적인 도식화에 의해 처음에는 하나씩, 다음에는 열 개씩, 그 다음에는 수십 개씩, 수백 개씩 나누어주는 등분제나 몇 번씩이 포함되는지 살펴보는 포함제의 의미로 그 계산 과정을 생각해 보고, 이 절차를 단축하기 위해 6394개의 카드를 12명에게 똑같이 나누어줄 때 몇 개씩 나누어 줄 수 있는가를 개략적으로 생각하는 데서 세로 나눗셈의 표준 알고리즘으로 진행할 수 있는 것이다.

(5) 일반화

귀납법은 발견의 유일한 근원은 아니지만 일반적인 개념, 원리, 법칙의 발견은 여러 가지 예에 대한 관찰을 통한 귀납에 의해 이루어지는 경우가 많다. 프로이덴탈은 일반적인 원리나 법칙을 파악하는 방법을 간접적 이해(comprehension)와 즉각적 이해(apprehension)로 구분한다. 전자는 여러 개의 사항들을 모아 일반화하는 것이고, 후자는 한 가지 전형적인 예로부터 그 구조를 이해하는 것을 말한다. 이때 수학적 지식의 구조를 이해하기 위한 전형적인 예를 패러다임이라고 부른다. 이는 어떤 개념을 설명한 후 그것의 예를 들어 주는 사후의 예를 의미하는 것이 아니라, 하나의 예를 통해 그러한 개념에 대한 직관적인 이해를 가능하게 하는 사전의 예를 의미한다. 확률과 통계의 대표적인 패러다임으로 경로 문제와 깃발 문제[1)](Freudenthal, 1978)를 들 수 있다. 이런 예들을 패러다임이라고 부르는 이유는 그 풀이 방법을 다른 동형인 문제로 신속하고 정확하게 전이시킬 수 있기 때문이다. 이 문제들을 다룰 때, 학생들은 처음에는 체계 없이 다루다가 체계적으로 다루게 되는 단계로 넘어가고 동형인 문제들을 다루다가 어떤 구조를 직관적으로 인식하게 되고 다른 동형 문제들을 통해 어떤 구조를 명시적으로 형식화하는 모델 형성을 하게 된다는 것이다. 말하자면 위와 같은 패러다임을 통해 파스칼 삼각형과 완전 귀납법 그리고 수형도라는 모델에 이르게 되는 수학화 과정[2]이 이루어지기를 기대하는 것이다. 그러나 대부분의 경우에 학생들이 다소 시간이 걸리더라도 충분히 할 수 있는 일을 교육자들이 미리 그 결과를 설명함으로써, 학생들은 소중한 수학화 경험을 할 기회를 잃어버리게 된다.

이와 같은 관점에서 볼 때 일반화 과정을 경험하게 하기 위해 가장 중요한 것은 학생이 어떤 수학적 대상이나 아이디어를 일반화 할 수 있도록 하는 적절한 패러다임을 찾는 것이다.

(6) 국소적 조직화

공리 체계로 수학을 조직화하는 것은 전체적인 조직화이다. 국소적인 조직화란 공리에서 출발하는 것이 아니라 참이라고 인정되는 사실들로부터 시작해서 부분적으로 조직화하는 것을 말한다. 국소적 조직화는 수학, 물리학뿐만 아니라 모든 과학이 창조되고 응용되는 방식이다. 일반적으로 모든 과학은 암묵적인 정의를 기초로 하는 국소적 조직화로 끝나지만, 수학만이 공리 체계라는 전체적인 연역 체계로 구성된다.

예를 들면 기하 학습은 공간적인 현상을 수학적으로 조직화하는 것에서 시작해야 한다. 즉, 공간을 도형으로 조직화하기 시작하고, 도형의 성질들을 발견하고 그런 성질들을 조직하는 수단으로 정의를 만들어 보고, 그 성질들에 관한 국소적 조직화의 결과로 명제를 만들어 보도록 해야 한다. 또한 기하의 증명에 대한 지도 역시 학생들이 자명하다고 생각하는 수준에서 시작하는 것이 학생들에게는 적절할 것이다. 처음부터 자명해 보이는 사실에 대해 엄밀성을 추구하는 것은 학생들에게 의미 있게 받아들여지기 어려울 것이다. 엄밀성을 향해 나아가기 위해서는 '내가 그 사실을 어떻게 알고 있는가'와 같은 자문을 통해서 그들이 자명하다고

---

1) 경로 문제는 〈지도에 세 마을 A, B, C가 있고 A로부터 B까지는 세 가지 길이, B로부터 C까지는 두 가지 길이 있다. A에서 B를 통해 C로 가는 길은 모두 몇 개인가?〉와 같은 문제이고, 깃발 문제는 각각 세 부분으로 나누어진 종이에 색을 칠하는 문제로 가장 위에는 검정색, 하얀색, 갈색, 중간에는 빨간색, 초록색, 맨 아래에는 노란색, 파란색을 사용할 수 있다. 이 패러다임의 강점은 광범위한 동형 문제들이 있다는 점이다.

2) 앞의 경로 문제는 '평방 격자, 즉 가로, 세로 각각 8개의 가로 길과 세로 길을 가진 도시에서의 경로에 관한 문제'로 연결될 수 있고, 이를 통해서 파스칼 삼각형과 완전 귀납법에 이르게 된다.

생각한 것을 의심하는 단계가 이루어져야 하며, 이런 과정을 거쳐 공리의 의미를 파악할 수 있고 전체적인 조직화의 필요성도 인식되기 시작한다.

지금까지 수학화와 수학적 활동에 대해 살펴보았다. 그러나 이와 같은 활동들이 수학적 활동의 전부는 아니다. 현실에서 출발해서 수학 자체의 수학화가 이루어지기까지 주어진 상황과 문제마다 다양한 활동을 제시할 수 있다. 관찰이나 실험, 규칙 찾기 등에 의해 수학적 법칙을 찾아내는 것을 비롯해서, 수학적 추론, 증명, 응용 등 여러 가지 상황과 관련된 문제 해결 활동은 수학화 활동에 포함된다.

2. 수학화 학습·지도 원리

프로이덴탈은 만인을 위한 수학교육을 지향하며, 수학 교수·학습에서 수학화를 경험시킴으로써 수학의 유용성을 알도록 할 것을 주장한다. 수학화를 경험시킨다는 것은 교사의 적절한 안내에 의해 학습자로 하여금 선조들이 이미 발명한 수학을 조직해야 할 현상으로부터 출발해서 수준의 비약을 거쳐 재발명해 가도록 한다는 것을 의미한다. 이와 같은 요지를 프로이덴탈은 점진적인 수학화를 위한 수학 학습·지도 원리인 안내된 재발명 원리, 학습 수준 이론, 풍부한 맥락으로 제시하고 있다.[3] 이 절에서는 이러한 원리들을 살펴보기로 한다.

1) 안내된 재발명 원리

안내된 재발명 원리는 학생들은 교사들의 안내 하에 수학화의 경험을 통해 수학이 발명된 과정에 유사한 하나의 과정을 경험할 기회를 가져야 함을 의미한다. 이는 기성 수학을 발생 상태의 수학 또는 실행 수학으로 불리는 활동으로서의 수학으로 학습시키려는 것이며 활동을 배우는 최선의 방법은 그것을 직접 수행해보는 것이라는 관점을 바탕으로 한 것이다.

프로이덴탈 자신은 안내된 재발명 원리에 대해서 '어린 학습자는 인류의 학습 과정을, 수정된 방식으로지만, 재현한다. 그는 역사가 실제로 일어난 대로가 아니라 과거의 사람들이 오늘날 우리가 알고 있는 것과 같은 것을 알았더라면 일어났을 것과 같이 역사를 반복한다. 어린 학습자가 재현하는 것은 역사적 학습 과정의 수정되고 개선된 판이다'(우정호, 1994)라고 말한다. 말하자면, 학생의 정신적 발

3) 트레퍼스(1987)는 수학화 학습-지도 원리를 구현하기 위한 구체적인 수업원리로 현상학적 탐구, 수직적 도구에 의한 연결, 학생들 자신의 구성과 산물, 상호작용수업, 학습 영역의 연결을 제시하였다.

달은 역사를 그대로 재현하는 것이 아니라 학생의 현실을 출발점으로 해서 이미 발명된 수학을 학생 스스로 개선된 방법에 의해서 재창조해 나간다는 것이다.

이를 위해 수학사나 학생들의 비형식적 지식과 전략이 교육과정 설계를 위한 근원이 될 수 있다. 수학사는 어떤 개념의 발달 또는 수학적 구조의 형성에 있어서의 발생 맥락을 알려 주며, 수학화 과정을 위한 하나의 전형적인 예를 제공해 준다. 그러나 이것은 하나의 전형적인 예일 뿐이지 학생들이 그 순서와 방법을 그대로 따르는 것은 아니며, 학생들은 새로운 방법으로 단축화 과정을 발명해 나갈 수 있는 것이다. 따라서 학생들의 비형식적 지식과 전략을 알기 위해서는 학생들을 세심히 관찰할 필요가 있다.

교육과정 개발자나 교사는 이러한 것들을 근원으로 한 사고실험을 바탕으로 학생들이 스스로 답에 이르는 경로를 상상하는 것이 중요하다. 사고 실험이라는 것은 한 학생 또는 한 그룹의 학생들을 생각하면서 머릿속에서 학생들의 가능한 반응을 생각하고, 그에 대응하면서 가르치는 교사나 교과서 저자들의 태도를 의미한다. 프로이덴탈은 한 개인에 있어서 수학이 어떻게 자발적으로 발달하는가에 관심을 가진 것이 아니라 훌륭한 교사의 지도하에 어떻게 수학이 발생될 수 있는가를 알고자 한다.

이러한 안내된 재발명의 원리의 교육적 장점은 다음과 같이 생각해 볼 수 있다. 첫째, 학습자 자신에 의해 획득되는 능력과 지식은 다른 사람에 의해 부과되는 것보다 파지가 용이하고 전이가 잘 이루어진다. 둘째, 발명은 즐거운 것이고, 따라서 재발명에 의한 학습은 동기를 부여한다. 셋째, 재발명 학습은 인간 활동으로서의 수학, 즉 수학화하는 태도를 길러 준다. 학생들은 인류의 학습 과정을 개선된 방식으로 재현해야 하고 교육자들은 그들을 돕는 것이 의무이다.

2) 학습 수준 이론

프로이덴탈은 수학 학습 과정도 수학화의 과정과 마찬가지로 사고 수준간의 비약이 이루어지는 불연속성이 중요한 특징이라고 생각한다. 그의 학습 수준 이론은 판 힐러(van Hiele, 1986)의 수준 이론에 기초하고 있다. 이 절에서는 판 힐러의 수준 이론을 살펴보고 이를 바탕으로 점진적인 수학화 과정에서 수준 이론이 의미하는 바에 대해 살펴보기로 한다.

판 힐러는 자신의 교수 활동을 반성 관찰 분석하는 것을 통해, 사고는 상대적인 수준이 있는 불연속적인 활동이며, 더 높은 수준에서는 더 낮은 수준에서의 행동이 분석의 대상이 된다는 것을 인식하였다. 또한, 기하 학습을 중심으로 학생들의 학습 과정에서의 비약에 주목하고, 여러 가지 학습 수준이 존재한다는 것을 확인하여 수학 학습에 관한 수준 이론을 발전시켰다.

그는 기하학적 사고를 다음과 같이 다섯 가지 수준[4]으로 구분하여 설명하고 있다.

제 1수준은 주변 대상을 형이란 인식 수단에 의해 파악하는 단계로 학생들은 기본적인 도형을 그 구성 요소에 대한 명확한 고려 없이 시각적 외관에 의해 전체적으로 판별한다. 이 수준에서는 직사각형과 정사각형이 다르다는 것을 인식하지만 도형의 성질을 명확히 기술할 수는 없다.

제 2수준에서는 도형의 여러 성질이 도형을 정리하는 수단이 된다. 주변 대상의 정리 수단이던 도형이 연구 대상이 되어 도형의 구성 요소와 성질에 대한 비형식적인 분석을 통해 도형을 파악한다. 이 수준에서는 직사각형은 네 개의 직각을 갖고, 대각선이 같으며, 마주보는 변이 같다는 것을 알지만, 이런 성질들 간의 관계가 정돈되어 있지 않다.

제 3수준에서는 도형의 성질과 도형 사이의 관계가 연구 대상이 되고 명제가 정리 수단이 된다. 도형의 여러 가지 성질이 정돈되고 하나의 성질이 다른 성질에서 연역되며, 합동·닮음과 같은 도형 사이의 관계를 파악하고 도형을 정의하는 활동이 이루어진다. 이 수준에서 '모든 정사각형은 직사각형이다'와 같은 논리적 정의가 이해된다.

제 4수준에서는 명제가 연구의 대상이 되며, 명제 사이의 논리적 관계가 정리 수단으로 등장하여 공리, 정의, 정리, 증명의 의미와 역할을 이해하고 전체 기하의 연역 체계를 파악한다. 하나의 명제로부터 다른 명제로의 연역을 위해 일련의 명제 체제인 기하학을 구성한다.

제 5수준에서는 기하학 체계 그 자체가 연구의 대상이 되어 여러 가지 공리 체계를 비교할 수 있고, 힐베르트(Hilbert)의 기하의 형식적 엄밀성을 파악한다. 학생들은 힐베르트의 기하학과 대등한 비유클리드기하학을 이해할 수 있고 다양한 연역 체계를 엄밀하게 분석할 수 있다.

각각의 사고 수준은 고유한 특성을 갖는다. 첫 번째, 학생들은 $n-1$ 수준을 통과하지 않고는 n 수준에 도달할 수 없다. 두 번째, 사고의 각 수준에서는 이전 수준에서 본질적이었던 것이 비본질적인 것이 된다. 즉, 제1수준에서의 형이라는 정리 수단이 제 2수준에서는 비본질적인 것이 되고 분석의 대상이 되는 것을 의미한다. 세 번째, 각 수준은 그 수준에 고유한 언어적 상징과 이를 연결하는 고유의 관계망을 갖는다. 네 번째, 서로 다른 수준에서 추론하는 두 사람들은 서로를 이해할 수 없다. 다섯 번째, 모든 학생들이 같

4) 판 힐레의 다섯 가지 기하학습수준은 학자에 따라 여러 가지 명칭으로 불린다. 판 힐레는 1986년 저서에서 다섯 수준을 차례대로 시각적 수준, 기술적 수준, 이론적 수준, 형식 논리(formal logic) 수준, 논리법칙의 본질(the nature of logical laws) 수준이라 명명했으나, 호퍼(Hoffer)는 인식수준, 분석수준, 순서수준, 연역수준, 엄밀수준이라 불렀다. 최근 2009 개정 교육과정에 따른 교사용 지도서에는 시각적 인식 수준, 도형 분석적 수준, 비형식적 추론 수준, 연역적 추론 수준, 기하학의 엄밀화 수준으로 명칭이 제시되어 있다.

은 속도로 각 수준을 통과하지 않으며, 수준의 이행은 적절한 지도에 의해 촉진될 수도 있고, 부적절한 지도 때문에 지연될 수도 있다.

이러한 사고 수준의 존재는 학생들이 어떤 수준에 도달하지 못했을 때에는 교사나 그 수준에 도달한 다른 학생들이 마치 이해할 수 없는 언어로 말하는 것처럼 들릴 것이고 그들은 교사의 설명을 받아들이려고 하지만 그것은 그들의 마음에 새겨지지 않을 것이라는 것을 의미한다. 이 때에 그 학생은 스스로 무력감을 느낄 것이고 어떤 행동을 모방은 할 수 있을지 모르지만 새로운 수준에 도달할 때까지는 그 자신의 활동에 대한 어떤 지적인 책임감도 가질 수가 없다. 따라서 수학 학습·지도에서 수준 이행을 너무 일찍 강요하는 것은 옳은 것이 아니다. 학생들이 재발명의 추진력이 될 수 있는 반성의 필요성을 느끼지 않는 한, 다음 수준으로 진행하도록 강요하는 것은 소용이 없다.

판 힐러는 자신의 기하 학습 수준 이론을 확대하여 일반적인 수학 학습에 대한 수준을 제시하고 있으며, 전 수준에서 다음 수준으로의 이행을 중요시한다. 그는 이러한 수준의 이행은 수업에 의해서 가속화될 수 있다고 주장하며 정보 제공, 지정된 탐구, 설명, 자유로운 탐구, 통합의 다섯 국면으로 이루어진 지도 과정을 제시하고 있다. 정보 제공 단계에서 학생들은 자료를 받고 필요한 논의를 통해 주제에 친숙해지기 위한 활동을 한다. 이 때 교사는 학생이 용어를 어떻게 파악하고 있는지를 확인하고 학생이 이해하도록 도움을 주고 질문을 하며 관찰을 수행한다. 지정된 탐구 단계에서는 과제를 연구하면서 진행 방향을 감지하고 탐구 분야의 구조를 점진적으로 파악한다. 설명 단계에서는 관계를 인식하고 해당 분야에 대한 적절한 언어적 수단을 개발해서 관계와 구조를 진술하고 언어화한다. 자유로운 탐구 단계에서는 여러 가지 해결 방법을 찾아봄으로써 탐구 분야의 구조에 정통하게 된다. 마지막으로 통합 단계는 학습한 내용을 총괄하고 통합하는 것을 의미한다. 교사는 학생들이 이미 알고 있는 것을 전체적으로 개관할 수 있도록 한다. 이와 같이 수준의 비약이 가능하도록 하기 위해서는 교사의 일방적인 설명이 아니라 학습자 스스로의 탐구 활동이 가장 중요한 요인이라고 보고 있다.

수학화 과정은 이와 같이 수준이 상승되는 불연속 과정이며, 수학의 학습 과정은 발견이 아니라 이런 비약의 과정을 재발명하는 것이다. 프로이덴탈은 무엇보다도 판 힐러의 제1수준에 해당되는 초기 수준을 바닥 수준이라고 하면서, 바닥 수준으로부터의 점진적인 수학화를 중요시한다. 학습 과정은 이와 같이 바닥 수준의 활동이 탐구 수준에서 반성됨으로써 비로소 수학이 시작되는 것이며 이것이 아주 필수적인 것이라는 것이다. 이것은 학생의 현실적 경험을 수학화하는 것이며, 이런 바닥 수준에서의 수학화 활동이 계속적인 수준의 비약에 의해서 좀더 세련된 수학으로 발달하는 것이다.

프로이덴탈은 수학화 과정에서 근본적으로 수준의 상승을 가능하게 하는 중요한 정신적 활동이 바로 반성적 사고라고 본다. 이 점에 있어서 프로이덴탈이 생각하는 학습 수준은 일반적으로 판 힐러가 제시한 수준과는 다르다. 프로이덴탈의 경우에 수준은 절대적이라기보다는 상대적이고, 거시적이라기보다는 미시적이다. 개별적인 학습 과정에서 드러나는 불연속성은 3-4개의 수준에 따라 구분함으로써 설명될 수는 없으며, 더욱이 판 힐러 수준은 뚜렷하기는 하지만 너무 광범위한 기하적 사고를 다룬다. 반성을 학습 과정의 비약의 원인으로 볼 때, 학습 과정에서 반성이 명백히 나타나는 만큼의 많은 불연속성과 수준이 있다.

3) 풍부한 맥락

수학화는 현상을 수학적 수단인 본질로 조직하는 것을 의미하며, 수학화 과정은 현상과 본질의 교대 작용에 의한 수준 상승의 불연속적 과정이다. 프로이덴탈은 이러한 수학화의 과정을 경험시키기 위해서는 학생들에게 풍부한 맥락을 제공할 것을 주장한다.

맥락(context)이란 '어떤 구체적인 수업 과정에서 학생들에게 열려 있는, 수학화되어야 할 현실의 영역(Freudenthal, 1991)'을 의미한다. 이는 수학을 분석하고 학생의 현실을 분석함으로써 수학을 포함한 현상을 찾아내고, 그러한 현상을 교수학적으로 정돈한 것이라 볼 수 있다. 풍부한 맥락이라는 것은 맥락이 교수학적으로도 그리고 학생들에게도 의미가 풍부해야 한다는 것을 강조하는 것이다.

우리가 초등학생들을 지도한다면, 맥락은 초등학생의 현실이 되어야 한다. 수학적 개념, 아이디어, 구조를 개발하기 위한 맥락의 근원인 현실은 물리적·사회적 세계로 국한되는 것이 아니라, 수학의 내적 현실 또는 학생들의 상상의 현실도 포함한다. 가능하면, 학생들은 매우 다양한 넓은 범위의 맥락들에 접할 수 있어야 한다. 특히, 초등 수준에서는 학생들의 직접적인 활동을 통하거나 그들의 상상의 세계를 표현하는 맥락들이 고려되어야 한다. 학생들의 직접적인 활동으로써 학생들의 신체를 이용한 활동을 생각해 볼 수 있다. 예를 들어, 학생들이 원 주위로 둘러앉아 있을 때, 둘러앉은 순서대로 번호가 매겨지고 계속해서 몇 바퀴씩 돌면서 번호가 매겨진다고 하자. 7명의 학생이 둘러앉았다면 첫 번째 학생은 계속해서 어떤 번호를 갖게 될 것인가? 그리고 다른 학생들은? 100이라는 순번을 갖게 되는 학생은 몇 번째 학생인가? 등등의 문제를 생각해 볼 수 있다. 이 문제는 풍부한 맥락의 구실을 하는데, 곱셈과 구구단으로 연결될 수도 있고, 나눗셈으로 연결될 수도 있다.

또한 학생들에게 제공되는 맥락은 생명력 있는 원초적인 현실이어야 한다. 수학적 개념을 지도할 때는 가능한 한 부차적인 소음을 제거하는 것이 일반적인 원리가 되어왔지만, 일단 수학을 배우고 나서 적용하려면 그러한 소음은 불가피하다. 이 세상은 이상화되고 단순화된 상태가 아니라 소음으로 가득 차 있다. 따라서 현실 세계를 수학화한다는 것은 수학적으로 가공되지 않은 여러 소음이 혼재된 원자료로서의 원초적인 현실에서 비본질적인 요소를 제거해 나가면서, 점진적으로 수학적 본질을 찾고, 조직화해 나아가는 것이다.

그러나 전통적으로 우리가 맥락 문제라고 생각해 온 문장제와 구체물들은 지나치게 단순화되고 이상화되고 이미 구조화된 상황이므로 진정한 재발명에 의한 수학화 활동이 이루어지기에는 부적절하다. 전통적인 수학 수업에서 맥락의 역할이 단지 피상적이고 장식적인 것이었다면, 수학화할 영역으로서의 맥락은 수학적으로 다듬어진 문제만이 아니라 학생들의 상상력이 작용될 수 있는 자연스런 동기를 부여할 수 있는 문제들과 학생들의 지식과 개인적 경험이 의도적으로 사용될 수 있는 문제들로 구성되는 것이 바람직하다.

현실과 관련된 맥락을 제공하는 대표적인 방법으로 로케이션, 이야기, 프로젝트, 주제, 신문 발췌, 희곡, 게임, 그래프 등 다양한 방법이 있다. 로케이션은 서로 독립적으로 혹은 다소 밀접한 관계 속에서 다루어질 수 있는 여러 상황을 의미 있게 모아 놓은 장면이다. 이야기는 실제 이야기나 고전 또는 발명된 이야기로서, 학생들에게 의미 풍부하게 다가올 수 있는 것, 예를 들면, 걸리버 여행기와 같은 것은 초등학생들에게는 많은 수학적 현상이 포함된 의미 풍부한 현실이다. 프로젝트는 입체도형이나 방갈로 만들기처럼 구성해야 할 실제를 주는 것, 주제는 현실과 다양한 관련성을 갖는 수학 교과 내용의 한 부분을 뜻하고, 신문 발췌는 책, 신문, 잡지 등 출판물에서의 발췌를 의미한다.

수학화를 중요시하는 근거는 학생들에게 수학화 경험을 통해서 수학에 대한 더욱 높은 수준의 이해와 자신의 세계를 이해하는 데 수학적 수단을 사용할 줄 알도록 하려는 것이다. 이것을 응용 가능성이라고 한다면 이는 처음에는 수학 그리고 나서 현실 세계로 돌아가는 것을 의미하는 것이 아니라 처음에 현실 세계에서 출발해서 수학화 과정을 거치고 다시 현실 세계로 돌아올 수 있도록 하는 것을 의미한다. 이러한 관점에서 맥락은 수업 초기 단계에서도 중요하지만 전반적인 수업 과정에서 다루어져야 하며, 그 단계는 다음과 같다. 첫 번째 단계는, 현실 세계의 맥락 문제를 수학화하려는 관점을 가지고 직관적으로 탐구하는 단계이다. 이것은 문제의 수학적 측면들을 알아내고, 규칙성 등을 발견하는 것을 의미한다. 강한 직관적 특성을 갖는 초기의 탐구는 수학적 개념의 발견 또는 재발명으로 인도되어야 한다. 두 번째 단계는 학생들 간의 상호 작용, 학생들과 교사와의 상호 작용 그리고 학생들의 형식화·추상화 능력과 같은 요인들에 의존해서, 현실 상황으로부터 수학적 개념을 추출해 내는 단계이다. 여기서 수학화 과정에 대한 반성이 필수적이다. 세 번째 단계는 형식화와 추상화의 단계로서, 예상되고 결과적으로 발생되는 수학적 개념에 대한 기술과 엄격하고 형식적인 정의가 뒤따른다. 네 번째 단계는, 개념을 새로운 문제에 적용함으로써 개념을 강화하고 일반화하는 단계이다. 이와 같은 단계를 거쳐 해결된 문제는 현실 세계에 대한 학생들의 관점에 영향을 미치게 될 것이다(De Lange & Verhage, 1987). 맥락이 수업에서 다루어지는 과정은 그림 5.8과 같이 하나의 학습 사이클로 표현될 수 있다.

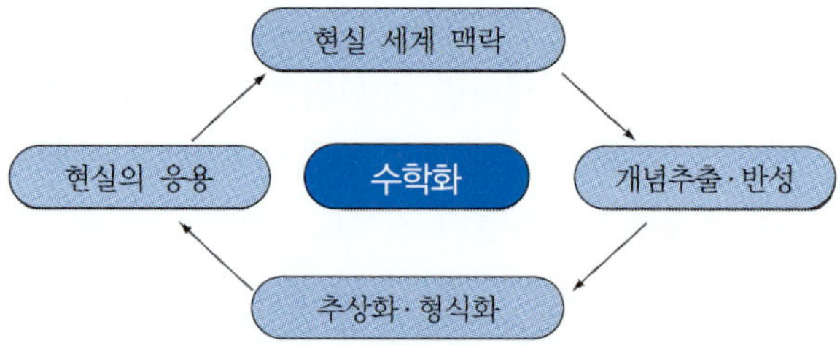

그림 5.8 수업에서의 수학화 과정

3. 수학화 수업의 실제

이 절에서는 수학화의 의미를 구체화하는 초등학교 5, 6학년을 위한 ≪다르게 보여요≫(나온교육연구소, 2004) 단원에 대해 간단히 살펴보기로 한다.

≪다르게 보여요≫ 단원은 기하 영역의 공간 파악의 개념을 도입하면서 삼차원 물체의 이차원 표현을 중점적으로 다룬다. 기하 영역의 목표는 프로이덴탈(1973)이 주장하듯이 단순히 도형에 대한 탐구만이 아니라 학생들이 이 세상에서 더 풍요롭게 생활하고, 호흡하고, 활동하기 위해 알아야 하고, 탐구하고, 정복해야 할 공간에 대한 파악이며, ≪다르게 보여요≫ 단원은 이러한 목표를 잘 드러내 준다.

≪다르게 보여요≫ 단원을 우리나라 교육과정의 내용과 비교해보면, 초등학교 5~6학년군의 도형 영역의 입체도형의 공간 감각의 내용에 해당된다.

이 단원은 크게 네 개의 소단원으로 이루어지는데, 이를 살펴보면 다음과 같다.

1) 보물섬과 돈키호테

첫 번째 이야기 〈보물섬과 돈키호테〉에서는 학생들의 학예회 상황에서 무대 위의 시설물들을 오른쪽, 왼쪽, 앞, 뒤에서 살펴보는 활동을 통해 앞으로의 학습을 위한 직관적인 개념을 파악하도록 유도하는 것으로 시작한다(그림 5.9). 이 과정에서 모형 무대 주변을 돌아다니면서, 무대 위의 시설물들을 바라보는 활동을 통해 어느 쪽에서 여러 가지 물건 또는 한 가지 물건을 바라보는가에 따라 물건의 모양과 상대적인 위치가 달라질 수 있다는 것을 흥미롭고 자연스럽게 알게 한다(그림 5.10).

또한 어느 위치에서 보았을 때 텐트가 보이지 않는지를 질문함으로써 위치에 따라 보이는 것과 보이지 않는 것이 있다는 것 또한 알게 한다. 이러한 내용을 바탕으로 무대의 어느 위치에 앉는 것이 좋을 것인가를 고려하게 함으로써 이 단원에서 배운 내용과 자신의 경험을 바탕으로 수학과 현실을 연결 지어 볼 수 있는 기회를 제공한다.

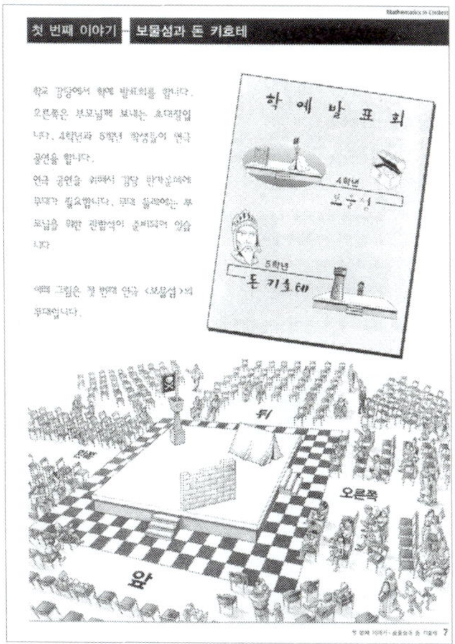

그림 5.9

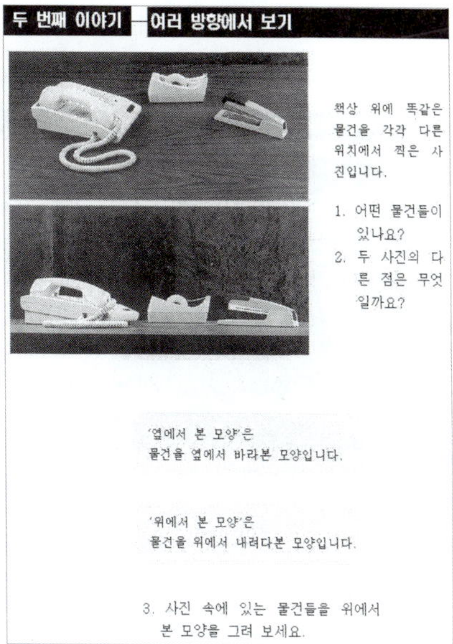

그림 5.10

2) 여러 방향에서 보기

두 번째 이야기 '여러 방향에서 보기'에서는 첫 번째 이야기의 내용에 이어서 우리가 주변에서 흔히 볼 수 있는 물건들을 여러 방향에서 살펴보는 활동을 한다. 처음에는 책상 위에 전화기, 스테이플러, 테이프가 놓인 사진들을 제시해서 이 사진들이 어떤 점에서 다른지, 즉 사진을 찍은 위치와 방향이 어떻게 다른지를 알아보게 한다. 그러고 나서 물건들을 여러 방향에서 살펴보기 위해 필요한 약간의 용어 '위에서 본 모양', '옆에서 본 모양' 등을 도입한다(그림 5.11). 이어서 책상 위에 컵, 비디오, 꽃병이 놓인 사진과 이를 '위에서 본 모양'을 제시한 후, 이 물건들을 여러 방향에서 찍은 사진을 보고, 어느 방향에서 찍은 것인지를 알아내는 활동을 하게 된다. 또한 여러 물건에서 다시 한 물건에 집중하여 학생들의 생활 주변에서 쉽게 찾아볼 수 있는 물건, 즉 수도꼭지, 다리미, 컵, 양동이, 책상, 촛대, 의자, 과자통, 컵과 받침, 스태플러 등의 위, 앞에서 본 모양을 살펴보게 하고, 역으로 위, 앞에서 본 모양이 제시되었을 때, 원래 물건의 모양을 알아맞히거나 찾아보는 활동을 하게 된다. 그러고 나서 무대 위에 놓인 텐트를 오른쪽, 왼쪽, 뒤쪽, 앞쪽에서 사진 찍는 장면을 도입하여, 각 방향의 중앙에서 사진을 찍으면 어떤 모양이 되는지를 알아보게 한다(그림 5.12). 마지막 부분에서 다음 단원에서 앞으로 집중적으로 다룰 쌓기나무 모양이 하나 도입된다. 그리고 요점 정리에서는 지금까지의 내용을 간단하게 정리하고 학생들의 주변에서 살펴볼 수 있는 물건의 위, 앞에서 본 모양을 그려보게 한다.

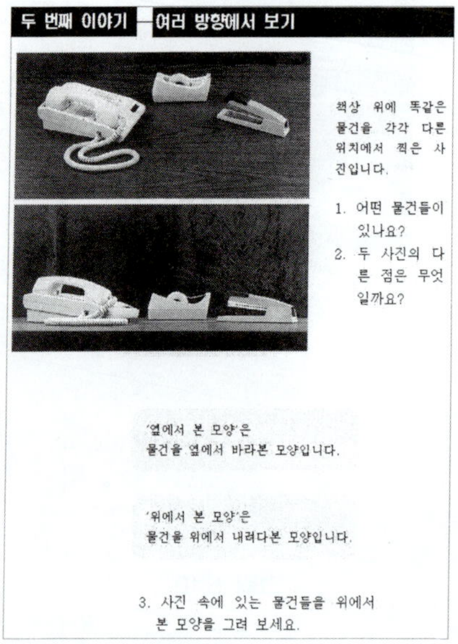

그림 5.11

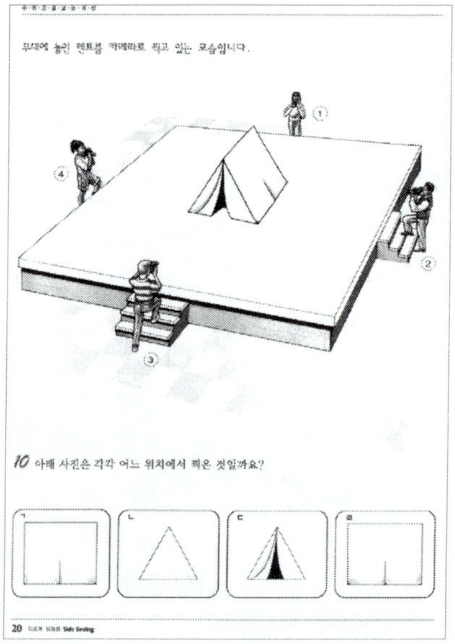

그림 5.12

3) 쌓기나무로 건물 모양 만들기

세 번째 이야기 '쌓기나무로 건물모양 만들기'에서는 학생들이 쌓기나무로 여러 가지 모양을 만들도록 하면서, 이러한 모양을 어떻게 수학적으로 표현할 수 있는가에 초점이 맞추어진다. 처음 도입은 두 학생이 가림판을 가운데 두고 서로 마주 앉아서 한 학생이 쌓은 모양을 다른 학생에게 설명하는 활동으로 시작하게 함으로써 자신의 모양을 다른 사람에게 어떻게 표현할 수 있는지에 대한 학생들 자신의 생각을 이끌어내도록 한다. 다음 활동은 쌓기나무로 만든 모양의 겨냥도를 보고 몇 개의 쌓기나무로 만든 것인지 알아내게 한다. 이 때 겨냥도만으로는 쌓기나무의 개수가 몇 개인지 정확히 알아낼 수 없는 상황들을 강조한다(그림 5.13). 그 다음은 위에서 본 모양이나 겨냥도만으로는 정확한 모양을 알아낼 수가 없다는 것을 다시 한 번 인식하게 하는 활동을 하게 한 다음 정확하게 쌓은 모양을 알 수 있는 한 가지 방법으로 위에서 본 모양에 층수를 나타내는 표현 방법을 도입하게 된다(그림 5.14). 이어서 위에서 본 모양에 층수를 나타내는 표현 방법과 앞에서 배운 위에서 본 모양, 옆에서 본 모양을 연결시켜 생각해 보는 활동을 한다. 요점 정리에서는 이러한 방법들의 장점과 단점에 대해 이야기할 기회를 제공한다.

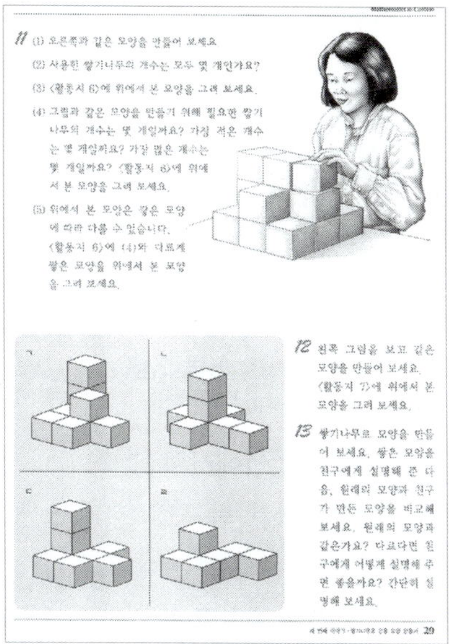
11 (1) 오른쪽과 같은 모양을 만들어 보세요.
(2) 사용한 쌓기나무의 개수는 모두 몇 개인가요?
(3) 〈활동지 6〉에 위에서 본 모양을 그려 보세요.
(4) 그림과 같은 모양을 만들기 위해 필요한 쌓기나무의 개수는 몇 개일까요? 가장 적은 개수는 몇 개일까요? 가장 많은 개수는 몇 개일까요? 〈활동지 6〉에 위에서 본 모양을 그려 보세요.
(5) 위에서 본 모양은 쌓은 모양에 따라 다를 수 있습니다. 〈활동지 6〉에 (4)와 다르게 쌓은 모양을 위에서 본 모양을 그려 보세요.

12 왼쪽 그림을 보고 같은 모양을 만들어 보세요. 〈활동지 7〉에 위에서 본 모양을 그려 보세요.

13 쌓기나무로 모양을 만들어 보세요. 쌓은 모양을 친구에게 설명해 준 다음, 원래의 모양과 친구가 만든 모양을 비교해 보세요. 원래의 모양과 같은가요? 다르다면 친구에게 어떻게 설명해 주면 좋을까요? 간단히 설명해 보세요.

29

그림 5.13

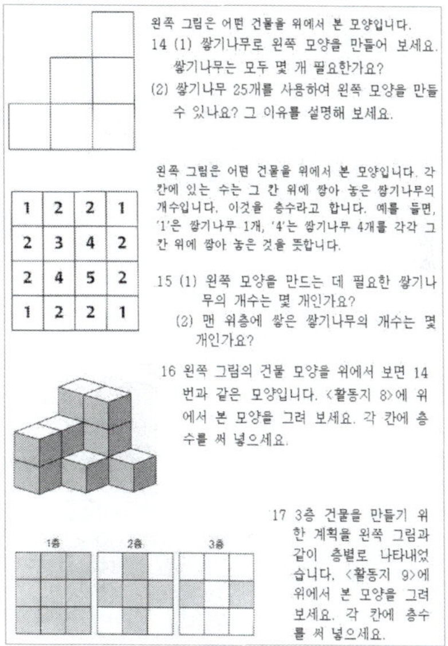
왼쪽 그림은 어떤 건물을 위에서 본 모양입니다.
14 (1) 쌓기나무로 왼쪽 모양을 만들어 보세요. 쌓기나무는 모두 몇 개 필요한가요?
(2) 쌓기나무 25개를 사용하여 왼쪽 모양을 만들 수 있나요? 그 이유를 설명해 보세요.

1	2	2	1
2	3	4	2
2	4	5	2
1	2	2	1

왼쪽 그림은 어떤 건물을 위에서 본 모양입니다. 각 칸에 있는 수는 그 칸 위에 쌓아 놓은 쌓기나무의 개수입니다. 이것을 층수라고 합니다. 예를 들면, '1'은 쌓기나무 1개, '4'는 쌓기나무 4개를 각각 그 칸 위에 쌓아 놓은 것을 뜻합니다.

15 (1) 왼쪽 모양을 만드는 데 필요한 쌓기나무의 개수는 몇 개인가요?
(2) 맨 위층에 쌓은 쌓기나무의 개수는 몇 개인가요?

16 왼쪽 그림의 건물 모양을 위에서 보면 14번과 같은 모양입니다. 〈활동지 8〉에 위에서 본 모양을 그려 보세요. 각 칸에 층수를 써 넣으세요.

17 3층 건물을 만들기 위한 계획을 왼쪽 그림과 같이 층별로 나타내었습니다. 〈활동지 9〉에 위에서 본 모양을 그려 보세요. 각 칸에 층수를 써 넣으세요.

그림 5.14

4) 집짓기

네 번째 이야기 '집짓기'에서는 지금까지의 내용을 현실 상황으로 더욱 확장할 수 있고 다른 단원의 내용과 통합할 수 있는 기회를 제공한다. 어느 마을의 주변에 새 집들을 짓는 상황에서 4개 이상의 쌓기나무로 만들 수 있는 다양한 모양과 그 모양들이 같은 것인지를 판단한다(그림 5.15). 이러한 활동을 통해서 심화된 수학적 사고 활동을 경험한다. 또한 지금까지는 외부에서 물건을 위, 앞에서 본 모양에 치중했다면 이제는 물건의 내부에서 외부를 바라보는 활동을 하게 된다. 마지막으로 집에 대한 평면도와 전개도를 살펴보면서 종이로 집 모형을 만드는 활동을 통해 배운 내용들을 종합적으로 활용할 수 있게 한다(그림 5.16). 요점 정리에서는 이 단원에서 배운 내용이 평면도와 관련된다는 것과 평면도가 무엇인지에 대한 설명이 제시된다.

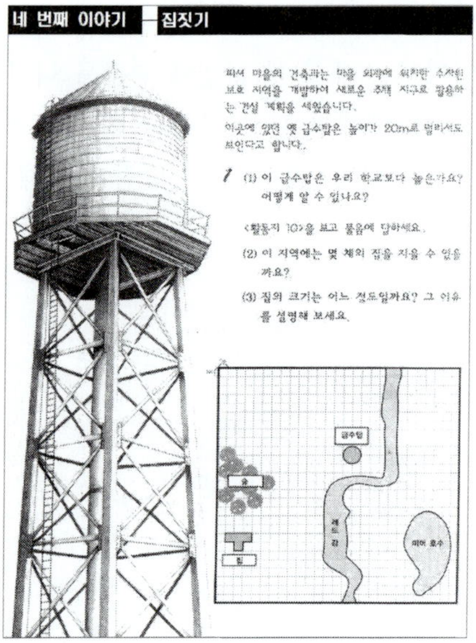

그림 5.15

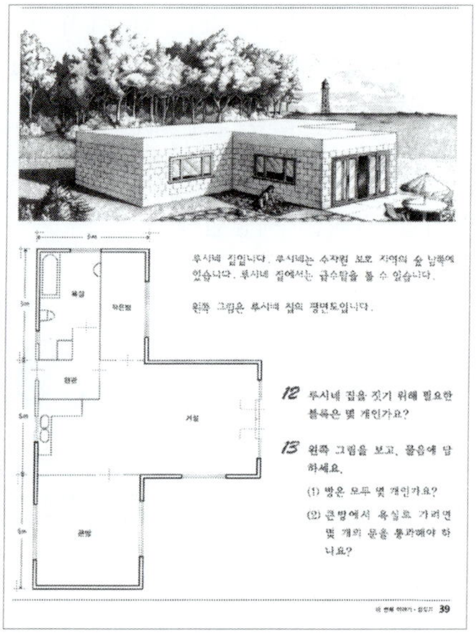

그림 5.16

지금까지 살펴본 바를 앞에서 설명한 그림 5.8의 수업에서의 수학화 과정에 비추어 생각해 보면, 첫 번째 이야기는 현실 세계에 대한 탐구로 현실적 맥락에서 원형무대를 중심으로 많은 물체들을 여러 가지 방향에서 보는 활동을 통해 직관적으로 개념을 형성하고, 두 번째 이야기는 개념을 추출하고 반성하는 단계로 현실적 맥락에서 카메라가 주된 도구가 되어 여러 물체들의 위, 옆에서 본 모양의 개념을 추출하며, 세 번째 이야기는 추상화하고 형식화하는 단계로 쌓기나무라는 수학적 도구를 이용한 수학적 맥락에서 위, 앞, 옆에서 본 모양과 층수 표현 등의 시각화 방법을 찾아나감으로써 좀더 추상적·형식적 수학으로 나아갈 수 있게 하며, 네 번째 이야기는 현실에의 응용 단계로 어느 마을의 주택계획이라는 현실적 맥락에서 좀더 통합적인 상황에서 지금까지 배운 내용을 연결할 뿐만 아니라 새로운 상황과 평면도라는 새로운 내용으로 연결한다. 이 모든 내용의 전개를 통해 3차원의 물체를 2차원으로 표현하는 것과 역으로 2차원의 표현을 조합하여 3차원의 물체를 표현하는 것이 왜 필요한지, 다양한 현상을 바탕으로 직관적인 개념을 알게 되고, 이를 수학적으로 어떻게 정련해갈 수 있는지, 이렇게 알게 된 수학을 어떻게 좀더 넓은 현실에 적용할 수 있는지를 경험함으로써 수학의 눈으로 세상을 보는 안목을 형성할 수 있을 것이다.

생각해 볼 문제

1. 프로이덴탈이 주장하는 수학화의 의미를 고려할 때, 수학 수업의 과정은 어떻게 이루어져야 하는지 초등학교 지도 내용 중 한 가지 예를 들어 설명하시오.

2. 수학화의 과정에서 맥락의 역할이 무엇인지 기술하고, 이러한 관점에서 초등학교 교과서 한 단원을 선택하여 어떤 맥락에서 사용되고 있는지 분석하시오.

3. 판 힐러의 수학 학습 수준 이론의 관점에서 초등학교에서 지도하고 있는 도형 영역에서 평면도형의 내용을 살펴보고, 한 단원을 선택하여 그가 제시하고 있는 수학 학습 지도 방법을 적용한 지도안의 개요를 작성하시오.

4. 수학화의 실제 예에서 제시한 내용 중 하나를 선택하여, 우리나라 교육과정에 해당하는 단원과 어떤 점에서 차이가 있는지 비교 분석하시오.

5. 초등학교 교과서에서 내포적 방법과 외연적 방법으로 정의한 예를 각각 찾아보시오.

6. 다음 문제를 이용하여 알고리즘화에 따른 수업 지도안을 구상하시오.
문제: 수직선에서 16과 72의 중점을 구하여라.

■ 참고문헌 ■

나온교육연구소 (2004), 다르게 보여요, 서울: 도서출판 이우.

우정호 (1994), H. Freudenthal의 현상학적 수학교육론 연구, 대한수학교육학회논문집 제4권, 제2호, pp. 93–128.

이용률 외 (1997), 초등수학교육론, 서울: 경문사.

De Lange, J. & Verhage, H. B. (1987), Math A and achievement testing. Proceedings of the 11th International Conference for the Psychology of Mathematics Education, 3, pp. 243–248.

Freudenthal, H. (1973), *Mathematics as an educational task*, Dordrecht : Kluwer Academic Publishers.

Freudenthal, H. (1978), *Weeding and sowing : Preface to a science of mathematical education*, D. Reidel Publishing Company.

Freudenthal, H. (1981), Major Problems in Mathematics Education, *Educational studies in mathematics, 12*, pp. 133–150.

Freudenthal, H. (1991), *Revisiting mathematics education*, Dordrecht : Kluwer Academic Publishers.

Freudenthal, H.(eds.) (1976), Five Years IOWO - On H. Freudenthal's Retirement from the Directorship of IOWO, *Educational studies in mathematics, 7*(3).

Treffers, A. (1987), *Three dimension, a Model of goal and theory description in mathematics instruction - The wiskobas project*, Dordrecht: Reidel Publishing Company.

Van den Panhuizen-Heuvel (1998), Realistic mathematics education, NORMA-lecture.

Van Hiele, P. (1986), *Structure and insight*, Academic Publishers.

06

문제 해결

문제 해결은 오래 전부터 학교 수학의 중요한 지도 내용으로 다루어져 왔다. 처음에는 사칙계산의 응용문제로 다루어지다가 실용문제로, 그리고 문장제라는 이름으로 다루어졌다. 최근에는 문제 해결이 전 세계적으로 수학교육에서 가장 주목받는 영역이 되었으며, 기초 기능으로서 뿐만 아니라, 수학교육의 목표로서 강조되기까지 한다.

이 장에서는 문제 해결의 의미, 문제 해결 과정, 초등학교에서 지도되어야 할 문제 해결 전략과 지도 방법에 대하여 살펴보기로 한다.

1. 문제와 문제 해결의 의미

1) 문제의 의미

'문제(problem)'라는 용어는 학자에 따라 여러 가지 의미로 사용된다. 그러나 문제 해결에서는, '분명하게 인식된, 즉각적으로는 얻을 수 없는 목표를 얻는 데 필요한 어떤 행동을 의식적으로 조사'(Polya, 1962, p. 117)할 때, '문제'를 가졌다고 한다. 따라서 문제에는 목표와 장애 요인, 해결자의 의식이 있어야 한다.

목표는 문제가 의도한 상태, 또는 문제가 해결된 상황이 무엇인지에 대한 진술이다. 일반적으로 수학 문제는 잘 정의된 목표를 가지고 있는 반면에 많은 실생활 문제는 그렇지 못할 것이다.

장애 요인이란 그 목표에 즉각적으로 도달할 수 없게 만드는 요인이다. 만약 문제의 해결에 이르는 알고리즘이 주어져 있거나 알려져 있다면, 그 상황은 이미

'문제'가 아니다. 개인에 따라 어떤 상황이 문제가 될 수도 있고 안 될 수도 있으며, 중대한 문제일 수도 사소한 문제일 수도 있다.

그런데 꿈이나 몽상과 달리, 우리의 사고가 어떤 목표를 지향할 때, 우리는 의식적으로 행동하게 된다. 의식성이 수반되지 않으면 문제는 존재하지 않는다. 그런 점에서 목표와 장애 요인, 해결자의 의식은 문제가 갖는 특징이라 할 수 있다. 그러나 무(無)에서 출발하여 목표에 도달할 수는 없다. 문제에는 보통, 문제를 해결하기 위해서 사용할 수 있는 수단이 주어질 수 있는데, 이것을 자료 또는 '주어진 상태'라고 한다. 그러나 주어진 상태가 없는 문제도 있으며, 이럴 때는 개인이 갖고 있는 경험, 지식 등을 활용하여 문제를 해결하여야 한다.

문제의 의미를 보다 분명히 하기 위해 크루릭과 루드닉(Krulick and Rudnick, 1984)은 문제를 단순한 회상만으로 해결되는 문제(question)와 정착을 위한 연습 문제(exercise), 사고 활동을 필요로 하는 문제(problem)로 구분하였으며, 강옥기 등(1985)은 정형 문제와 비정형 문제, 실생활 문제로 구분하였다.

정형 문제는 이미 제시된 일반적인 알고리즘을 회상하고 그 알고리즘의 변수에 적절한 값을 대입함으로써 해결될 수 있는 문제 또는 이미 알려진 전형적인 보기 문제의 해법에 따라 해결할 수 있는 연습 문제 등, 소위 교과서적인 문제를 말한다. 정형 문제를 해결하는 데에는 다소의 주의력과 인내심을 가지고 정해진 형식을 따라서 주어진 자료를 활용하면 해결되고, 독자적인 판단이나 창의적인 능력은 그다지 요구되지 않는다. 이와 같은 유형의 문제들은 문제 해결의 초기 단계에서 또는 특정한 문제 해결 알고리즘을 익히는 단계에서 필요하게 된다.

비정형 문제는 문제를 해결하는 알고리즘이나 답을 얻는 방법을 모르며 문제 해결 전략의 사용이나 공식화되지 않은 독자적인 해결 방법의 사용을 요구하는, 진정한 의미의 문제를 말한다. 이와 같은 형태의 문제에서는 문제의 해결 그 자체보다는 해결 과정을 중요시한다. 이러한 문제의 해결은 특수한 수학적 개념이나 공식 또는 풀이 방법에 전적으로 의존하지 않으며 독자적인 해결 전략의 사용을 요구한다. 실생활 문제는 취급되는 소재가 아동의 실생활에서 얻어지는 것으로서 그 해결 방안은 정형적, 비정형적 방안을 모두 포함한다.

실생활 문제는 아동들로 하여금 수학적 지식과 문제 해결 전략들을 실생활 주변에서 부딪히는 여러 가지 문제들을 해결하는 가운데 이를 학습하게 함으로써 수학의 적용 가능성을 보증하고 아울러 아동들에게 수학 학습의 의의를 깨닫게 하고 수학 학습의 흥미를 유발시키는 데 적절한 문제이다. 쿠르릭과 루드닉이 말한 사고를 요하는 문제, 강옥기 등의 비정형 문제가 문제 해결에서 말하는 '문제'가 되는 것이다.

한편, 폴리아는 문제의 유형을 어떤 대상을 작도하거나 만들거나 찾는 '결정 문제'와 어떤 주장이 옳은지 그른지를 확인하는 '증명 문제'로 구분하고, 결정 문제의 주요 부분으로 구해야 할 것(unknown), 주어진 것(known), 조건(condition)을, 증명 문제의 주요 부분으로 가정과 결론을 들었다(Polya, 1962, p. 119). 문제를 해결하려고 할 때 이와 같은 문제의 주요 부분을 먼저 파악해야 한다.

2) 문제 해결의 중요성

폴리아는 지식을 정보와 노하우(know-how)로 구분하고, 수학에서 노하우가 정보의 단순한 소유보다 훨씬 더 중요하며, 수학에서의 노하우는 어느 정도 자주성, 판단력, 독창성, 창조성을 요구하는 문제를 해결하는 능력이라고 말함으로써, 문제 해결 능력의 중요성을 강조하였다(Polya, 1962, p. vii-viii). 사실, 과학이 발달하면서 계산 기능의 숙달보다는 문제를 분석하고 문제를 해결하기 위한 수단을 찾는 능력이 보다 중요해졌음은 두 말할 필요도 없다. 문제 해결 능력의 중요성은 갈수록 부각되어, NCTM은 "문제 해결은 80년대 학교수학의 초점이 되어야 한다."(NCTM, 1980, p. 1)고 권고하고, 1989년의 Standards(NCTM, 1989, p. 6), 2000년의 Standards 2000(NCTM, 2000)에서도 계속 문제 해결을 발전적으로 강조하고 있다.

제7차 수학과 교육과정 이후로 문제 해결이 강조되고 있다. 교육과정에서는 문제 해결을 수학과 교과역량 중 하나로 파악하여 모든 내용 영역에서 지속적으로 지도하도록 하고 있으며 해결 과정과 방법, 문제를 만들어보는 활동 및 창의적 해결 활동을 중시하고, 문제를 해결하면서 수학적 개념, 원리, 법칙을 탐구하도록 하고 있다. 특히 교수·학습에서 협력적 문제 해결, 수학적 모델링, 문제 만들기 활동과 연결하여 다음 4가지를 강조하도록 하고 있다.

① 문제를 해결할 때에는 문제를 이해하고 해결 전략을 탐색하며 해결 과정을 실행하고 검증 및 반성하는 단계를 거치도록 한다.
② 협력적 문제 해결 과제에서는 균형 있는 책임 분담과 상호작용을 통해 동료들과 협력하여 문제를 해결하게 한다.
③ 수학적 모델링 능력을 신장하기 위해 생활 주변이나 사회 및 자연 현상 등 다양한 맥락에서 파악된 문제를 해결하면서 수학적 개념, 원리, 법칙을 탐구하고 이를 일반화하게 한다.
④ 문제 해결력을 높이기 위해 주어진 문제를 변형하거나 새로운 문제를 만들어 해결하고 그 과정을 검증하는 문제 만들기 활동을 장려한다.

문제 해결 교육의 중요성은 응용 가능한 진정한 지식은 문제를 해결하는 경험에서 비롯된다는 데 있다. 즉, 문제를 해결하는 과정에서 기초적인 수학적 지식이나 기능을 보다 확실히 이해할 수 있을 뿐만 아니라, 의사 결정, 비판적 사고, 창의적 사고 등과 같은 고등 정신 기능을 신장할 수 있음은 물론, 지식의 단순 암기와 단순 적용, 알고리즘의 반복 연습에서 탈피하여 수학을 하는 활동을 경험할 수 있는 것이다. 또한 기성 지식 체계로서의 수학의 전달에서 비롯되는 의미 없는 응용 문제의 학습을 타개하고 참으로 응용 가능한 수학 학습을 할 수 있게 함으로써 수학의 필요성과 유용성을 알게 하여 수학에 대한 흥미와 관심, 적극적인 태도를 길러주자는 뜻도 있다(신성균 외, 1993, p. 3).

3) 문제 해결 행동과 관련된 요인

쉔펠트(Schoenfeld)는 문제 해결 행동과 관련된 요인으로 자원(resource), 발견술(heuristics), 통제력(control), 신념 체계(belief system)를 들고 있다.

자원은 문제를 해결하기 위해 개인이 사용할 수 있는 도구와 기법으로서, 문제와 관련을 지을 수 있는 수학적 지식, 직관, 알고리즘, 법칙에 대한 이해 등을 말한다.

발견술은 생소하고 비표준적인 문제의 해결을 진전시키기 위한 전략과 기술로서, 유추, 일반화, 특수화, 보조 문제 이용하기, 거꾸로 풀기 등이 있다. 발견술은 문제를 더 잘 이해하거나 해결로의 진전을 만들도록 도움을 주는 암시로서, 알고리즘과 달리 완전한 해결을 보장하는 것은 아니다.

통제력은 자원과 전략의 선택과 수행에 관한 전반적인 결정 능력으로서, 계획하기, 감시와 평가, 의사결정, 의식적인 메타인지적 결정 등이 있다.[1] 통제력은 문제 해결의 전 과정에 영향을 미친다. 실제로 학생들은 주어진 문제를 해결하는 데 필요한 지식을 갖고 있으면서도 해결에 실패하는 경우가 많다. 따라서 학생들이 무엇을 아느냐도 중요하지만, 그것을 이용할 수 있느냐 하는 것이 그 이상으로 중요하다.

신념 체계는 수학적 세계관, 자신과 환경과 수학에 대한 개인적 행동의 결정자로서,[2] 개인의 신념 체계는 문제를 해결하는 데 많은 영향을 미친다.

---

1) "보다 쉽고 간단한 절차가 있는지 없는지 확인해 보기 전에 어렵고 시간이 많이 소요되는 절차를 가지고 수행하지 말자"는 생각은 통제력과 관련된다.

2) 수학에 관한 신념에는 다음과 같은 것들이 있다.
  1) 수학 문제는 모두 식을 세워서 푸는 것이다.
  2) 수학 문제는 풀린다면 5분 이내에 풀린다.
  3) 수학 문제의 답은 하나이다.
  4) 수학은 천재가 하는 것이다.

2. 문제 해결 과정

문제를 해결하는 데는 몇 단계의 과정을 거치게 마련이다. 인간이 문제를 해결하는 과정은 어떠하며, 가장 바람직한 문제 해결 과정은 무엇인가에 대한 연구는 국내외적으로 많이 이루어져 왔다. 그러나 여기서는 가장 대표적인 것으로, 폴리아와 카타기리의 문제 해결 모형에 대해서 살펴보자.

1) 폴리아의 문제 해결 과정

폴리아는 자신이 문제를 해결해 왔던 경험을 주의 깊게 분석해 본 뒤, 모든 문제의 해결은 문제의 이해, 해결 계획의 수립, 계획 실행, 반성의 4단계를 거쳐야 한다고 결론지었다. 폴리아는 이러한 문제 해결의 4단계가 학생들의 문제 해결 능력을 신장시킬 수 있는 좋은 방법이 될 수 있다고 보고, 각 단계에서 유용한 발문과 권고를 다음과 같이 제안하고 있다(우정호 역, 1986, pp. 14–16).

(1) 문제에 대한 이해

이해가 되지 않은 문제에 답하려고 하는 것은 어리석은 일이다. 학생은 문제를 이해해야 하며, 문제를 해결하려는 욕구를 가져야 한다. 무엇보다도 문제를 설명하는 언어적 진술이 이해되어야 한다. 또, 학생은 문제의 주요 부분을 주의 깊게 반복하여 여러 측면에서 살펴보아야 한다. 다음과 같은 발문이 이 단계에서 유용할 것이다.

- 미지의 것은 무엇인가? 자료는 무엇인가? 조건은 무엇인가?
- 조건을 만족될 수 있는가? 조건은 미지의 것을 결정하기에 충분한가, 또는 불충분한가, 또는 과다한가, 또는 모순되는가?
- 그림을 그려보아라. 적절한 기호를 붙여라.
- 조건을 여러 부분으로 분해하라. 그것을 써서 나타낼 수 있는가?

(2) 계획의 작성

문제에 대한 이해로부터 계획을 세우게 되기까지의 길은 길고 얽혀 있을 수 있다. 계획에 대한 생각이 떠오르면 문제 해결은 거의 성취된 것이다. 그러한 생각은 점진적으로 떠오를 수도 있고, 시행착오나 망설임을 거친 뒤에 섬광같이 떠오를 수도 있다. 그러한 생각은 주로 과거의 경험과 이전에 얻은 지식을 바탕으로 한 것이다. 다음과 같은 발문이 그러한 생각을 떠오르게 하는 데 도움이 될 것이다.

- 전에 그 문제를 본 일이 있는가? 그렇지 않으면 약간 다른 형태로 된 같은 문제를 본 일이 있는가?
- 관련된 문제를 알고 있는가? 유용하게 쓰일 수 있을 듯한 어떤 정리를 알고 있는가?
- 미지인 것을 살펴보아라. 친숙한 문제 중 미지인 것이 같거나 유사한 문제를 생각해 보아라.
- 관련된 문제로 전에 풀어 본 일이 있는 문제가 있구나. 그것을 활용할 수 있을까? 그 결과를 활용할 수 있을까? 그 방법을 활용할 수 있을까? 어떤 보조 요소를 도입하면 그것을 활용할 수 있을까?
- 문제를 달리 진술할 수 있을까? 좀더 다르게 진술할 수 있을까? 정의로 되돌아 가보자.
- 만일 제기된 문제를 풀 수 없다면, 먼저 어느 정도 그와 관련된 문제를 풀어 보아라. 보다 접근하기 쉬운 관련된 문제를 생각해낼 수 있는가? 보다 일반적인 문제는? 보다 특수한 문제는? 유사한 문제는? 문제를 부분적으로 풀 수 있는가?
- 조건 가운데 일부분만 남기고 다른 것은 버려 보아라. 그랬을 때 미지인 것은 어느 정도까지 정해지는가? 어떻게 변형할 수 있을까? 자료로부터 무언가 유용한 것을 이끌어 낼 수 있을까? 미지인 것을 결정하는 데 적절한 다른 자료를 생각해 볼 수 있을까? 새로운 미지인 것과 새로운 자료가 서로 더 가깝게 되도록 하기 위해서, 미지인 것이나 자료 또는 필요하다면 두 가지 모두 변형할 수 있을까?
- 자료는 모두 사용했는가? 조건을 모두 사용했는가? 문제에 포함된 핵심적인 개념은 모두 고려했는가?

(3) 계획의 실행

계획을 세우는 데는 이전 지식, 훌륭한 사고 습관, 목적을 향한 집중력이 요구되며 행운도 따라야 한다. 이에 비해 계획을 실행하는 것은 훨씬 쉽다. 여기서 요구되는 것은 인내심이다. 이 단계에서는 계획을 잊어버리지 않고 각 단계를 정확하게 수행해야 한다. 다음과 같은 발문이 이 단계에서 유용할 것이다.

- 풀이 계획을 실행하고 매 단계를 점검하라. 각 단계가 올바른지 명확히 알 수 있는가? 그것이 옳다는 것을 증명할 수 있는가?

(4) 반성

문제의 해답을 얻었다고 해서 끝나는 것은 아니다. 완성된 풀이를 검토하고 그 결과와 그 결과에 이르게 된 과정을 재고하고 재검사함으로써, 획득한 지식을 견고하게 하고 문제를 해결하는 능력을 발달시킬 수 있다. 다음과 같은 발문이 이 단계에서 유용할 것이다.

- 결과를 점검할 수 있는가? 논증 과정을 점검할 수 있는가?
- 결과를 다른 방법으로 이끌어 낼 수 있는가? 그것을 한눈에 알 수 있는가?
- 결과나 방법을 어떤 다른 문제에 활용할 수 있는가?

2) 카타기리의 문제 해결 과정

카타기리(片桐重男)는 페르(Fehr), 듀이(J. Dewey), 폴리아 등 여러 학자의 모형을 분석하여, 문제 해결 단계를 문제의 형성·파악, 개괄적 구상, 해결의 실행, 해의 논리적 조직화, 검증의 5단계로 나누었다. 문제의 형성·파악 단계에서는 문제 상황이나 용어의 의미를 명확히 함으로써 문제를 형성하고 또한 문제를 이해한다. 개괄적 구상의 단계에서는 문제를 해결할 방향이나 방법을 설정하며 결과를 가늠해 보기도 한다. 실행 단계에서는 앞서 구상했던 해결 방법에 따라 문제를 해결해 나가게 된다. 그러므로 개괄적 구상의 단계와 해결의 실행 단계는 각각 폴리아의 계획 수립 및 실행의 단계와 유사하다. 해의 논리적 조직화 단계는 얻은 해를 논리적, 연역적으로 다듬고 발전시키는 단계라고 볼 수 있으며, 검증 단계에서는 문제와 해를 발전시키며, 새로운 문제 및 그 해와 통합하고 일반화시킨다. 이 두 단계는 폴리아의 반성 단계와 비슷하다고 할 수 있다. 그러므로 카타기리의 문제 해결 과정은 모호하고 불완전한 상황을 보다 명확하게 하여 문제를 형성하는 단계를 강조하고 있다고 할 수 있다.

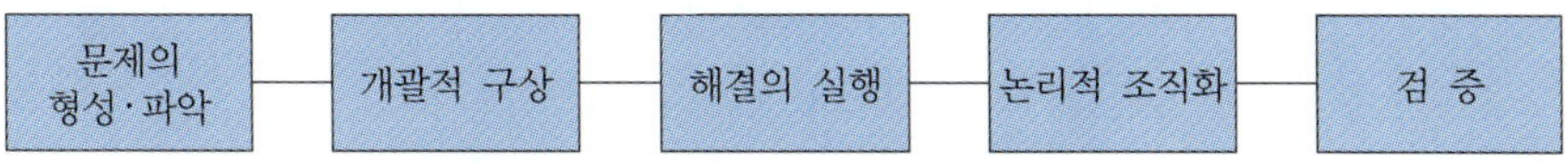

그림 6.1 카타기리의 문제 해결 5단계

3. 초등학교에서 유용한 문제 해결 전략

초등학교 수준에서 수학 문제를 해결할 때 사용할 수 있는 전략들이 있다. 여기서는 대표적인 몇 가지 전략을 소개한다.

1) 예상과 확인

예상과 확인은 문제의 답을 미리 예상해 보고 그 답이 문제의 조건에 맞는지 확인해 보는 과정을 반복하여 문제를 해결해 나아가는 전략이다. 처음에 예상한 답이 문제에서 주어진 것과 일치하는지를 알아보기 위하여 필요한 것을 계산하거나 조건을 찾아 문제에서 주어진 것과 일치하는지 알아본다. 일치하는 경우 예상한 것이 정답이 되며 일치하지 않는 경우 다시 예상해 본다. 다시 예상할 때, 처음 예상한 값을 고려하여 다음에 예상할 값을 처음 예상한 값보다 크게 할 것인지 아니면 작게 할 것인지를 생각하여 정답인 값 또는 정답에 가까운 값을 예상하도록 한다. 이와 같이 문제를 푸는 방법을 예상과 확인 방법이라고 한다.

많은 문제가 시행착오로 풀릴 수 있다. 그러나 좀더 체계적으로 예상하고 확인한다면 시간과 노력을 절약할 수 있을 것이다. 이러한 방법은 아주 자연스러운 것이기 때문에 문제를 푸는 방법이 전혀 생각나지 않을 때 대단히 쓸모가 있다. 그러나, 답이 여러 개이거나 자연수의 범위를 벗어날 때 예상과 확인 방법으로 답을 찾기가 어려울 수도 있다.

다음 문제를 예상과 확인 방법으로 해결하는 경우를 생각해 보자.

> 닭과 돼지가 모두 합해 50마리 있다. 그 다리 수가 130개일 때 닭과 돼지는 각각 몇 마리 있는가?

- 아마도 닭이 10마리일거야.
- 닭이 10마리이면, 돼지는 $50-10=40$(마리)가 되고, 음…, 그러면, 다리는…, 닭의 다리는 $10\times 2=20$, 돼지 다리는 $40\times 4=160$이니까, 다리는 모두 $20+160=180$, 다리가 너무 많아. 이건 아니야.
- 그러면 닭은 30마리일까? 그래, 30마리라고 해 보자.
- 닭이 30마리라고 하면, 돼지는 20마리가 되고, 음…, 그러면, 닭의 다리는 $30\times 2=60$, 돼지 다리는 $20\times 4=80$이니까, 다리는 모두 $60+80=140$, 다리가 그래도 130개보다 많아. 이것도 아니야. 그러나 비슷해졌어.
- 아마도 닭이 35마리일 거야.
- 그러면, 돼지는 15마리가 되고, 닭의 다리는 $35\times 2=70$, 돼지 다리는 $15\times 4=60$이니까, 다리는 모두 $70+60=130$, 맞았다!
- 닭은 35마리이고, 돼지는 15마리이다.

2) 그림 그리기

그림을 그리면 문제를 전체적으로 이해하기 쉽고 쉽게 기억되기도 한다. 또한, 그림을 정확하게 그리면 답이 어떻게 되는지를 알 수 있는 경우도 있으며, 때에 따라서는 대강 그려도 문제를 풀기 위한 생각이 떠오르기도 한다. 따라서 주어진 문제 상황을 순서대로 그리는 훈련과 함께 한편으로는 순서는 무시한 채 여러 가지 요소 사이의 관계가 적절히 나타날 수 있도록 그리는 훈련도 필요하다. 그림을 그릴 때에는 문제에 주어진 것과 구해야 할 것이 모두 나타나도록 해야, 그 관계를 파악하는 데 도움이 된다.

그림 그리기 방법은 답을 구하기 위하여 직접 사용되는 경우도 있고, 문제를 이해하기 위해서 또는 문제를 해결하기 위하여 무엇을 해야 할 것인가, 즉 어떤 방법을 사용해야 할 것인가를 판단해 보기 위한 보조적인 전략으로 사용될 수도 있다.

예를 들어, 다음 문제를 생각해 보자.

> 어머니는 38살이고 딸은 8살이다. 몇 년 후에 어머니의 나이가 딸의 나이의 3배가 될까?

이 문제를 보면서, 몇 년이 지나서 어머니의 나이가 딸의 나이의 3배가 된 상태를 그림으로 나타내면 다음과 같이 될 것이다.

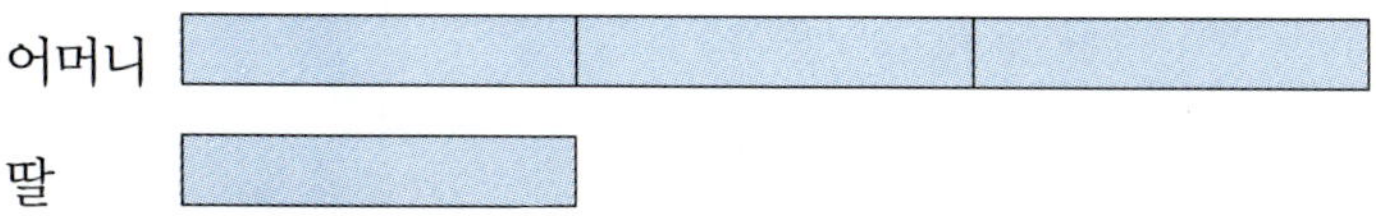

처음에 어머니가 38살이고 딸이 8살인 것을 생각하면, 어머니가 딸보다 30살 많으니까 한 칸이 15살을 나타냄을 알 수 있다. 즉, 딸이 15살 될 때가 되므로, $15-8=7$(년) 후임을 알 수 있다.

그러나 만약 이 문제를 보고 다음과 같이 그림을 그리면 해결 방법을 찾기가 쉽지 않을 것이다. 그러므로 적절한 그림을 그리는 훈련이 필요하다.

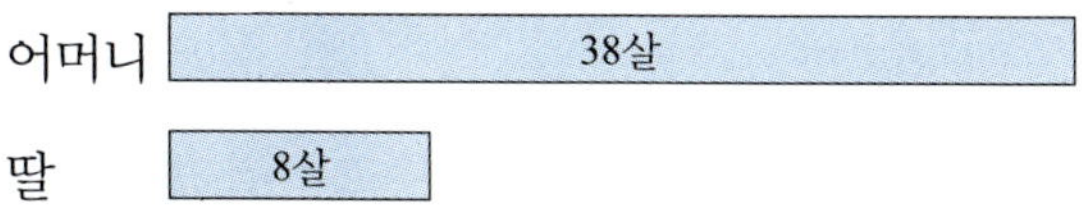

3) 규칙성 찾기

규칙성 찾기는 문제에 주어진 조건을 분석하여 어떤 규칙성을 찾아내고 그것을 이용하여 계산을 확대해 감으로써 문제를 해결하게 하는 전략이다. 또한 경우에 따라 불충분하게 주어진 정보에 대하여 이에 대한 규칙성을 발견하고 이를 일반화시킬 수 있는데, 일반화에 대한 타당성을 증명해야 함은 또 다른 하나의 문제이기도 하다. 정수 변수 n이 명시적 또는 암시적으로 나타나 있는 문제에서 주로 적용되며, 그림그리기나 표 만들기 전략의 도움을 필요로 하지만, 식 세우기 등의 보조 전략으로 이용되기도 한다. 그러나 경우에 따라서는 찾은 규칙이 옳지 않은 경우도 있을 수 있음을 주의해야 한다.

예를 들어, 다음 문제를 생각해 보자.

> 다음과 같은 모양으로 성냥개비를 늘어놓고 있다.
>
> 
>
> 삼각형을 20개 만들려면, 성냥개비는 몇 개 있어야 하는가?

실제로 삼각형이 20개가 되도록 성냥개비를 늘어놓거나 그림을 그려서 풀 수도 있다. 그러나 그렇게 하는 것은 너무 번거롭다. 규칙을 찾아서 푸는 것이 더 효과적이다. 다음 표에서 삼각형의 수와 성냥개비의 수 사이에 일정한 규칙, 예를 들어 '삼각형을 하나씩 추가할 때마다 성냥개비가 2개 더 필요하다'는 규칙이 있다는 것을 알 수 있다. 이 규칙을 삼각형이 20개인 경우로 확장하면 문제의 답을 구할 수 있게 된다.

삼각형의 수	1	2	3	4
성냥개비 수	3	5	7	9

4) 표 만들기

표 만들기 방법은 그림 그리기 방법과 같이 문제를 쉽게 이해하고 해결 방법을 모색하기 위한 보조 전략으로 사용될 수 있다. 규칙성을 찾는 위의 문제에서도 표를 만들었다. 표는 우선 문제를 잘 나타내 줄 수 있는 틀을 생각한 후에 문제에서 주어진 것부터 차례로 기재하고, 계산할 수 있는 것은 계산하여 빈칸을 채우고, 채울 수 없는 곳에 문자를 사용하면 문제를 풀 수 있는 식이 나오게 된다. 또, 문제 유형에 따라 표 만들기 방법을 사용하여 직접 답을 구할 수 있다.

예를 들어, '어느 학교의 금년의 학생 수는 879명이다. 이것은 작년에 비하여 남학생이 10% 증가하고, 여학생이 4% 감소한 것이지만, 전체로는 29명이 증가한 것이다. 금년의 남, 여 학생 수를 각각 구하여라.'와 같은 문제를 풀 때, 다음과 같이 표를 만들고 문제에 주어진 정보를 표에 채운 다음 빈칸에 들어갈 수나 식을 생각하면 더욱 쉽게 답을 구할 수 있는 식을 만들 수 있다.

	남학생	여학생	전 체
작년			850명
	10% 증가	4% 감소	29명 증가
금년			879명

한편, 다음 문제를 생각해 보자.

과녁 맞히기 놀이를 하였다. 혜송이는 3번 쏘아서 27점을 얻었다. 몇 점짜리를 몇 번 맞췄는지 모두 말하여라. 단, 빗맞은 것은 없다고 한다.

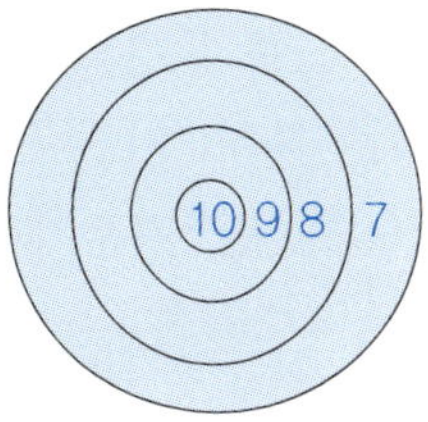

모든 경우를 생각하는 것이 쉽지 않고, 빠트리기 쉽기 때문에 표를 만드는 것이 효과적이다. 이때 표는 다음 형태를 취할 수 있다.

10점짜리	9점짜리	8점짜리	7점짜리	점 수
3번				30점
2번	1번			29점
2번		1번		28점
2번			1번	27점
…	…	…	…	…

5) 거꾸로 풀기

문제의 목표나 증명해야 할 사실로부터 시작하여 무엇을 말할 수 있는가를 생각해 나가는, 즉 결론으로부터 조건으로 거꾸로 생각해 나아감으로써 문제를 해결할 수 있는데, 이러한 방법을 거꾸로 풀기 방법이라 한다.

거꾸로 풀기 전략이 사용될 수 있는 문제에는 다음과 같은 특성이 있다.

첫째, 문제 상황의 마지막 결과가 알려져 있다.
둘째, 최초의 조건에서 문제 해결로 가는 규칙이 알려져 있다.
셋째, 문제가 요구하는 것은 최초의 조건을 구하는 것이다.

이 전략을 사용하려면, "이러한 상황이 성립하려면 무엇이 성립하여야 하는가?", "이 단계 이전에는 어떻게 되는가?"와 같은 질문을 던져야 한다.

다음 문제를 생각해 보자.

> 지훈이는 구슬을 몇 개 가지고 있다. 지수에게 8개를 주고, 경호에게서 12개를 얻었다. 남은 구슬을 누나와 똑같이 나누어 가졌더니 15개씩 가지게 되었다. 지훈이가 처음에 구슬을 몇 개 가졌는지를 알아보아라.

지훈이가 처음에 가진 구슬의 수를 n개라고 하면, 다음과 같이 식을 만들 수 있다.

- 지수에게 주고 경호에게서 받은 다음의 구슬의 수: $n-8+12$
- 누나와 나누어 가진 구슬의 수: $(n-8+12)\div 2=15$
- 이 식을 풀면, 지훈이가 처음에 구슬을 26개 가졌음을 알 수 있다.

이와 같은 식을 해결하기 위해서는 수준 높은 수학적 지식이나 기능이 필요하다. 이 문제를 거꾸로 풀기 방법을 써서 해결해 보자.

- 누나와 똑같이 나누어 가졌더니 15개씩 가지게 되었다. 그러면, 누나와 나누어 가지기 전에는 몇 개였을까? 둘이 나누어서 15개씩이니까, 그 전에는 $15\times 2=30$(개)이다.
- 경호에게서 12개를 얻었는데, 얻기 전에는 몇 개였을까? 얻을 것을 돌려주어야 하니까, $30-12=18$(개)였다.
- 지수에게 8개를 주었는데, 주기 전에는 몇 개였을까? 준 것을 되돌려 받아야 하니까, $18+8=26$(개)이다.
- 따라서, 처음에 26개를 가지고 있었다.

6) 단순화하기

어떤 문제는 문제 상황이 낯설거나 복잡하여 문제 해결 방법을 찾기 어려울 때가 있다. 이러한 경우, 보다 익숙하고 간단한 상황으로 문제를 바꾸고, 단순화된 문제를 해결한 다음, 그 해나 해결 방법을 원래 문제에 적용할 수 있는데, 이와 같은 방법을 단순화하기라고 한다. 문제에 들어 있는 큰 수를 작은 수로 바꾸거나 분수나 소수를 자연수로 바꾸면 문제가 보다 단순화된다.

문제에 따라서 단순화하기와 규칙성 찾기 방법은 유사해 보인다. 그러나 규칙성 찾기는 일련의 사례에서 규칙을 찾는 데 중점이 있는 반면, 단순화하기는 문제를 보다 간단한 문제로 변형한다는 데 핵심이 있다.

다음 문제를 단순화하기 방법으로 해결하는 학생을 생각해 보자.

> 한 변이 300m인 정사각형의 땅의 둘레에 2m 간격으로 나무를 심으려고 한다. 나무는 몇 그루가 필요한가?

- 땅이 너무 넓어서 어떻게 풀어야 할지 모르겠다. 작은 땅이면 좋겠는데. 한 변이 6m라고 하고 풀어볼까?[3)]
- 한 변이 6m인 땅을 그려서 나무를 심어 보면 다음과 같이 되겠구나.

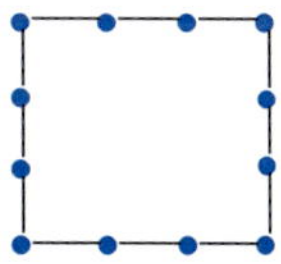

- 한 변에 나무를 4그루 심을 수 있구나. 왜 4그루일까? 아! $6 \div 2 + 1 = 4$(그루)구나. 4그루씩 네 변이니까, 4를 곱하면 되겠는데, 꼭짓점에 있는 나무가 중복된다. 그래서 4를 빼야 되는구나. 그러면 이 문제는 이렇게 풀리는구나.

$$6 \div 2 + 1 = 4, \qquad 4 \times 4 = 16, \qquad 16 - 4 = 12$$

- 그러면 처음 문제도 이런 식으로 풀리겠다.[4)]

$$300 \div 2 + 1 = 151, \qquad 151 \times 4 = 604, \qquad 604 - 4 = 600$$

- 그래서 답은 600그루이다.

7) 식 만들기

식 만들기 방법은 수학 문제를 풀기 위하여 가장 보편적으로 사용되며 아주 고

3) 이것은 '한 변이 6m인 정사각형의 땅의 둘레에 2m 간격으로 나무를 심으려고 한다. 나무는 몇 그루가 필요한가?'와 같이 처음 문제보다 단순한 문제를 만든 것이다.

4) 단순한 문제를 해결하고, 그 문제를 해결하는 방법을 원래의 문제에 적용하여 풀었다.

급스러운 전략이다. 일단 식을 옳게 세우면 그 다음 단계들은 거의 기계적으로 진행되며, 답이 정확하게 나오기 때문에 식 만들기 방법은 수학에서 중요한 문제 해결 전략이다.

중요한 것은 어떻게 식을 만드는가 하는 점이다. 문제에 제시된 여러 가지 양 사이의 관계에 근거하여, 수와 문자를 +, −, ×, ÷, ( ) 등의 기호와 결합하여야 하며, 비교되는 두 양의 관계에 기초하여 등식 또는 부등식을 세워야 한다. 그림이나 표를 잘 활용하면 두 양의 관계를 찾거나 식을 만드는 데 도움이 될 것이다.

8) 논리적 추론

"만약 … 이면 … 이다"는 형태로 가능성이 있는 모든 경우를 점검해 보고 불가능한 해법을 제거해 가며 해를 얻는 방법으로, 표 만들기 전략과 함께 사용되는 경우가 많다.

예를 들어, 다음 문제를 보자.

> A, B, C, D, 네 명의 학생은 모자, 장갑, 가방을 벗어 놓았다. 한참 후에 네 사람은 모자, 장갑, 가방을 들었는데, 공교롭게도 모두 자기 것은 들지 않았으며, 같은 사람의 것을 두 개 이상 들지 않았다고 한다. A는 B의 모자를, B는 D의 장갑을, D는 C의 가방을 들었다. 각각 누구의 무엇을 들었는지 알아보아라.

이 문제를 풀기 위해 표를 만들어 주어진 정보를 기록하면 다음과 같다.

	A	B	C	D
모자	B			
장갑		D		
가방				C

A는 B의 모자를 들었으므로 C나 D의 장갑을 들었음에 틀림없다. 그런데 B가 D의 장갑을 들었으므로 A는 C의 장갑을 들어야 한다. 그러면 가방은 D의 것이다. 그러면 D는 누구의 것을 가졌을까? 이와 같이 가능한 여러 경우를 점검하여 답을 찾는 것을 논리적 추론이라고 한다.

9) 극단적인 경우를 찾아보기

주어진 어떤 영역에서 성립하는 수학적 성질은 그 영역의 극단적인 경우에 더욱 분명해지는 경우가 많다. 그러므로 극단적인 경우를 찾아봄으로써 그 성질의 참이나 거짓을 파악할 수 있으며 또는 어떤 사실을 보다 쉽게 발견해내고, 이를 극단적이지 않은 경우로 쉽게 일반화할 수 있다.

다음 문제를 생각해 보자.

> 두 변의 길이가 10cm, 8cm인 직사각형과 6cm, 5cm인 직사각형이 다음 그림처럼 겹쳐져 있다. 두 직사각형의 겹쳐져 있지 않은 부분의 넓이의 차는 얼마인가?
>
> 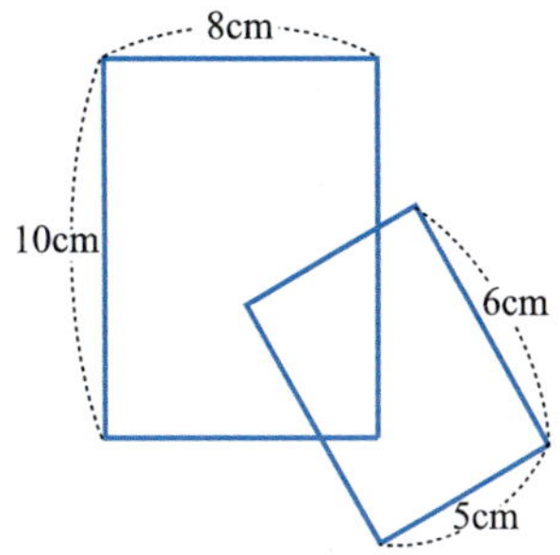
>

겹쳐지지 않은 부분의 넓이를 직접 구하는 것은 쉽지 않다. 그러므로 극단적인 경우를 찾아보자. 겹쳐져 있는 극단적인 경우는 다음 두 가지이다.

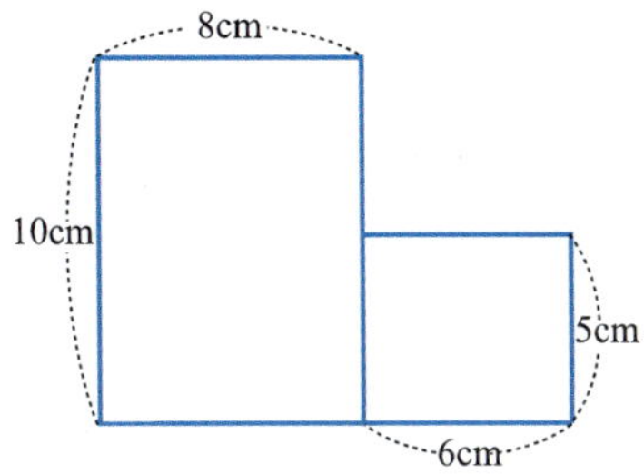

그림 1

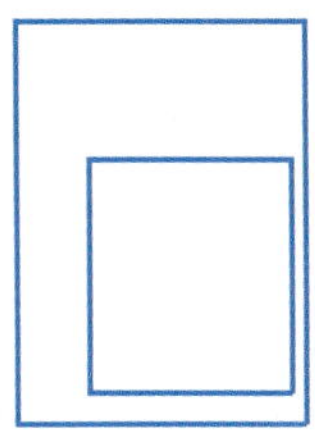
그림 2

그림 1의 경우 겹쳐져 있는 부분은 없으므로, 겹쳐져 있지 않은 부분의 넓이의 차는 $10\times8-6\times5=50(\text{cm}^2)$이다. 그림 2에서는 작은 직사각형이 큰 직사각형에 완전히 포함되어 있으므로, 겹쳐져 있지 않은 부분의 넓이의 차는 $(10\times8-6\times5)-0=50(\text{cm}^2)$이다. 그러므로 이 문제의 답은 50cm^2라고 생각할 수 있다. 원래 문제에서처럼 복잡하게 겹쳐져 있어도 이 문제의 답은 항상 50cm^2임을 이제는 쉽게 설명할 수 있을 것이다.

10) 자료의 조직화

일상생활이나 수학 활동에서 우리는 많은 자료를 수집하게 된다. 자료를 어떻게 조직하느냐에 따라서 중요한 발견을 할 수도 있고 문제를 해결할 방법을 찾을 수도 있다.

표를 만들거나 그림을 그리거나, 수형도를 그리고, 여러 수를 크기 순서대로 나열하는 것 등은 자료를 조직화하는 것이라고 할 수 있다. 1에서 20까지의 수를 더할 때

$$1+20=21,\ 2+19=21,\ \ldots, 10+11=21$$

그러므로 $21\times10=210$과 같이 계산한다면 이것 역시 자료를 조직화함으로써 해결 방법을 찾은 것이라 할 수 있다.

$20-19+18-17+16-15+14-13+12-11$을 계산해 보자. 순서대로 계속 계산하여 답을 구할 수도 있고, $(20+18+16+14+12)-(19+17+15+13+11)$과 같이 덧셈과 뺄셈으로 구분하여 자료를 조직할 수 있다. 그러나 다음과 같이 자료를 조직하면 쉽게 답을 구할 수 있다.

$$(20-19)+(18-17)+(16-15)+(14-13)+(12-11)=1+1+1+1+1=5$$

4. 문제 해결 수업

문제 해결은 특정한 문제를 해결하는 것을 의미하지만, 문제 해결 그 자체가 수학 수업의 목적이 될 뿐만 아니라 수학을 가르치고 배우는 방법이 되기도 한다. 그러므로 문제 해결 수업은 문제 해결 과정이나 전략을 지도하는 것에 그쳐서는 아니 되며, 문제를 해결하는 과정을 통하여 중요한 수학적 개념이나 절차를 학습할 수 있는 기회가 되어야 한다.

1) 한국교육개발원의 문제 해결 수업 모형

강옥기 등(1985, p. 50)은 폴리아, 리이(Lee), 버튼(Burton), 쉔펠트 등의 문제 해결 모형을 분석하여, 문제 해결 과정을 '문제 의식 – 문제 이해 – 계획 수립 – 계획 실행 – 반성'의 5단계로 설정하였다. 이 모형은 폴리아의 문제 해결 단계에 문제 의식 단계를 추가한 것인데, 그것은 문제 해결자는 어떤 어려움이 존재함을 깨닫고 이것을

해결하고자 하는 의욕을 가져야 문제 해결 활동이 시작된다는 취지에서이다.

이와 같은 절차로 교사와 학생들이 함께 토론하면서 문제 해결 단계 및 전략을 익히고 나서, 다음에는 학생을 소집단으로 나누어 각 집단별로 문제를 해결해 보도록 하는 문제 해결 수업 형태를 권고한 쉔펠트의 제안에 따라(Schoenfeld, 1985), 다음과 같은 한국교육개발원 문제 해결 수업 모형을 구안하였다.

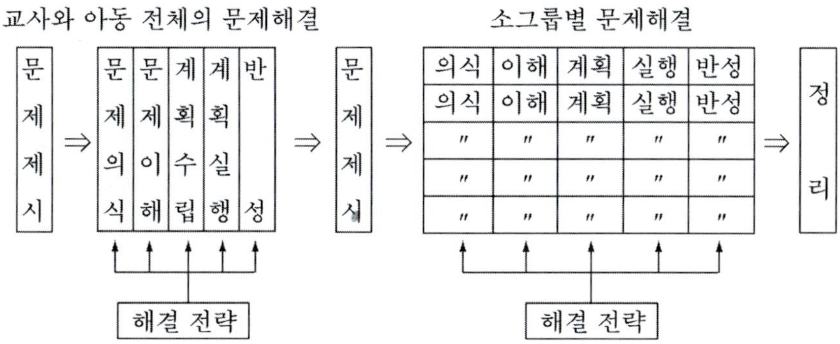

그림 6.2 한국교육개발원의 문제 해결 수업 모형

문제 해결 능력은 가르쳐지는 것이 아니라, 해결자 스스로의 모방과 연습을 통하여 학습되는 것이다(Polya, 1962, p. v). 모방한다는 것은 있는 그대로의 모사(模寫)가 아니다. 폴리아가 요구하는 모방은 목적의 모방이 아니라 수단의 모방인 바(정은실, 1995, p. 142), 수단을 모방하는 데는 "면밀한 관찰이 필요하며, 현재 하려고 하는 일을 더 잘 할 수 있는 방안을 선택하는 능력이 필요하다."(이홍우, 1992, p. 61). 따라서, 모방에는 의식성과 반성이 전제되어야 한다. 의식성과 반성이 전제된 모방과 함께 그것을 실천함으로써 문제 해결 능력이 신장된다고 보아야 할 것이다. 메이슨과 버튼(Mason and Burton, 1982, p. 148)이 문제와 씨름하고 그 경험을 반성하는, 이른바 '반성이 수반된 실천' 방법을 수학적 사고력을 향상시키는 방법으로 제안하고 있는데, 이 역시 같은 맥락이다.

그러므로 한국교육개발원의 문제 해결 수업 모형에서의 정리 단계는 단순한 정리가 아니라, 문제 해결 수업을 통하여 목적하는 바를 학생들이 의식하고 이를 모방·실천할 수 있는 의식화의 장으로 발전되어야 하며, 학생들의 문제 해결 과정을 발표하고, 해결 방법의 장단점을 비교하고, 훌륭한 아이디어를 격려하는 단계로 격상될 필요가 있다.

2) 지도상의 유의점

문제 해결 지도에서 교사가 주의해야 할 점은 다음과 같다.

① 문제 해결 교육은 의지의 교육이다(우정호 역, 1986, p. 126). 그러므로 문제

를 해결하는 과정에서 실패를 경험하게 하고, 실패를 통해 인내를 학습할 수 있도록 배려해야 한다.

② 문제 해결에 대한 긍정적인 성향을 길러 주고 성공할 수 있다는 분위기를 만들어야 한다. 성공적인 문제 해결자와 그렇지 못한 문제 해결자의 중요한 차이는 문제 해결과 문제 해결자로서의 자신, 그리고 문제 해결 방법에 대한 그들의 태도와 믿음에 있다.

③ 아동의 독해력, 수학적 지식의 이해 수준 등, 아동의 수준과 문제에 내포된 논리성 등 문제의 난이도를 고려하여, 가급적 여러 수준의 아동에게 주어질 수 있는 '좋은' 문제를 선정·제시하여야 한다. 좋은 문제는 해결 과정에서, 수학적 개념이나 지식·기능을 복합적으로 이용할 수 있어서 그 정착과 심화에 기여할 수 있고, 수학화나 통합·발전에 유효한 수학적 사고를 육성·발전시킬 수 있으며, 해결 과정이나 결과가 다양하게 나타나고, 해결 방법이나 결과를 바탕으로 일반화 및 지속적인 발전이 가능하며, 해결자의 능력에 맞고, 다양한 수준에서 접근이 가능하며, 해결자가 흥미와 관심을 가지고 그 해결에 자주적으로 도전할 만한 특성을 가진 문제이다.

④ 해결자로 하여금 문제가 자신의 문제라는 생각을 가질 수 있도록, 학생 스스로 문제를 만들고 선택하게 할 수 있다. 이 경우, 학생끼리 자신의 생각이나 해결을 위한 접근 방법의 타당성을 설명하게 하는 공동 학습을 권장하는 것이 좋다.

⑤ 문장이 길고 복잡한 문제는 학생끼리의 공동 학습보다 교사와 학생이 함께 해결하는 일제학습 형태가 좋다.

⑥ 다양한 해결 방법을 생각하게 하고, 많은 문제를 피상적으로 탐구하기보다 소수의 문제를 깊이 탐구하는 것이 훨씬 더 낫다.

⑦ 해결자에게 표현 방법을 선택하고 이용하게 하며, 스스로 결정하게 하고, 반성해 보게 하여야 한다. 그리고 해결 과정이나 결과에 대해 명확하게 설명하도록 도와주어야 한다.

⑧ 문제 해결자는 교사가 아닌 학생이다. 교사는 학생이 문제를 스스로 해결할 수 있게 도와주는 안내자일 뿐이다. '선생님은 어떻게 그런 생각을 해 내었을까?', '선생님은 귀신이다'와 같은 생각이 들지 않도록 학생과 함께 문제 해결에 임해야 한다.

⑨ 동기 유발을 위해 문제를 만들어 내거나 추측하거나 해결 방법을 찾아낸 학생의 이름을 붙일 수 있다.

⑩ 학생의 문제 해결 능력을 신장시키기 위해서는 교사 자신이 문제 해결의 체험을 축적하는 일이 선행되어야 한다. 그러므로 교사는 스스로 문제를 선정하여 문제 해결에 몰두하는 경험을 많이 쌓아야 한다.

5. 문제 만들기

주어진 문제를 해결하는 데서 더 나아가, 능동적으로 문제를 만드는 것도 문제 해결의 중요한 요소로 고려되고 있다.[5] 문제 만들기는 두 가지 방식으로 문제 해결 활동과 깊은 관련을 맺고 있다. 하나는 문제를 해결하는 과정에서 새로운 문제를 만듦으로써 원래의 문제를 재해석하게 되고 그 문제를 해결할 수 있는 단서를 발견하게 된다는 데 있다. 다른 하나는 원래의 문제와는 다른 새로운 문제를 만들고 그것을 분석해보지 않으면, 문제를 해결해 놓고서도 그 문제의 의미를 충분히 이해하지 못할 때가 있다는 것이다.

문제 만들기는 학생에게 문제를 보다 더 잘 이해하게 하며, 능력에 맞게 능동적으로 수학 학습에 참여하게 하고, 흥미와 도전의식을 갖게 하며, 수학적 발견의 기회를 제공해 줄 수 있으며, 학생들 간에 경쟁심보다 공동 학습을 촉진시키는 역할을 할 수 있는 장점이 있다. 또한 창의성을 신장시키는 데도 기여하며 수학을 생활에 적용하는 기회도 제공할 수 있다.

문제를 만드는 방법은 여러 가지가 있는데, 그 중에서 브라운과 월터(Brown and Walter)가 제안한 속성 바꾸기(What If Not?) 전략은 체계적으로 문제를 만드는 방법으로, 그 단계는 다음과 같다(Brown & Walter, 1990).

① 속성을 열거하기
② 속성을 부정하기
③ 변경된 속성에 관련된 의문을 제기하기
④ 의문점을 분석하기[6]

---

5) problem posing은 '문제 만들기' 또는 '문제 제기'로 번역된다.

6) 피보나치 수열 1, 1, 2, 3, 5, 8, 13, 21, 34, 55, …을 가지고, 속성바꾸기 전략을 사용해보자. 이 전략의 첫 단계는 그 속성을 하나하나 나열하는 것이다. 그렇게 해서 몇 개의 속성을 다음과 같이 나열할 수 있다.
① 이 수열은 같은 첫 수부터 시작한다.
② 처음 두 수는 1이다.
③ 만일 연속하는 임의의 두 항에 무언가를 한다면, 다음 항의 수를 얻는다.
④ 우리가 하는 무언가는 더하는 것이다.
두 번째 단계로서, 어느 한 속성을 부정한다. 예를 들어 만일 위의 ②를 부정하면, '처음 두 수가 1이 아니라면, 어떻게 될 것인가'를 묻는다. 분명히 출발하는 수 1에 대한 여러 가지 대안을 선택할 수 있다. 만일 3과 7을 선택했다고 가정하자. 이 때 원래의 수열의 중요한 정의를 유지한다면, 3, 7, 10, 17, 27, 44, 71, …과 같은 수열을 얻는다.
다음 단계에서 변형된 현상에 대해 몇 가지 새로운 의문을 던진다. 새로운 수열이 무엇처럼 보이는지를 묻는 것부터 시작한다. 다음과 같이 물을 수 있다.
'그 수열의 제n항을 만드는 명시적인 공식은 무엇인가?'
'이 수열의 성질과 원래 수열의 성질과는 어떻게 비교되는가?'
최종적으로 이 질문을 분석해 봄으로써 아주 매력적인 보배를 찾게 된다. 원래의 피보나치 수열에 익

6. 개방형 문제

최근에는 개방형(open-ended) 문제를 활용한 개방형 교수법이 제안되고 있다. 개방형 문제란 해답이 정해져 있지 않고 문제 해결자의 관점에 따라 여러 가지 해답이 나올 수 있는 문제를 말한다(정동권 외, 2010). 예를 들어, 세 차례의 수학 시험에서 혜송이는 90, 85, 80점을 받았고 지훈이는 100, 90, 50점을 받았다면 누가 더 수학 능력이 있는가? 라고 할 때 '수학 능력'을 어떻게 보는가 하는 관점에 따라 다르게 답을 제시할 수 있게 된다.

개방형 문제를 사용할 때 다음과 같은 문제점이 지적될 수 있다(Becker & Shimada, 1997, p. 24).

첫째, 의미 있는 수학 문제 상황을 만들거나 준비하기가 어렵다.
둘째, 교사가 문제를 성공적으로 제시하기가 어렵다. 학생들은 가끔 어떻게 반응해야 하는지 이해하기가 어렵거나 수학적으로 유의미하지 않은 답을 제시한다.
셋째, 능력 있는 학생들도 자신의 답에 대해 불안해 할 수 있다.
넷째, 학생들은 분명하게 정리하는 것이 어렵기 때문에 자신들의 학습이 만족스럽지 않다고 느낄 수 있다.

그러나 다음과 같은 장점도 있다(Becker & Shimada, 1997, pp. 23–24).

첫째, 학생들이 수업에 더욱 더 적극적으로 참여하고 자신의 생각을 더 자주 표현한다.
둘째, 학생들은 자신의 수학적 지식과 기능을 광범위하게 사용할 기회를 더 많이 가진다.
셋째, 부진아일지라도 자신에게 의미 있는 방식으로 문제에 반응할 수 있다.
넷째, 학생들은 증명하게끔 잠재적으로 동기가 부여된다.
다섯째, 학생들은 발견하는 기쁨을 누리게 되고 친구들의 인정을 받게 된다.

개방형 문제는 여러 형태가 있을 수 있으나 크게 ① 관계 찾기 ② 분류하기 ③ 수량화하기 ④ 역 문제 ⑤ 조건 불비의 문제 ⑥ 구성 활동적 문제 등과 같은 유형으로 분류할 수 있다(정동권 외, 2010).

숙한 사람은, 위의 두 번째 질문을 분석함으로써 이웃하는 두 항의 비를 주목하게 될 것이다. 그 항의 비는 각각 0.429, 0.700, 0.588, 0.630, 0.614, 0.620, …이다. 그 항의 비는 '황금비'(약 0.618)에 매우 가까워지고 있다. 그것은 원래의 피보나치 수열에서도 나타나는 것이다. 왜 그런 일이 일어나고 있는가? 위의 질문을 분석함으로써 원래의 현상에 대한 분석으로 되돌아가게 되었다.

① 관계 찾기

관계 찾기는 주어진 수학적 상황에서 관계나 법칙을 찾아보게 하는 문제이다. 예를 들어, 다음과 같은 수 배열표를 주고 규칙을 찾아보게 할 수 있다. 이런 문제는 귀납적 사고력이나 창의력을 기르는 데 도움을 준다.

0	1	2	3	4	5	6	7	8	9
10	11	12	13	14	15	16	17	18	19
20	21	22	23	24	25	26	27	28	29
30	31	32	33	34	35	36	37	38	39
40	41	42	43	44	45	46	47	48	49
50	51	52	53	54	55	56	57	58	59
60	61	62	63	64	65	66	67	68	69
70	71	72	73	74	75	76	77	78	79
80	81	82	83	84	85	86	87	88	89
90	91	92	93	94	95	96	97	98	99

② 분류하기

이 유형은 여러 가지 자료를 제시하고 학생 자신의 기준에 따라 분류하도록 하는 문제로, 이러한 활동을 통해 여러 가지 개념을 형성하는 데 도움을 준다.

③ 수량화하기

이 유형은 질적인 상황을 수나 양으로 나타내게 하는 것으로, 예를 들어 순위를 정하는 방법을 생각해 보거나 교실에서 시끄러운 정도를 수량화하는 방법을 탐구해 보도록 하는 문제가 있다.

④ 역 문제

역 문제는 문제 만들기의 한 가지 방법이기도 하다. 어떤 문제가 있을 때 그 문제의 구해야 할 것을 주어진 것으로 하여 제시된 문제로, 예를 들어 가로가 3cm, 세로가 4cm인 직사각형의 넓이를 구하는 문제가 있을 때, “넓이가 12cm^{2}인 직사각형을 만들어라.”와 같은 문제가 이러한 유형의 문제가 된다.

⑤ 조건 불비의 문제

전통적인 교과서의 문제들은 지나치게 단순화되고 구조화되어 있다. 그러나 현실 상황에서는 필요한 조건을 알지 못하는 경우가 많은데, 이러한 문제가 조건 불비의 문제이다. 예를 들어 "1000원을 가지고 과일을 사야 하는데 어떤 과일을 살까?"와 같은 문제가 이런 유형이다. 이런 문제는 부족한 조건을 스스로 찾아 보완해야 하기 때문에 다양한 해답이 나올 수 있다.

⑥ 구성 활동적 문제

학생들에게 자유롭게 구성해 보도록 하는 활동은 다양한 결과를 얻을 수 있다. 입체도형을 주고 자유롭게 잘라보게 하거나 여러 가지 평면도형을 주고 새로운 평면도형이나 입체도형을 구성해 보게 할 수도 있고, 1에서 9까지의 수를 주고 사칙연산을 이용하여 계산식을 만들어 보게 할 수도 있다. 이런 활동은 학생들의 흥미를 유발하고 창의력을 기르는 데 도움을 줄 수 있으나, 수업 목표와의 관련성을 명확하게 고려하지 못할 때는 긍정적인 효과를 얻지 못할 수도 있다.

7. 문제 해결 평가

문제를 해결할 때, 문제 해결자는 문제를 이해하고 해결 계획을 세우며 계획을 실행하고 반성하는 과정에서, ① 문제를 인지하고 형성하기, ② 전략, 자료, 모형 사용하기, ③ 해결 절차를 만들고 확장하고 수정하기, ④ 추론하기, ⑤ 풀이의 타당성과 옳음을 판단하기, ⑥ 풀이를 일반화하기 등의 행동 특성을 나타낸다(강옥기, 박교식, 강문봉, 1991, pp. 81–82).

문제 해결력 평가에서는 답이 맞거나 틀렸다는 식으로 판단할 것이 아니라 그 과정을 평가해야 한다. 과정을 평가하기 위해서는 문제를 해결하는 동안 해결 과정을 소리 내어 드러내게 하고 그것을 관찰·분석하거나 문제를 해결한 즉시 면담을 하는 것이 효과적이지만 그러기에는 많은 시간과 복잡한 면담 기법이 요구된다. 결국 그 대안으로 지필 검사를 많이 활용하게 되는데, 지필 검사로 문제 해결 능력을 평가하기 위해서는 과정을 기록하는 주관식 문항을 활용하는 것이 바람직하며, 문제 해결 과정을 평가하는 방법으로 다음과 같은 말론(Malone)의 평가법이나 푸트(Putt)의 평가법이 사용될 수 있을 것이다.

말론의 5단계 평가 방법

점 수	측정의 관점
0	〈시작도 하지 않은 경우〉 문제를 전혀 이해하지 못하여 해결의 실마리를 잡지 못하고 무의미한 기록만 제시되어 있다.
1	〈접근〉 의미 있게 문제에 접근하여 어느 정도 문제를 이해하고 있음을 나타내고 있으나 일찍 곤란에 부딪혔다.
2	〈본질〉 합리적인 답에 도달하였다는 충분한 세부적 증거가 있으나 중요한 실수나 잘못된 해석으로 답을 구하지 못하였다.
3	〈결과〉 문제가 거의 해결되었으나 약간의 실수로 타당하지 않은 답을 얻었다.
4	〈반성〉 적절한 방법으로 문제를 바르게 해결하였다.

푸트의 3단계 평가 방법

	점수	측정의 관점
문제의 이해	0	문제를 완전하게 오해한다.
	1	문제의 일부분을 오해한다.
	2	완전하게 이해한다.
전략의 선택과 실행	0	전혀 시도하지 않았거나 전혀 부적당한 전략
	1	올바르게 해석한 문제의 일부분에 대한 부분적인 올바른 전략
	2	실수가 없다면 정답을 이끌어낼 수 있는 전략
답하기	0	답을 하지 않았거나 부적당한 해결 전략에 의한 틀린 답
	1	이기 잘못, 계산 잘못, 많은 답을 가지는 문제에 대한 부분적인 답, 틀리게 호칭된 답
	2	정답

그러나 지필 검사로는 진정한 문제 해결 능력을 평가하기보다 암기력을 평가하기가 쉽다. 더욱이, 문제와 그 해결 과정을 일반화하고 우아한 해결을 찾는 데 대한 평가가 이루어지기는 힘들다. 따라서 지필검사에만 의존할 것이 아니라 관찰과 면담, 학생의 자기 평가 등 다양한 평가 방법을 사용하고, 여러 측면에서 종합적으로 평가하는 것이 바람직할 것이다. 특히, 독창적 아이디어에 대해서는 가산점을 주거나, 평가 결과를 점수화하지 않고 문장을 사용하여 나타낼 수도 있을 것이다.[7)]

7) 문제 해결에 관한 평가에 대해서는 강완, 김진호, 신혜진 공역(1997)을 참고.

생각해 볼 문제

1. 폴리아가 문제 해결 과정에서 제시한 '발문과 권고'를 초등학교 학생들이 이해할 수 있는 언어로 바꾸어 보시오.

2. 현행 초등학교 교과서에서 제시하고 있는 문제 해결 전략 외에 초등학교에서 사용 가능한 전략을 제시하고 그 전략을 이용하여 해결할 수 있는 문항을 개발하시오.

3. 다음 문제를 적절한 문제 해결 전략을 사용하여 해결하시오.

> 어떤 회사원은 퇴근해서 집 근처 지하철역에 정확히 오후 6시에 내린다. 그리고 그의 아내는 차를 몰고 저녁 6시에 지하철역에 도착해서 남편을 태우고 집으로 돌아온다. 어느 날 남편은 일찍 퇴근해서 지하철역에 5시에 내리게 되었다. 남편은 아내와 만날 때까지 집으로 걸어가기로 하고, 아내가 다니던 길을 따라 걷기 시작했다. 얼마쯤 걷다 아내와 만나서 차를 타고 집으로 돌아왔더니 보통 때보다 10분 일찍 도착하게 되었다. 남편은 아내와 만나기까지 몇 분 동안 걸었을까?

4. 브라운과 월터가 제안한 속성 바꾸기(What If Not?) 전략(Brown & Walter, 1990)을 사용하여 다음 문제에 적용하여 새로운 문제를 만들고 해결하시오.

> 주사위는 마주보는 두 면의 합이 항상 7이 되도록 각 면에 수가 정해져 있다. 그래서 1과 6, 2와 5, 3과 4가 마주보고 있다. 주사위 27개를 정육면체 모양으로 쌓아서 보이는 5개의 면(윗면, 앞면과 뒷면, 왼쪽과 오른쪽의 옆면)의 눈의 합이 최대가 되려면 어떻게 쌓아야 할까?

■ 참고문헌 ■

강문봉 (1996), 수학과 문제해결 수업 모형에 대한 검토, 인천교육대학교 과학교육 연구 논총, 제9집 pp. 189–205.

강완, 김진호, 신혜진 공역 (1997), 문제해결과정의 평가기법, 서울: 동명사.

강옥기 외 (1985), 수학과 문제해결력 신장을 위한 수업 방법 개선 연구, 한국교육개발원.

강옥기, 박교식, 강문봉 (1991), 교육의 본질 추구를 위한 수학교육평가체제 연구(II) –수학과 평가 모형 및 예시 도구 개발–, 한국교육개발원.

강옥기, 박영아, 강문봉 (1989), 수학과 문제해결력 신장을 위한 교수·학습 자료 개발 연구–국민학교를 중심으로–, 한국교육개발원.

강옥기, 정은실, 박교식, 강문봉 (1989), 수학적 사고력 신장 프로그램 개발을 위한 방안 탐색 –국민학교 산수과를 중심으로–, 한국교육개발원.

신성균, 강문봉, 황혜정 (1993), 수학과 문제해결력 신장을 위한 교수·학습 자료 개발 연구 –중학교를 중심으로–, 한국교육개발원.

우정호 역 (1986), 어떻게 문제를 풀 것인가, 서울: 천재교육.

이용률, 성현경 (1991), 수학교육론, 서울: 교학연구사.

이홍우 역 (1992), 존 듀이 민주주의와 교육, (J. Dewey, *Democracy and Education*), 서울: 교육과학사.

이용률, 성현경, 정동권, 박영배 역 (1995), 문제해결 과정과 발문분석, 서울: 경문사.

정동권, 김수미, 김지원 (2010), 수학 문제해결 지도의 이해, 학지사.

정은실 (1995), Polya의 수학적 발견술 연구. 서울대학교 박사학위 논문.

Becker, J. P., Shimada S. (1997), *The Open-Ended Approach: A New Proposal for Teaching Mathematics*, NCTM.

Brown, S. I., Walter, M. I. (1990), *The art of problem posing*, Lawrence Erlbaum Associates, Publishers.

Krulik, S. & Rudnick, J. A. (1984), *A sourcebook for teaching problem solving*, Allyn and Bacon, Inc..

Krulik, S. & Rudnick, J. A. (1987), *Problem solving: A handbook for teachers*, Allyn and Bacon, Inc..

Mason, J., Burton, L. and Stacey, K. (1982), *Thinking mathematically*, Addison-Wesley Publishing Company, Inc.

National Council of Teachers of Mathematics (1980), *An agenda for action: recommandations for school mathematics of the 1980s*, NCTM.

National Council of Teachers of Mathematics (1989), *Curriculum and evaluation standards for school mathematics*, Reston, VA: Author.

National Council of Teachers of Mathematics (2000), *Principles and standards for school mathematics*, Reston, VA: Author.

Polya, G. (1962), *Mathematical discovery*, v. I, New York: John Wiley & Sons, Inc.

Posamentier, Alfred S. and Krulik, S. (1998), *Problem-solving strategies for Efficient and elegant solutions*, Corwin Press, Inc..

Schoenfeld, A. H. (1985), *Mathematical problem solving*, Academic Press, Inc..

Van de Walle, John A. (2004), *Elementary and middle school mathematics*, Pearson Education, Inc..

07

수학적 사고·태도

해방 직후의 교수요목을 포함한 우리나라 수학과 교육과정에서는 수학 학습을 통한 수학적 사고[1])의 신장을 중요한 목표로 제시해 왔다. 2015 개정 교육과정에 따른 수학과 교육과정에서도 수학의 개념, 원리, 법칙을 이해하고 기능을 습득하며 수학적으로 추론하고 의사소통하는 능력을 길러, 생활 주변과 사회 및 자연 현상을 수학적으로 이해하고 문제를 합리적이고 창의적으로 해결하며, 수학 학습자로서 바람직한 태도를 기르는 것을 목표로 하고 있다. 무엇보다도 수학의 교육적 가치에 비추어 볼 때 수학적 사고·태도의 함양은 수학교육의 영구적 목표라는 것이 분명하다.

종래의 수학교육에서도 수학적 사고의 신장이 무엇보다 중요하다는 점에 대해서는 폭넓게 공감해 온 것으로 볼 수 있지만, 그때마다 만족할 만큼 이를 성취하지 못했던 것이 사실이다. 이는 수학적 사고의 본질에 대한 모양새의 파악과 그 구체적 지도 방법이나 평가 방법에 대한 이해의 부족에서 기인한다고도 볼 수 있다.

이 장에서는 카타기리(片桐重男)의 이론을 바탕으로 수학적 사고·태도의 육성이 수학 수업의 중요한 목표라는 것을 강조하고, 수학의 방법 및 내용에 관련된 수학적 사고에 대하여 구체적인 예와 그 지도 원리로서의 발문을 함께 제시하며, 수학적 태도에 관해서도 그 내용 위주로 개괄적이나마 알아보고자 한다. 그리고 끝으로 수학적 사고·태도의 지도 방법을 제시하기로 한다.

---

1) 수학적으로 사고한다는 것은 ① 여러 가지 계산법 나아가 문제 해결에 이르는 명확한 절차 곧, 알고리즘을 능숙하게 구사하고 이를 개발하는 것, ② 수학적인 '안목'을 갖고 충실한 개념적 사고를 하면서 수학적인 용어와 기호를 구사하는 것, ③ 수학적인 명제를 증명하고, 수학적인 개념과 원리, 법칙을 귀납과 유추를 통해 추측하고 발견하는 것, 그리고 ④ 수학의 여러 가지 개념, 원리, 법칙 사이의 관련성을 파악하고 또한 수학적인 내용과 수학 외적인 상황과의 관련성을 파악하여 문제를 수학적으로 해결하는 것과 같이 4가지로 요약할 수 있다(우정호, 1998, pp. 19-20).

1. 수학적 사고·태도에 관한 기본 입장

어느 교과를 막론하고 그 교과의 지도에서는 지도할 목표를 설정해야 하며, 수학적 사고나 태도를 지도할 때도 지도할 목표가 명확하게 설정되어야 한다. 수학적 사고나 태도를 내포적(內包的)인 방법으로 정의하고 그 정의된 문장을 기억한다고 해서 이를 바르게 이해한다고는 할 수 없으며, 그것을 그대로 학생에게 가르친다 해도 수학적 사고·태도의 육성·정착을 기대할 수는 없을 것이다. 더욱이, 교사가 수학적 사고·태도를 막연히 파악하고 있기만 해서는 실제로 어떤 장면에서 어떻게 지도해야 하는가를 알 수 없게 된다. 그러므로 수학적 사고를 지도 대상으로 이해하거나 지도 목표로 설정할 때, '귀납적 사고'라든가 '기호화의 사고'와 같이 구체적인 내용을 열거하는 외연적(外延的) 정의의 방법으로 이해하고 설정하는 것이 바람직할 것이다.

한편, 수학의 지도를 통해 육성을 기대하는 수학적 사고를 구체화하려면, 수학이 초등학교에서 다루는 교과 중 하나이므로 다른 교과의 지도에서 기대하는 사고 방법과의 관계도 고려해야 한다. 이런 점에서 볼 때 수학적 사고로는 우선 다음과 같은 세 가지를 들 수 있다.

① 수학의 지도를 통해서만 그 육성·정착을 기대할 수 있는 수학 특유의 사고 방법
② 수학의 지도를 통하여 그 육성·정착을 기대하는 것이 바람직할 것으로 보이는 사고 방법
③ 수학의 지도를 통해서도 그 육성·정착을 기대할 수 있는 사고 방법

그런데 이 중에서, ①의 경우는 타 교과에도 정통해야 하므로 어려움이 많으며, ③의 경우는 그 범위가 넓어 막연할 뿐 아니라 목표가 지나치게 많아지며 실제 지도도 불가능해진다. 따라서 수학이라는 측면에서 볼 때 지도할 가치가 있고, 지도의 기회도 충분한 ②의 경우를 수학과의 지도목표로 삼아 육성·정착시키는 것이 합당할 것이다. 여기서는 이와 같은 사고 방법을 수학적 사고(mathematical thinking)로 규정하고자 한다(이용률 외 3, 1992a, pp. 113−115).

2. 수학적 사고·태도의 지도 의의

수학은 사고 방법을 학습하는 수단이라 할 수 있다. 수학에서는 자료나 정보를 조직하고 분석·종합하는 방법을 대단히 많이 사용한다. 수학의 학습 과정에서 이와 같은 방법의 사용 경험을 통해 다양한 수학적 사고 방법을 체득할 수 있으며, 이는 일상생활 속에서 당면하게 되는 여러 가지 문제의 해결 능력을 발달시켜 준다. 그러나 지금까지의 교육과정에서 수학교육의 일반 목표로 수학적 사고·태도의 육성이 항상 강조되었음에도 불구하고, 교사들이 직접 참고로 하는 지도서에는 지식·기능에 관련된 목표만 제시되어 왔을 뿐, 실제로 수학적 사고·태도의 육성을 위한 구체적인 목표나 지도 방안은 거의 언급된 적이 없었다. 이러한 점이 곧 교사들로 하여금 학생에게 수학적 지식·기능만을 충실히 가르치면 수학적 사고는 저절로 길러지고 수학의 지도가 완성되는 것으로 믿도록 했던 이유이기도 하다.

대부분의 교사들은 수학적 사고·태도 육성의 중요성을 인정하면서도, 수학적 사고의 구체적인 의미나 그 지도에 대한 연구의 뒤받침이 미흡했기 때문에, 수학 학습 지도의 어떤 단계에서 학생에게 어떤 수학적 사고를 경험시켜 이를 가르쳐야 할 것인지에 대해 잘 이해하지 못했으며, 이에 따라 지금까지 수학적 사고·태도의 지도가 소홀할 수밖에 없었던 것이다.

2015 개정 수학과 교육과정에서는 문제 해결, 추론, 창의·융합, 의사소통, 정보 처리, 태도 및 실천이라는 6가지 수학 교과 역량을 함양하여 학생들이 복잡하고 전문화되어 가는 미래 사회에서 사회 구성원의 역할을 성공적으로 수행할 수 있고, 개인의 잠재력과 재능을 발견할 수 있으며, 수학의 필요성과 유용성을 이해하고 수학 학습의 즐거움을 느끼며, 수학에 대한 흥미와 자신감을 기를 수 있다고 말한다. 이러한 교육과정 기조에서는 일정한 범주의 명제적 지식과 더불어 어떤 지식이나 정보에 대해 그 가치를 판단하여 이를 수용하고 지혜롭게 활용할 줄 아는 방법적 측면이 중시될 수밖에 없을 것이다. 따라서 이제부터의 수학교육, 즉 고도의 지식 기반 사회에 대비하기 위한 수학교육은 창의적 사고력과 자주적인 판단력의 함양, 수학적 사고·태도의 육성·정착, 그리고 문제 해결 능력의 신장 등을 그 핵심으로 해야 한다.

수학적 사고·태도가 왜 중요하며 그 지도는 왜 필요한가에 대해, 우선 다음과 같은 하나의 문제 해결의 예를 통해 고찰해 보기로 한다.

다음은 교실이 있는 본관 건물에서 식당으로 갈 때, 밟고 지나갈 수 있도록 12개의 육각형 보도블록을 깔아놓은 그림이다. 블록을 밟고 지나가는 방법의 수를 알아보아라.

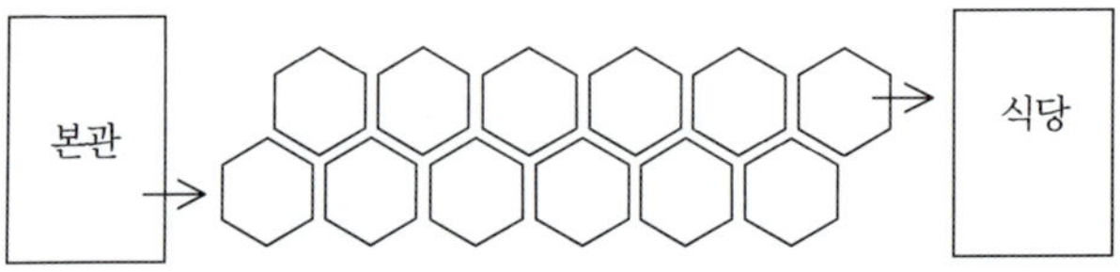

이 문제의 해결 과정에서 예상되는 반응 또는 실제 수업에서 나타난 학생들의 반응으로는 다음과 같은 것들이 있다.2)

① 모든 블록을 반드시 밟아야 하는지, 한 블록을 두 번 밟아도 괜찮은지, 블록을 건너뛰어도 되는지, 또는 비스듬히 뒤쪽으로 이동해도 되는지 등에 대한 의문을 갖는다.(목적이나 내용을 분명히 하려는 태도)

② 블록이 너무 많아서 생각하기가 매우 복잡할 것 같다.(단순화의 사고)

③ 블록 수를 2, 3, 4, 5개인 경우로 줄여서 규칙을 찾아보면 12개인 경우도 알 수 있을 것 같다.(귀납적 사고)

④ (6개인 경우로 단순화하여 몇 명이 직접 밟고 지나간 후 자신의 경로를 남에게 말하지만) 들을 때는 알겠는데 다른 사람과 중복되는지 알기 어렵다.

⑤ 블록에 기호(숫자)를 붙여 써보면 알 수 있을 것 같다.(기호화의 사고)

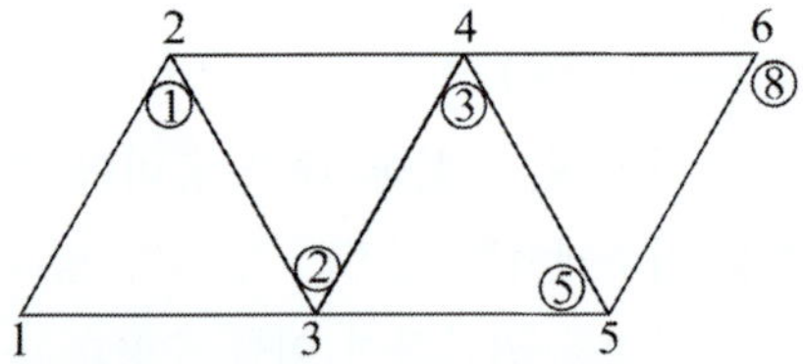

⑥ 블록의 개수에 따라 그림을 그려서 해결한다.(도형화의 사고)

2) 이는 2002년 1월 21일 제7회 한일수학교육연구 합동발표대회에서 일본 동경도 세다가야 구립소학교 5학년 1개 반 학생을 대상으로 이연숙·정동권(당시 안양 신기초등학교 교사·경인교육대학교 교수)이 실시한 수업 결과 나타난 반응과 그 밖의 예상 반응을 함께 정리한 것이다. 5학년 수준에서는 다소 어려운 문제이므로 6학년이나 중학교 1학년 정도에서는 다양한 반응이 예상된다. 이에 대한 교수·학습 과정안은 ≪제7회 한·일 초등수학교육연구발표회 자료집≫, pp. 25–34에 실려 있다.

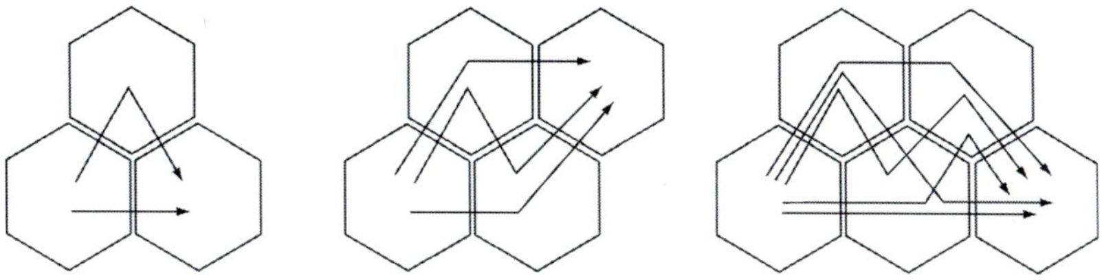

⑦ 다음과 같이 표로 정리할 수 있다.

블록의 수	2	3	4	5	6	…	11	12
방법의 수	1	2	3	5	8	…	89	144

⑧ 차례로 더해 가면 된다. 즉, 3은 1과 2의 합, 5는 2와 3의 합, 8은 3과 5의 합으로 되어 있어서, 계속하여 5+8=13, 8+13=21, …, 34+55=89, 55+89=144로 볼 수 있고, 12개일 때 모두 144가지이다.(수 감각의 이용)

⑨ 예를 들어, 6번 블록에 도착하기 위해서는 4번과 5번 블록 중 하나를 반드시 거쳐야 한다. 그리고 6번에 가는 방법의 최대 수는 4번까지와 5번까지 가는 방법의 수의 합이기 때문에 차례로 더해 가야 한다.(연역적 사고)

⑩ 다른 경우도 마찬가지이다.(일반화의 사고)

⑪ 보도블록이 3줄이나 4줄로 깔려 있다면, 또 블록을 하나씩 건너뛸 수 있다면 방법의 수는 어떻게 될까?(발전적 사고)

⑫ 번호를 매겨 규칙을 찾지 않고서는 그 해결이 매우 어려울 것 같다.(기호화와 규칙 발견에 따른 해결의 장점 인식)

⑬ 다른 방법으로도 해결해보고 싶다.(발전적 사고)

위와 같은 반응 중에는 대단히 바람직한 것도 많이 있지만, 학생들이 그와 같은 해결 반응을 자주적, 적극적으로 보일 수 있으리라고 기대되지는 않는다. 따라서 학생들이 문제 해결에 유효한 전략을 자신의 힘으로 구사할 수 있게 하기 위해서는, 그들 스스로 수학적으로 사고하는 경험을 축적해 갈 수 있도록 해야 할 필요가 있다.

이 문제의 해결에 필요할 것으로 보이는 지식·기능으로 다음과 같은 것을 들 수 있다.

- 이동 조건(후퇴할 수 없고 같은 줄에서 건너뛸 수 없음)을 이해하고 이에 따라 이동할 수 있는 능력
- 어느 정도 수량을 파악할 수 있는 능력

- 차례대로 기호(숫자)를 매길 수 있는 능력
- 문제의 그림에 이동 경로를 적절한 표식(화살표 등)으로 나타낼 수 있는 능력
- 보도블록의 경유 여부를 표로 나타낼 수 있는 능력
- (식을 조작하여) 덧셈을 할 수 있는 능력

이상과 같은 지식·기능은 이 수준의 학생들이 갖추기에 그다지 어려운 것들은 아니다. 다만, 이들 지식·기능을 학생들이 갖추었다 하더라도 이와 같은 지식·기능만으로 앞에서와 같은 바람직하고 세련된 해결 반응을 보이기란 쉽지 않을 것이다. 따라서 이러한 지식·기능이 제구실을 할 수 있도록 떠받쳐주는 다음과 같은 어떤 '힘(수학적 사고·태도)'을 갖추었을 때, 비로소 보다 효율적이고 세련된 해결이 가능할 것이다.

- 자신의 문제나 목적을 명확히 하려는 태도
- 보다 나은 방법이나 결과를 탐구하려는 태도
- 구성요소 상호간의 관계, 기본성질이나 수 감각을 이용하려는 태도
- 자신의 생각을 간결하고 명확하게 정리하여 나타내고, 다른 사람의 해결 과정이나 결과에 대한 이야기를 경청하고 비판하려는 태도
- 보다 간단한 경우에서 해결의 실마리를 찾으려는 생각 – 단순화의 사고
- 체계적으로 사고하고 표현과 의사소통을 원활히 하기 위해 적절한 기호를 사용하려는 생각 – 기호화의 사고
- 왜 그렇게 되는가를 알아보려는 생각 – 연역적 사고
- 문제의 조건이나 관점을 바꾸어서 발전시켜보려는 생각 – 발전적 사고
- 단순한 몇 가지 경우에 대한 사상(事象)을 12개의 블록이 있는 경우 또는 그를 초과하는 경우로까지 확장하려는 생각 – 귀납적 사고, 일반화의 사고
- 적당한 관점에 따라 분류하여 세어보려는 생각 – 단위의 사고
- 식으로 나타내려는 생각 – 식에 대한 사고
- 해결 결과를 미리 예상해보려는 생각 – 개괄적 파악의 사고

그러나 위에서 살펴본 것과 같은 하나의 예만으로 어떤 '힘' – 수학적 사고·태도 – 이 길러지기는 어려울 것이다. 실제로, 수학적 사고·태도는 학생들이 지식·기능 활용의 필요성과 장점을 인식하게 하고 스스로 학습하는 방법을 체득하게 하는 자주적인 학습을 통하여 기를 수 있을 것이다.

3. 수학의 방법에 관련된 수학적 사고

수학의 교수·학습 과정에서 필연적으로, 또는 문제를 해결하기 위한 수단으로 제기되는, 수학의 방법에 관련된 수학적 사고의 각각에 대하여 그 의미와 유효한 경우, 그와 같은 사고를 추진시키는 방법 및 그 지도 원리로서의 발문이나 권고, 그리고 각각에 대한 구체적인 예 등을 통해 알아보기로 한다.3)

1) 귀납적 사고

어떤 문제를 해결하고자 하나 그 해결 방법을 몰라서 해결이 불가능할 때, 우선 일반적인 규칙이나 성질을 알아내어 이것을 근거로 당면 문제를 해결하려는 사고 방법, 또는 어떤 문제가 해결되었을 때 그것으로 멈추지 않고 그 해결 결과를 이용하여 일반적인 규칙이나 성질을 알아내려고 하는 경우 이용되는 사고 방법이다. 이와 같은 귀납적 사고를 바탕으로 하는 추론의 유형으로는 가능한 모든 사례를 고찰한 후에 어떤 주장을 하게 되는 완전 귀납과 일부분만의 고찰 결과로부터 그것을 품는 보다 넓은 영역에까지 미루어 주장하는 불완전 귀납의 두 가지가 있다.

대체로, 귀납적 추론은 우선 몇 개의 자료를 수집하고, 자료들 사이에서 볼 수 있는 규칙이나 성질을 찾아내어 그 규칙이나 성질이 그 자료를 포함하는 집합에서 성립하리라 추측하고, 그 추측이 일반성이 있음을 보다 확실히 하기 위해 새로운 자료들로 확인하는 절차를 거치게 된다.

예제 7.1

1, 2, 3, 3, 4, 5, 4, 5, 6, 7, … 과 같은 수의 배열에서 80번째 수는 어떤 수이겠는가?

우선 수의 배열을 잘 관찰해봄으로써 1, 2, 3, 3, 4, 5, 4, 5, 6, 7, … 과 같은 수의 그룹들로 나눌 수 있으며, 각각의 수 그룹에는 그 그룹의 맨 처음 나타나는 수만큼의 자연수가 그 수부터 시작하여 차례대로 들어 있다는 규칙을 귀납할 수 있다. 이에 따라 이 문제를 자연수의 합에 관한 문제로 인식하게 되며 덧셈 식

3) 수학적인 생각·태도에 관한 상세한 내용은, 이용률 외 3인 공역 1992a, ≪수학적(數學的)인 생각의 구체화(具體化)≫ pp. 122-192 및 1992b, ≪문제 해결과정(問題解決過程)과 발문분석(發問分析)≫ pp. 48-91을 참조하기 바란다. 각각의 사고를 설명하기 위해 제시하는 하나씩의 예는 반드시 그와 같은 한 가지 사고 방법에 의해서만 해결되는 문제임을 의미하는 것은 아니다.

을 이용하여 쉽게 해결할 수 있다. 이 문제의 지도에서 이와 같은 해결과 처음부터 수를 일일이 나열하여 80번째 수를 알아내는 반응과 비교·평가하는 활동을 하게 함으로써, 규칙을 찾아 해결하는 좋은 점을 인식시킬 수 있다.

수학교실에서 귀납적 사고를 유발하여 이와 같은 사고 능력을 발달시키기 위해서는, "자료를 모아서 공통점을 알아보아라.", "어떤 규칙이 있을 것 같은가?", "어떤 추측이 가능한가?", "이와 비슷한 경우를 더 알아보면 어떻게 될까?" 등과 같은 발문을 하는 것이 유효하다.

특히, 불완전 귀납추리에 의한 결론은 개연성을 띤 가정이나 가설에 불과하므로 귀납적 추론의 지도에서는 성급하게 일반화하지 않도록 하고, 결론은 증명 또는 반증(反證)되어야 함을 인식하게 할 필요가 있다. 귀납적 추론이 거짓인 결론을 도출할 수도 있다는 점 때문에 수학 학습에서 이의 활용을 회피한다면 새로운 사실의 발견에 이르기 어렵다는 점도 유의해야 할 사항이다.

2) 유추적 사고

어떤 사상(事象) A에 대한 성질이나 법칙 또는 해결 방법을 알고자 해도 이것을 알 수 없을 때, A와 구조적으로 유사한 기지(旣知)의 사상 A'(이에 대하여는 성질이나 법칙 또는 해결 방법 P'를 알고 있다)를 생각해 내어, A에 대해서도 P'와 마찬가지의 것이 성립하지 않을까 하고 생각하는 사고 방법이다. 이의 구조를 다음 그림 7.1과 같이 나타낼 수 있다.

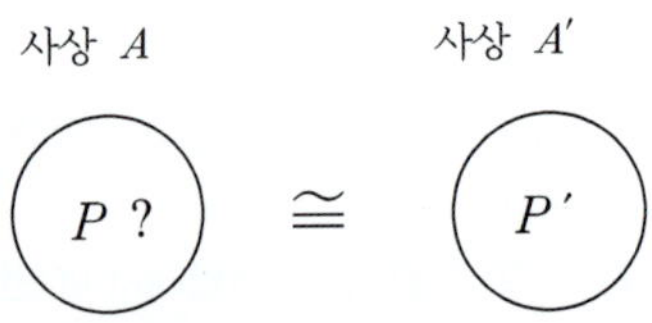

그림 7.1 유비추리의 구조

예제 7.2

오른쪽은 곱셈 '21×37'을 수행 과정이다. 이를 잘 관찰하고 마찬가지 방법으로 '29×42'를 계산해 보아라.

*	1	37
	2	74
*	4	148
	8	296
*	16	592
	21	777

이와 같은 문제[4]를 해결할 때, 위에 제시된 방법과 마찬가지로 1부터 시작하여 계속 2배를 해나간 수(2의 거듭제곱 수)들 중 몇 개의 합으로 피승수를 나타내고, 승수도 2배씩 해나가면서 대응하는 부분의 합으로 곱을 구한다면, 이는 유추적 사고를 바탕으로 해결한 것이라 할 수 있다. 이의 해결에서 겉으로 드러나는 모습만을 흉내 낸다거나, 예컨대 도중에 나타날 42의 8배를 오늘날의 필산으로 구한다면 이는 본질적 유사성에 바탕을 둔 유추라 할 수 없다.

유추적 사고는, "이미 알고 있는 방법과 마찬가지로 할 수 없겠는가?", "이미 알고 있는 사실과 같아지게 할 수는 없겠는가?", "예전에 알고 있던 문제와 이 문제의 공통점은 무엇인가?", "그 문제의 해결 결과를 이용할 수는 없겠는가?", "이와 닮은 문제를 알고 있는가?" 등과 같은 발문을 통해 유발할 수 있다.

구조적 유사성을 이용하는 유비(類比)추리의 경우에도 항상 바른 결론만을 도출할 수 있는 것은 아니다. 따라서 귀납추리에서와 마찬가지로 검증이 수반되어야 한다.

3) 연역적 사고

넓은 의미로는 전제로 주어진 몇 개의 명제로부터 논리적인 법칙을 써서 필연적인 결론을 이끌어내는 방법이며, 좁은 의미로는 일반적인 주장으로부터 특수한 주장으로 나아가는 추리이다.

연역적 사고의 지도에서는 "왜 그렇게 되는가? 그 이유는?", "어째서 옳은가? (틀리는가?)", "이미 알고 있는 사실을 바탕으로 설명해 보아라.", "성립하지 않는 경우는 없는가?", "그것이 성립하기 위해서는 무엇을 밝혀야 하는가?" 등의 발문이 유효하다.

초등학생 수준에서의 연역은 엄밀할 수가 없다. 그들이 이 사실을 발견할 때 이용했던 조작에 바탕을 두고 이유를 설명하는 경우가 대부분이다. 따라서 이 수준의 학생에게는 이와 같은 연역의 소지(素地)를 지도하는 것으로 충분하며 또한 바람직하다.

예제 7.3

삼각형의 내각의 합이 왜 180도라고 생각하는가?

---

4) 이는 오늘날과 같은 위치적 기수법을 알지 못했던 고대 이집트 사람들의 곱셈 방법이다. 그들은 갑절하기와 반분(半分)하기에 능숙했으므로 이와 같이 2의 멱(冪)을 이용한 곱셈이나 나눗셈을 하였다. 러시아 농부들도 이와 비슷한 곱셈을 하였다.

초등학생 수준에서는 엄밀한 공리를 바탕으로 추론할 수 없기 때문에, 세 각을 각도기로 재어서 더하거나 세 각을 오려서 직선 자에 맞춰 볼 수 있으며, 밑변 위의 한 점(꼭짓점에서 내린 수선의 발)에 세 각을 접어 모아서 확인할 수 있다. 이와 같은 반응은 학생들이 이 사실을 발견할 때 행했던 조작이나 실제적 경험을 근거로 이유를 설명한 것이며, 이는 초등학생 수준에서 연역적 사고에 의한 해결로 볼 수 있다.

4) 통합적 사고

여러 사상(事象)을 이산(離散) 상태로 두지 않고, 보다 넓은 관점에서 그들의 본질적인 공통성을 추상하여 그들을 모두 동일한 범주의 것으로 종합·정리해 나가려는 사고 방법이다.

예제 7.4

'$2\frac{4}{5}+3\frac{3}{5}$'이나 '$5\frac{2}{7}-3\frac{6}{7}$'과 같은 문제의 해결에서 자연수의 덧·뺄셈과 어떤 관련이 있는지 알아보아라.

이의 해결에서 전혀 새로운 덧·뺄셈 방법을 학습하기보다는 이미 학습한 '26 +17'이나 '43 −25'와 같은 자연수의 덧·뺄셈과 관련지어 학습한다면, 이는 사상을 통합적·구조적으로 보는 안목에 의해 해결한 셈이 된다.

통합적 사고의 지도에서는 "보다 세련되게 나타낼 수는 없는가?", "어떻게 하면 동일시할 수 있을까?", "알고 있는 것 중에 이것과 같아 보이거나 이것의 특수한 경우라고 여겨지는 것은 없는가?", "같아 보이는 점을 정리해서 나타낼 수 없는가?" 등과 같은 발문이 유효하다.

이와 같은 통합적 사고 능력이 불충분할 경우에는, 부분과 전체의 관계 파악이 어려우며 선후 학습간의 관련을 맺지 못하고 각각 별도의 것으로 수용하기 때문에 학습량이 필요 이상으로 많아질 수밖에 없으며, 따라서 학습의 구조화나 관계적 이해의 성과를 거둘 수 없게 된다.

5) 발전적 사고

대상을 고정적, 종국적인 것으로 보지 않고 끊임없이 새로운 것으로 창조해 나가 발전시키려는 생각, 즉 통합한 것을 보다 넓은 범위에 적용하려 한다거나, 어떤 결과를 구했더라도 보다 더 나은 방법을 추구하거나 보다 일반적이거나 새로운 것을 발견하려는 생각이다.

예제 7.5

오른쪽 그림과 같은 7×7점판(geoboard)에 크기가 각각 다른 정사각형을 되도록 많이 만들어라.

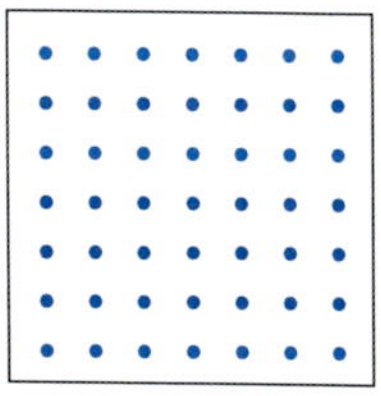

이의 해결에서 각자 수준에 맞는 여러 가지 정답을 얻을 수 있을 것이다.[5] 더욱이, 중복되지 않도록 모든 해를 찾기 위해 조직적으로 어떤 규칙에 따라 해결할 수도 있을 것이며, 심지어 무리수 길이를 한 변으로 하는 정사각형을 알아낼 수도 있을 것이다. 또, 각자의 해결 결과를 발표·논의하게 하면, 종래 전형적인 수학 문제에 대해 가졌던 안목을 긍정적인 방향으로 변화시킬 수 있을 것이다. 따라서 이와 같은 문제의 해결 경험은 보다 우아한 해법이나 세련된 해를 구하려는 태도의 함양에도 바람직하게 작용할 것이다.

이 발전적 사고에는 조건 변경에 의한 발전과 관점 변경에 의한 발전이 포함된다.[6] 발전적 사고를 지도하기 위해서는 "조건을 변경(강화 또는 약화)해서 생각해 보아라.", "다른 관점에서 볼 수 없는가?", "달리 해결하는 방법은 없는가?", "그런 식이 성립하는 구체적인 장면을 만들어 보아라." 등의 발문을 하는 것이 바람직 하다.

조건 불비(不備) 문제, 비정형 문제, 다답형(多答型) 문제 등의 해결 경험을 풍부하게 부여하여, 자주적·발산적 사고를 육성하고 문제 만들기 활동을 통해 문제 해결을 발전적으로 전개하도록 함으로써 창의적인 문제 해결 능력을 함양할 수 있다.

---

5) 이와 같은 문제를 다답형(多答型) 문제(open-ended problem)라 한다. 많은 정답이 존재하기 때문에 각자 해결한 후 그 결과를 발표·논의하게 함으로써, 해의 다양성을 느끼게 하고 더욱이 종래의 전형적인 문제에 대한 안목의 변화를 기대할 수 있다. 교과서에 수록된 전통적인 문제를 그대로 제시하기보다는, 학생들에게 보다 다양한 답을 낼 수 있도록 학습 과제로 부여함으로써 수업의 활성화는 물론, 수학에 대한 관점의 변화, 수준별 학습 지도, 학생의 창의력과 발전적인 사고의 육성을 도모할 수 있다.

6) 조건 변경에 의한 발전이란, 조건의 일부를 다른 것으로 변경(What-if-not technique) 또는 완화하거나 문제 장면을 바꾸어 봄으로써, 어떤 사상(事象)에 대해 그 이용 경우를 적극적으로 찾아보려는 생각이다. 그리고 관점 변경에 의한 발전이란, 한 가지 관점에만 얽매이지 않고 관점을 달리하여 여러 가지 성질을 더 찾아보려는 생각이며, 이는 중심 전환의 폭넓은 해석으로 볼 수 있다.

6) 단순화의 사고

주어진 몇 개의 조건을 모두 만족하는 해결 방안을 알 수 없을 때, 조건을 단순한 것으로 대체하거나 조건의 일부를 우선 무시하여 주어진 문제를 간단한 기본적 문제로 손질하고, 그 손질된 간단한 문제의 고찰을 통해 주어진 문제의 구조나 해결 방안을 알아내는 경우에 적용되는 사고 방법이다.

예제 7.6

1m^2의 벽을 칠하는데 $\frac{5}{7}$L의 페인트가 필요하다면 $\frac{3}{8}$L로 칠할 수 있는 벽의 넓이는 얼마인가?

이 문제를 해결하려고 하나, 우선 어떤 연산을 적용해야 할지 불분명하다. 이때 조건의 수치를 자연수의 경우로 단순화하여 '1m^2의 벽을 칠하는 데 2L의 페인트가 필요하다면 6L로 칠할 수 있는 넓이는?'과 같은 문제로 바꾼다면, 이는 나눗셈이 쓰이는 경우임을 쉽게 알아차리고 바른 식을 세워 해결할 수 있다.

이의 지도를 위해서는 "간단한 수(또는 경우)로 바꾸어 보아라.", "조건을 간단히(일부를 무시) 해서 생각해 보아라.", "알고 있는 간단한 경우를 떠올려 보아라." 등의 발문이나 권고가 필요하다.

7) 추상화의 사고

전체로서의 사물의 표상(表象)에 포함되는 여러 특징 가운데 한 가지 이상을 분리 독립시켜 사고의 대상으로 삼으려는 정신 작용을 추상이라 한다. 즉, 어떤 개념의 외연을 고정시키고서 내포를 명확히 하려고 할 때 작용하는 사고 방법이다. 여기에는 사상(捨象)하려는 생각, 이상화하려는 생각, 구체화하려는 생각 및 조건을 명확히 하려는 생각이 포함된다. 이와 같은 추상화와 일반화에 의하여 개념이 형성된다.

예제 7.7

칠판, 유리창, 공책, 책받침 등의 공통점은 무엇인가?

이들의 비본질적 속성인 크기, 재질, 색깔, 용도 등은 사상(捨象)하고 공통 속성인 '네모 모양'만을 사고 대상으로 삼는다. 그리고 이를 이상화하여 '직사각형'이라는 수학적 개념을 형성한다. 그 공통성(개념의 내포) 및 그것을 갖는 집합(외연)을 명확히 하기 위해 구체적 대상을 적용해 보는 구체화의 생각도 필요하다. 이렇게 함으로써, '직사각형'의 개념이 명확해진다.

추상화의 사고는 "어떤 점이 같은가? 공통적인 것은 무엇인가?", "어떤 경우(상태)의 것으로 봐야 하는가?", "말의 뜻이 무엇인지 분명하게 하여라.", "무엇(어떤 조건)이 중요한가?", "이런(구체적인) 것도 해당되는가?" 등과 같은 발문을 통해 지도할 수 있다.

8) 일반화의 사고

문제에서 볼 수 있는 일반성을 찾아낸다거나, 또는 해결된 문제를 바탕으로 이를 포함하는 집합 전체에서 성립하는 일반성을 구하려고 할 때 쓰이는 사고 방법이다. 이는 어떤 대상에 대한 고찰로부터 이 대상을 품는 집합 전체에 대한 고찰로의 이행이라 할 수 있다. 특히, 내포를 고정시키고 외연을 명확히 하려거나 확장하려는 생각이다. 개념 형성(추상화와 더불어)의 과정이나 주어진 문제 해결을 위해 그 장면에서 볼 수 있는 일반성을 알아낼 때, 어떤 문제의 해결을 바탕으로 그 문제를 포함하는 집합 전체에서 성립할 일반성을 알아볼 때, 그리고 주어진 문제 해결을 위해 일반화되어 있는 그 문제의 해결 결과를 이용하고자 할 때 주로 사용하는 사고 방법이다.

예제 7.8

볼록 다각형의 대각선의 수를 알아보아라.

이런 문제를 해결할 때, 구체적인 경우(특수화하여 예컨대, 5각형이나 6각형의 경우)에 대하여 조작 활동을 통해 탐색하고 패턴을 찾는다. 그리고는 대각선의 정의 및 성질에 바탕을 두고 수적(數的)인 요소에 주목하여 5각형이나 6각형 각각에 대해, 각 꼭짓점에서는 $(5-3)$개나 $(6-3)$개의 대각선을 그을 수 있어서, 각각 $5\times(5-3)$개나 $6\times(6-3)$개임을 알 수 있지만 이는 정확히 2회씩 그은 것이므로, 실제적인 대각선의 수는 $\frac{5\times(5-3)}{2}$, $\frac{6\times(6-3)}{2}$이다. 이런 경우들로부터 일반화하여 n 각형의 경우 $\frac{n(n-3)}{2}$과 같이 해결할 수 있다

일반화의 사고는 "다른 경우에도(항상) 적용되도록 할 수 없는가?", "범위를 보다 넓히면 어떻게 될까?", "수치를 차례차례 바꾸어 보아라." 등과 같은 발문이

지도 원리로 작용할 수 있다.

9) 특수화의 사고

어떤 사상의 집합에 관한 고찰로부터 그 집합에 포함되는 보다 작은 집합이나 하나의 사상에 관한 고찰로 이행하는 사고 방법으로, 이는 다음과 같은 경우에 유효하다.

- 문제의 일반성을 유지하면서 문제 가운데 변수 등을 특수한 수량으로 바꾸어 봄으로써, 문제를 이해하거나 풀이의 발견을 용이하게 하는 경우
- 극단적인 경우를 생각함으로써 풀이를 짐작하거나 그 짐작의 결과 또는 방법을 일반적인 풀이의 발견에 반영하는 경우
- 얻어진 해가 옳은지의 여부를 극단적인 경우나 특별한 수치로 따져 검토하는 경우
- 어떤 특별한 수치나 특별한 경우를 풀이에 대입해 보고 성립하지 않음을 증명하는 경우

예제 7.9

두 사람이 직사각형 모양의 탁자에 동전을 올려놓는 게임을 한다. 교대로 동전을 올려놓되 포개지지 않게 수평으로 놓아야 하며, 이때 마지막에 동전을 올려놓는 사람이 이기는 것으로 한다면 누가 이기겠는가?

이의 해결에서는 우선 극단적인 특수한 경우로 동전 하나만 놓으면 완전히 덮이는 작은 탁자를 생각하고, 직사각형은 점대칭 도형이라는 사실을 활용한다면 문제는 일거에 간단해진다. 이로부터 다른 도형의 경우로 확장하거나 일반화하는 발전적 사고의 경험도 가능하다.

특수화의 사고는 "구체적인 예로는 어떤 것이 있는가?", "특수한 경우를 생각해 보아라.", "조건을 고정시켜 보아라.", "극단적인 경우를 떠올려 보아라." 등과 같은 발문에 의해 지도할 수 있다.

10) 기호화의 사고

기호로 나타내려는 생각과 더불어, 기호화한 것을 바르게 해석하려는 생각, 또는 수학적 용어를 써서 간결·명확히 나타낸다거나 이것을 읽어내려는 생각이다. 이는, 대상을 간결·명확히 표현하려는 경우, 사고를 정리하고 엄밀하게 따져보려

는 경우, 사고를 일반화하려는 경우 및 사고를 형식적으로 추진하고자 하는 경우 등에 유효한 사고 방법이다.

예제 7.10

직육면체를 칠판에 그리고, 학생에게 "어느 변과 어느 변이 평행인가?" 라고 물어 보자.

이에 대하여 학생들은 손가락으로 가리키면서 저것과 그 오른쪽의 것, 맨 위의 것과 아래의 것 등과 같이 불명확한 표현이 대부분일 것이며, 그 순간만 지나고 나면 다른 사람에게 전달하는 것은 불가능일 것이다. 여기서, 보다 명확히 하고자 하는 생각에서 각 꼭짓점마다 적당한 기호를 부여한다면 표현은 명확해지고 의사소통도 원활해질 것이다.

기호화의 사고는 "용어의 뜻을 잘 음미해 보아라.", "식이 지니고 있는 의미는 무엇인가?", "적당한 기호를 붙여 보아라.", "(기호가 붙어 있지 않은 상태에서) 어떤 어려움이 있는가, 잘 알 수 있는가?" 등과 같은 발문을 통해 지도할 수 있다.

폴리아는 기호를 선택할 때 애매모호하지 않은 기호를 선택할 것, 함축성이 있으며 기억이 용이한 기호를 선택할 것, 부호의 순서와 관계가 대상의 순서와 관계를 암시할 수 있도록 선택할 것, 같은 범주에 속하는 대상의 표현에는 같은 종류의 알파벳 기호를 다른 범주에 대해서는 다른 종류의 알파벳 기호를 사용할 것, 대응관계가 명확히 드러나도록 부호를 부여할 것, 그리고 전통적 의미를 담고 있는 형식적인 기호는 그런 의미로만 사용할 것 등과 같은 유의점을 제시하고 있다 (우정호, 1986, pp. 154–161).

11) 수량화 · 도형화의 사고

질적인 사상을 양적 성질로 파악하고 목적이나 경우에 따라 적당한 양을 선택하려는 생각이 양화(量化)의 사고이며, 양의 크기를 수를 써서 나타내려는 생각이 수화(數化)의 사고이다. 양화의 사고와 수화의 사고를 합쳐 수량화의 사고라 한다. 수적인 대상이나 그 대상 사이의 관계를 도형이나 도형 사이의 관계로 대체하려는 사고, 그리고 장면이나 대상 또는 관계를 그림으로 나타내려는 사고를 합쳐 도형화의 사고라 한다. 이는 문제를 명확히 파악하고 해결방안을 알아내려는 경우, 또는 목표나 내용을 간결·명확하게 표현하려는 경우에 유효한 사고 방법이다.

예제 7.11

12의 모든 약수에 대하여 그들 사이의 관계를 시각적으로 나타내어라.

12의 약수 여섯 개에 대하여 각 수들 사이의 관계(약수와 배수의 관점)를 오른쪽 그림 7.2와 같이 선도(線圖)로 나타냄으로써, 이들 사이의 순서관계 또는 비교불가능관계가 명확해진다. 이와 마찬가지로, 어떤 집합의 멱집합의 모든 원소 사이의 포함관계도 벤-다이어그램 또는 선도로 간결하게 나타낼 수 있다.

수량화·도형화의 사고는 "수를 써서 나타낼 수 없는가?", "그림으로 나타낼 수는 없는가?", "그림이 뜻하는 의미는 무엇인가?" 등의 발문을 통해 지도할 수 있다.

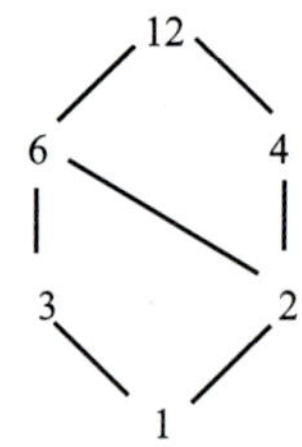

그림 7.2
약수와 배수의 관계

4. 수학의 내용에 관련된 수학적 사고

수학의 내용에 관련된 수학적 사고란, 수학에 있어서 각각의 내용의 바탕에 깔려있는 생각(idea)으로, 수학적 활동의 적당한 장면에서 유용하게 활용된다. 이는 수학의 지도 내용을 분석·고찰함으로써 추출이 가능하다. 수학적 내용들을 제대로 활용할 수 있도록 하기 위해서는 그 활용의 필요성과 활용했을 때의 좋은 점을 느끼게 해야 하며, 그러기 위해서는 그 바닥에 깔려 있는 생각을 추출하여 지도해야 한다.

여기서는 수학에 있어서 각각의 내용을 떠받치고 있는 기본 아이디어인 여덟 가지의 사고에 대하여 간단한 예와 함께 알아보기로 한다.

1) 단위의 사고

구성요소나 단위의 크기 또는 그들 사이의 관계에 주목하려는 사고가 단위의 사고이다. 여기에는 수의 대소, 상등, 순서 등의 고찰에서 일대일대응을 이용하려하거나 다른 집합으로 치환하려는 사고, 도형의 성질이나 상호관계를 명확히 하기 위해 도형의 구성요소에 주목하려는 사고, 어떤 사실을 고찰할 때 자료를 근거로 하려는 사고 등이 포함된다.

예제 7.12

세어야 할 장면이 복잡해짐에 따라 세는 방법의 궁리가 필요해진다. 이때, '적당한 크기로 묶어서 센다'는 방법도 있을 수 있다. 이는 10개 또는 100개의 크기를 단위로 본다거나, 이들 단위의 크기나 관계에 주목하는 단위의 사고를 바탕으로 하고 있다.

2) 표현의 사고

표현의 기본원리나 법칙에 따라 합당하게 나타내어 보려는 사고를 표현의 사고라 한다. 어떤 문제를 직접 처리하지 않고 수의 조작으로 처리하려 하거나, 수의 고찰을 점의 위치나 도형의 크기에 대한 고찰로 대체하려 하고 이의 역을 이용하려 하거나, 수량 또는 그 사이의 관계·법칙을 간결하게 일반적으로 표현한 것이 식임을 알고 이를 이용하려 하거나, 집단에 대한 관찰 자료를 적당히 분류하거나 적절한 그래프로 나타내어 사상에 대한 특징이나 관계를 개괄적으로 파악하려는 사고가 포함된다.

예제 7.13

표준 단위 및 그 표준 단위의 상호 관계를 알고, 그 의미에 바탕을 둔 측정을 하거나 이의 표현 방법에 대한 약속을 바탕으로 그 표현 방법을 탐구하는 경우를 들 수 있다.

3) 조작의 사고

사상(事象) 또는 조작의 의미를 명확히 하거나 그것을 확장하거나, 그것을 바탕으로 사고하는 것을 조작의 사고라 한다. 이 조작의 사고에는, 수의 범위를 확장함으로써 점의 위치나 선분의 길이 등을 수를 써서 표현 가능하도록 하거나 연산이 가능토록 하려는 사고, 도형의 위치를 옮겨도 그 모양이나 크기가 불변이라는 사실을 이용하려는, 즉 합동변환과 같은 기본적 이동을 이용하려는 사고, 측정에 있어서 표준단위로 측정하려는 사고 등이 포함된다.

예제 7.14

수를 장면에 따라 적절하게 사용할 수 있기 위해서는 수가 이용되는 경우를 잘 이해해야 한다. 집합수, 순서수, 분류·정리 번호, 측정수, 분할 분수, 비율 분수라는 말과 같이 수가 이용되는 경우를 일반화함으로써 수의 의미가 파악된다. 따라서 수를 이용하는 경우나 그 의미에 바탕을 두고 수를 이용하려는 사고가 중요하다고 할 수 있다.

4) 알고리즘의 사고

지식이나 기능 또는 조작 방법을 능숙하게 사용할 수 있도록 하기 위해 대상을 형식화하는 데 작용하는 사고를 알고리즘(algorithm)의 사고라 한다. 그리고 여기에는, 신속 정확한 계산을 위해 계산의 의미에 대한 이해를 바탕으로 형식 계산에 숙달하려는 사고, 측정에 있어서 측정 장치를 바르게 사용하려는 사고, 도형의 기본 성질을 바르게 선택하여 이용하려는 사고, 인수분해의 공식 등을 바르게 이해하고 이를 바탕으로 식을 변형하려는 사고 등이 포함된다.

예제 7.15

수의 계산과 같이 양의 비교·측정을 바르고 능숙하게 할 수 있다는 것은 바람직하다. 이와 같이 할 수 있기 위해서는, 비교·측정이라는 조작의 의미를 바탕으로 조작을 바르게 하고, 그 조작을 형식적으로 구사한다는 것이 중요하다.

5) 개괄적 파악의 사고

대상이나 조작 방법을 개괄적으로 파악하거나, 그 결과를 이용하려는 사고를 개괄적 파악의 사고라 한다. 보다 구체적으로는 어림수를 잡고 이를 문제 해결에 이용하려는 사고, 계산결과나 측정 결과를 미리 예상해 보려는 사고, 작도나 증명 문제의 해결에서 도형의 개형을 그려보려는 사고, 조사한 데이터의 범위 밖에서도 데이터에서 귀납한 경향이 성립할 것을 추측하려는 사고 등을 들 수 있다.

예제 7.16

문제 해결에 계산을 적절히 이용할 수 있기 위해서는, 우선 결과에 대한 예상을 해 보는 일, 그리고 방법에 대한 개괄적인 구상을 하는 일도 필요하다. 이 일을 할 수 있기 위해서는 유사한 기습 내용에서 유추하는 유추적 사고와 함께, 결과를 대체적으로 짐작해 보려는, 즉 개괄적으로 파악하려는 사고가 유효하다.

6) 기본 성질의 사고

기본적인 법칙이나 성질에 착안하려는 사고를 기본 성질의 사고라 한다. 즉, 복잡한 계산을 할 때 교환성, 결합성, 배분성 등의 기본 성질을 이용하려는 사고, 식을 형식적으로 변형할 때 인수분해식이나 전개식 등을 이용하려는 사고, 도형의 개념을 심화할 때 다른 개념과의 관계를 알아보거나, 개념을 확장할 때 증명 문제를 해결하거나, 이동 또는 전개에 관한 성질을 파악할 때 기본적인 성질을 이용하려는 사고 등이다.

예제 7.17

소수(素數), 약수, 배수, 최대공약수, 최소공배수 등과 같은 수의 성질을 알고, 이를 이용할 수 있게 하는 것은 초등학교와 중학교 수학에서의 필수적인 교수·학습 내용이다. 이 성질을 알고 또 이용할 수 있게 하는 데는, 수의 기본적인 성질로 어떤 특성이 있는지와 같은 그 기본적인 성질에 주목하려는 사고가 바탕이 된다고 할 수 있다.

7) 함수적 사고

무엇을 정하면 무엇이 따라서 정해지는가에 주목하거나, 변수 사이의 대응규칙을 발견·이용하거나, 관계의 표현 방법을 알아보거나, 표현 방법에서의 관계를 읽어내려는 사고를 함수적 사고라 한다. 여기에는, 의존 관계 또는 상관관계에 주목하려는 사고, 대응관계를 명확히 하려고 하거나 이를 이용하려는 사고, 또는 함수 관계의 표현 방법을 이해하려는 사고 등이 포함된다.

예제 7.18

사각형, 삼각형, 원 등과 같은 도형의 넓이를 구하는 공식은, 그 넓이와 함수관계에 있으며, 측정하기 쉬운 길이의 측정으로 대신한다는 간접 측정의 필요성에서 만든 것이라 할 수 있다. 따라서 넓이 공식의 발견에서는, 이 도형의 넓이를 직접 구하는 것은 번거롭다거나 어렵다는 것을 체험하고, 보다 손쉽게 구할 방법이 필요하다는 사고를 바탕으로, 넓이와 (함수)관계가 있는 길이에 주목하여 길이의 측정으로 대체하면 된다고 사고하거나, 도형 자체 또는 그 넓이는 어느 곳의 길이가 정해지면 이에 따라 결정되는가를 알아보는 경우에 함수적인 사고가 바탕이 된다.

8) 식에 대한 사고

사상(事象) 또는 관계를 식으로 나타내거나, 반대로 제시된 식을 읽어내려는 사고를 식에 대한 사고라 한다. 여기에는 식을 형식적으로 처리하려는 사고, 식의 형태에 착안하여 그 식이 나타내는 사실이나 관계를 통합 또는 발전시키거나 다시 이를 일반적인 형태로 나타내려는 사고, 증명의 과정을 약속에 따라 바르게 표현하려는 사고 등이 포함된다.

예제 7.19

수량적, 대수적인 사상이나 관계 및 사고 과정을 식으로 나타내면 보통의 언어에 비해 간결·명확하게 표현된다. 즉, 식에 의한 표현은 보통의 문장보다 짧으며 의미는 보다 명확해지고 결과에 직접 영향을 미치는 요인만으로 나타내지며 불필요한 요소는 배제된다. 이 밖에도 변수와 상수의 구별이 가능해진다. 이런 사실에서 식으로 나타내려는 사고가 중요함을 알 수 있다.

5. 수학적 태도

1) 수학적 태도의 의미

다음과 같은 하나의 예에 대하여 그 해결을 고찰해 보자.

예제 7.20

오른쪽 그림과 같은 토지의 넓이를 구하려면 어느 곳의 길이를 측정해야 할까?

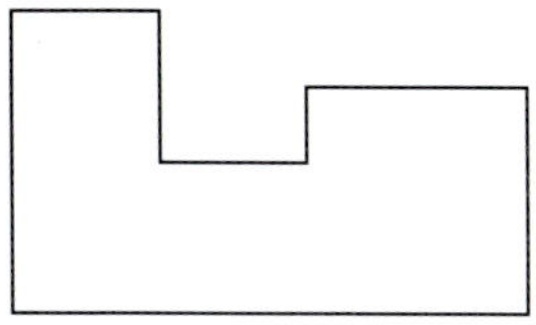

먼저, 자신의 문제를 명확히 하려는 생각으로부터, 변에 길이를 주어 본다거나, 몇 개의 변의 길이를 알 수 있으면 넓이가 정해진다는 생각, 어느 변의 길이가 주어지느냐에 따라 넓이를 알아보는 방법이 달라진다는 생각, 또는 직사각형의 넓이는 그 구성 요소인 변의 길이에 의하여 결정된다고 사고하여 공식을 떠올린다.

그리하여, 측정할 곳을 중복되지 않고 일목요연하게 나타내기 위해 그곳에 기호로 표시하거나, 일반적인 모양의 넓이를 구하는 방법을 귀납하여 일반화하거나, 그 일반성을 명확히 밝혀 보는 등, 이치에 맞으며 조리 있는 처리를 한다. 그리고 자신이 해결한 것을 보이고 싶은 생각에서, 자신이 해결한 과정을 논리 정연하고 간결·명확하게 정리하여 나타내며, 해결한 문제나 해결 방법 또는 그 결과를 이용하면 해결될 수 있는 새로운 문제를 만들어 본다.

이와 같이, 문제를 해결하는 데는 문제의 내용이나 목적을 분명히 하려는 태도, 이치에 맞으며 조리 있는 처리를 하려는 태도, 간결·명확하게 나타내려는 태도, 또는 문제의 해결 방법을 보다 세련되게 하려는 태도 등이 필요하다. 이와 같은 태도의 형성이 바탕이 되어, 앞에서 알아본 '방법에 관련된 수학적 사고'나 '내용에 관련된 수학적 사고'가 떠오르는 것이며, 또 이와 같은 사고에 의해 해결에 유용하게 쓰일 지식이나 기능을 떠올려 문제를 해결하게 된다. 그리고 그 해결 방법이나 결과를 이용하면 해결될 수 있는 새로운 문제를 만들어 본다거나 다른 해결 방법을 탐색하게 된다.

따라서 수학의 학습 내용의 바탕에 깔려 있는 수학적 사고를 떠받쳐 주는 기둥과 같은 구실을 하는 그와 같은 마음가짐의 형성·정착도 수학적 사고 못지않게 중요한 기초·기본적인 사항으로 보아야 한다.

이상에서 알아본 바와 같이, 수학의 방법이나 내용에 관련된 수학적 사고를 떠받치는 힘(guiding-forces), 또 이와 같은 사고를 발동시키는 어떤 힘에 해당하는 다음 네 가지를 '수학적 태도'로 규정하고자 한다.

- 자신의 문제나 목적·내용을 스스로 명확히 파악하려는 태도

- 조리 있는 행동을 하려는 태도
- 내용을 간결·명확하게 나타내려는 태도
- 더 나은 것을 알아보려는 태도

2) 수학적 태도의 내용

(1) 자신의 문제나 목적·내용을 스스로 명확히 파악하려는 태도

스스로 문제를 발굴하고 이에 대하여 바람직하며 합리적인 해결 방안을 찾고자 하는 창의적인 인간상의 구현은 수학교육이 지향하고 있는 중요한 목표이다. 판단의 자주성은 수학이 지니는 하나의 성격이며, 따라서 수학을 이용하면 자주적인 판단을 하기가 용이하고 사물을 배우려는 의욕과 바른 태도를 기르는 데 도움이 된다. 즉, 수학은 스스로 자신의 문제나 목적, 행동을 명확하게 하려고 하는 태도의 형성을 돕는다.

이상과 같은 '자신의 문제나 목적·내용을 스스로 명확히' 하도록 하기 위해서는 보다 구체적으로

- 의문을 가지려는 태도
- 문제의식을 가지려는 태도
- 사상(事象) 가운데서 수학적인 문제를 발견하려는 태도

등과 같은 태도를 취하도록 할 필요가 있다.

그리고 스스로 자신의 문제나 목적·내용을 명확히 하려는 태도로부터 추상화하려 하거나 기호화하려는 사고, 함수적인 사고 등이 유발된다.

예제 7.21

대상의 수를 알아보는 문제의 해결에서, 무엇 때문에 세는가를 모르고, 단지 "이런 것의 수를 세어보아라" 라는 지시에 따라 그 물건의 개수를 알아내는 것만으로는 진정한 의미의 문제 해결이라 할 수 없다. 즉, 스스로의 힘에 의해 해결하려는 마음이 우러나 여러 가지 방법으로 해결을 시도해 보면서, '어떤 것을 세어야 하는가', '자신에게는 무엇이 문제인가' 라는, 문제의식을 명확히 하려는 마음이 생겨야 한다. 이런 마음가짐을 바탕으로, '어떤 범위의 것을 셀 것인가' 와 같은 '조건을 명확히 하려는 사고' 가 떠오르게 되며, 셀 대상과 그 범위를 정하는 데에서 '단위의 사고' 의 필요성이나 그 좋은 점을 인식하게 된다.

(2) 이치에 맞으며 조리 있는 행동을 하려는 태도

수학이 논리적으로 구성된 교과이므로 수학의 지도를 통해 조리 있는 행동을 하려는 태도를 형성·정착시키고자 하는 것은 당연한 일이다. 그러나 논리적으로 구성된 수학을 지도한다고 해서 그와 같은 태도가 저절로 형성·정착된다고는 볼 수 없다. 그와 같은 태도는, 목적을 분명히 하는 경험, 목적 달성을 위한 사고를 반성해 보는 경험, 그러한 반성의 경험을 바탕으로 보다 합리적인 것으로 손질해 보는 경험 등이 축적됨에 따라 점차로 형성·정착되는 것이다.

조리 있는 행위란, 목적을 분명히 하여 그 목적 달성에 부합되며 지나친 비약이 없는, 분석적·단계적인 사고나 행위 또는 진술을 하는 것을 의미한다.

이와 같은 '조리 있는 행동'을 하도록 하기 위해서는 구체적으로

- 목적에 부합되는 행동을 하려는 태도
- 해결 방안이나 결과를 개괄적으로 예상해 보려는 태도
- 이용 가능 자료나 이미 알고 있는 사항 또는 가정에 바탕을 두고 사고하려는 태도

등을 갖추도록 할 필요가 있으며, 이러한 태도는 대체로 유추적 사고, 연역적 사고, 기호화의 사고 및 개괄적 파악의 사고 등을 유발하게 된다.

예제 7.22

앞에서 언급한 어떤 물건의 수를 알아보는 학습에서, 셀 물건을 하나씩 세면서 센 물건을 한 쪽 옆에 아무렇게나 놓는다거나, 이미 센 물건으로 어떤 모양을 만드는 반응이 예상된다. 이와 같이 물건의 수를 자신만 알면 그만인 것으로 생각하고, 물건의 수를 알아보는 방법이나 그 결과가 잘 나타나도록 처리한다는 '세기'의 목적을 망각한 행위는 '이치에 맞으며 조리 있는 행위'라 할 수 없다.

(3) 내용을 간결·명확하게 나타내려는 태도

사고를 전개해 나갈 때, 대상을 명확하게 파악하고 되도록 간결·명확하게 나타내는 것은 수학에서뿐만 아니라 일반 사회생활에서도 필요로 한다. 수학은 사상(事象)을 정확히 말로 표현하고 기록으로 나타내는데 도움을 준다. 이는 어떤 양의 크기를 정확히 나타내기 위해 기수법과 명수법을 고안했으며, 표현의 정확성을 기하기 위해 기호와 용어를 개발하고 그 의미를 분명하게 정한 것을 보아도 알 수 있다.

이와 같이 '내용을 간결·명확히' 나타내도록 하는 데는

- 문제나 해결한 결과 또는 과정을 명확히 표현(기록, 전달)하려는 태도
- 분류·정리하여 나타내려는 태도

등의 구체적인 태도를 취하도록 할 필요가 있다. 그리고, 이와 같은 태도는 문제 해결 과정에서 단순화의 사고, 기호화의 사고, 일반화의 사고, 단위의 사고 및 식에 대한 사고를 하도록 부추기게 된다.

예제 7.23

둥근 모서리의 직사각형 모양을 직사각형으로 보는가 하면, 어떤 모양을 정사각형으로 볼 것인지를 명확히 하려 하지 않는 경우가 많다. 이러한 이유로, 사고가 복잡해지거나 잘못 전달되거나, 또는 오류나 오해를 불러일으킬 수 있다.

(4) 더 나은 것을 알아보려는 태도

정보의 홍수 속에 살고 있는 오늘날 사고의 경제성은 대단히 중요하다. 인간으로서 이와 같은 사고의 경제성을 추구하는 것은 당연한 일이며, 따라서 수학을 비롯한 모든 과학에서 이런 것을 중요한 목표의 하나로 삼고 있다.

개개의 대상을 별개의 것으로 보며 개개의 대상에만 사로잡히는 것은, 많은 노력을 쏟게 될 뿐 아니라 아름답지도 않다. 어떤 방법이나 내용 또는 사고를 보다 세련되게 함으로써, 그것들이 보다 강력한 힘으로 작용하게 되며 보다 넓은 범위에서 적용 가능해지게 된다.

여기서 보다 나은 것을 알아본다는 것은 사고·노력을 절약하려는 것, 보다 아름다운 것을 추구하려는 것, 좀 더 확실한 것을 구하려는 것, 새로운 것을 구하려는 것, 그리고 보다 세련된 것이 되도록 손질하려는 것 등을 의미한다.

보다 나은 것을 알아보려는 태도가 형성되었을 때 주로 통합적 사고, 발전적 사고, 일반화의 사고 등을 하게 된다. 따라서 '더 나은 것을 알아보려는 태도'의 육성·정착이 중요하다는 것을 알 수 있으며, 이를 위해서는

- 사고를 구체적 사고에서 추상적 사고로 높이려는 태도
- 나와 다른 이들의 사고와 그 결과를 비교·평가하고 더 세련되게 하려는 태도

등의 구체적인 태도를 취하도록 할 필요가 있다.

문제 해결의 결과나 어떤 사상(事象)을 '일괄하여 나타낼 수는 없을까', '좀 더 낫게, 좀 더 세련되게 나타낼 수는 없을까' 등과 같이 사고·노력을 절약하려는 태

도로부터 귀납하려 하거나, 통합 또는 일반화하려 하거나, 기호화하려는 사고 및 식에 대한 사고 등이 발동하게 되는 것이다.

예제 7.24

곱셈 구구의 단을 구성하는 학습에서 곱셈의 의미와 동수누가를 바탕으로 4의 단을,

$$4\times1=4$$
$$4\times2=4+4=8$$
$$4\times3=4+4+4=12$$
$$4\times4=4+4+4+4=16$$
$$\cdots$$

과 같이 구성시켜 나갈 때, 덧셈을 되풀이하는 것은 번거롭다는 느낌과 함께 좀더 '사고 노력을 절약하고 싶다.' 고 생각한다. 그리하여, 지금까지의 방법을 되돌아보면서 귀납적으로

$$4\times3=4+4+4=(4\times2)+4=8+4=12$$
$$4\times4=4+4+4+4=(4\times3)+4=12+4=16$$

이라는 관계를 파악하고, 이를 일반화하여 4×5 이하는 앞의 곱에 4를 더해 나가게 되며, 다른 단의 경우도 '$a(b+1)=ab+a$' 라는 관계가 있을 것으로 유추하고 확인하여 이를 이용함으로써 더욱 일반화되고 세련된 사상(事象)을 발견한다.

6. 수학적 사고·태도의 지도 방법

수학적 사고 방법의 지도에서는 수학적으로 사고함으로써 사고의 경제성과 단순성, 표현의 명확성과 간결성, 패턴 포착의 용이성, 새로운 문제 해결에의 전이성, 적용에 대한 보편성 등과 같은 수학적 사고의 다양한 장점을 학습자가 느낄 수 있게 하면서, 문제 해결에서 자주적으로 이와 같은 생각을 추진할 수 있도록 하는 것이 중요하다.

그러나 이와 같은 수학적 사고·태도의 지도는 매우 어려운 문제이다. 이를 단순히 수학교육의 일반 목표에서 강조한다거나 단원목표에 적절히 끼워 넣는 정도로는 지도의 실효를 거둘 수 없다. 따라서 학생의 수학적 사고 능력과 수학적 태도의 발달 지도 방안 몇 가지를 다음과 같이 제시한다.

첫째, 수학 학습을 지도하는 교사는 수학적 사고·태도에 대하여 우선 그 모양새를 명확히 파악해야 한다. 수학적 사고에 대한 그림이 분명하게 그려지지 않는

다면 이를 지도할 수 없기 때문이다.

둘째, 수학적 사고·태도는 수학 지도의 목표뿐 아니라, 핵심적이고 구체적인 '지도 내용'이며 '지도의 기초·기본'임을 알아야 한다. 다시 말해 수학적 사고·태도의 육성을 암묵적·잠재적·일반적 목표로 인식하여 먼발치에서 바라보기만 해서는 안 된다. 이를 구체적인 지도 내용으로 볼 수 있어야만 학습 지도의 어떤 단계에서 어떻게 지도하겠다는 아이디어가 떠오를 수 있다.

셋째, 매 시간의 수학 수업에서 지도·학습 목표로 수학적 사고·태도를 반드시 챙겨서 명시해야 한다. 어떤 수학적 소재를 지도하더라도 그 소재의 학습 과정에서 경험할 수 있는 수학적 사고·태도는 있기 마련이다. 이를 밝히는 것은 상당히 어려울 수 있지만 꾸준한 노력으로 습관화 되어야 한다.

넷째, 수학적 사고를 유발하는 발문을 마련해야 한다. 지속적이고 효과적인 발문과 조언은 결국 학생으로 하여금 그렇게 생각하고 그런 행동을 하며 그와 같은 성향을 갖도록 만든다.

다섯째, 수학적 사고·태도의 지도 방법은 지식·기능의 지도 방법과 다르다는 것을 알아야 한다. 학생의 수학적 사고·태도의 발달 지도는 장기적 과제이므로 학습자의 사고 경험의 축적을 중시하는 지도이어야 한다.

여섯째, 학생들의 수학적 사고·태도에 대한 변화가 비록 느리더라도 이를 확인하고 평가·관리해야 한다. 어떤 발문에 어떤 반응을 보이는지, 어떤 생각으로 어떻게 판단하고 결정하는지, 이를 평가하고 피드백을 주는 것은 중요하다.

일곱째, 학생 각자의 사고 과정이나 방법에 대하여 서로 이야기할 수 있는 기회를 많이 제공해야 한다. 학생들 사이의 활발한 수학적 의사소통은 바람직한 상호작용을 부추기고, 이는 서로의 사고 방법을 학습하고 공유할 수 있도록 하며, 좀 더 조리 있게 행동하려는 태도를 지니게 한다.

생각해 볼 문제

1. 과거 수학 학습 과정에서 자신이 경험한 수학적 사고에 대하여 정리해보시오

2. 교사용지도서에 제시된 수학적 사고에 대하여 강조된 바와 수학적 사고의 지도 방법을 비판적 입장에서 논의해보시오.

3. 초등학교 수학의 한 단원을 선택하여, 학습자가 경험할 수 있는 수학적 사고·태도를 강조하는 지도 방안을 만들어 보시오.

4. 수학적 사고·태도를 문제 해결 전략과 비교·설명하시오.

■ 참고문헌 ■

구광조, 오병승, 류희찬 공역 (1992), **수학교육과정과 평가의 새로운 방향**, 서울: 경문사.

우정호 역 (1986), **어떻게 문제를 풀 것인가**, 서울: 천재교육.

우정호 (1998), **학교수학의 교육적 기초**, 서울: 서울대학교출판부.

이용률 (1997), **數學 指導의 基礎·基本**, 서울: 경문사.

이용률, 성현경, 정동권, 박영배 공역 (1992a), **數學的인 생각의 具體化**, 서울: 경문사.

이용률, 성현경, 정동권, 박영배 공역 (1992b), **問題解決過程과 發問分析**, 서울: 경문사.

이용률, 정동권 공역 (2013), **수학적인 생각의 구체화와 지도**, 서울: 경문사.

日本數學教育會編 (1970), **數學的考えとその指導(小學校編)**, 東京: 明治圖書出版.

中島健三 (1984), **算數·數學教育と數學的な考え方**, 東京: 金子書房.

Burton, L. (1984), *Thinking things through*, Basil Blackwell Limited.

Polya, G. (1954), *Induction and analogy in mathematics – mathematics and plausible reasoning, Vol. I*, Princeton Univ. Press.

Polya, G. (1968), *Patterns of plausible inference – mathematics and plausible reasoning, Vol. II*, Princeton Univ. Press.

Sternberg, R. J.(Ed.) (1994), *Thinking and problem solving*, Academic Press Inc..

08

수학 교수 방법

학생들에게 수학을 가르치는 데에는 많은 변인이 있으며, 이러한 변인들은 복잡하게 서로 얽혀있고, 설사 그 변인을 확인한다 하더라도 어떻게 그것들이 서로 영향을 주는지를 알아내기 쉽지 않기 때문에, 수학 교수 방법에 대해 논의한다는 것은 어려운 일이다. 더욱이 가장 좋은 교수 방법은 그때그때의 여러 상황에 따라 얼마든지 달라질 수 있다. 같은 교사라 할지라도, 그가 가르치는 학생들의 특성, 또 그가 가르치는 곳의 여러 가지 환경적 특성 등에 따라 그 교사에게 가장 알맞은 교수 방법은 얼마든지 달라질 수 있는 것이다. 콕크로프트 보고서(The Cockcroft Report, 1982)[1]에는 이것에 대하여 다음과 같이 기술하고 있다.

> 우리는 수학 지도에 대한 명확한 방식을 제시해 주기를 바라는 교사들이 있음을 알고 있다. 그러나 이것은 바람직하지도 않고 가능하지도 않다고 생각한다. 수학의 특별한 부분을 지도하기 위한 접근 방법은 내용 그 자체, 교사와 학생의 능력이나 경험과 관련을 맺을 필요가 있다. 개성과 환경의 차이 때문에 어느 한 교사나 어떤 학생들에게 아주 성공적인 방법이라 하더라도 다른 교사 또는 다른 집단의 학생들에게는 알맞지 않을 수도 있다(Cockcroft, 1982, p. 71).

이처럼 교수 활동은 매우 개별화된 활동이며 개인적인 활동이기 때문에 누구에게나, 어떤 대상에게나, 또 어떤 상황 조건에서나 가장 좋은 특정한 교수법을 찾

1) 영국의 콕크로프트(W. H. Cockcroft)가 의장으로 있는 학교 수학 지도에 관한 조사 위원회(The Committee of Inquiry into the Teaching of Mathematics in Schools)의 보고서로서 이 보고서의 정식 이름은 *Mathematics Counts*이다. 이 보고서에서는 수학이 무엇을 필요로 하는지를 구체적으로 밝히고 이러한 필요에 부응하여 균형이 잡히고 일관성 있는 수학 교육과정에 대해서 논의하고, 좋은 수학 지도가 이루어지기 위해서 필요한 설비, 지원 등에 대해서 논의하고 있다.

는다는 것은 지극히 어렵다. 그보다는 가르치는 사람 각자에게 알맞은 다양한 교수 방법을 찾으려는 노력이 필요하다고 생각한다. 그러나 최적의 교수 방법을 선택하기 위해서는 풍부한 선택의 여지가 있어야 하며 각 교수 방법의 특성을 보다 분명히 이해하고 있어야 할 것이다. 이 장에서는 수학 교수에 대한 원리와 수학 교수 방법에 대하여 알아본다.

1. 수학 교수 원리

수학 교수 학습의 현장에서 오랜 실천과 연구를 통하여 집약된 수학 교수 원리는 수학교육학자에 따라 여러 가지로 제시하고 있는바, 그 중 활동적 원리, 발생적 원리에 대하여 설명한다.

1) 활동적 원리

수학을 이미 완성된 학문 체계가 아니라, 인간이 스스로 창조해 나가는 사고 활동으로 보고 그것을 학생의 내부에서 재창조하는 형태로 학습시키고 수학적 활동의 본성을 규명하여 그에 입각한 수학 교육을 전개하려는 것이 소위 활동주의의 기본 생각이다.

폴리아(Polya, 1965)는 효과적인 교수 방법은 학습 과정의 본질에 대한 이해를 바탕으로 해야 한다고 하면서 세 가지 교수 학습의 원리[2]를 들고 있는데 그 중에 하나가 '활동적 학습의 원리'이다. 이 원리는 효율적인 학습을 위해서 학습자는 주어진 환경에서 가능한 한 학습해야할 많은 부분을 스스로 발견해야 한다는 것이다. 수학은 활동적인 참여 없이는 즐길 수 없고, 학습할 수 없다. 더구나 학생에게 스스로 사고하는 것을 가르치는 것이 수학 교육의 주요 목적이므로 학생으로 하여금 스스로 발견하도록 안내하는 것은 수학 교사의 주요한 관심사가 되어야 한다. 학습은 학생의 입장에서 좀 더 이해하기 쉬운 곳에서 시작하도록 해야 하며, 학생은 추상적인 것보다 먼저 구체적인 것, 통합적인 개념보다 다양한 경험에 먼저 접해야 한다. 증명에 앞서 추측을 하도록 하고 구체적인 경험을 바탕으로 개

---

2) 폴리아의 나머지 두 가지 교수 원리는 최선의 동기 유발의 원리와 비약 없는 단계의 원리이다. 최선의 동기 유발의 원리는 효율적인 학습을 위해서, 학습자는 학습 내용에 대하여 흥미를 가져야 하며 학습 활동에서 즐거움을 찾아야 한다는 것이다.
비약 없는 단계의 원리는 효과적인 학습을 위해서 탐구 단계가 언어화와 개념 형성 단계에 선행되어야 하며, 학습된 자료는 결국 정신적 태도에 합체(合體)되는 동화 단계를 거쳐야 한다는 것이다.

념 구조를 구축하는 것이 보다 자연스럽다. 교육적인 측면에서 볼 때 일반적으로 구체적인 행동과 지각이 개념보다 앞선다.

활동적 원리는 수학 문제 해결 교육의 바탕이 되는 원리이다. 나아가 문제를 제기하고 형식화하는 데 학생들을 능동적으로 참여하게 하는 것은 이 원리를 실제로 적용하는 하나의 기술이다. 학생 스스로 제기한 문제는 나중에 그것을 해결할 때 더욱 활동적으로 참여할 것이기 때문이다. 이와 같은 활동은 동기 유발이 될 뿐 아니라 바람직한 사고 태도 형성에 기여한다는 것이 폴리아의 생각이다.

이러한 활동적 원리는 이미 코메니우스(J. A. Comenius, 1592~1670)[3]의 ≪대교수학(大教授學; *Didactica Magna*)≫에 들어 있다. 여기서 그는 인간에게는 활동을 즐기는 경향이 있는 것을 인정하고, 감각적, 신체적 활동이야말로 가장 자연스러운 교육 방법이라고 주장하였다. 활동적인 학습은 학습자들을 흥미롭고 즐겁게 만든다는 것이다.

이 원리에 따라 코메니우스는 세 단계 교수법을 주장하였는데 그것은 보기, 처방, 모방이다. 여기서 교사가 보기를 보여 주는 것이나 처방을 하는 것은 수동적으로 활동과 거리가 먼 것처럼 보이지만 코메니우스는 만일 의식적으로 가르치는 일에 투입되기만 한다면 보는 것, 듣는 것, 느끼는 것, 맛보는 것, 냄새 맡는 것도 일종의 활동이라고 하고 있다. 코메니우스의 '보기'는 정적인 것이 아니라 그 자체가 하나의 과정이다. '보기' 다음에는 '처방' 즉 이론이 뒤따른다. 교사는 경험으로부터 이론적 결과를 이끌어 낸다. 감각 경험으로부터 추출된 이론은 연습보다 앞선다. 연습은 처방에 의하여 보기를 모방하는 것이다. 보기를 보여주고 설명하는 것 그리고 그것을 모방하는 방법을 이야기하는 것은 교사의 일이다. 한 마디로 말해서 코메니우스의 교수학의 원리는 '활동을 가르치는 가장 좋은 방법은 그것을 보여주는 것'이라고 할 수 있다. 프로이덴탈(H. Freudenthal, 1973)은 이 말을 "활동을 학습하는 가장 좋은 방법은 그것을 수행하는 것이다"(p. 110)라고 바꾸어 말하고 있다. 이 원리는 코메니우스의 그것과 별로 다르지 않다고 할 수 있으나 강조점이 가르침에서 학습으로, 교사의 행동에서 학생의 행동으로, 감각적인 것에서 운동적인 것으로 바뀌었다.

활동주의는 전통적인 학교에서의 정숙, 침묵, 부동자세 등에 대한 반론으로 제기된 것이므로 신체적 활동이 중시됨은 당연한 일이나, 행위로써의 활동성은 목적이 아니라 수단이다. 여기서 외적인 행위가 어떻게 하여 내적인 개념 형성으로 전환되는가하는 소위 활동의 "내면화" 문제가 제기된다. 활동에 의한 구체적 성과가

3) 1592년 체코슬로바키아의 모라비아(Moravia)주에서 출생. '근대 교육의 아버지'라고 불리며 17-18세기의 서구에서는 그의 탁월한 라틴어 교수법이 높이 평가된다.

지속적이고 장기적 발달에 도움이 되는 활동성 프로그램으로 지향해야 할 것이다. 또한 활동을 유발시키는 구체적 상황의 구성과 실세계를 경험하도록 돕는 교구의 개발에 힘써야 한다고 생각한다.

2) 발생적 원리

발생적 원리는 수학을 형식 논리적으로 전개하고 완성된 것으로 가르치는 형식주의의 결함을 극복하기 위하여 제기된 교수학적 원리로서, 수학 교수 학습 문제에 대한 해결 방안을 수학의 창조와 적용의 자연스런 인식론적 과정에 대한 어떤 해석에 따라 구상하려는 것이다(우정호, 1995).

발생적 원리의 역사적 근원은 소크라테스의 산파법으로 거슬러 올라 갈 수 있을 정도로 매우 오래 되었다. 그러나 발생적 원리가 인류의 대역적(大域的)인 학습 과정을 학습자로 하여금 단축된 형태로 반복하게 함으로써 수학적 사고 경험을 시키려는 '역사 - 발생적 방법'이라는 일반적인 교수학적 구상으로 나타난 것은 19세기 린드너(F. W. Lindner)에 의해서였다. 그는 인류에 의해 처음 발견된 순서대로 학문을 지도해야 한다고 주장하고 있는 바, 좀더 구체적으로 '소재를 그 자연스런 순서에 따라 간단한 것으로부터 합성된 것으로, 원인으로부터 결과에, 좀 더 작은 것으로부터 보다 큰 것으로, 쉬운 것에서 어려운 것으로 나아가되, 하나하나의 동인을 아주 주의해서 서로 결합하는 것'(우정호, 1995)과 같은 교수방법을 발생적 방법이라고 정의하고 있다.

메이저(R. F. Mager)는 수학 교육에서의 심리 - 발생적 원리를 옹호하고 있는데, 그의 수학관의 핵심은 수학 자체는 발전이 없는 죽은 소재(素材)이며 그 발전을 이룩하는 것은 인간 정신의 구성적 활동이라는 것으로, 이러한 활동의 본질을 조합(組合)으로 보았다. 이 때, 조합적 방법은 형식적인 수학에 활동을 부여하기 위해 그것을 확대하고, 축소하고, 그 외형을 바꾸고, 다른 것과 결합하고 구분하는 등의 활동을 말한다. 다시 말하면, 아동이 생명 없는 산술적 내용과 기하학적 내용을 창작하여 조직할 수 있는 방법은 그것들을 조합하여 만들어 가는 것일 수밖에 없다는 것이다.

발생적 원리는 헤르바르트(Herbart) 학파에 의해서 계속 추구되어 교육과정 구성에 있어서는 역사 - 발생적 원리를, 매 시간의 지도는 심리 - 발생적 원리에 따르도록 요구되었다. 그리하여 발생적 원리는 19세기 후반에 형성된 일반적인 교수학의 기본적인 원리가 되었다.

그러나 역사 발생적 원리의 근원인 생물학적 기본 법칙은 비판의 여지가 많다. 그 이유는 역사 발생적 원리는 교수요목의 구조를 고정된 것으로 본다는 것과 개체 발생은 결코 계통 발생의 단순한 재현이 아니라는 것이다. 그래서 '수학 이론을 발생적으로 제시한다는 것은 그것이 수학의 창조와 응용에 자연스런 인식론적 과정에 따라 배열하는 것이라'는 새로운 해석이 등장하게 되었다(정영옥, 1997). 그뿐 아니라 프로이덴탈은 '재발명 방법'을 발생적 개념으로 파악하였다. 그는 아동의 정신적 발달은 역사를 그대로 재현하는 것이 아니라 아동의 현실을 출발점으로 해서 이미 발명된 수학을 아동 스스로 개선된 방법에 의해서 재창조해 나간다는 것이다. 여기서 역사의 중요성은 어떤 개념의 발달 또는 수학적 구조의 형성에 있어서의 발생 맥락을 알려 주며, 수학화 과정의 하나의 패러다임 역할을 담당하는 것이다. 예를 들어 수학사를 통해 수 계산의 단축화 과정을 알고 있을 때, 이것은 전형적인 예일 뿐이지 아동들이 그 순서와 방법을 그대로 따르는 것은 아니라는 것을 의미하며, 아동들은 새로운 방법으로 단축화 과정을 발명해 나갈 수 있는 것이다.

우정호(1995)는 발생적 원리에는 수학적, 인식론적, 심리학적, 교육학적 관점이 통합적으로 포괄되어 있기 때문에, 이 원리는 학습자의 상황이 무시되는 소위 구조주의 수학이나, 그 반대로 학문성이 경시된 소위 진보주의 교육의 결함을 채울 수 있는 일반적인 원리로 볼 수 있다고 주장하고 있다.

한편, 피아제는 역사 - 발생적 원리와는 상반되는 지식 발생의 메카니즘의 역평행성(逆平行性)을 가정하고 있는 바, 수학의 역사적 발생의 메카니즘과 개인에 있어서의 수학의 심리학적 발생의 메커니즘 사이에는 평행성이 있지만, 그 발생의 순서는 반대라는 것이다. 왜냐하면 심리적으로 최초에 구성되는 것은 반성적 분석에서는 최후에 나타나기 때문이다. 다시 말해, 수학적 지식은 발생학적으로 볼 때 인간 자신이 구성하는 것이며, 그것을 반성하여 논리적으로 전개해 온 인류의 역사는 자신의 행동을 반성할 때 오래 전의 것일수록 어려우므로 구성의 역순(逆順)이 될 수밖에 없다는 생각이다.

2. 수학 교수 활동

교사가 학생들에게 수학을 가르치는 교수 활동에 대하여 생각해보자. 교육과학기술부(2008)는 수학과의 지도 방법을 교사의 활동에 따라 교사 설명 위주의 지도 방법, 반복적인 훈련의 지도 방법, 발문식(發問式) 지도 방법으로, 학습 활동의 형태에 따라 발견학습식 지도 방법, 문제 해결식 지도 방법, 프로그램식 지도 방법으로 분류하고 있다. 또한 학생의 조직 방식에 따라 일제식(一齊式) 지도, 소집단 토론식 지도, 개별 지도로 분류하기도 한다. 여기서는 이러한 각각의 교수 방법을 몇 묶음으로 나눠서 설명하기로 한다.

1) 설명식 교수 방법

설명식 교수 방법은 교수 방법 가운데 가장 널리 보편화된 방법이며, 또 역사적으로도 가장 오래 전에 발발한 방법이다. 보통 설명식 교수 방법은 강의에 의해 진행하는바, 이 방법은 보통 한 사람이 하나의 주제에 대하여 여러 사람들에게 이야기를 통해서 가르쳐주는 방법이다. 오수벨(David P. Ausubel)은 설명식 교수 방법에 대한 합리적 이론을 전개하고, 그것을 옹호하고 있다. 그는 여러 세대에 걸쳐 축적된 방대한 양의 지식을 후세에 전달하는 데는 발견학습이나 탐구학습보다 설명식 교수 방법이 가장 효율적임을 주장하였다. 그는 '유의미 학습(有意味學習)'을 강조하고 있는바, 유의미 학습이란 외부 세계의 잠재적, 논리적 의미가 한 학습자의 인지 구조에 수용, 병합되어 개별화된 심리적 의미 상태로 전환되는 것을 말한다(이성호, 1987). 유의미 학습이 이루어지려면, 논리적으로 의미 있는 학습 자료가 학습자의 인지 구조에 있는 기존 개념들과 여러 가지 관계를 맺을 수 있도록 제시되어야 한다. 의미를 깨닫지 못하고 그냥 무조건 외운 개념들을 오래 기억하지 못하는 것은 그것들이 기존 개념과 관계를 형성하지 못하였기 때문이다. 결과적으로 유의미 학습은 개념이 인지 구조에 정착하는 과정에 초점을 두고 있는 것이다.

설명식 교수 방법은 교사가 일방적으로 수업을 전개하며 학습자로 하여금 수동적인 학습 태도를 야기하기 때문에 좋지 않은 교수법이라고 비난하고 있지만, 다음과 같은 상황에서는 다른 교수법 못지않게 효과적일 수 있다(박성익, 1997).

- 새로운 주제나 단원을 소개할 때
- 쉽사리 획득하기 어려운 중요한 자료를 제시하고자 할 때
- 교과서의 내용을 보완하고자 할 때
- 학습 흥미와 이해력을 증진시키고자 할 때
- 학습 단원을 마친 후에 중요한 내용을 요약해 줄 때
- 짧은 시간 안에 많은 자료를 소개하고자 할 때

물론 다음과 같은 수업 상황에서는 설명식 교수 방법이 부적절하다. 목표가 사실 획득에 초점을 두지 않는 내용일 때, 내용이 매우 복잡하고 추상적이며 세부적일 때, 수업 목표 성취를 위해서 학습자의 능동적인 참여를 요구할 때, 학습 내용의 분석, 종합, 통합을 요구할 때 등은 이 방법이 부적절하다.

헤르바르트(F. Herbart)는 명료화 → 연합 → 체계 → 방법이라는 4단계의 강의식 교수법을 고안하였는데, 이 이론은 후에 미국에서 5단계로 구체화하였다. 이 교수의 5단계 즉, 준비 단계, 제시 단계, 결합 단계, 체계화 단계, 적용 단계를 강의법의 5단계로 인식하기 시작하여 오늘에도 강의법의 전형적인 모형으로 활용하고 있다(이성호, 1999). 각 단계를 살펴보면, 준비 단계는 학습자의 동기를 유발시키고 학습자의 기존 인지 구조를 정리하여 새로운 개념을 받아들일 수 있는 준비를 갖추도록 하는 단계이다. 제시 단계에서 교사는 학습자에게 개념을 제시하는 바, 이 때 다른 개념과 특성적 차이를 분명히 하여 제시함이 좋다. 결합 단계는 새로운 개념과 기존 개념의 결합을 가져오게 하는 단계로서, 교사는 학습자로 하여금 비교와 대조를 하게 하여, 받아들인 새로운 개념과 기존 개념의 차이, 유사성 등의 특징을 파악하게 한다. 체계화 단계는 앞의 단계에서 제시하고 결합한 개념들을 분류하고 조직하는 단계이며, 마지막 적용 단계는 지금까지 배운 내용을 학습자들이 충분히 학습하였는가를 확인하는 단계이다.

박상호(1978)는 설명식 수업을 할 때의 실제적 기술로서 다음과 같은 제안을 하고 있다.

- 언어는 직관적이면서 정확하고 명랑하여야 한다.
- 학습자의 성장 발달을 고려하여 교사는 언어를 선택하여야 한다.
- 학습자의 반응을 수시로 포착하면서 자연스럽게 변화를 주어야 한다.
- 설명식 교수 방법을 사용하더라도 이따금씩 시청각적 보조 자료를 사용하면 대단히 유효하다.
- 학습자들의 청취 태도를 파악하고 그에 따라 강의의 진도 및 정도를 조절해야 한다.
- 교사 자신의 음성, 음색, 음감을 조절하여 학습자로 하여금 권태를 느끼지 않도록 해야 한다.
- 수업 중 시간을 안배하여 가끔 유머로 긴장을 풀어주어야 한다.
- 교사 각자가 갖고 있는 행동적, 언어적 버릇은 교정하도록 한다.
- 수업에 임할 때는 항상 부드러운 표정으로 학습자를 대한다.
- 수업을 마칠 때는 반드시 요약 설명해주고 학습자로 하여금 질문할 수 있는 기회를 주도록 노력해야 한다.

2) 발문을 활용한 교수 방법

교수 방법으로서 발문법이 추구하는 근본적인 목적은 사고를 촉진하여 스스로 탐구하는 능력을 기르는 데 있다. 또한 주의를 환기시키고 호기심과 지적 활동을 일깨워주고 수업 참여를 유도할 뿐 아니라, 교사와 학생, 학생 상호간의 의사소통을 증진시키도록 하는 것이다(이성호, 1999). 특히 이 방법은 설명식 교수 방법과는 달리 교재를 최종 형태로 제시하는 것이 아니라 학생들로 하여금 그 최종 형태를 스스로 탐구하고 조직하도록 유도할 때 많이 쓰인다. 학생들에게 질문을 던져 학생들 자신의 의견을 개진하도록 한 다음 그것을 논박하여 인지적 갈등을 일으키고 알고자하는 마음을 유발하여 대화를 통해 원리를 발견하도록 하는 것이다.

수학을 탐구로 지도한다는 것은 교사의 역할과 학생의 역할, 수학을 안다는 것의 의미를 다시 정의해야할 뿐만 아니라 교사가 수학에 대한 깊은 지식을 가질 것을 요구한다. 여기서 수학을 안다는 것은 수학의 기본 개념과 절차를 변별하는 정도의 전통적 의미가 아니다. 전통적 입장에서 보는 학습은 학생들이 수동적으로 정보를 흡수하고 그것을 반복 연습과 재강화의 결과로 쉽사리 회복할 수 있는 상태로 저장해 두는 것이다. NCTM(1989)의 ≪규준(*Standards*)≫[4]은 '수학을 아는 것'을 '수학을 하는 것'으로 서술하고 있으며, '수학을 하는 것'은 목적을 가진 어떤 활동 과정에서 지식을 모으고, 발견하고, 창조하는 것을 뜻한다. 그러기 위해서 교사는 문제를 제시하고, 질문을 하고, 학생들이 설명하도록 요구한다. 교사의 질문은 이 발문법의 중요한 특성이다. 교사는 학생들이 계속해서 예상하고 논쟁하도록 권장해야 하며 학생들이 그들의 생각을 자유롭게 표현할 수 있도록 분위기를 유지하여야 한다.

하이록(Haylock, 2007)은 평균적으로 수업 시간에 교사들이 일 분에 한 두 번의 발문을 하며 그 발문의 종류를 그 목적에 따라 다음과 같이 네 종류로 구분하였다.

첫째, 수업 관리를 위해 하는 발문이 있다. 학생들이 수업에 집중하도록 가르치고 있는 주제와 관련하여 학생 개인에게 하는 발문이 이에 해당하다. 가령, 수업 시간에 창밖을 내다보며 딴 생각에 빠져 있는 철수에게 '철수야 지금 선생님이 뭐라고 했지?', '24의 다른 약수가 뭐가 있지?' 또는 '그래프 그리기를 마쳤니?'를 생각할 수 있다.

둘째, 수업을 마무리하면서 지도한 개념, 원리, 절차에 대해 학생들이 어느 정도를 이해했는지를 결정하기 위한 발문이 있는데 이는 평가를 하기 위한 것이다. 가령 '사다리꼴의 넓이를 구하기 위해 필요한 것이 무엇이니?' 또는 '분수를 더할 때 최소공배수로 통분할 때와 두 분모의 곱으로 통분할 때 각각 좋은 점을 말해볼래?' 등이 있다. 평가를 위한 이러한 발문은 반드시 수업 말미에만 사용될 수 있는 것이 아니라 새로운 수업을 하기에 필요한 지식이나 개념을 학생들이 얼마나 알고 있는지를 파악하기 위해 수업 초기에 사용할 수도 있고 교수 활동 중에 학생

4) 이에 대해서는 제2장 수학교육의 변천을 참조하라.

들과 발문을 통해 상호작용하면서 제대로 수행하고 있는지를 점검하기 위해 사용될 수 있다.

셋째, 교사는 학습을 강화시키기 위해 발문을 사용한다. 어떤 수학적 절차가 설명되고 지도할 때 그 절차는 연습과 훈련을 통해 강화되어야 한다. 곱셈과 나눗셈 사이의 관계를 학습한 후 교사는 '8×3이 무엇이니?', '8×3=24라면 이를 가지고 두 개의 나눗셈 식을 쓸 수 있는데 무엇이지?', '154÷14=11인데 이를 이용하여 알 수 있는 두 곱셈식은 무엇인지 말해줄래?' 등의 발문을 할 수 있다. 이는 학생들이 학습한 곱셈과 나눗셈 사이의 관계에 대한 학습을 강화시켜 주기 위한 것이다.

넷째, 교사는 수학의 가치를 깨닫고, 수학의 유용성을 인식하고, 수학에 대한 긍정적인 태도를 갖도록 발문을 하거나 학생들과 상호작용하면서 개념적인 발달을 유도할 수 있는 발문을 하거나 호기심을 자극하고 학습 동기를 북돋아 주는 발문을 한다. 이는 학습을 촉진하기 위한 발문이다. 예를 들면, '내가 도형을 이렇게 분류하였는데 내가 사용한 기준을 누가 추측해보겠니?', '이 도형은 여기에 포함이 될까?', '오늘 학습한 내용 중에 가장 흥미로운 것이 무엇이었니?', '실생활에서 오늘 학습한 내용과 관련된 것이 무엇인지 생각해볼래?' 등이 있다.

하이록이 교실에서 수학 교사가 하는 발문을 그 목적에 따라 네 가지로 분류하였지만 그 분석이 항상 명확하게 이루어지지는 않는다. 한 학생에게 학습을 강화시키기 위한 발문이 다른 학생에게는 학습을 촉진하는 발문이 될 수 있다. 또한 교사는 항상 학생들이 어떻게 사고하고 있는지 그리고 지도하고 있는 내용을 의미있게 받아들이는지에 관심을 갖고 있기 때문에 모든 발문의 평가의 성격을 가지고 있다고 볼 수 있다.

렉과 브라운(Wragg & Brown, 2001)은 초등교사가 하는 발문 분석을 통해 57%의 발문이 수업 관리를 위한 것이며, 35%는 단순한 정보를 회상하면 대답이 가능한 수준이 낮은 발문이며, 오직 8%만이 높은 수준의 발문이라고 지적하고 있다. 높은 수준의 발문은 식을 만들거나 변형하고, 일반화를 요구하며, 문제 해결 전략을 생각해보거나 유연한 사고를 요구하는 것을 포함한다. '1kg은 몇 g이니?', '27 더하기 5는 얼마니?' 등은 낮은 수준의 발문이며, '다각형 안에 대각선이 얼마나 많이 있는지 쉽게 알 수 있는 방법이 없을까?', '어떻게 하면 이 문제를 간단하게 나타낼 수 있을까?' 등은 높은 수준의 발문이다.

수학 교사가 하는 발문은 또한 닫힌 발문, 열린 발문, 반 열린 발문으로 분류할 수 있다(Hargreaves, 1984). '28의 약수는 무엇이니?'와 '1톤은 몇 kg이니?' 등은 단지 정확한 답변만을 요구하는 닫힌 발문이다. '24×19를 간단히 암산할 수 있는 방법은?'과 '이 도형을 90도 회전하면 무엇이 변하고 변하지 않는가?' 등은 열린 발문이다. 수학 시간에 교사가 하는 발문은 수학의 본성에 대한 교사의 이해를 반영한다. 수학 학습을 지식, 기능, 기계적 과정으로 보는 교사는 닫힌 발문을 사용하는 경향이 가능할 것이며, 수학을 문제 해결과 과정, 창의성 등을 강조하는 쪽으로 인식한다면 열린 발문을 사용하는 경향이 강할 것이다.

교사가 수업 시간에 발문을 효율적으로 하기 위해서는 다음과 같은 점에 유의하여야 한다.

- '닫힌 발문'뿐 아니라 광범위하게 인정할 수 있는 반응을 유발하는 '개연적 발문'도 한다.
- 발문을 한 후 학생들에게 사고할 시간을 주기 위하여 최소한 3초 동안 기다린다.
- 학생들의 답변이 없다고 곧바로 교사가 답을 말하지 않는다.
- 만일 학생들이 간단하거나 부분적인 대답을 하면 그 반응을 확장하도록 발문한다.
- 발문은 분명한 말로 한다.
- 한 발문에 한 학생 이상 대답하게 한다.
- 다른 학생의 반응에 대해서 학생들이 반응하도록 격려한다.
- 교사가 발문을 반복하는 것을 피한다.
- 학생들의 반응이 반복되는 것을 피한다.
- 주요한 개연적 발문을 주의 깊게 사전에 계획한다.
- 교사 자신의 판단을 개연적 발문에 대한 학생의 대답에 주입하는 것을 피한다.
- 지원자는 물론 지원하지 않은 사람도 지명하여 전 학급에 발문을 분산한다.

수학 수업 시간에 발문을 할 때 고려해야 할 다른 한 가지가 질문을 제시하기 전에 얼마나 오래 기다리느냐 하는 것이다. 교사의 대기 시간은 바람직한 응답을 이끄는데 있어 발문 그 자체보다 중요할 수 있다. 대기 시간은 두 가지로 구별할 수 있는데 첫 번째 발문을 하고 나서 학생이 반응을 할 때까지 기다려 주는 시간과 첫째 응답 후 생기는 막간의 시간이 그것이다. 이 두 대기 시간을 늘릴수록 발문에 대한 학생 대답의 길이가 늘어나며, 학생들이 자발적으로 응답하고, 대답하지 않은 질문이 없게 되며, 학생들이 자신의 응답에 확신을 갖게 되며, 학생들이 더 깊이 생각하여 답변을 하려고 노력하며, 학생들이 질문하는 빈도가 늘어나게 된다(Borich, 2002).

3) 학생 중심 토의 방법

이 교수법은 학생끼리 계획된 토의를 하고 중간에 때때로 교사가 간섭해서 조언하는 형태이다. 토의는 어떤 주제에 관한 목적이 분명한 의사 교환 과정으로써, 교사와 학생 그리고 학생 상호간의 교호(交互) 작용을 전제로 한다. NCTM(1991)의 '규준'에 따르면 이러한 종류의 지도에서는 학생이 그의 동료와 대화하는 것이 허용되어야 하며, 여러 가지 대안에 대하여 논쟁하고, 정당화하며 그리고 실수하는 것을 허용해야 한다. 이 교수법은 전체 학급 혹은 소집단(小集團) 차원의 토론, 소집단 협력 학습 등을 사용하여 실행할 수 있다.

중요하게 다루어져야 할 토론의 세 가지 측면이 있는 바 첫째, 토의는 학생으로 하여금 수학에 관한 그들의 생각을 발전시키고, 자신의 의견을 다른 사람과 의사 교환하도록 요구하는 것이어야 한다. 둘째, 학생이 참여하는 상황, 문제 그리고 과업은 학생들이 상호간에 의사 교환할 것을 요구해야만 한다. 셋째 학습을 위한 듣기는 결코 수동적이어서는 안 된다. 서로 경청하고 있는 동안에 다른 사람의 아이디어를 자신의 것에 통합시키고 자신의 이해 정도를 평가해야 한다.

소집단 협력 학습은 소집단 구성원이 공동 목적을 성취하기 위하여 공동의 사고 과정을 통해 문제를 해결하도록 하는 것으로, 차원 높은 문제 해결력과 협동심을 높이는데 공헌할 수 있는 수업형태이다. 소집단 협력 학습에서는 학생들이 단지 해답을 말하는 것이 아니라 그들의 생각 즉, 그들이 관찰한 것을 이야기하고, 왜 그런 절차를 밟았으며, 그 해답이 왜 옳다고 생각하는지를 설명할 기회를 요구한다. 학생들은 수학에 대해 사고하고 추론하도록 하거나, 말로 또는 글로 다른 사람에게 그들의 생각한 결과를 나눌 때 그 아이디어를 분명하게 진술한다. 따라서 의사 교환은 각 학생들과 그들이 속한 공동체에 서로 유익을 주는 활동 중심에 놓여 있다. 그러한 교실에서는 열린 문제를 사용하여 의사 교환을 촉진시키는 것을 보게 되며, 다양한 해석과 다양한 해결 방법에 대해 토론하도록 이끈다.

이러한 소집단 협력 학습의 장점에 대해 류희찬(1996)은 다음과 같이 세 가지로 요약하고 있다. 첫째, 소집단 협력 학습은 피동적인 수용 학습에서 적극적인 활동이 수반되는 학습을 가능하게 한다. 소집단 협력 학습은 학습자를 위한 사회적 지원 체제를 제공한다. 학생들은 각자의 생각을 교환하고, 자유롭게 질문하고, 서로 설명하고, 사고와 개념을 명료화하고, 의미 있는 방법으로 서로에게 학습에 대한 감정을 표현하는 기회를 가질 수 있게 된다. 둘째, 소집단 협력 학습에서는 모든 구성원들에게 적당한 임무를 부여하며 팀 점수를 성적에 반영함으로써 각자 뿐 아니라 팀 전체가 함께 발전하여야 한다는 생각을 심어줌으로써 보다 많은 학생들에게 수학 학습에서의 성공 기회를 제공할 수 있다. 부진아는 속진아로부터 가르침을 받아 학습을 촉진시킬 수 있으며, 학습 속진아는 부진아들을 가르침으로써 자기의 학습을 강화할 수 있다. 셋째, 학생들은 그들의 논리로 서로 이해시킬 수 있음으로 해서 많은 것을 배울 수 있다. 학생들은 같은 문제를 해결하기 위한 여러 가지 방법을 배울 수도 있으며 서로에게 기본적인 개념과 필요한 계산적인 절차를 지도할 수 있다.

소집단 협력 학습은 그 시간에 활동할 전반적인 것을 제공하기 위해 전체 학급이 만나는 것으로 시작한다. 이 때 교사의 새로운 자료 제공, 학급 토론, 탐구해야 할 문제나 질문의 제기, 그룹 활동을 위한 방향 정하기 등이 이루어진다. 그 다음에는 학급은 보통 4명씩 구성된 소집단으로 나누어진다. 각 그룹은 그 그룹의 활동 공간을 가지며 접을 수 있는 차트나 칠판의 일부를 배정 받는다. 학생들은 각 그룹에서 수학적 아이디어를 토론하고, 문제를 풀고, 자료의 집합에서 규칙성과 관계성을 찾고, 예상을 테스트하고, 점검하기 위해 협동으로 함께 일한다. 학생들은 상호간에 활동적으로 아이디어를 교환하며 서로가 그 자료를 배우는 것을 돕는다. 교사는 각 그룹을 순회하면서, 도움과 용기를 넣어주며, 필요한 경우 생각이 떠오르게 하는 질문을 던지는 등의 활동적인 역할을 한다.

수업 시간에 협력 학습을 실시하려고 하는 교사는 시간 요인을 고려하여야 한다. 협력 학습은 더 많은 계획과 수업 시간을 필요로 한다. 그러나 수학적 의사 교환의 증대, 수학 학습을 위한 사회적 지원, 모든 학생이 수학에서 성공을 경험하는 기회, 문제 해결에 대한 여러 가지 접근 방법이 일어날 가능성, 게임과 의미 있는 문제의 논의를 통해 수학을 다루는 경험 등을 생각한다면 소모된 시간은 정당화될 수 있다. 협력 학습을 교실에서 처음으로 실시하려면 먼저, 작은 규모에서 시작하여 점차 확대해 가야 한다. 소란스런 분위기에 교사는 신경을 쓰게 되지만, 각 그룹을 순회하며 그들의 활동을 관찰해 보면 그 소란은 학생들이 수학적 아이디어의 교환에서 일어나는 당연한 결과임을 알게 되고 이 수업의 이점을 깨닫게 된다.

소집단 협력 학습의 예는 여러 가지 들 수 있겠지만 프로젝트(project) 학습이 대표적이다. 프로젝트는 일반적으로 집단별로 부과되기 때문에 학생들이 협력 학습을 할 수 있는 좋은 기회가 되는 것이다. 이 학습에서는 수학 내용이나 개념을 포함하고 있는 실제적 상황을 문제화한 프로젝트의 구성이 중요하다. 초등학교 6학년의 원주율과 관련된 프로젝트형 과제로서 다음과 같은 과제를 들 수 있다.

학생들이 문제를 인식하고 정의하며, 그것을 해결하기 위한 변수를 찾고 무엇을 어떻게 해야 하는지를 결정하고 과제를 분담하여 수행하고 그 결과를 전체 앞에서 분명하게 제시하는 일련의 과정을 보면, 프로젝트 학습은 일상생활과 유사하다. 학생들은 구성원들과 이야기하고 말이나 글로 결과를 전달함으로써 의사 교환 기능을 정교화 할 수 있게 되며, 또한 프로젝트를 함께 수행함으로써 학생들은 필수적인 사회생활 기능을 익히게 될 뿐 아니라, 수학이란 교과의 속성이나 가치를 경험할 수 있게 되는 것이다.

소집단 협력 학습을 사용할 경우 교사가 결정해야 할 것 중의 하나는 어떤 방육상경기에는 트랙경기와 필드 경기가 있다. 종합운동장에 있는 트랙은 그림 8.1처럼 직선 주로와 곡선 주로로 이루어져 있는데, 두 곡선 주로는 반원이다. 육상 경기 중 트랙 경기는 직선으로 된 결승선이 있지만 출발하는 방법은 다양하다. 여러 트랙 경기의 출발하는 방법을 찾아보고, 왜 그렇게 출발해야 하는지 그 속에 스며있는 수학 원리를 찾아 설명하는 보고서를 작성하여 보아라.

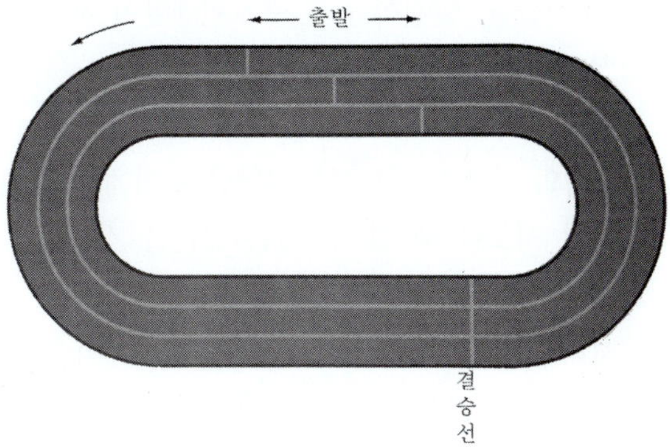

그림 8.1 종합운동장 트랙

식으로 학생들을 분류하느냐 하는 것이다. 능력이 다른 이질적인 집단이 학습에 긍정적인 영향을 미친다는 연구 결과가 있다. 이들 집단은 임의로 할당될 수도 있고 교사가 선택할 수도 있다. 능력에 따라 동질적으로 분류를 한 집단은 우수한 학생과 열등한 학생 사이에 학습 수행에서의 격차를 심화시키며, 열등한 학생들이 낮은 자아 존중과 동기를 갖게 될 뿐 아니라 교우 관계가 제한된다는 단점이 있다.

생각해 볼 문제

1. 역사발생적 원리를 학교수학에 그대로 적용하였을 때 예상되는 문제점 및 대안을 기술하시오.

2. 새수학 시기에 강조되었던 '발견학습'과 프로이덴탈이 제안한 '안내된 재발명식 수업'이 어떻게 다른지 기술하시오.

3. 직사각형 평행사변형의 관계를 지도하는 4학년 수업에서 '닫힌 발문'과 '열린 발문'을 이용하여 지도할 때 할 수 있는 발문을 기술하시오.

4. 5학년에서 여러 사각형의 넓이를 구하는 공식을 모두 학습한 후 넓이 공식 사이의 관계를 이용하여 사각형 사이의 관계를 파악할 수 있는 프로젝트 과제를 고안하여 보시오.

■ 참고문헌 ■

교육과학기술부 (2008), 초등학교 교육과정 해설(Ⅳ), 서울: 대한교과서주식회사

류희찬 (1996), 열린 교육과 초등학교 수학과 교육: 소집단 협력 학습을 중심으로, 수학교육학 연구 발표 대회 논문집, 대한수학교육학회, pp. 53–64.

박상호 (1978), 학습지도, 서울: 학문사.

박성익 (1997), 교수·학습 방법의 이론과 실제(Ⅰ), 서울: 교육과학사

백석윤, 서점균 (1997), 프로젝트형 과제를 통한 열린 수학 학습 지도 연구, 초등교육연구 제7집, 진주교육대학교, pp. 57–67.

수학교육학세미나그룹 (1991), 제7회 수학교육학세미나집, 주제: 수학 학습 – 지도 이론 탐색, 수학교육학세미나그룹.

우정호 역 (1986), 어떻게 문제를 풀 것인가, 서울: 천재교육.

우정호 외 (1985), 수학과 교육(Ⅰ), 서울: 한국방송통신대학 출판부.

우정호 외 (1995), 증보 수학교육학 개론, 서울: 서울대학교 출판부.

이성호 (1987), 교수방법의 탐구, 서울: 양서원.

이성호 (1999), 교수방법론, 서울: 학지사.

정영옥 (1997), Freudenthal의 수학화 학습 – 지도론 연구, 서울대학교 박사학위 논문.

Blosser, P. E. (1995), 효율적인 교사의 발문 기법, 송용의 역, 서울: 배영사.

Borich. G. D. (2000), Effective Teaching Methods, Prentice Hall, INC.

Cockcroft, W. H. (1982), *Mathematics counts*, London: HMSO.

Freudenthal, H. (1973), *Mathematics as an educational task*, Dordrecht Holland: D. Reidel Publishing Co.

Hargreaves, D. (1984), ‘Teachers Questions: Open, Closed and Half Open’, *Eucational Research, 26*(1), 46–51.

Haylock, D. (2007), *Key Concepts in Teaching Primary Mathematics,* London: SAGE Publications.

NCTM (1989), *Curriculum and evaluation standards for school mathematics*, NCTM.

NCTM (1991), *Professional standards for the teaching mathematics*, NCTM.

Polya, G. (1965), *Mathematical discovery*, Vol. I, John Wiley & Sons, Inc.

Polya, G. (1973), *Mathematics and plausible reasoning*, Vol. I, Princeton University Press.

Wragg, E. & Brown, G. (2001), *Questioning in the Primary School*, London: RoutledgeFalmer.

09

수학교구와 게임의 활용

수학은 그 관점에 따라 알고리즘, 개념적 체계 등으로 볼 수 있으나, 어떤 관점에서도 수학은 의미를 그 바탕으로 하고 있으며 순서, 구조, 그리고 수많은 관계로 이루어져 있다는 것에는 동의를 얻고 있다. 이에 따라 일찍이 브라우넬도 수학을 아이디어와 원리, 과정이 정밀하게 잘 짜인 하나의 체계로 이해하고 그러한 수학의 본성에 적합한 의미 충실한 교수·학습이 이루어져야 한다고 한 바 있다. 이와 같이 수학과 학습이란 '학생들의 기억에 호소하기보다는 그들의 지력에 호소할 수 있도록'하는 것을 의미하는 것이다. 수학의 본질에 적합한 수학과 교수·학습이 이루어져야 한다는 관점은 피아제, 브루너, 디에네스 등의 학자들에 의해서도 강조된 바 있으며, 그들은 '학생들이 그들 자신의 수학적 이해를 구성할 때 수학을 잘 학습한다'는 것을 주장한다.

여기서 수학적 지식을 구성한다는 의미는 '지식은 수동적으로 받아들여지는 것이 아니라, 학생에 의하여 능동적으로 구성된다'는 것이다. 그에서 더 나아가 '학생들은 자신의 신체적·정신적 활동에 대한 반성을 통해서 새로운 수학적 지식을 창조한다'는 의미이다(강문봉 외 역, 1999). 이런 관점에서 본다면 효과적인 수학과 교수·학습이란 먼저 학습자의 상태를 명확히 파악하고, 학생이 '수학적 지식을 스스로 구성할 수 있도록' 그에 적합한 상황을 제공하는 것이다. 그런데 여러 연구에 의하면, 아동의 수학적 발달의 수준은 구체적·활동적인 것으로부터 추상적·상징적인 것으로 발달해간다. 이와 같이 수학적 지식이 의미 있게 구성되는 상황·맥락은 학습자에 따라 다르며, 피아제에 따르면 초등학교 아동들은 구체적 조작기, 구체적 조작기에서 형식적 조작기로의 과도기에 있다. 초등학교에서 수학을 가르치고 배우는데 생기는 여러 가지 어려움은, 수학은 추상적이고 형식적임에 비해 학습자들은 구체적 조작기에 있거나 다음 단계로 막 이행하려는 시기에 있기 때문에 그것을 그대로 받아 들여 자신의 지식으로 구성할 태세가 되어 있지 않다는 것에서 비롯된다고 할 수 있다. 이러한 수학과 교수·학습의 문제점을 해결하기 위해 수학적 개념을 예시하는 적절한 모델과 구체적인 교구·조작 자료가 사용되는 것이다. 구체적 조작자료를 사용함으로써 추상적인 수학적 사고와 지식에 대한 이해가 가능하고, 구체적인 활동과 그것을 통한 반성으로부터 수학적 지식의 구성이 가능해지는 것이다. 이런 관점에서 브루너도 '학생들로 하여금 한 현상의 내면에 숨어 있는 구조를 파악하도록 도와주는 도구'[1]가 각 교과의 교수·학습에 의미 있게 사용될 수 있다고 하였다(이홍우 역, 1973).

연구 결과, 구체적 조작 자료를 사용하는 수업이 그러한 자료 없이 행해지는 수업보다 더 높은 수학적 성취를 이룰 수 있다는 것이 밝혀졌다. 이와 같이 수학교구는 개념을 구성하는 관계를 형성하거나 어떤 방법으로 관계를 예시하고 그것에 의해서 학생들이 개념을 이해하고 구성할 수 있도록 돕는 구조 지향적인 수학과의 교수·학습에서 필수불가결한 수업의 요소라 할 수 있는 것이다.

위의 내용을 포함하여 수학과 수업에서 수학교구가 가지는 가치와 그 역할은 다음과 같이 정리해 볼 수 있다.

첫째, 여러 가지 형태의 자료는 수학적인 아이디어를 구성하기 위해, 다시 말해 조작을 형성하도록 하기 위해 학생들이 인식해야 하는 불변성이나 규칙성을 파악하는 것을 더욱 수월하게 하도록 해준다. 이는 추상적인 관계를 나타내고자 할 때, 자료는 수학적 모델링을 하기 위한 구체적인 자료로, 추측을 확인하기 위한 수단으로, 설명을 논리적으로 할 수 있게 해 주는 역할을 하게 된다.

둘째, 학생이 개념과 기호 사이의 연결을 만드는 것을 도와준다. 즉 수학적 모델링을 하는 과정에서 수학적 개념이나 절차를 이해하고 이에 대한 표현으로서 수학적 기호가 사용되는 것을 이해하게 도와주어 그 기호로의 의사소통이 가능하도록 해준다.

그러나 여기서 유의해야할 점은 구체적 교구의 사용이나 활동이 곧바로 수학적 지식의 구성을 보장하지는 않는다는 것이다. 이 장에서는 초등수학을 지도하는 데 있어서 컴퓨터를 포함한 구체적인 교구와 수학 게임의 의의와 구체적인 활용 방안 및 사용상의 유의점을 소개하고자 한다.

---

1) 두산세계대백과에서는 교구를 '학습을 구체화·직관화하고, 효과적으로 지도하기 위하여 사용하는 도구'라고 기록하였다.

1. 초등수학 학습·지도에 유용한 교구

1) 칠교판

그림 9.1 칠교판

칠교판(탱그램, Tangram)은 한 변이 10cm쯤 되는 정사각형 판자를 일곱 조각으로 나눈 것이며, 그 일곱 조각으로 인물, 동물, 식물, 건축물 등 온갖 사물을 만들며 노는 놀이를 칠교놀이라고 한다. 칠교놀이는 기원전 육백년경 중국에서 시작되었고, 중국사람들은 칠교판을 지능을 발달시키는 판이라고 하여 지혜판이라 불렀다. 칠교놀이가 서양에 알려진 것은 1805년이다. 처음 독일에서도 칠교놀이에 대한 책이 출판되자 유럽에서는 이 놀이를 아주 신기하게 생각하였고, 이 놀이를 탱그램이라 하여 자기네 것처럼 만들었다. 우리나라는 중국과 지리적으로 가까운 관계로 더 일찍 칠교놀이가 들어왔고, 우리 선조들도 칠교놀이를 즐겨하였다.

최근에 수학교육에서 여러 가지 조작적인 자료를 활용하는 학습활동이 강조되면서 칠교판은 도형의 기본개념이나 성질을 학습하고 공간감각을 길러주는 교구로 각광을 받고 있다. 특히 칠교판의 일곱 조각인 도형들(닮음인 직각이등변삼각형 3종류 다섯 개, 정사각형 한 개와 평행사변형 한 개)은 서로 변의 길이가 같거나 정수 배의 길이를 가지기 때문에 서로 다른 도형 사이의 성질, 넓이들 간의 관계의 통합적 파악을 위한 교수에 효과적으로 사용될 수 있으며, 주어진 임의의 전체를 이 조각들로 채우는 활동을 통해서는 전체와 부분간의 관계를 유연하게 파악할 수 있게 하는 사고력이 신장될 수 있다.

(1) 칠교판 만들기 과제

다음의 지시에 따라 정사각형의 종이를 접어서 자르세요. 그리고 각 학습 단계마다 관찰한 사실에 대해 기록하세요.

① 정사각형의 종이를 대각선을 따라 접고, 접은 선을 따라 자르세요. 결과를 관찰하세요.

② 자른 조각 중 하나를 가지고 그것을 반으로 접고, 접은 선을 따라 자르세요. 결과를 관찰하세요.

③ 나머지 조각 (①의 단계에서) 하나를 가지고, 빗변의 중점을 알 수 있도록 살짝 접으세요. 직각인 꼭짓점이 빗변의 중점에 닿도록 하여 접고, 접은 선

을 따라 자르세요. 결과를 관찰하세요.

④ 사다리꼴 조각을 가지고, 반으로 접어 자르세요. 어떠한 모양이 만들어지나요? 잘려진 조각들은 서로 어떤 관계인가요? 조각들의 각이 얼마인지 알 수 있나요?

⑤ 사다리꼴 조각을 취해 밑변에서 예각인 꼭짓점을 밑변에서 직각인 꼭짓점에 대어 접고, 접은 선을 따라 자르세요. 어떠한 모양이 만들어지나요? 잘린 조각들은 다른 조각들과 어떤 관계인가요?

⑥ 나머지 사다리꼴 조각을 취해, 밑변에서 직각인 꼭짓점을 반대편의 둔각 꼭짓점에 대어 접고, 접은 선을 따라 자릅니다. 이제 7개의 칠교판 조각들이 만들어졌습니다. 더 관찰해 볼 것은 없나요?

(2) 사고의 유연성을 길러주는 과제

이 활동은 초등학교 1, 2학년에 적절한 과제로 퍼즐 맞추기와 유사하다. 채워져야 할 전체를 고려하면서 그에 적절한 부분인 조각을 찾으면 사고의 유연성이 길러질 수 있다. 그러나 이 활동은 도형 탐구 이전에 유아용 모양 맞추기 활동이므로 도형 학습을 위한 소재의 개발이 필요하다.

• 칠교 조각들로 다음의 그림을 맞추어 보세요.

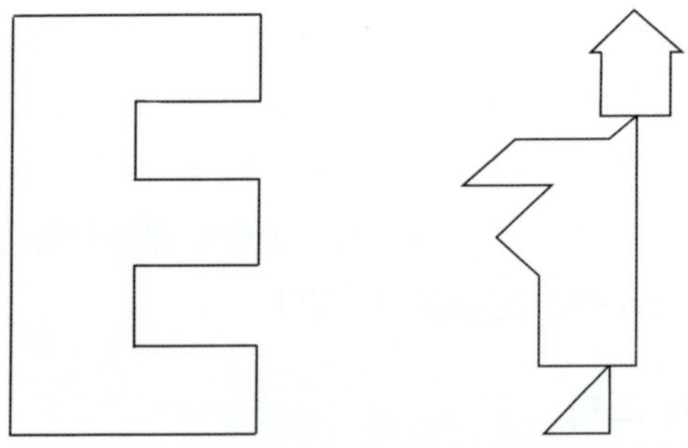

(3) 여러 가지 도형들의 성질과 넓이들 사이의 관계 탐구를 위한 과제

① 탱그램 조각 가운데 가장 작은 삼각형 조각의 넓이를 1이라 할 때 나머지 조각들의 넓이를 구해 보세요. 왜 그렇게 나왔는지 이유를 써 보세요.

② 넓이가 2, 4, 8인 삼각형을 만들어 보세요. 자기가 만든 도형을 그려 보세요.

③ 넓이가 4인 직사각형을 만들어 보세요. 몇 가지나 만들 수 있을까요? 자기가 만든 도형을 그려 보세요.

④ 넓이가 4인 정사각형을 만들어 보세요. 자기가 만든 도형을 그려 보세요.

⑤ 넓이가 4, 8인 사각형을 만들어 보세요. 자기가 만든 도형을 그려 보세요.
⑥ 넓이가 16인 육각형을 만들어 보세요. 자기가 만든 도형을 그려 보세요.

이 활동은 크고 작은 탱그램 조각으로 일정한 넓이를 가지는 도형을 만드는 과제로 넓이와 만들 도형 두 가지를 고려하면서 수행된다. 그리고 이 조건을 가진 도형은 여러 가지가 나오기 때문에 일정한 조건을 만족시키는 도형을 찾아내는 아동들의 탐구력과 창의력을 키워주는 과제이기도 하다. 그뿐 아니라 넓이가 4인 직사각형을 만들면서 그 가운데 정사각형이 포함된다는 것을 알게 되면 직사각형과 정사각형 사이의 포함관계를 조작적으로 파악하게 된다.

(4) 교과서에 제시된 활동이외에 탱그램을 추가로 활용할 수 있는 내용

3-2의 도형에서 거울에 비친 모양을 탐구할 때 탱그램의 조각 중 뒤집어 놓으면 원래와 모양이 달라지는 조각을 찾아보도록 할 수 있다. 이는 거울에 비친 모양에 대한 탐구가 3-1의 모양 움직이기(뒤집기)와 5-2의 도형의 대칭을 자연스럽게 연결시켜주는 매개 활동으로 적절하다. 뒤집기 활동을 통해 원래의 모양과 일치하는 것은 선대칭도형이며 거울이 놓인 위치가 바로 대칭축이 된다.

4-2의 수직과 평행을 다루는 단원에서는 탱그램을 사용하고 있지 않지만 탱그램을 직접 그려보는 활동을 통해 평행과 수직의 응용문제를 탐구할 수 있다. 이는 곧이어 나오는 '사각형과 도형 만들기' 활동에서 도형을 만들기 전에 이루어지고 있는 '색종이를 접어 탱그램을 만들기' 활동 대신에 '탱그램을 직접 그려보기' 활동으로 대체하여 통합적으로 지도할 수도 있다.

5-2는 도형의 합동과 대칭을 다루고 있다. 그런데 탱그램을 도형의 합동에서만 활용하고 있다. 대신 4-2의 활동을 회상하면서 13개의 볼록다각형들을 선대칭도형, 점대칭도형, 그리고 선대칭이면서 점대칭인 도형들을 분류해 볼 수도 있을 것이다.

2) 기하판

기하판(지오보드, Geoboard)은 영국의 수학교육자 가테그노(C. Gattegno)가 학생들의 기하학습에 도움을 주기 위해 고안한 조작 도구이다. 그림 9.2와 같이 연속적으로 배열된 정사각형 혹은 정삼각형의 꼭짓점에 못 등을 막아 돌출시켜 고무줄을 걸 수 있도록 만든 판이다. 이에는 가장 활용도가 높은 정사각격자 기하판 외에 정삼각격자 기하판과 원형 기하판이 있다.

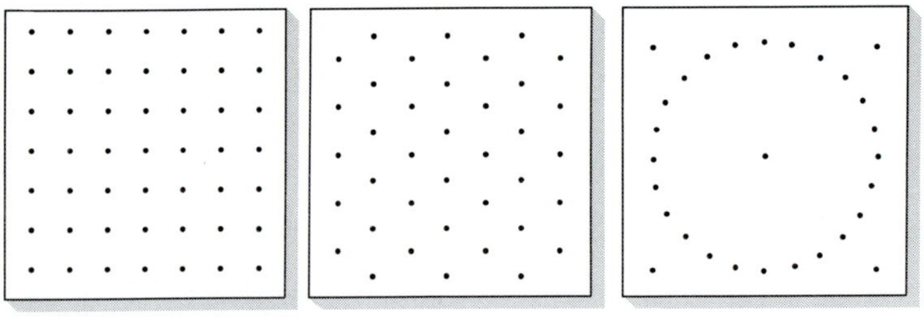

그림 9.2 정사각격자(7×7) 기하판, 정삼각격자 기하판, 원형 기하판

기하판의 모양과 용도는 모눈종이와 비슷하지만, 모눈종이 위에 그려진 도형은 수정하기가 어려운 반면 기하판은 그 위에 고무줄을 가지고 자유롭게 도형을 만들 수 있으며 즉시 수정도 가능하다는 장점을 가지고 있다. 그와 같은 이유에서 기하판은 도형의 구성요소(각, 꼭짓점, 변)로 도형을 인식하게 하는 활동, 여러 가지 도형의 넓이에 대한 감각, 수학적 추론능력의 신장을 위한 교구로 효과적으로 사용될 수 있다.

(1) 도형의 구성요소(각, 꼭짓점, 변)로 도형을 인식하게 하는 활동

다음의 조건을 만족하는 도형을 기하판 위에 만들어보고 다음에 그려보세요. 그리고 그 넓이를 구해 보세요.

① 다음과 같은 사각형을 만드세요. 그리고 완성된 도형을 옮겨 그리세요.
(2개의 직각, 1개의 예각, 1개의 둔각) 넓이: ____________________

② 다음과 같은 오각형을 만드세요. 그리고 완성된 도형을 옮겨 그리세요.
(3개의 직각, 0개의 예각, 2개의 둔각) 넓이: ____________________

③ 다음과 같은 육각형을 만드세요. 그리고 완성된 도형을 옮겨 그리세요.
(2개의 직각, 1개의 예각, 3개의 둔각) 넓이: ____________________

④ 다음과 같은 육각형을 만드세요. 그리고 완성된 도형을 옮겨 그리세요.
(1개의 직각, 1개의 예각, 4개의 둔각) 넓이: ____________________

이 과제는 구성요소와 성질(각의 개수, 각의 종류)로 도형을 인식해야하는 도형-분석적 수준(판 힐러의 1수준)의 활동으로 적절하다. 그리고 주어진 조건을 만족시키는 각의 크기를 만들면서 인접한 각의 크기의 변화, 불변을 관찰할 수 있다.

(2) 일정한 넓이를 가지는 도형 만들기 활동

기하판의 점과 점 사이의 길이가 1cm라고 생각하고 다음의 문제를 풀어 보세요.

① 넓이가 $16cm^2$인 직사각형을 3가지 만들어 보세요. 그리고 기하판 위에 만든

것을 다음에 그려 보세요. 몇 가지나 만들었나요? 지금 만든 것 외에 다른 것은 만들 수 없나요?

② 넓이가 12cm^{2}인 평행사변형을 3가지 만들어 보세요. 그리고 기하판 위에 만든 것을 다음에 그려 보세요. 몇 가지나 만들었나요? 지금 만든 것 외에 다른 것은 만들 수 없나요?

③ 넓이가 16cm^{2}인 사다리꼴을 3가지 만들어 보세요. 그리고 기하판 위에 만든 것을 다음에 그려 보세요. 몇 가지나 만들었나요? 지금 만든 것 외에 다른 것은 만들 수 없나요?

이 과제는 도형의 넓이를 구하는 방법을 직관적으로 경험할 수 있게 하는 활동으로 적절하다. 예를 들면 평행사변형의 경우, 먼저 만들어진 도형의 넓이를 그 안의 칸 수를 세어서 구해볼 수 있고 그 후에 밑변과 높이의 길이를 이용하여 구해본 후 앞서 구한 것과 비교해 봄으로써 넓이의 공식의 의미를 생생하게 경험할 수 있다. 이 외에도 주어진 넓이를 만족시키는 도형을 만들면서 밑변의 길이는 고정시킨 채 높이의 길이를 변화시켜가면서 모양은 달라도 넓이는 같게 된다는 것을 스스로 알 수 있게 된다. 다음으로 밑변과 높이의 길이를 동시에 변화시키며 도형을 만들면서 넓이와의 약수·배수 관계를 경험할 수 있다.

3) 패턴블록

그림 9.3 패턴 블록

패턴블록(Pattern Block)은 1960년대 초에 미국의 초등과학연구회가 평면 패턴 탐구를 위해 개발한 학습자료이다. 기본적으로 패턴블록은 6가지 색으로 구분된 6가지 도형(녹색 정삼각형, 주황색 정사각형, 파란색 평행사변형, 회색 마름모, 빨간색 사다리꼴, 노란색 정육각형)을 모아 놓은 것이다. 모든 블록들은 1cm 높이에 각 변의 길이가 1인치(2.54cm)로 모두 동일하게 만들어져 있는데 사다리꼴의 밑변의 길이는 다른 블록의 한 변의 길이의 2배인 2인치이다. 이와 같이 각 블록들은 변의 길이가 같거나 2배이며, 각 도형(블록)의 내각의 크기가 30° 또는 1, 2, 3, 4배에 해당하기 때문에 서로 잘 맞추어 배열될 수 있는 특징을 가지고 있다. 그뿐 아니라 각 도형의 넓이는 가장 작은 도형인 정삼각형 넓이의 2, 3, 6배이다. 이러한 특성은 패턴블록이 공간추론, 도형 간의 관계, 패턴, 테셀레이션 등을 지도하는 데 효과적으로 사용될 수 있다. 이외에도 수, 측도, 기하, 규칙성과 함수, 패턴 등에 효과적으로 사용될 수 있다.

(1) 서로 다른 두 블록으로 도형을 덮고 그 사이의 규칙성을 파악하는 과제

다음의 도형을 제시된 블록으로 채우고 기록해보세요.

① 정삼각형과 평행사변형으로만 채우세요. 어떤 경우가 있는지 각 블록의 개수를 기록하세요. 이 표에서 어떤 규칙성을 관찰할 수 있습니까?

② 정삼각형과 사다리꼴로만 채우세요. 어떤 경우가 있는지 각 블록의 개수를 기록하세요. 이 표에서 어떤 규칙성을 관찰할 수 있습니까?

③ 육각형과 정삼각형으로만 채우세요. 어떤 경우가 있는지 각 블록의 개수를 기록하세요. 이 표에서 어떤 규칙성을 관찰할 수 있습니까?

이 과제는 주어진 모양을 서로 다른 두 종류의 블록을 채우면서 그 개수들 사이의 패턴을 파악하는 것을 주목적으로 한다. 예를 들면 정삼각형과 평행사변형으로 채우면 (정삼각형의 수, 평행사변형의 수)는 (2, 5) (4, 4) (6, 3) (8, 2) (10, 1)이 된다. 여기에서 평행사변형의 개수가 1개씩 늘어나면서 삼각형의 개수는 2개씩 늘어나게 되는 패턴을 발견할 수 있고 그러한 규칙성은 두 도형간의 넓이의 관계 때

문이라는 것을 깨달을 수 있다. 이 외에도 예를 들면 정삼각형과 평행사변형으로 채워지는 개수가 (4, 4)일 때 전체를 1로 보면 정삼각형 하나는 $\frac{1}{12}$, 평행사변형은 $\frac{1}{6}$을 차지한다. 따라서 $\frac{4}{12}+\frac{4}{6}=1$이라는 이분모 분수의 덧셈의 계산도 직관적으로 이해시킬 수 있다.

(2) 패턴 블록을 이용한 게임

다음의 육각형을 패턴블록 6가지를 사용하여 짝과 함께 채우는 게임을 해 보세요.

① 첫 번째 사람은 삼각형이 그려진 자리에 삼각형을 놓는다.

② 다음 사람은 패턴블록 가운데 하나를 사용하여 육각형을 채우되 이미 채운 도형에 반드시 한 면이 닿아 있어야 한다.

③ 번갈아 가며 놓되 마지막 공간에 블록을 채우는 사람이 승리한다.

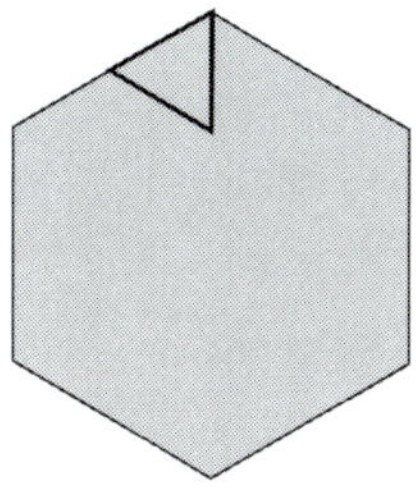

이 게임은 그 승리가 우연성에 기초하기 보다는 '예상과 확인' 전략이 주로 사용되고 측도, 어림 감각도 순간순간 발휘되어야 하는 전략 게임이다. 패턴블록의 각 조각들은 변의 길이가 같거나 2배이기 때문에 서로 잘 맞추어 배열될 수 있는 특징을 가지고 있기 때문에 주어진 임의의 모양을 채우는 활동이 가능하다.

(3) 패턴 블록을 이용한 규칙성의 탐구

2009 개정 교육과정에 따른 수학과 교육과정에서 규칙성과 함수 영역은 포장지나 보도블록 등과 같은 실생활과의 관련성, 체육·음악과 같이 타 교과와의 관련성, 다른 수학영역과의 관련성을 강조한다. 특히 주위에서 발견되는 규칙성을 찾아 그것을 표현하고 스스로 규칙을 정해 만들어가도록 하는 등과 같이 실생활과의 관련성을 강조하는바, 이에 활용될 수 있는 소재가 바로 패턴블록이다. 패턴블록의 각 도형은 변의 길이가 같기 때문에 서로 잘 맞추어 배열될 수 있는 특징을 가지고 있다. 다음은 패턴블록으로 만들 수 있는 규칙성을 가지는 배열의 예이다.

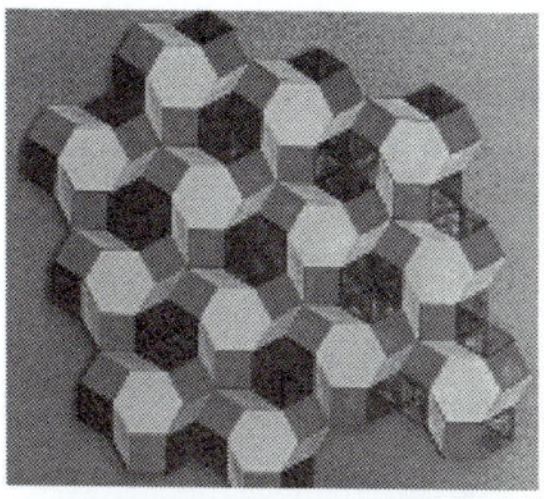

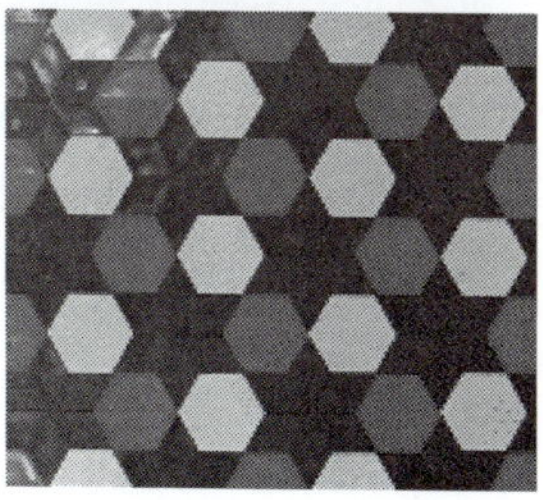
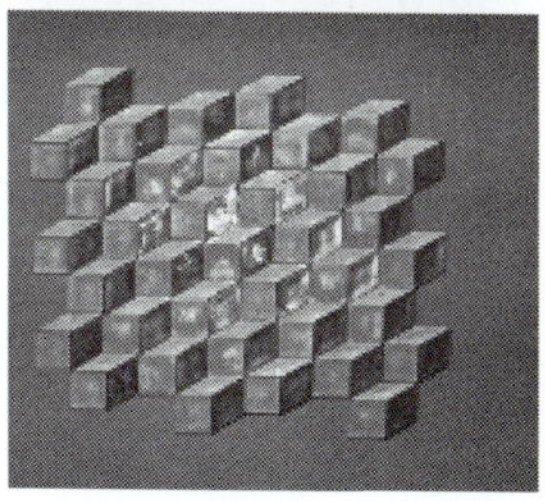

4) 퀴즈네어 막대

퀴즈네어 막대(Cuisenaire Rod)는 벨기에의 교사인 퀴즈네어(George Cuisenaire)가 창안했다고 한다. 음악에도 숙달했던 퀴즈네어는 악보에서의 음의 높낮이가 학생들에게 쉽게 이해된다는 것에 힌트를 얻어 수들의 관계를 길이로 나타내어 학생들에게 보여주는 방법을 창안했다고 한다. 그리고 수마다 다른 길이를 가지게 할 뿐 아니라 색깔을 달리해서 더 쉽게 알아보도록 하였다.

그림 9.4 퀴즈네어 막대

퀴즈네어 막대는 다음과 같이 1cm에서 10cm까지 길이와 색깔이 다른 직육면체 모양의 막대 10개가 한 묶음으로 되어있다. 그리고 각 막대는 길이와 색깔이 다르지만 그 위에 길이를 한정하는 단위길이가 표시되어있지 않아 필요에 따라 여러 가지 수를 나타낼 수 있고 이러한 단순성으로 인해 더 광범위하고 유연하게 사용될 수 있다는 장점을 갖는다. 예를 들면 빨강색 막대는 보라색 막대를 단위 길이로 하면 $\frac{1}{2}$이지만, 녹색 막대를 단위 길이로 하면 $\frac{1}{3}$이다. 결국 하나의 길이를 주어진 단위에 따라 유연하게 해석할 수 있게 된다. 퀴즈네어 막대의 이러한 특성은 분수, 비 비율 등을 지도하는 효과적인 교구로 사용될 수 있게 한다. 이들 영역 외에도 퀴즈네어 막대는 확률, 대칭, 합동, 규칙성과 함수를 지도하는데 유용하게 사용될 수 있다.

(1) 분수의 이해를 위한 활동

다음의 분수의 크기를 알아봅시다.

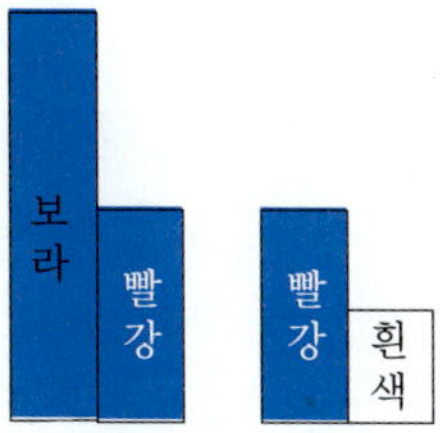

① 빨강색 막대는 보라색 막대의 몇 분의 몇입니까?

② 흰색 막대는 빨강색 막대의 몇 분의 몇입니까?

이와 같은 활동을 통하여 학생들은 전체와 부분의 상대적인 비로서의 분수의 의미를 쉽게 이해할 수 있게 된다.[2)]

(2) 이분모 분수의 덧셈과 뺄셈 지도용 활동

다음의 분수를 계산해 봅시다.

① $\frac{1}{2}+\frac{2}{3}$ ② $\frac{2}{3}-\frac{1}{2}$

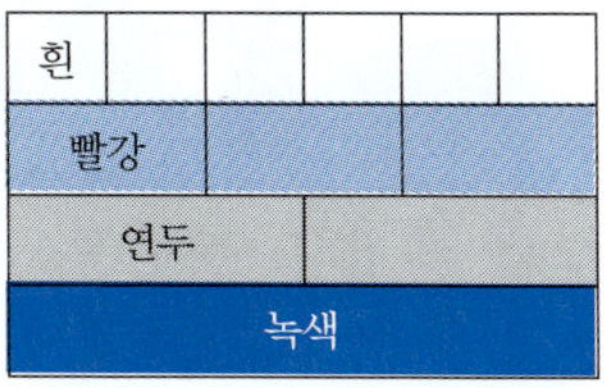

이 활동을 통해서 학생들은 녹색을 전체로 보았을 때 연두색 막대 하나는 $\frac{1}{2}$이고, 빨강 막대 하나는 $\frac{1}{3}$이며, 두 막대가 단위길이로서 같지 않기 때문에 그것을 같게 하면 각각 $\frac{3}{6}$, $\frac{2}{6}$이 된다는 것을 조작을 통해 확인할 수 있게 된다. 따라서 $\frac{1}{2}+\frac{2}{3}$는 $\frac{3}{6}+\frac{4}{6}=\frac{7}{6}$이 된다는 이분모 분수의 계산 원리를 조작을 통하여 알 수 있게 된다. $\frac{2}{3}-\frac{1}{2}$도 $\frac{4}{6}-\frac{3}{6}$이고 $\frac{1}{6}$이 된다는 것을 알게 된다.

---

2) 전체와 부분의 상대적인 비로써 분수를 이해하지 못한 학생들에게 다음과 같은 문제를 제기해보자. "석진이는 어떤 피자의 $\frac{1}{2}$을 먹었고, 동수도 어떤 피자의 $\frac{1}{2}$을 먹었다고 한다. 석진이와 동수가 먹은 피자의 양은 같을까? 아니면 다를까? 왜 그렇게 생각하는가?" $\frac{1}{2}$이라는 분수의 의미를 비 관계로 이해하지 않는 아동들은 같다고 대답할 것이며, 비 관계로 이해한 아동만이 같을 수도 다를 수도 있다고 할 것이다.

5) 연결 큐브

연결 큐브(Linking Cube)는 스냅 큐브(Snap Cube) 또는 멀티 큐브(Multi Cube)라 부르는 것으로 10개의 색, 모서리 길이가 $\frac{3}{4}$ 인치인 정육면체 모양으로 되어있으며, 각 면으로 각각의 정육면체가 서로 연결되게 되어 있다. 하나 하나가 연결되어 어떤 길이의 막대도 만드는 것이 가능하기 때문에 수 개념을 지도할 때도 유용하게 쓰인다. 3차원 도형이기 때문에 주로 공간 도형의 개념, 측도, 공간 추론의 탐구에 더 유용하게 사용될 수 있다. 각각의 정육면체로 연결된 입체를 이리저리 돌려보면서 생각할 수 있고 자신의 추론을 직접 확인할 수 있기 때문에 공간 감각과 추론능력을 키우는 데 유용하게 사용될 수 있다.

그림 9.5 연결 큐브

(1) 수학적 의사소통과 공간 감각 신장을 위한 활동

옆의 친구에게 설명하여 다음 쌓기 나무를 쌓아보게 합시다.

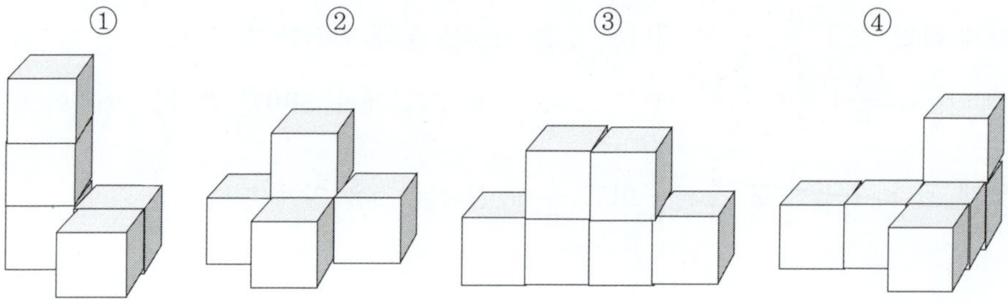

최근에 와서 수학교육은 '수학적 힘'을 기르는 것을 목표로 하며, 이를 위해 교수·학습에서는 수학적 추론, 문제 해결력, 수학적 의사소통, 수학적 연결성을 강

조하고 있다. 위 활동은 공간 감각과 함께 수학적 의사소통 능력을 기르기 위한 과제로 적합하다. 2009 개정 수학과 교육과정의 도형 영역에는 의사소통을 활용한 공간감각 기르기가 이전에 비해 강조되고 있다. 이 과제는 도형을 보고 말하는 사람과 그것을 듣고 똑같은 도형을 만드는 사람 둘이 한 조가 되어 수행된다. 말하는 사람은 개인의 용어가 아닌 공적으로 통용되는 수학적 용어를 사용해야 정확하게 대상을 설명할 수 있고, 듣는 사람은 말하는 사람의 용어의 의미에 익숙해 있어야 제대로 대상을 재생하는 것이 가능하다.

(2) 수학적 의사소통과 공간추론을 위한 활동

각 부분에 놓인 블록의 수를 나타내면 다음과 같습니다. (단, 블록은 가로 1cm, 세로 1cm, 높이 1cm의 크기입니다.)

2	2	2
2	2	1
1	1	1

① 위에서 본 블록의 수가 다음과 같을 때 어떤 모양이 될까요?

1	2	1
2	2	1
1	1	1

가) 나) 다) 라)

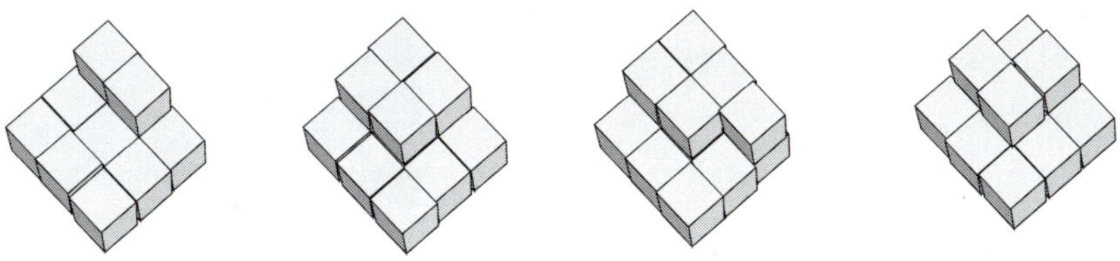

② 각 부분의 블록의 수를 어떻게 나타낼 수 있을까요?

③ 각 부분의 블록의 수가 다음과 같이 나타내지고 겉넓이가 $38cm^2$, 부피가 $12cm^3$일 때 가와 나에는 몇 개의 블록이 쌓인 것일까요? 왜 그런지 이유를 설명하세요.

1	가	1
2	2	1
1	나	1

이 과제는 단위 정육면체로 쌓인 공간 도형에 대한 감각을 키우는 데 적합하다. 공간도형의 위, 아래, 사방에서 본 모습을 표의 숫자로 나타내고 반대로 숫자로 나타내진 것을 보고 그에 적절한 공간도형을 그릴 수 있는 능력은 공간 감각을 키우는 데 핵심적이라 할 수 있다. 그뿐 아니라 공간도형의 겉넓이, 부피와도 관련지어 더 자세하게 도형을 탐구할 수 있다.

6) 속성 블록

분류는 실세계에 대해여 학습하는 데 기본적이고, 수와 더불어 또는 수와 관계없이 행해질 수 있다. 분류를 통해 무엇을 셀 것인가에 대하여 동의하게 된다. 분류하는 기능은 특히 유의미한 수적 활동의 선결 요건이다(강문봉 외 공역, 1999).

그림 9.6 속성 블록

이와 같은 분류의 활동을 경험할 수 있는 모델로 기여할 수 있는 구체물이 속성 블록이다. 속성블록(Attribute Block)은 논리 블록이라고도 부르며, 논리적 사고의 발달뿐 아니라, 분류활동에 대한 훌륭한 모델로 기여한다. 이 블록은 크기(대, 소), 색(파란색, 빨간색, 노란색), 모양(정사각형, 직사각형, 삼각형, 육각형, 원), 두께(두꺼운 것, 얇은 것) 네 가지 속성을 가지고 있다.

(1) 분류 활동

다음 설명을 듣고, 속성블록 가운데 나는 누구인지 찾아보세요.

① 나는 변이 세 개다.
나는 파랗다.
나는 크다.
나는 누구일까요?__________

② 나는 파랗지 않다.
나는 빨갛지 않다.
나는 변이 여섯 개다.
나는 작다.
나는 누구일까요?
____

③ 나는 크지 않다.
나는 변이 네 개보다 많다.
나는 빨간 색이다.
나는 두껍다.
나는 누구일까요?__________

④ 나는 노랗거나 파랗다.
나는 변이 없다.
나는 크지 않다.
나는 얇다.
나는 누구일까요?
____

몇 가지 속성을 가지거나 가지지 않는 대상을 고르면서 아동들은 논리합과 논리곱, 부정과 같은 분류의 경험을 할 수 있게 되고, 논리적으로 사고하는 것을 배우게 된다. 논리적 접속사 '또는'은 둘 이상의 집합의 합집합을 탐구하는데 사용될 수 있다. 예를 들어, '나는 노랗거나 파랗다'에서 노란색과 파란색의 도형의 합집합은 노란색 또는 파란색인 모든 속성 블록을 포함하는 집합을 만든다. 그리고 교집합은 논리적 접속사 '그리고'를 탐구하는데 사용될 수 있다. 예를 들어 '나는 파랗다. 나는 크다'에서 '파랗다'와 '크다'의 교집합은 파란색이면서 큰 속성을 가지는 모든 속성블록의 집합으로 만들어진다. 그리고 '~이 아니다'는 부정을 탐구하는데 사용될 수 있다.

7) 폴리드론

폴리드론(Polydron)은 면으로 혹은 선분으로 이루어진 다각형의 모임으로 이것을 이용하여 다면체를 만드는 도구이다. 입체도형의 구성요소로 면을 강조할 때는 면으로 되어 있는 다각형을 연결하여 만들고, 모서리를 강조할 때는 면이 없이 변으로 둘러싸인 다각형을 이용하여 만들 수 있다.

그림 9.7 폴리드론

정사각형으로 정육면체를 만들고 난 후 그 모서리 몇 군데를 뜯어서 전개도를 만들어보는 활동을 한다. 아이들이 발견한 전개도를 모두 그리게 하면서 정육면체의 전개도에는 몇 가지가 있는지 탐구하는 활동을 할 수 있다. 아이들은 비로소 정육면체의 전개도가 되는 가능한 경우를 체계적으로 사고하기 시작한다. 교사는 여기에서 입체인 정육면체의 모서리 가운데 최소한 몇 군데를 뜯어야 전개도를 만들 수 있는지 질문한다. 아이들은 경험적으로 7군데라는 것을 알게 되고 뜯기지 않은 모서리는 전개도 그림에 모서리끼리 이어 붙어있다는 것을 알게 된다. 원래 정육면체의 모서리가 12개이고 뜯긴 모서리가 7군데이기 때문에 5개의 모서리가 전개도에 다른 모서리가 이어 붙어 있음을 알 수 있다. 그렇게 되면 이제 정육면체의 가능한 전개도의 가짓수는 5개의 모서리가 이어진 것으로 좁혀지게 되는 것이다. 여기에서 만들어질 수 있는 전개도에는 몇 가지가 있는지 알아보면서 나오는 여러 가지 경우를 그림 9.8과 같이 체계적으로 정리하는 수학적인 방법을 탐구할 수 있다.

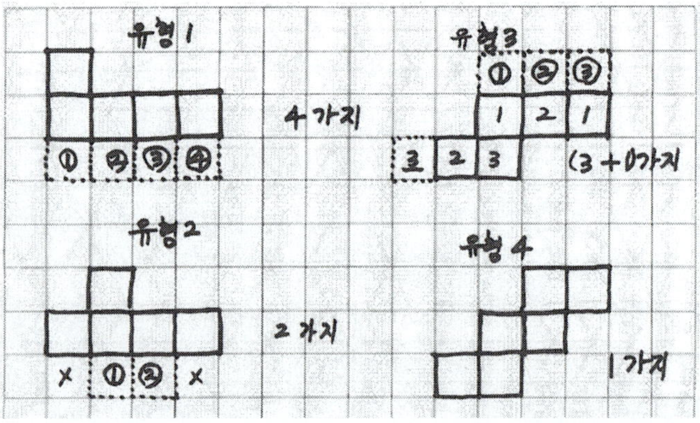

그림 9.8 정육면체의 전개도 구하는 방법

그림 9.8에서 첫째 유형은 가운데 줄에 네 칸이 있고, 맨 윗줄에 한 칸을 첫 번째 칸에 고정시켰을 때, 세 번째 줄에 나머지 한 칸이 올 수 있는 방법으로 4가지이다. 두 번째 유형은 가운데 줄에 네 칸이 있고, 맨 윗줄에 한 칸을 두 번째 칸에 고정시켰을 때, 세 번째 줄에 나머지 한 칸이 올 수 있는 방법으로 2가지이다. 세 번째 유형은 가운데 줄에 세 칸이 있고, 세 번째 줄에 두 칸이 있을 때, 첫 번째 줄에 나머지 한 칸이 올 수 있는 방법으로 4가지이다. 네 번째 유형은 계단모양으로 1가지이며, 위의 모든 것을 합하여 정육면체의 전개도는 총 11가지이다.

이와 같은 방식으로 두 가지 이상의 도형을 이용하여 직육면체나 삼각기둥 등을 만들고 그 모서리 몇 개를 떼어서 그것의 전개도를 만들어 본다. 그러한 과정에서 주어진 도형의 전개도가 되기 위한 조건을 발견할 수 있고 입체도형의 평면도형으로의 분해와, 그 역방향으로의 결합에 대한 공간 감각을 가지게 할 수 있다.

8) 계산기

계산은 수 세기와 계산 도구의 사용으로부터 발달해왔는데, 그러한 계산도구에는 고대의 돌 조각, 일본의 소로반 등이 있으며, 이러한 방법은 필산 알고리즘의 사용으로 발전하였다. 보다 최근에는 계산의 도구로 계산기(calculator)가 널리 사용되는데, 학교수학에 큰 영향력을 발휘하고 있다. 전통적으로 수학교육의 주요 목표는 '신속 정확한 계산 기능의 습득'으로 알려져 왔다. 이를 위해 특히 초등학교 수학의 대부분의 시간은 계산 기능의 숙달을 위해 사용되었다. 그러나 정보화 시대의 도래로 말미암아 계산기가 좀 더 광범위하게 보급되면서 이러한 학교 수학의 목표는 다소간 수정이 불가피하게 되었다. 물론 계산기를 효과적으로 사용하려면 어떤 장면에 어떤 연산이 사용되어야 할지는 사용자가 선택해야 하며, 기본적인 계산의 원리는 알아야 하지만 그것을 바탕으로 일반화가 가능한 지루한 계산에 더 이상 시간을 소모할 필요는 없어졌다.

그리고 전통적인 학교수학의 주요 목표인 '정확한 지필 계산'은 최근에 와서 상황과 필요에 적절한 계산 방법의 선택으로 달라졌다. 즉, 필요에 따라(정확한 답이 필요한 경우, 근사적인 답이 필요한 경우) 계산의 방법과 도구(어림, 지필 계산, 계산기, 컴퓨터)도 다르게 선택되어야 한다는 것이다.

그림 9.9 분수의 계산이 가능한 Math Explorer

계산기의 필요성에 대한 인식은 하면서도 적극적으로 도입되지 못한 데에는 '계산기를 이용하게 되면 사고가 필요하지 않다'라는 우려 때문이다. 다음의 문제를 생각해 보자.

> 어떤 버스가 아동을 36명 태울 수 있다고 한다. 아동 1000명이 버스를 타고 음악회에 가려면 버스가 몇 대 필요한가?

계산기가 이용가능 하다고 가정해보자. 계산기가 어떤 키를 눌러야 하며, 어떤 순서대로 눌러야 하는지를 결정해주는가? 계산기가 결과를 해석해 주는가? 전혀 그렇지 않으며, 그것은 아동의 몫이다. 연구에 따르면 이 문제는 계산기가 있는 경우나 없는 경우나 모두 풀기 어렵다. 계산기는 27.7777대의 버스라는 답을 제공한다. 그러나 27.7777대의 버스란 존재하지 않기 때문에 계산기가 제공한 답의 합리성을 아동이 다시 한번 숙고해보지 않으면 상식적으로 받아들여지기 어려운 답을 하게 된다. 여기에서 계산기의 역할은 그야말로 계산이며, 사고는 아동의 몫으로 남아있게 되는 것이다(강문봉 외 역, 1999).

계산기를 학교수학에 도입하는 많은 사람들의 우려는 계산이 요구되는 모든 경우에 계산기에 의존해야 한다는 생각 때문이다. 그러나 연산의 의미를 다루고 그를 바탕으로 한 기본적인 계산원리는 아동에게 이해되어야 한다. 그와 같은 장면에서 계산기를 도입하는 것은 그릇된 것이다. 그렇다면 어떤 장면에 계산기가 도입되어야 바람직할까? NCTM의 ≪규준≫에 따르면 다음과 같은 경우에 도입되는 것이 효과적이라고 한다.

(1) 계산보다는 개념의 발달에 주의를 집중시켜야 할 경우: 예를 들면 평균값이나 분산을 구하는 경우, 복잡한 계산을 하느라고 정작 다루고 있는 개념의 의미는 소홀해질 수 있기 때문이다.

(2) 규칙성의 탐구와 문제 해결을 촉진시키고자 할 때

다음의 TIMSS 수학문항을 생각해보자. (이 평가에 사용되는 계산기는 일반계산기로 8자리까지만 나타난다.)(백순근, 1996)

① 계산기를 이용하여 다음 곱셈의 답을 구하여라.

$$34 \times 34 =$$
$$334 \times 334 =$$
$$3334 \times 3334 =$$

② 답의 패턴과 곱셈에 대하여 무엇을 알게 되었는가?

③ 계산기를 사용하지 않고 앞에서 발견한 패턴을 이용하여 다음 곱셈의 답을 써라.

$$33334 \times 33334 =$$

이 과제의 목표는 곱셈의 계산능력이 아니라 규칙성의 인식, 그를 기초로 한 수학적 추론이라 할 수 있다. 이런 과제에 대해 곱셈을 계산기가 수행하게 하면 규칙성의 인식, 수학적 추론, 문제 해결로 지도의 내용을 넓힐 수 있다.

(3) 수 감각을 증진시키고자 할 때: 계산기에는 예를 들면, 3, +, 4, =을 입력하면 7이 나오고 계속해서 =을 입력하면 11, 15, 19, 23 … 이 규칙적으로 나타나는 특성을 가진다. 따라서 이러한 계산기의 특성을 이용하면 일정한 간격으로 뛰어 세기나 수 사이의 계열성을 지도하기에 용이하다.

(4) 문제 해결 속에 지루한 계산이 포함되어 있는 경우: 제시된 문제의 목표가 계산기능이 주 목표가 아닌 경우, 지루한 계산은 계산기에 맡기게 되면 더 중요한 문제 해결에 자신감을 가지고 임할 수 있게 된다. 일반계산기는 분수가 입력되지 않고 계산되지 않으며, 소수로만 작업이 가능하지만 최근에 학교수학에의 이용을 목표로 개발된 계산기에는 분수의 입력, 그 계산이 가능하고 분수, 소수, 퍼센트 사이의 동치 표현도 가능하다.

2. 컴퓨터를 이용한 수학교육

컴퓨터는 20세기 후반의 과학 기술의 혁신은 물론 학문 연구와 교육을 포함한 사회의 모든 영역에서 심대한 영향을 미쳐 우리 사회가 기존의 산업 사회에서 정보화사회라는 새로운 시대로 진입하게 된 원동력이 되었다. 미국수학교사협의회(NCTM, 1989)에서 발행한 ≪학교수학을 위한 교육과정과 평가규준≫에서는 정보화 사회에서 수학적 소양의 중요성이 더욱 증대되었음을 지적하면서 학생들의 '수학적 힘'의 획득을 보장하기 위해서 문제 해결 능력의 개발을 중시하여 수학적인 문제를 탐구하는 과정에서 계산기와 컴퓨터를 적절히 사용하도록 제안하고 있다. 모든 학생들이 계산기를 언제든지 사용할 수 있어야 하며, 컴퓨터는 모든 수학교실에서 시범을 위해 사용되어야 하며, 모든 학생들은 정보를 처리하고 문제를 해결하고 탐구하는 도구로써 컴퓨터를 사용할 수 있어야 함을 제안하고 있다.

인류 문명사에서 문자 혹은 인쇄술의 발견에 비견할 컴퓨터는 수학 교수·학습

과정에서 제기되는 여러 가지 어려움을 극복하기 위한 대안으로 생각되어 수학적 개념 지도의 어려움을 경감시킬 수 있는 방안에 대한 연구가 진행되었다. 컴퓨터의 시각화 기능은 추상적인 내용을 시각화하여 지도할 수 있을 뿐만 아니라 그 시각화가 학생들의 직접적인 경험이나 통제를 통해 이루어질 수 있다는 점에서 수학 학습의 어려움을 완화시켜 준다. 형식적인 증명이나 개념 학습의 전단계에서 그래픽이나 애니메이션을 통한 직관적인 탐구활동은 수학의 역동적이고 발생적인 측면을 부각시킬 수 있다. 컴퓨터의 이용으로 종래의 산술 기능 위주에서 사고력 중심으로 옮겨갈 수 있게 되었다.

컴퓨터는 또한 기존의 전통적인 수학 교수·학습 이론을 실천할 수 있는 하나의 방안이 될 수 있다. 가령 학생들의 일반화 능력을 신장시켜 주기 위해 지도하려는 수학적 개념을 본질적인 요소는 그대로 둔 채 비본질적인 요소는 다양하게 변화시킨 경험을 학생들이 해야 한다는 디에네스의 수학적 다양성의 원리는 기존의 어떤 구체물로도 구현이 어려웠으나 컴퓨터의 그래픽 기능은 이를 가능하게 해준다. 두 쌍의 대변이 각각 평행한 사각형인 평행사변형을 탐구형 소프트웨어로 컴퓨터 화면에 그렸을 때, 학생들은 한 꼭짓점을 마우스로 이동시켜 평행사변형이 직사각형 혹은 정사각형이 될 수 있음을 발견할 수 있다. 브루너의 EIS 이론은 학생들에게 활동적 표현, 영상적 표현, 상징적 표현을 차례로 제공하는 것보다 새로운 표현 양식을 이전의 표현 양식에 의미 있게 연결시켜주는 것이 중요한데, 컴퓨터의 다양한 표상 방식은 이를 기존의 어떤 구체물보다 쉽게 구현시켜 준다.

컴퓨터를 활용한 수학교육과 관련된 여러 연구는 컴퓨터와 계산기 등 기술 공학을 활용함으로써 다음과 같은 결과물을 보여주고 있다.

- 전통적인 방법으로는 불가능한 지도 내용을 다루게 되어 교육적인 선택의 폭을 넓혀준다.
- 학생의 학습 환경을 개별적인 것으로 만들어 준다.
- 수학을 이해하고 수학적 지식을 구성하는데 학생들이 능동적으로 참여하게 해준다.
- 학생에게 즉각적인 피드백을 제공하여 준다.
- 협동적인 문제 해결 활동에 참여할 많은 기회를 제공하여 준다.
- '지식 제공자'라는 전통적인 교사의 역할을 '학습 촉진자'라는 질적으로 다른 역할을 하도록 보완해준다.
- 수학과 자신에 대해 그리고 자신의 학습에 관한 태도를 향상시켜 주는 경험을 제공하여 준다.

수학교육에서 컴퓨터를 활용하는 방법이 여러 가지가 있지만 크게 개인교사형

(tutor), 학습자 주도형(tutee), 보조도구형(tool)로 크게 분류할 수 있다. 이에 대해 상세히 살펴보자.

1) 개인교사형

개인교사형(tutor)에서 컴퓨터는 정교한 교수 기계로 사용된다. 대부분의 컴퓨터 보조 교수(CAI) 소프트웨어는 개인교사형에 해당하며, 우리나라에서 개발되고 있는 대부분의 CAI 소프트웨어가 여기에 속하여 CAI 소프트웨어라는 말이 이 개인교사형 소프트웨어를 뜻하는 것으로 혼용하기도 한다.

최근에는 인공지능 연구 결과를 토대로 전문 교사의 특성을 소프트웨어에 통합하려는 추세로 연구 개발이 이루어지고 있다. 이것은 학생들에게 학생들의 반응 패턴에 입각해 각 상황에서 가장 필요로 하는 정보를 제공하여 줌으로써 "교수 가능한 시점"을 프로그램이 판단함으로써 유능한 교사의 역할을 컴퓨터가 대신하게 하는 것이다.

훌륭한 개인교사형 소프트웨어는 학생들에게 어느 정도 개별적인 도움을 제공하여 개별적인 도움이 불가능하였던 전통적인 교수 상황을 보완할 수 있다. 동기를 적절하게 부여받은 학생은 컴퓨터가 제공할 수 있는 끊임없는 연습과 피드백을 통해서 절차적인 기능을 어느 정도 자동화할 수 있다. 전통적인 교실 수업의 보조물로 사용된 보조 교수에 관한 연구는 학생들이 전통적인 교수 방법을 사용한 교육과정보다 CAI 보조물을 사용했을 때 더 나은 결과를 얻을 수 있음을 보여준다.

개인교사형 양식은 학생과 컴퓨터 사이에서의 인터페이스 상에서 학생들의 행동을 밀접하게 추적한다. 학생과 컴퓨터 사이의 밀접한 상호작용은 학생들의 학습을 보장할 수 있다. 그러나 그 이면에 들어 있는 의미의 본질을 이해하는 것은 보장하지 못한다. 그 이유로 두 가지를 들 수 있다. 우선 개인교사형 시스템은 그 속에 들어 있는 지식에 대한 학생들의 견해를 표현할 수 없다는 것이다. 그리고 학생들에게는 선택할 수 있는 조작의 수가 한정되어 있어, 다루어지는 수학적 개념에 대한 분명한 이해 없이도 학습이 진행될 수 있다. 또 다른 이유는 학생들의 학습이 변질될 수 있다는 것이다. 다시 말해 학생들의 학습이, 컴퓨터에 의해 주어지는 피드백을 주어진 문제나 과제를 해결할 수 있는 힌트나 도움을 얻는 방법에 대한 학습으로 변질될 수 있다는 것이다. 즉, 학습자는 과제가 전달하여 주려고 의도하는 지식을 얻는 대신에 피드백의 사용을 효율적으로 이용하는 방법을 학습할 수 있다는 것이다(Balacheff, 1991).

개인교사형 양식에는 개별교수(Tutorials), 반복 연습(Drill and Practice), 시뮬레이션(Simulations), 학습 게임(Instruction Games) 등이 있다.

2) 학생주도형

학생주도형(tutee)에서 컴퓨터의 역할은 개인교사형의 경우와는 반대이다. 여기서는 학생이 컴퓨터를 지도하는 역할을 한다. 학생은 자신이 구성하여 입력하는 일련의 논리적인 단계를 통해 컴퓨터가 몇 가지 행동을 수행하도록 컴퓨터를 지도(프로그램)하고, 그 결과를 살펴봄으로써 자신의 사고 과정을 반성하게 되고, 나중의 수학 학습 이해에 도움을 주게 되는 경험을 얻게 된다. 이러한 컴퓨터 이용 양식에서는 지식의 절대성이 부정된다. 절대로 완벽한 지식이나 절대로 틀린 지식은 존재하지 않는다. 오류 수정은 여러 가지 어려움을 하나하나 처리해 감으로써 상대적으로 개선된 프로그램을 만들어감을 의미한다. 프로그래밍의 오류를 수정해 감으로써 사고력을 배양시킬 수 있다. 이런 학습 환경은 구성주의자들의 인식론에 부합한다.

앞으로 걸어가서 오른쪽으로 도는 것을 네 번 되풀이한다.		TO NEMO REPEAT 4[FD 30 RT 90] END
활동적 표현	영상적 표현	상징적 표현

이 학생 주도형 양식은 페퍼트(Papert, 1980)에 의해 만들어진 로고(LOGO) 언어를 염두에 둔 것이다. 우리가 외국어를 학습할 때 그 외국어를 모국어로 사용하는 나라에 가서 사는 것이 가장 효율적인 방법인 것처럼, 학생이 수학을 효율적으로 학습하려면 수학을 모국어로 사용하는 나라에서 생활하는 것이다. 로고는 학생들이 학교 수학에 학습하는 각, 변, 도형, 변수, 함수 개념을 자연스럽게 사용하거나 동료 학생들과 이런 개념에 관해 서로 의사소통할 수 있는 자연스런 환경을 제공하여 준다는 점에서 수학나라에 걸맞은 것이다. 또한 로고는 신체동조적으로 여러 명령어에 따르는 거북의 움직임은 사고 수준에서 학생들의 행동과 일치하게 된다. 가령 정사각형을 거북이가 그리게 명령하려면 학생은 자신이 어떻게 움직이면 정사각형을 그릴 수 있을까를 생각하게 되고, 이를 바탕으로 거북이에게 명령을 내릴 수 있다. 이는 브루너의 EIS 이론이 구현된 학습 환경으로 볼 수 있다.

로고에서는 그 도형을 이루는 구성요소인 변과 각에 주목하지 않고서는 도형을 그릴 수 없기 때문에 도형을 시각적 수준에서 파악하는 경향이 있는 학생에게 분석적 수준에서 도형을 바라보도록 하는데 일조할 수 있을 것으로 보인다. 그러나

로고에서 과제 수행시 많은 학생들이 분석적인 전략보다는 시각적인 전략이 우세하고 사용되고 있다는 연구결과가 있다(Hillel & Kieran, 1987). 이는 학생들이 분석적으로 사고하도록 교사가 교수학적인 노력을 해야 함을 시사 하는 것이다.

결국 로고는 자기의 사고를 의식화시킬 수 있는 자연스러운 환경을 제공하여 이를 토대로 수학적 직관력 향상 및 사고를 유발시켜 주며, 과정에 대한 반성을 통한 메타인지를 향상시켜 주고, 다양한 시각적 표현은 학생들에게 심미안적 안목과 학습에 대한 긍정적인 태도를 길러 줄 수 있다.

3) 보조도구형

보조도구(tool)로서 컴퓨터를 사용하는 양식은 이용 가능한 범위가 가장 넓고, 현재 연구와 개발이 가장 활발한 분야이다. 이 양식은 그래프를 그리고 문자 연산이 가능하며 데이터를 분석하고 수학적인 절차를 수행하는 소프트웨어를 사용하는 상황을 일컫는다. 수학교육 전용 도구뿐만 아니라, 스프레드시트, 워드프로세서, 데이터베이스, 그래픽 패키지 등 일반적인 소프트웨어를 수학교수 중에 이용할 수 있다. 이러한 일반적인 응용 프로그램의 이용은 사회의 요구에 부합되며 학생들이 졸업 후에도 적절하게 사용할 수 있다는 부가적인 장점도 있다. 그러나 기본적으로 이러한 소프트웨어는 교육용이 아닌 성인들의 업무용으로 개발된 것으로 교육용으로 이용하는 데에는 기본적으로 한계를 가지고 있다.

그러나 최근에는 수학교육 전문 소프트웨어가 등장하고 있는데, Cabri Ⅱ, Geometer's Sketchpad와 같은 작도 프로그램, Mathematica와 Maple 등과 같은 수학기호조작(CAS : Computer Algebra System) 등이 대표적이다. 초등수학을 위해서는 CAS 소프트웨어는 필요지 않다. 또한 GSP나 Cabri 등을 사용하기 위해서는 많은 수학적 지식을 소유하고 있어야 한다. 따라서 이들을 초등학생이 직접 조작하는 것은 불가능하다. 최근에 개발된 Java GSP를 이용하면 교사가 쉽게 학생들이 마우스 조작을 통한 도형의 개념, 성질 등을 발견할 수 있는 웹 페이지를 개발할 수 있는데, 초등학교에서는 이런 방향으로 GSP를 이용할 수 있을 것이다.

그림 9.8은 점대칭 도형을 GSP를 이용하여 나타낸 것이다.

여기서 삼각형 ABC의 모양을 변화시키면 동시에 삼각형 A'B'C'의 모양도 변하게 된다. 또한 대응하는 변의 길이가 각각 같음도 쉽게 파악할 수 있어 점대칭의 개념과 점대칭 관계의 성질을 쉽게 파악할 수 있게 해준다. 이처럼 컴퓨터를 보조도구로 이용하면 기존의 교육 환경에서는 구현할 수 없는 역동적인 기하학습 환경을 학생들에게 제공하여 줄 수 있다.

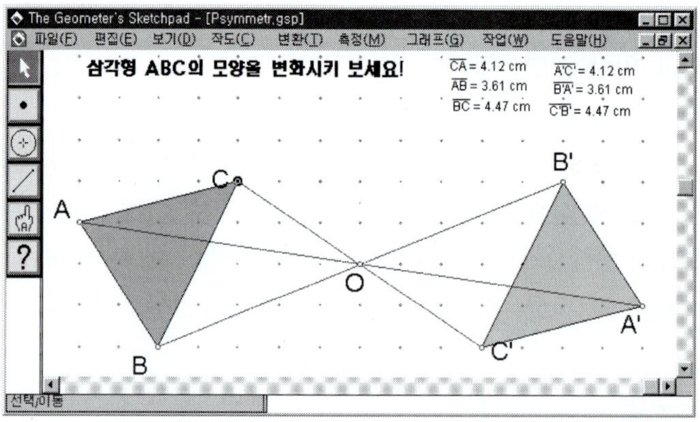

그림 9.8 GSP를 이용한 점대칭 도형의 지도

3. 게임을 통한 수학 학습

게임을 수학 수업에 활용하면 교육적으로 많은 효과를 거둘 수 있다.

첫째, 게임은 수학이 활용되는 맥락을 제공한다. 수학의 특성을 말할 때 실용성이 그 중요한 특성으로 언급되고 있지만 읽기나 쓰기와 달리 실생활에 이용되는 수학은 거의 찾을 수 없으며 설령 있다고 하더라도 그 수학적 수준은 매우 낮은 게 사실이다. 현실 소재를 이용하는 문제들도 실제로는 매우 비현실적인 경우가 많다. 그러나 게임에서는 그들이 배운 수학을 이용할 수 있는 훌륭한 문맥을 제공해 줌으로써 수학의 실용적 가치를 인식할 수 있게 해 준다.

둘째, 게임은 수학을 창조하는 경험을 제공한다. 수학의 많은 규칙은 인간이 만들어 낸 것이다. 그럼에도 불구하고 학생들은 수학 학습 과정에서 규칙을 인간이 만들어 낸 것이라기보다 이미 존재하는 주어진 것으로 생각하는 경향이 많다. 게임은 그런 생각을 바꾸는 데 기여할 수 있다. 게임 규칙을 만들고 수정하는 과정을 통해 규칙은 인간이 만드는 것이며 규칙이 바뀌게 되면 다른 결과가 생긴다는 것을 인식하게 되고, 가장 합리적이고 최선의 결과를 초래하는 규칙이 무엇인가를 생각하게 할 수 있다. 게임을 통해 얻게 되는 이러한 생각을 수학 학습으로 전이시킬 수 있다면 이는 매우 바람직한 효과라 할 수 있다.

셋째, 게임은 겉보기에는 수학과 무관하므로 수학 불안을 야기하지 않고 학생들을 적극적이고 능동적으로 수업에 참여하게 만든다. 수학과 관련된 게임이라도 게임이 흥미 있으면 수학에 대한 불안을 야기하지 않으므로 편하게 적극적으로 활동에 관여하게 된다. 그런 점에서 자연스럽게 수학의 맥락으로 학생들을 유도할 수 있는 장점이 있다.

넷째, 게임은 학생들의 사회성을 발달시키고 규칙을 준수하게 한다. 게임은 혼자 하는 것이 아니라 상대가 있고 규칙을 위반하게 되면 벌칙을 받게 된다. 그리고 새로운 규칙은 상대와의 합의에 의해 수용하게 된다.

다섯째, 게임은 수학을 공부하는 것에 비해 매우 재미있기 때문에 동기 유발에도 효과적이며, 게임에서 자신의 차례가 되었을 때의 상황을 미리 알 수 없기 때문에 게임을 사용한 학습은 기계적 학습과는 거리가 멀다는 점도 장점이라 할 수 있다.

이와 같이 게임은 잘만 활용한다면 정규 수업의 지루함과 짜증을 보완하거나 보충해주는 기능을 가지고 있는데, 이 외에도 적극적으로 수업의 통합 활동으로 간주할 수 있다. 즉, 게임을 활용하면 수학에 대한 학습 태도와 수학적 사고력을 신장시킬 수 있으며, 협동심, 규칙의 준수, 창의성 등도 개발할 수 있다. 정해진 규칙에 따라야 하고 같은 팀끼리 협동해야 하며, 승리할 수 있는 방법을 탐구해야 하는 게임의 속성상 이것이 불가능한 것은 아닐 것이다. 이 외에도 게임에서 다루어진 내용과 전략에 따라 특정 기능의 강화와 연습, 개념의 획득과 개발, 문제 해결 전략의 개발 등도 가능해진다.

그러나 게임은 수학을 학습하게 하는데 좋은 환경을 만들어 줄 수 있지만 아무리 잘 설계되었다 하더라도 그 자체로는 학생들이 수학을 학습하는 것을 보증하지는 못하며 특히 교사의 역할을 대신할 수는 없다. 게임의 교육적 목적을 달성하기 위해서는 게임을 사용하는 교사의 역할이 매우 중요하게 된다.

교사는 좋은 게임을 선정할 수 있어야 한다. 게임은 2인 이상 또는 두 집단 이상이 서로 경쟁하여 승리를 추구하는 활동으로 규정할 수 있는데, 게임에는 모두가 지켜야 할 규칙이 존재한다. 그러나 이 규칙은 다양하게 수정되고 변경될 수 있을수록 보다 더 '좋은' 교육 게임이라고 할 수 있다. 또한 상대의 행동이나 전략에 의해 또 다른 상대의 행동과 전략에 영향을 미치는 게임이 좋은 게임이며, 우연적 요소가 있어야 좋은 게임이다. 성공이 순전히 우연에 의해서도 안 되며 필연적이어서도 좋은 게임이 될 수 없다(강문봉, 2000).

게임은 대략적으로 수학의 알고리즘과 기능을 숙달하기 위한 연습 게임과 수학적 사고나 전략을 사용하거나 숙달하게 하기 위한 전략 게임, 특정한 내용을 이해하고 발견하게 하거나 개념을 형성하기 위한 개념학습 게임으로 분류할 수 있다. 교사는 수업 목적과 학생들의 인지적 정의적 상황을 고려하여 적절한 게임을 선택하여 수학 학습에 활용할 수 있을 것이다.

4. 교구 및 컴퓨터 이용시 유의점

수학 교구는 학생들의 개념 형성에 도움을 주기 위해 그리고 문제를 해결하는 능력을 길러주고 수학에 대한 흥미와 관심을 유발하기 위해 사용된다. 그러나 그러한 교구가 교사의 안내 하에 적절하게 제시되고 사용할 때 이런 소기의 목적을 달성할 수 있을 것이다. 따라서 다음과 같은 점에 수학교사는 유의해야 할 것이다.

첫째, 수학적 개념은 물리적으로 존재하지 않고 오직 인간의 사고 속에만 존재하는 것이다. 이런 개념을 나타낸 수학 교구나 모형은 수학적 개념에 대한 실세계에 있는 모델들이다. 수학적 개념의 원천은 이런 모델 속에 있는 것이 아니라 이런 모델을 가지고 행하는 학생의 활동에 있음을 유의하여야 한다. 따라서 교구를 사용하여 올바른 결과를 산출하는 것도 중요하지만 보다 중요한 것은 학생이 자신의 활동을 언어로 표현해보는 기회를 제공하여 자신의 활동을 반성하여 수학적 개념이 형성되도록 도와주어야 한다는 것이다. 또한 학생의 활동은 간단한 영상적 표현으로 압축하여 제시하여 주고, 이를 토대로 상징적 표현으로 이끌어 주어야 한다. 구체물을 이용한 활동과 수학적 개념과 관계의 상징적 표현 사이의 적절한 고리를 교사가 제공하지 못하면 학생들은 자신의 수학적 상징적 표현에 어떠한 의미도 부여할 수 없을 것이고 수학 교구를 사용한 활동도 활동 그 자체로 끝나 버릴 수가 있다.

둘째, 수학 교구를 사용시 특정한 개념을 지도하기 위해 특정한 한 가지 모델을 사용하게 되면 그 모델의 실제적인 특성 때문에 학생들에게 오개념을 형성시켜 줄 가능성도 있다. 따라서 수학적 개념을 지도하기 위해 수학적 모형을 사용할 때는 디에네스의 지각적 다양성의 원리에 입각하여 다양한 모형을 제공하여 줄 필요가 있다. 예를 들어 자릿값 개념을 지도하기 위해서는 수모형, 콩막대 모형 등 비례적 모델뿐만 아니라 수판, 카운터, 화폐 모형 등 비비례적인 모델의 제시도 필수적이다. 뿐만 아니라 구체물을 통해 얻게 되는 학생들의 경험은 수학적 학습의 출발점이 될 수 있지만 그 경험의 강제성과 지속성 때문에 학생 마음속에 사라지지 않고 오래 남아 이후의 형식적인 수학 학습을 하는데 방해 요인이 될 수 있다. 따라서 수학 교구를 사용할 때 학생들이 얻게 되는 독특한 경험이 무엇일지를 살펴보고 이런 경험이 학생들의 수학 학습에 좋지 않은 경험을 제공할 가능성을 생각하여야 한다.

셋째, 수학 교구가 학생들에게 개념을 형성을 도와주기 위해 사용하거나 문제해결 전략을 탐구하는 기회를 제공하기 위해서 제공될 때는 학생들의 수학적 능력의 신장에 도움을 줄 수 있지만 문제를 해결하는 도구로 사용될 때는 오히려 해가 될 수 있다. 예를 들어 학생들에게 받아올림이 있는 덧셈을 가르치기 위해서는 초기에는 수모형 등과 같은 수학적 교구가 필수적이다. 이런 모형은 학생들에게 받아올림의 개념과 자릿값 개념을 연결시켜 주기 위한 것이지 학생들에게 덧셈 문제를 해결하기 위한 도구로 제공되는 것은 아니다. 따라서 적절한 시기에 학생들은 수학적 교구 없이 수학을 행할 수 있게 교사는 도와주어야 한다.

넷째, 컴퓨터는 인류가 만든 여러 가지 발명품 중에 가장 뛰어난 것으로, 빠른 계산 능력과 시각화 능력은 인간이 자신의 사고보다는 컴퓨터라는 기계의 조작을 더 신뢰하는 경향을 갖게 해준다. 따라서 어떤 수학적 사실을 컴퓨터의 시각화 기능을 이용하여 학생들에게 직관적으로 이해시키려 할 때에도 학생들이 항상 의문을 갖고 컴퓨터에 나타난 사실을 비판적으로 바라볼 수 있는 기회를 제공하여 주어야 한다. 그리고 컴퓨터는 수학적 사실을 증명하기 위한 도구가 아니며, 새로운 사실을 발견하기 위한 수단으로 우리의 사고 과정을 돕는 하나의 도구에 불과하며 결국 사고하고 주어진 결과의 옳고 그름을 판단하는 것은 우리 인간의 몫임을 학생들에게 분명히 이해시킬 필요가 있다.

다섯째, 컴퓨터는 수학 교수·학습 환경을 풍부하게 해줄 수 있는 도구가 될 수 있지만 학생들 눈에는 컴퓨터가 인간과 같은 지적인 능력을 가진 비물질적인 존재로 보일 수 있으며, 이는 컴퓨터의 능력을 과신하게 만들어 학생 자신의 사고보다 컴퓨터의 결과에 의존하는 사고가 이루어질 수 있는 학습 환경이 될 수 있다. 또한 전통적인 교수·학습 환경에서 학생들의 학습이 교사의 권위에 의해 혹은 교사의 기대에 부응하기 위해 이루어지기 쉬운 것처럼 새로운 학습 환경에서는 주어진 수학적 과제나 문제가 전달하려는 지식을 학습하는 대신에 과제를 쉽게 해결하기 위해 힌트나 도움을 얻는 방법에 대한 학습으로 변질될 가능성이 있어 새로운 교수학적 문제를 야기할 수 있다. 따라서 수학교사가 컴퓨터를 이용한 수학 수업을 계획할 때는 이점도 명심해야 할 것이다.

1. 칠교판을 이용하여 다양한 모양의 다각형을 만들고, 그 다각형들을 자신이 정한 기준에 따라 분류하시오.

2. 퀴즈네어 막대를 이용하여 곱셈의 교환법칙을 직관적으로 이해시킬 수 있는 방안을 탐색하시오.

3. 다음은 점 사이의 간격이 1인 기하판이다. 고무줄을 걸어서 도형을 구성한다고 할 때, 넓이가 2인 모양을 다양하게 구성해 보고, 만들어진 도형의 공통점을 조사하시오.

4. 스냅 큐브를 이용하여 다음 모양을 만들어 보시오.

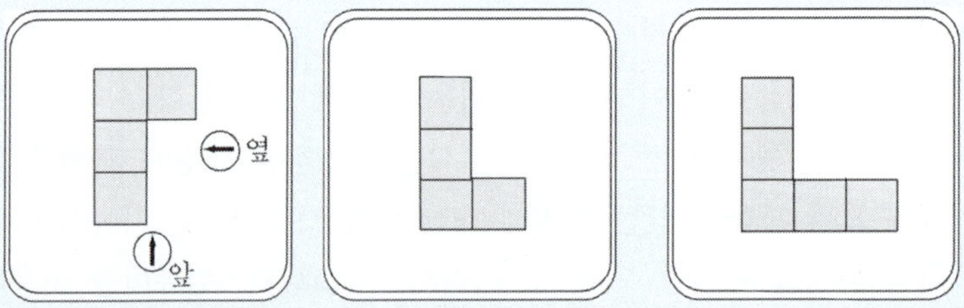

위 앞 옆

5. 계산기를 활용한 수업에서 계산의 결과를 해석할 때, 올림, 버림, 반올림을 이용하는 문제 상황을 각각 제시하시오.

6. 로고를 활용하여 '정다각형의 외각의 합은 360°'라는 것을 지도하기 위한 수업 방안을 제시하시오.

7. 교구 활용 시 특히 유의해야 할 극단적인 교수현상에 대하여 설명하시오.

■ 참고문헌 ■

강문봉 (2000), 초등학교 수학 학습용 게임 개발 및 활용에 관한 연구, 수학교육학연구, 10권 2호, 대한수학교육학회, 199–214.

강문봉 외 역 (1999), 초등 수학 학습지도의 이해, 양서원.

류희찬 (1997), 수학교육에서의 컴퓨터 활용 – 현황과 과제, 청람수학교육, 제6집.

이종영 (1999), 컴퓨터 환경에서의 수학 교수 – 학습에 관한 교수학적 분석, 서울대학교 박사학위 논문.

장혜원 (1991), LOGO 언어의 수학교육적 고찰 – van Hiele의 기하 학습 수준과 장의존 – 장독립 인지 양식이 LOGO 학습에 미치는 영향을 중심으로, 서울대학교 대학원 석사학위 논문.

한국수학교육학회 (1999), 제1회 초등학교 수학 교수 방법 개선을 위한 워크샵 자료집, 한국수학교육학회.·

片桐重男 (1988), 수학적인 생각의 구체화, 이용률 외 역 (1991), 경문사.

Balacheff, N (1991), 'Artificial Intelligence and Real Teaching', *Learning from computers: mathematics education and technology*, Springer-Verlag.

Bruner, J. S. (1960), *The Process of education*, 이홍우 역 (1973), 교육의 과정, 배영사.

Hille, J. & Kieran., C (1987), Schemas used by 12-year olds in solving selected turtle geometry tasks, *Researches en didactique des mathematiques 8*(1), 61–102.

NCTM (1989), *Curriculum and evaluation standards for school mahtematics*, NCTM.

Papert, S. (1980), *MindStorm : Children, computers and powerful ideas*. NewYork: Basic Books.

10

수학사의 활용

초등학교에서부터 학년이 올라갈수록 학생들은 수학을 어려워하고 기피하는 경향이 있으며, 여러 교과 중에서도 수학은 인기 낮은 과목으로 지목되고 있다. 학교에서 수학을 배운 많은 사람들이 수학에 대하여 부정적인 편견을 가지고 있다. 이러한 현상은 수학이 문명의 발생과 함께 생겨나 인류의 끈질긴 노력에 의해 창조·발달되어 온 하나의 문화라는 점을 학교 교육에서 중요하게 고려하지 못한 결과로 볼 수 있다. 다시 말해, 수학교실에서 학생들은 이미 완성된 산물로서 잘 정리되어 있는 기성(旣成)수학을 수용할 뿐, 그러한 산물이 생기기까지의 배경에 대한 탐구 기회나 직접 수학을 창조해나가는 활동은 거의 경험하지 못하는 데서 생긴 현상이라고 할 수 있다.

특히, 초등학생 시기는 수학에 대한 첫인상을 가지게 되는 중요한 시기이므로, 문화적·역사적 요소가 빠진 무미건조한 수학을 학습하게 해서는 안 될 것이다. 학생의 흥미를 유발하고 적절한 탐구 기회를 부여할 수 있는 수학사적 소재를 개발하고 활용하여, 학생이 수학적 개념을 제대로 이해하고 수학적으로 사고하는 능력 및 문제 해결 능력을 길러 가도록 해야 한다. 또, 수학에 대한 편견에서 벗어나 올바른 수학관을 정립하고 수학에 대한 관심을 가지도록 유도해야 하며, 수학이 인간의 노력과 시행착오에 의해 생성되고 다듬어진 것이라는 수학의 인간적인 면을 인식시켜야 한다.

이 장에서는 수학의 탄생과 변천의 역사를 간략하게 살펴보고, 수학교육의 입장에서 수학사의 활용 의의 및 활용 방안 등에 대하여 알아보기로 한다.

1. 세계 수학사의 개관

수천 년을 거치면서 형성·발달된 하나의 체계적인 과학이며 인간 정신의 소산인 수학의 역사는 너무나 방대하다. 여기서는 수학의 현저한 질적 변화와 문화권에 따른 차이에 초점을 맞추어, 그 역사를 매우 간략하게 소개하기로 한다(김용운·김용국, 1988, pp. 669–671; 柴田錄治·浦田敏夫. 1994, pp. 5–7).

1) 고대 오리엔트 지역의 수학

기원전 4세기경 이전에 고대 오리엔트 지역에서 발생한 수학을 뜻한다. 구체적이고 일상적인 문제를 다루는 수치 계산 위주의 실용수학으로, 아직 이론적인 체계를 갖추지 못했다. 이 당시 수학에서는 철학적 배경이나 자연과학과의 결합을 찾아볼 수 없다.

각각의 문명은 수를 나타내는 독자적인 표기법을 만들었다. 고대 이집트의 린드 파피루스에 나타난 바와 같이 이집트의 수 표기는 십진법이지만 위치적 기수법은 아니었으며 1, 10, 100, ⋯ 등의 수를 각각 다른 상형문자로 표기하였다. 이집트의 수 체계에는 단위분수가 있었으며, 몇 가지 예를 제외한 모든 분수를 단위분수의 합으로 나타내었다. 파피루스에 나타난 수학이나 바빌로니아의 쐐기문자판에 쓰여 있는 수학에서는 "이렇게 계산해 보라. 그러면 답이 얻어진다."라고 하는 기능적 지시가 구체적 수치를 써서 주어지고 있을 뿐 증명은 나타나지 않는다.

바빌로니아에서는 수를 60진법에 의한 위치적 기수법으로 나타내었다. 그러나 기원전 4세기경까지는 0을 나타내는 기호가 없었으며 소수점의 위치도 불명확하여 문맥을 살펴 판단해야 했다. 60진법으로 된 계산표를 이용하여 수 계산을 쉽게 수행할 수 있도록 하였고, 수를 계산하는 것으로부터 일차방정식이나 특수한 이차방정식의 해법과 같은 대수적 조작의 방향으로 이행하였다.

기하학의 경우 이집트나 바빌로니아에서는 도형의 넓이나 부피의 계산과 같은 도형에 대한 수치 계산이 주된 문제였다. 피타고라스 정리가 이용되기도 하였으나 기하학적 도형 그 자체를 수학의 대상으로 삼아 연구하는 데는 이르지 못했다.

2) 고대 그리스의 수학

고대 그리스 수학은 수와 양의 학문인 바빌로니아의 수학이 그리스 철학과 만나 생긴 것으로 볼 수 있다. 실지로 고대 그리스 수학의 중요한 업적을 남긴 탈레스나 피타고라스를 위시한 대부분의 학자들은 철학자였다. 고대 그리스에서 무한 연장 직선의 존재나 직선의 무한 분할 가능성 등에 대한 철학적 탐구가 정의나 공리의 필요성을 인식하게 했다고 할 수 있다.

고대 그리스에서 수학은 일상적 기술의 위치를 벗어나 학문으로서의 수학으로 성립되었다. 고대 그리스의 합리적인 이론 수학은 이상화된 도형을 대상으로 삼아 그 위에 이론적 체계를 구축함으로써, 논증수학을 형성·발달시키고 독립된 과학으로서의 기하학을 건설하였다. 유한한 형상으로서의 기하학적 도형에 대한 그들의 연구 결과는 유클리드 ≪원론≫으로 집대성되었다.

유클리드 원론은 정의, 공리 및 논리적 연역에 의해 모든 개념이나 성질을 이끌어내는 공리적 체계로 이루어져 있다. 학문으로서의 수학은 논리적인 증명을 통해 전개되며, 증명은 공리를 전제로 하는 연역의 방법을 기초로 한다. 이러한 수학의 방법론은 고대 그리스에서 플라톤, 아리스토텔레스를 거치며 형식화되었다. 아리스토텔레스는 수학의 방법을 자명한 가정과 명확히 진술된 정의로부터 이루어진 논리적 연역법으로 정식화했다.

'Mathematics(수학)'라는 단어의 어원은 그리스어의 명사 'μαθηματικα (=꼭 배워야 하는 것)'으로부터 유래하였다. 12세기 르네상스 시대에 유클리드의 원론이 아라비아어 사본에서 라틴어로 번역되었으며, 연역적 증명의 개념은 근대수학의 기본 개념이 되었다.

3) 오리엔트나 그리스 이외 지역의 수학

인도에서는 수 0의 발견, 인도 숫자와 위치적 기수법의 발명, 음수의 발견, 문자 방정식과 2차방정식의 근의 공식의 발견이 기원전부터 12세기에 걸쳐서 이루어졌다. 5세기경에 그리스 천문학과 유클리드 원론의 영향을 받아 발달한 인도 천문학에서는 삼각법에서의 '호에 대한 현 표'를 대신하여 正弦(sine) 표를 사용하고 있다. 바스카라(Bhāskara Acharya, 1114~1185)는 인도의 수학서 *Bijaganita*에 대수적 계산 법칙이나 2차방정식의 두 근(단, 음수근은 제외)을 제시하고 있다.

중국에서는 가늘고 긴 막대인 '산(算)'을 사용하는 계산 기술을 개발하였고, 그로부터 발전한 대수학인 '산학(算學)'이 발달하여 1세기 말경에 구장산술(九章算術)로 집대성되었다. 이 책의 제8장인 방정(方程)에서는 다원일차방정식을 취급하고 있는데, 오늘날의 '방정식'이라는 용어는 여기서 유래하였다. 로마에서 사용되었던 계산도구인 abacus(算盤)가 중국에 전해지고 주판과 주판에 의한 계산법인 주산(珠算)이 발명되었다.

4세기부터 12세기까지에 걸쳐 아메리카 대륙의 유카탄 반도에서 발달한 마야 문명은 20진법의 독특한 수 표기법을 개발했으며, 상당히 정밀한 역(曆) 계산을 수행하였다. 또한 꽤 일찍이 위치적 기수법이나 0을 나타내는 기호를 사용한 것으로 보인다.

인도-아라비아 숫자, 위치적 기수법과 수 0의 사용, 인도 계산법 등은 인도로부터 아라비아를 거쳐 중세 유럽으로 전파되었다. 알콰리즈미(al-Khwārizmi 780?~850?)의 책 *al-gabr w'al-muqābala*에서는 수학 문제를 대수적으로 해결하는 동시에 도형을 이용한 기하학적 증명—대수적 조작의 기하학적 정당화—을 시도하고 있다. 이 책의 이름은 오늘날 Algebra(=대수학)의 어원이 되었으며, 저자 알콰리즈미는 Algorithm(=계산법)의 어원이 되었다. 아라비아 수학은 그리스 기하학 체계의 성과는 물론, 인도나 바빌로니아 수학의 성과인 대수적 조작도 수용하여 수학을 더욱 발달시켰다. 아라비아 수학과 인도 수학서 ≪Bijaganita≫는 대수적 조작과 증명의 만남이라 말할 수 있다.

4) 근대 유럽의 수학

17세기 유럽에서는 해석기하학, 미분적분학, 수리적 자연과학이 형성되면서 고전적 해석학의 장을 열었다. 이후 대수학이 하나의 학문으로 독립하고 그리스 기하학의 대수화가 이루어졌으며, 인간의 사고 대상이나 사유(思惟) 작용을 상징적인 기호로 표현하는 시도가 이루어졌다.

근대 유럽의 수학은 그리스의 이론적 수학의 전통을 받아들임과 함께 또 아라비아의 조작적 수학의 유산도 수용했다. 대수학 분야에서는 미지수, 기지수의 기호화와 함수 개념의 도입에 의해 엄청난 진보가 이루어졌다. 함수 개념에 바탕을 둔 무한소 해석이 운동이나 변화하는 자연 현상의 정확한 수학적 정식화를 가능하게 하였다.

비에타(F. Viète, 1540~1603)는 미지수는 물론 상수까지 문자로 나타내었으며, 이러한 시도는 기호 대수 역사의 출발점이 되었다. 비에타의 기호 체계는 식과 그 계산에서 일상 언어와 독립된 기호 언어로 사용되었으며 수학 문제를 형식적인 방법으로 다룰 수 있게 해 주었다. 그 결과 방정식의 일반해를 구할 수 있게 되었으며 대수학이 크게 발전하게 되었다.

17세기에 뉴턴(I. Newton, 1642~1727)과 라이프니츠(G. W. Leibniz, 1646~1716)는 미분과 적분의 개념을 창안하였다. 미분적분학에 기호 계산의 도입은 근대 이후의 수학 발전에 커다란 영향을 끼쳤다. 18세기 이후 수학자들은 미적분학을 널리 확장했을 뿐 아니라 무한급수, 미분방정식, 미분기하와 같은 여러 수학의 분야를 개척해 나갔다.

근대 유럽 수학은 기호(계산)와 함수(표현)의 사용이라는 특징이 있다. 또, 현실적인 자연 과학에 대한 탐구와 직접적으로 결부된 수학이라는 점도, 데카르트(R. Descartes, 1596~1650)와 뉴턴 이후 유럽 수학의 중요한 특징이다.

5) 현대의 공리적 수학

수학의 주요한 분야가 생겨난 19세기말에 체계화된 칸토어(G. Cantor, 1845~1918)의 집합론은 수학을 '공리와 구조'라는 거대한 건축물로서의 현대수학에로 유도하였다. 칸토어가 무한집합에 관한 이론을 제시하면서 형성된 현대 집합론에서 일련의 역리가 발견되면서 수학의 확실한 기초를 다지고 그 위에 수학을 하나의 구조로 정립하려는 시도가 이루어졌다.

힐베르트(D. Hilbert)의 '기하학기초론'에서 비롯된 공리주의와 결합을 이룬 부르바키(N. Bourbaki)의 구조주의가 1940년대 이후 현대수학의 보편적인 방법이 되었다. 부르바키가 수학을 하나의 구조로 통합적으로 재조직하려고 했을 당시, 수학의 기본 구조의 형태나 기본 구조의 수는 선험적으로 알 수 있는 것은 아니기 때문에 분석 작업을 필요로 하였다. 분석을 통해 부르바키는 여러 수학 이론의 밑에 놓여 있는 세 가지 모구조(母構造) — 대수 구조, 순서 구조, 위상 구조 — 를 발견하였다. 부르바키 학파는 수학 이론들을 이 세 가지 모구조 위에 조합과 분화를 통해 건축하고자 하였다.

2. 수학사의 중요성

수학사는 수학적 개념이 어떤 이유로 만들어졌는지, 왜 어떤 문제가 관심을 끌고 특정한 증명 방법이 사용되었는가와 같은 질문에 답을 제공해 준다. 역사를 통하여 얻을 수 있는 수학의 역사적 발생 과정에 대한 인식은, 학생들에게 수학은 나와 무관한 것이 아니라 지금 나의 문제를 나의 아이디어를 통해 해결하면서 수학화할 수 있다는 자신감을 줄 수 있을 것이다. 또, 수학 학습 지도의 역사 발생적 전개는 학생들에게 수학에 대한 흥미와 자신감을 불어넣어 주는 주요 수단이 될 수 있을 것이다.

역사 발생 순서에 따른 수학 학습 지도를 주장하는 역사 발생적 원리는 18세기 이래 줄곧 제기되어 왔으며 20세기 초에 클라인(F. Klein, 1849~1925)과 푸앵카레에 의해 강력하게 주장된 바 있으며, 라카토스(Imre Lakatos)나 프로이덴탈도 역사 발생적 원리를 지지하고 있다. 역사발생적 원리에 따르면 수학 학습 지도는 학생들이 역사적으로 발명된 수학적 지식을 재발명할 수 있도록 이끄는 것이 되어야 한다. 재발명 방법은 이전에 존재하지 않았던 새로운 어떤 개념을 발명해 내게 하는 지도 방법을 의미하는 것이 아니라, 이전에 이미 발명된 개념을 그 개념이 발명되어 온 과정에 따라 다시 한번 발명해 내도록 하는 학습 지도 방법을 의미한다. 역사 발생적 원리에 따르면 수학의 학습 지도는 기성수학을 부과하는 것이어서는 안 되며, 인류의 수학 학습 과정, 수학의 발생 과정, 수학화 과정을 학습자의 현재의 상황에서 재발명하도록 안내하는 재발명 과정이어야 한다.

이러한 맥락에서 지금까지 여러 학자들이 수학교육에서 수학사의 중요성을 다음과 같이 주장해 왔다.

1) 클레로(A. C. Clairaut, 1741)

기하의 기원에 대해 생각하면서, 초보자들에게 흥미를 유발하여 학습하게 함으로써 기하 학습이 무미건조하게 되어 버리지 않게 만들고 싶다는 소망을 갖게 되었다. 기하도 다른 모든 과학처럼 점차적으로 형성되었음에 틀림없다. 첫발을 내딛도록 했던 것은 진정으로 어떤 필요였을 것이고, 그렇게 했던 사람들은 바로 초보자였으므로 이 첫걸음은 초보자의 범위를 벗어날 수 없었을 것이다. 이러한 아이디어로부터 예고되듯, 나는 기하를 탄생시킬 수 있었던 것으로 거슬러 올라가고자 하였다. 그리고 첫 발명가들에게는 불가피했던 시험적인 모든 오류를 피할 것에 주의하면서 그들의 방법과 동일하다고 가정될 만큼 충분히 자연스런 방법으로 기하에 대한 원리를 개발하려고 하였다.

2) 클라인(F. Klein, 1924)

우리는 수학교육적 입장에서 아동에게 너무 일찍 추상적이고 어려운 것을 제시한다는 인상을 주지 않도록 해야 한다. 이 점에 대한 나의 견해를 정확히 규정하기 위하여 생물학적 기본 법칙을 인용하고자 한다. 개체는 종족의 전 발달 단계를 단축된 순서로 거치면서 발달한다. 이 기본 법칙을 수학교육에서도 따라야 한다. 소년의 자연적인 소질과 연결시켜 인류 전체가 그 순진한 원시 상태로부터 보다 높은 인식에 다다른 그 길을 따라 천천히 높은 곳으로, 마지막에 추상적인 형식화에 이르러야 한다.

3) 푸앵카레(H. Poincare, 1953)

어떤 동물의 태아 발달은 지질학적 시대의 그의 선조의 전체 역사를 매우 짧은 기간에 거쳐 재현한다고 동물학자들은 주장하고 있는데, 인간의 정신 발달에도 마찬가지인 듯하다. 교육자는 학생으로 하여금 그의 선조가 통과한 모든 단계를 따르도록 매우 빨리, 그러나 어떤 단계도 소실되지 않게 인도해야 한다. 이러한 이유에서 학문의 역사는 우리의 첫째가는 안내자이어야 한다.

4) 퇴플리츠(O. Toeplitz, 1963)

오늘날 우리는 필수적인 것으로 지도되는 많은 내용들에 관하여 '왜 그런가?', '어떻게 그것을 얻었는가?'와 같은 질문을 제기하지 않지만, 이러한 내용들은 탐구되던 당시에는 불타는 의문에 대한 해답이었다. 우리가 이들 아이디어의 근원으로 되돌아간다면 틀에 박힌 무미건조한 사실의 활기 없는 그러한 외모는 없어지는 대신 싱싱하고 힘찬 생명이 다시 살아날 것이다.

5) 라카토스(I. Lakatos, 1976)

문제 상황의 대부분은 성장하는 수학 이론에서 일어나는데, 거기서 성장하는 개념들은 발전의 수단이며, 가장 흥미진진한 발달은 개념의 경계 영역을 탐구하고 확장하고 앞서 미분화된 개념들을 분화하는 데서 일어난다. 이들 성장하는 이론에서 직관은 미숙하고 비틀거리며 잘못을 범한다. 그러한 성장 기간을 거치지 않은 이론은 없다. 더욱이 이러한 기간은 역사적 관점에서 가장 중요하게 다루어져야 할 것이다.

6) 프로이덴탈(H. Freudenthal, 1983)

수학의 역사는 점진적인 도식화의 학습 과정이다. 어린 학습자는 인류의 학습 과정을 수정된 방식으로 재현(再現)한다. 그는 역사가 실제로 일어난 대로가 아니라 과거의 사람들이 오늘날 우리가 알고 있는 것과 같은 것을 알았다면 일어났을 그 역사를 반복해야 한다. 어린 학습자가 재현해야 하는 것은 역사적 학습과정의 수정되고 개선된 판이다.

7) 아카비(A. Arcavi, 1987)

수학의 역사는 이전 세대가 형식적인 수학적 구조의 필요성을 실험하고 발견하게 되는 방법을 보여주는 예들의 풍부한 원천이기 때문에 수학사는 이러한 필요성을 느끼도록 조장하는 자연스러운 도구이다. 역사적 맥락의 강조는 수학과 수학적 활동은 인간적이고 창의적이며 활동적인 노력이라는 합당한 이미지를 창출하는 데에 도움을 줄 수 있다.

3. 수학 수업에서 수학사 활용의 필요성과 이점

수학 수업에 수학사를 도입할 필요성과 도입할 때의 이점으로 다음과 같은 점을 생각할 수 있다(Reimer, L. & Reimer, W. 1995, pp. 104–114; 신영미, 1993; 장혜원, 2003).

1) 수학적 개념의 기원과 유래를 알게 된다

교사가 일련의 수학적 구조나 개념의 형성·발전의 역사적 과정에 대해 잘 알고 있으면, 학생들의 수학적 구조나 개념의 형성 과정을 알게 하는 데 도움이 된다. 대수적 기호나 허수와 같은 아이디어의 기원을 이해하는 것은 학생들이 매우 어려워하는 내용이지만, 이는 추상적인 수학적 절차를 이해하기 위해 더욱 효과적이다. 이러한 기원에 대한 일화들이 또 다른 새로운 영역에 대한 연구의 발판이 되기도 한다. 예를 들어, 라그랑주(J. Lagrange, 1736~1813)에 관한 이야기와 당시 무게나 길이의 측정 단위가 각 도시마다 달라서 일어나는 혼란에 대해 들었을 때, 미터법을 보다 바람직하게 이해하는 힘이 생겨날 것이다. 삼각형의 변을 왜 a, b, c로 사용할까? 라는 질문과 함께 오일러(L. Euler, 1707~1783)에 대해 이야기하면 아동들은 더욱 재미있어 할 것이며, 개개의 특별한 상황을 가진 수학적 사실들을 연관시켰을 때 그들이 배우는 것에 대해 더욱 효과적으로 이해하고 기억할 수 있을 것이다.

다른 예로, 학생들에게 기하를 가르칠 때 기하의 영어 단어인 geometry의 어원과 관련하여 기하 연구의 출발은 토지 측량에서 만들어진 것임을 알게 할 수도 있을 것이다. 또 도형의 닮음을 전개하기에 앞서 다음과 같은 발생적 설명을 덧붙이면 학생들이 닮음 개념의 필요성을 보다 잘 이해할 수 있을 것이다(장혜원, 2003). “내부에 선을 긋지 못하는 토지를 측량하기 위해 그대로 옮겨 그리는 방법은 종종 실행상 큰 어려움을 야기한다. 측정하고자 하는 토지를 이루는 삼각형과 합동인 삼각형을 그리기에 충분히 큰 한 덩어리의 자유로운 공간을 발견하기란 드물다. 그리고 찾았다 할지라도 삼각형의 변의 거대한 길이는 조작을 매우 어렵게 할 수 있다. 한 직선으로부터 불과 500미터만 떨어져도 그 지점에서 수선을 내리는 것은 지극히 고된, 아마도 실행 불가능한 작업이다. 따라서 이 거대한 조작을 보충할 방법을 갖는 것이 중요하다. 그래서 도형을 작게 그릴 필요가 있고 이 필요를 충족시키기 위해 도형의 닮음 개념이 생겨났다."

2) 수학은 인간의 노력의 산물이라는 것을 알게 된다

점점 과학기술이 발달됨에 따라 요즈음 아동들은 수학이란 단지 계산기와 컴퓨터에 의해 해결되는 것으로 생각할지도 모른다. 그들은 스스로 수학을 이해하거나 계산과정을 알아볼 필요가 없다고 생각하면서 그 결과만 중시할 수도 있다. 그러나 문제 해결은 본질적으로 인간이 해야 할 과정이며 발견은 그 시대 사람들의 요구에 의해 이루어져 왔다는 것을 수학사를 통해 인식시킬 수 있다.

수학의 어떤 단원을 지도하고자 할 때 그와 관련된 수학사 내용을 미리 탐색하여 활용한다면, 학생들은 시대를 초월한 역사감을 느끼고 흥미가 고조될 것이며 수학적 개념이나 내용의 생성·변천을 의식하게 될 것이다. 그리고 수학도 필요에 따라 인류가 많은 시행착오를 겪으면서 창조, 수정·보완하여 오늘에 이르렀음을 인식하게 될 것이다.

수학의 역사적 발달 과정을 통해 수학적 지식의 인간적인 모습을 접할 수 있으며, 수학은 인류의 끊임없는 사고의 결과로 만들어진 것임을 인식할 수 있다. 예를 들어, 고대로부터 인류가 만들어낸 여러 수의 표기법이 현재의 위치적 십진기수법으로 발전해온 과정을 통해서, 수의 표기법이 미리 정해져 있던 것이 아니라 인류가 문명의 발달 과정 속에 점진적으로 발전시켜 온 것임을 알 수 있다. 수학이란 학문도 오랜 세월을 거쳐 인간들의 재능에 의해 시행착오를 거치면서 오늘의 수학으로 발돋움했으며, 그 발전의 내면에는 수학자들의 인간적인 면들이 점철되어 있음을 안다면, 학생들은 수학에 대한 거부감을 어느 정도 버리게 될 것이다.

3) 수학이 자연 현상을 이해하는 폭넓은 기초과학임을 알게 된다

고대 그리스의 지성인들은 다음과 같은 수학적 세계관을 가지고 있었다. '자연은 질서정연하며 거대한 설계에 따르는 영원불변의 기능을 가졌다. 행성의 운행과 같은 거시적인 현상으로부터 나뭇잎의 배열과 같은 미시적인 현상에 이르는 모든 자연 현상 뒤에는 통일성 있는 패턴이 숨어 있다. 자연은 합리적으로 설계되었으며 그 설계는 우리의 정신으로 이해될 수 있다.' 그리스인들은 이러한 수학적 세계관을 가지고 실제로 혼란한 현상 속에 있는 몇 가지 규칙과 질서를 밝혀내었다.

피타고라스 학파는 여러 가지 자연 현상들이 양적인 관점에서 똑같은 수학적 성질을 가진다는 것을 발견하고 '만물은 수'라고 했다. 수학이야말로 만물의 본질이라는 것이다. 그들은 자연의 사물을 수와 관련지었다. 아래 그림의 사각수, 오각수와 같은 형상수는 그 한 예이다.

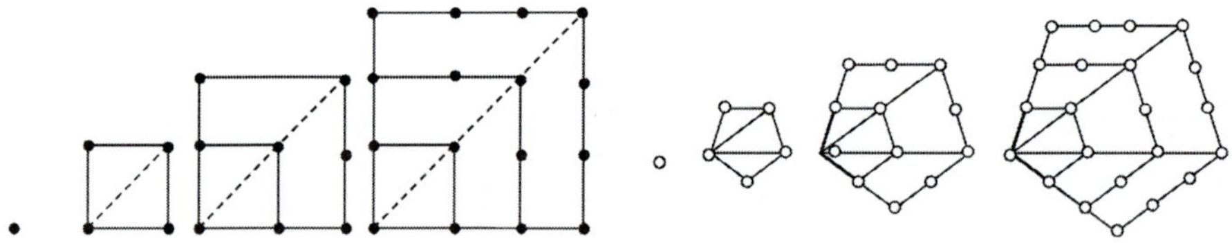

그림 10.1 사각수와 오각수

피타고라스 학파는 현의 길이와 소리의 진동수 사이의 관계를 수로 표현하였다. 또 행성의 움직임과 같은 다른 자연 현상도 수로 표현하였다. 피타고라스 학파에 의해 음악과 천문학은 산수와 기하학과 연결되었고, 고대 그리스인들은 이들 네 과목을 수학으로 생각하였다.

인문주의 시대에도 많은 수학자들이 우주의 수학적 창조에 대한 신념을 가지고 자연의 수학적 설계를 탐구했다. 사람들은 태양계의 행성은 항상 일정한 속도로 원운동을 한다고 생각했다. 그러나 케플러는 행성이 타원 위를 움직이며 태양(S)은 이 타원의 한 공통 초점에 위치한다는 것을 밝혀냈다. 그리고 행성은 일정한 속도로 움직이지 않는다는 사실도 알아냈다. 행성은 수학적인 법칙을 따라 그 법칙이 정해주는 속도대로 움직인다. 행성이 P에서 Q까지 움직이는데 걸린 시간은 PSQ의 넓이와 $P'SQ'$의 넓이가 같을 때 행성이 P'에서 Q'까지 운행하는데 걸린 시간과 같다. 즉 행성은 태양에 가까울 때 더 빨리 움직이고 멀어지면 더 느리게 움직인다.

갈릴레이도 자연이 수학적으로 창조되어 있다고 확신하며 다음과 같이 말하였다. “지혜는 우리의 눈앞에 놓인 이 위대한 책 속에 들어 있다. 이 책은 우주이다. 그러나 먼저 거기 쓰인 언어를 배우지 않고 기호를 파악하지 않는다면 우리는 그것을 이해할 수 없다. 그 책은 수학적 언어로 씌어져 있고 기호는 삼각형, 원 또는 다른 도형들이다. 이들의 도움 없이는 단 한 단어조차도 이해할 수 없고, 어두운 미로에서 허망하게 방황하게 될 따름이다.”

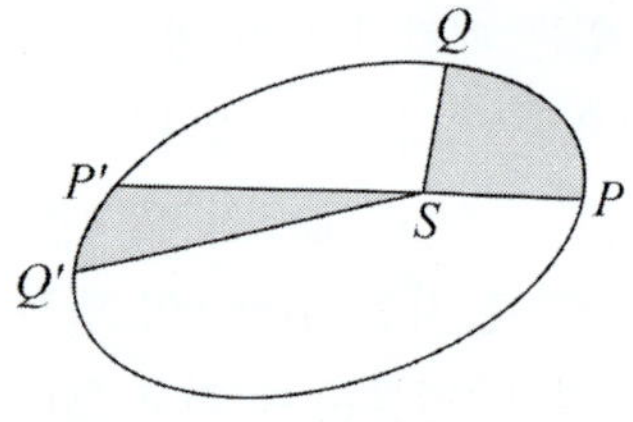

그림 10.2 행성의 운동

수학은 자연계를 포함한 실제 세계를 이해하려는 데서 발생하였다. 수학은 실세계, 특히 자연 현상을 이해하는 데 매우 유용하다. 위와 같은 수학사에 종종 등장하는 수학과 자연과학의 발달에 대한 이야기는, 자연 현상의 이면에 존재하는 여러 가지 원리들이 수학과 어떠한 관련이 있는가를 간접적으로나마 이해할 수 있게 해준다. 따라서 수학이 적용 범위가 넓은 기초과학 과목이라는 수학에 대한 폭넓은 이해를 갖게 하는 데 도움이 된다. 수학에 대한 올바른 인식은 학생들의 수학 학습에 바른 태도를 가져다 줄 수 있을 것이다.

4) 학생들의 오류에 적절히 대처할 수 있게 해준다

수학사에 대한 지식은 학생들의 오류에 적절하게 대처하는 데 도움을 준다. 수학사는 인류의 수학 학습 과정으로 볼 수 있으며, 그 과정에서 등장했던 오류나 어려움은 오늘날 학생들이 수학을 학습하는 과정에서도 나타날 수 있다. 교사가 수학사에 대한 지식을 가지고 있지 못하면, 이러한 학생의 오류에 직면했을 때 이를 단순히 학생의 무능력의 탓으로 돌려버려 적절히 대처하지 못할 수 있다. 그러나 교사가 수학사에 대한 충실한 지식을 가지고 있어 이러한 오류가 역사적으로 어떻게 제기되고 극복되었는지 알고 있다면, 이를 학생의 학습 지도에 적절히 활용할 수 있을 것이다.

예를 들어, 수학사를 보면 고대 바빌로니아 인들은 네 변의 길이가 차례대로 a, b, c, d인 사각형의 넓이를 $\frac{(a+c)(b+d)}{4}$와 같이 구하였다. 이 방법은 사다리꼴 넓이를 구하는 공식으로부터 유추된 것으로 보이며, 그 방법에는 오류가 있다. 또 고대 수학자들은 어떤 수를 0으로 나누면 0이 된다고 생각하거나 $\frac{a}{0}\times 0=a$이라고 주장하기도 하였다. 고대의 수학자들은 0의 계산에 어려움을 겪은 것이다. 그런데 오늘날 학생들에게서도 비슷한 오류 패턴이 관찰된다. 이러한 학생들의 오류를 수정해 주는데 수학사를 활용하면 도움이 될 것이다. 비록 오류를 범한 학생들일지라도 위대한 고대 수학자들 역시 자신과 마찬가지의 생각을 했다는 것을 안다면 자신의 아이디어를 긍정적으로 평가하고 오류를 개선해 나가려는 마음을 갖기 쉬울 것이다(김수미, 2004).

5) 수학자의 일화는 학생들에게 도전이 될 수 있다

교사가 수학 시간에 아르키메데스에 대해 이야기 해주고 그가 로마 군사에 의해 죽게 되었음을 이야기 할 때, 아동들은 수업에 집중하며 애통해하기도 할 것이다. 여기서 교사가 "아르키메데스는 수학문제를 푸는데 너무 바빠서 군인이 접근하는 것을 전혀 알아차리지 못했어. 너희들은 아르키메데스가 그때 어떤 문제를 풀고 있었을 거라 생각하니?"라고 물어볼 수 있을 것이다. 이때 아동들은 아르키메데스에 대하여 들었던 이야기를 떠올리며 그가 기하학에 관해 공헌을 했음을 생각하게 되고, 수학에 대한 매력을 느낄 수 있을 것이다.

다른 예로, 제르맹(S. Germain, 1776~1831)은 여자이기 때문에 공부를 하지 못하게 하는 부모의 반대를 무릅쓰고, 밤에 몰래 자기 방 이불 속에서 촛불을 켜가며 수학을 공부했다. 갈루아(E. Galois, 1811~1832)는 21세에 결투에 의해 총에 맞아 죽었지만, 그 전날 그는 군(群)의 이론에 대한 중요한 유산을 남겼다. 무난하고 평범한 일생을 살았던 수학자들도 있지만, 대부분의 수학자들은 각각 극복해야 할 장애를 갖고 있었다. 수학자들의 역경을 보면서, 그들의 삶은 열정적인 연구와 굳은 결심의 힘에 의해 뚜렷이 나타난다는 것을 알 수 있다.

우리나라 수학자들의 업적이나 일화를 소개해 주는 것도 좋은 방법이다. 예를 들어, 세종 때의 학자인 이순지는 당대 명문 집안 출신으로, 천문역법을 체계적으로 정리한 '칠정산' 등의 저서를 남겼는데, 세종 때 많은 천문 기구와 해시계, 물시계가 만들어진 것은 그의 수학적 연구가 뒷받침되었기 때문이다. 19세기 중인 출신의 산학자인 이상혁은 '산술관견'이라는 저서를 남겼는데, 이 저서는 일본의 수학자들조차 감탄한 역작으로 삼각형, 사각형의 이론, 원의 지름과 넓이 및 원주와의 관계, 현과 호의 관계 등 기하학적인 내용을 다루고 있다.

6) 문제 해결의 다양한 방법적 접근을 알게 된다

자연수의 곱셈을 가르칠 때 고대 이집트인들이나 러시아 농부들의 곱셈법, 격자 곱셈법, 네이피어 막대를 사용한 곱셈법을 소개할 수 있다. 오른쪽에 제시된 곱셈은 17×23을 고대 이집트인들의 방법으로 구한 것이다. 왼쪽 열의 수가 곱하는 수 17보다 작은 2의 거듭제곱수 중 최대수인 16이 될 때까지, 곱하는 수를 계속하여 17, 34, 68, …과 같이 2배씩 해나간다. 그리고 왼쪽 열의 수들 중에서 더해서 곱해지는 수 23이 되는 수들 1, 2, 4, 16을 표시한다. 끝으로 표시된 수들에 대응하는 오른쪽 열의 수들의 합을 구하면 17과 23의 곱을 구할 수 있다.

*	1	17
*	2	34
*	4	68
	8	136
*	16	272

합 17+34+68+272=391

그림 10.1 고대이집트인들의 곱셈법

이제 러시아 농부들의 곱셈법으로 54×28을 구해 보자. 러시아 농부들의 곱셈법은 곱해지는 수를 $\frac{1}{2}$배 한 것의 자연수 부분을 취하고, 곱하는 수를 2배 하는 과정을 기본으로 하여 이루어진다. 즉, 54의 $\frac{1}{2}$인 27을 만들고, 곱하는 수인 28을 2배 하여 56을 만든다. 이어서 27의 $\frac{1}{2}$인 13.5의 자연수 부분 13을 취하고, 56을 2배 한 112를 만든다. 이 과정을 왼쪽의 곱해지는 수의 열에 1이 나타날 때까지 계속한다. 그리고 왼쪽 열에서 홀수인 27, 13, 3, 1에 표시한다. 그리고 표시된 수들에 대응하는 오른쪽 열의 수들의 합을 구하면 54×28을 구할 수 있다. 이와 같이 하여 두 수의 곱을 구할 수 있는 이유를 다음 수식으로부터 알 수 있다.

	54	28
*	27	56
*	13	112
	6	224
*	3	448
*	1	896

합 56+112+448+896=1512

그림 10.2 러시아 농부들의 곱셈법

$$\begin{aligned} 54 \times 28 &= 27 \times 56 \\ &= 13 \times 112 + 56 \\ &= 6 \times 224 + 112 + 56 \\ &= 3 \times 448 + 112 + 56 \\ &= 1 \times 896 + 448 + 112 + 56 \end{aligned}$$

이를 비롯하여, 15세기에 유럽인들이 사용한 격자 곱셈, 네이피어의 막대를 이용한 곱셈 등 수학사에서 찾아볼 수 있는 다양한 곱셈 방법을 사용하여 얻은 계산 결과를 비교해 보면서, 학생들은 인류가 동일한 문제를 해결하는 다양한 방법을 발전시켜 왔음을 실감하고, 수학이 국제적, 다문화적인 묘미를 지니고 있음을 알게 될 것이다.

7) 수학의 상호 연관성을 알게 된다

수학적 기원을 탐구하는 것은 종종 수학 자체의 상호연관성을 위한 창을 열어준다. 고대 바빌로니아 대수에서 방정식 문제를 도형을 이용하여 해결하는 것을 볼 수 있다. 예를 들어 직사각형을 이용하여 이차방정식 $x^2 + 10x = 24$의 해를 다음과 같이 구할 수 있다.

① 한 변의 길이가 x인 정사각형을 그린다.

② ①에서 그린 정사각형에 넓이가 $10x$인 직사각형을 넓이가 $5x$인 직사각형 두 개로 나누어 붙여서 $x^2 + 10x$를 나타내는 도형을 그린다.

③ ②의 도형에 한 변의 길이가 5인 정사각형을 붙인다. 완성된 정사각형의 넓

이를 식으로 나타내면 $(x+5)^2 = 49$이다. 이로부터 $x = 2$ 임을 알 수 있다.

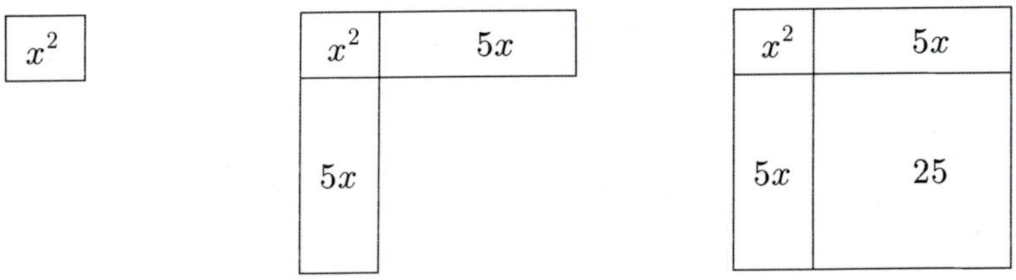

그림 10.3 도형을 이용한 이차방정식 풀이

한편, 17세기의 철학자이자 수학자인 데카르트는 대수와 기하를 혁신적으로 결합하여 수학적 탐구의 새로운 장을 열었다. 데카르트는 아침에 침대에서 조용히 명상하며 철학과 수학에 관한 좋은 아이디어를 창조하였다고 한다. 전해 오는 이야기에 따르면, 데카르트는 어느 날 침대에 누워 천장에 붙어 있는 파리를 보고 그 위치를 나타내는 일반적인 방법을 찾으려고 하다가 좌표의 아이디어를 떠올리게 되었다고 한다. 좌표의 도입으로 인해 직선을 $ax+by+c=0$, 원을 $(x-a)^2+(y-b)^2=r^2$과 같은 대수적인 식으로 나타내고 연구하는 길이 열리게 되었다. 데카르트가 해석기하학을 창조한 이야기는 학생들에게 한 가지 수학적 개념이 다른 개념을 발전시키고 강하게 해준다는 것을 알 수 있게 한다.

8) 수학사는 과거와 현재의 연관성을 갖게 한다

수학사는 과거로부터 미래를 이어주는 다리가 된다. 아버지의 과중한 업무를 덜어드리고 싶어 몇 년 동안 연구 끝에 성공한 파스칼(B. Pascal, 1623~1662)의 발명은 오늘날 기계적 계산기의 시초가 된다. 1993년 신문에 몇 백년 동안 수학자들이 풀지 못했던 문제인 '페르마의 마지막 정리'가 해결되었다는 기사가 보도되었다. 당초에 페르마(P. Fermat, 1601~1665)가 어떤 착각을 했다거나, 그 후 그 증명에 결함이 있건 없건 간에 그 머리기사는 아직 수학은 죽지 않고 살아 있으며 계속 발전되고 있다는 것을 세계에 알려준 것이다.

한편, 우정호(1998)는 수학사를 수학교육에 이용하면 일반적으로 다음과 같은 이점이 있다고 하였다.

첫째, 알고리즘적인 계산 수학을 반성하여 개념적 사고를 고취하는 데 이용할 수 있다.

둘째, 교육과정 구성에서 '자연스러운' 내용 배열의 준거가 되며, 학습·지도에서 수학적 아이디어의 발달 과정을 따름으로써 자연스럽게 그 이해를 도울 수 있다.

셋째, 수학의 역사적 발달 과정에 소급해 봄으로써 수학적 사고의 인간적인 모습을 접해 보게 하여, 학습 동기를 유발하고 수학 학습에 생기를 불어넣을 방안을 찾을 수 있다.

넷째, 현대 기술 문명의 발달에서의 수학의 중심적인 역할과 수학의 문화적인 역할, 특히 인간관과 세계관 형성에 미친 수학의 역할을 이해함으로써 수학에 대한 학생들의 인식을 바꿀 수 있다.

이와 같이 수학사는 수학에 대한 올바른 인식을 하게 해 주고, 수학에 대한 흥미를 유발시키기도 하며, 수학 수업을 활기 있게 만들어 주는 역할과 함께, 수학적 내용 자체의 이해, 수학과 자연과학과의 연관성 이해, 수학의 구조나, 개념, 내용의 생성, 변천, 발전의 이유나 과정에 대한 이해, 수학적 내용들이 일반화, 확장, 추상화되어야 하는 필요성의 이해에 도움을 주어 효율적인 수학교육이 이루어지도록 해 준다.

여러 가지 여건에 비추어 볼 때, 수학 수업에서 수학사를 직접 가르칠 수는 없으며 굳이 그렇게 할 필요도 없다. 그러나 적절한 시기에 적당한 방법으로 수학사를 활용한다면 이상에서 알아보았듯이 보다 윤택하고 생동감 있는 수학 수업이 이루어질 수 있으며 이에 따라 학습 효과의 상승도 기대할 수 있을 것이다. 적시에 적절한 방법으로 수학사를 응용하면 지루한 수학 수업에 활기를 불어넣을 수 있고 학생들의 관심을 수학 학습에 끌어들일 수 있다. 수학사에 대한 풍부한 지식과 이해는 수학 교사에게 수학적인 지식과 아울러 상호 보완재 역할을 하여 교사나 학생 모두에게 윤택하고 즐거운 수학의 교수·학습의 기회를 가져다 줄 수 있을 것이다.

한편, 존스(P. S. Jones)는 수학교육에 수학사를 도입해야 할 이유로 연대적 이유(Chronological whys), 논리적 이유(Logical whys), 그리고 교육학적 이유(Pedagogical whys)의 세 가지를 언급하였다(NCTM, 1989, pp. 1–16).

- **연대적 이유** 예컨대 시간이나 도는 어째서 60분으로, 분은 60초로 나타내며, '분'이나 '초'와 마찬가지로 '0 (zero)'이나 'Sine'과 같은 단어의 기원은 무엇인가? 등과 같은 의문은 수학사를 통해 해결될 수 있다. 또 수학사는 수학적 정의나 무정의 용어들의 필요성과 임의성에 대한 논의, 수학 체계의 심리학적 근거에 대한 토의 등을 불러일으킨다.
- **논리적 이유** 수학의 정리 등을 형성하고 있는 공리 체계나, 논리적 추론 및 증명 등이 어떠한 경로를 통해서 형성·발전해 왔는가를 이해하는 데 도움을

준다.

- **교육학적 이유** 수학사로부터 수학 문제 해결 과정이나 해결 방법에 대한 통찰을 얻어 문제 해결의 방법을 터득하는 좋은 기회를 얻을 수 있다. 수학사에서 얻을 수 있는 문제 해결의 수단이나 과정들이 늘 논리 정연하고 유일성을 갖는 것은 아니지만, 수학 문제를 풀 때 학생들은 때때로 그러한 수단이나 과정을 효율적으로 사용하거나 응용한다. 예컨대 $\sqrt{26}$의 합리적인 근삿값을 구하는 방법으로, '나누기, 평균 구하기, 그리고 반복하기'라는 방법이 있다. 이는 오늘날에도 통용되고 있으며 안정성과 아울러 정확성을 갖고 있는 전통적인 문제 해결 방법이다.

4. 수학사의 일반적 활용 방법

고대 오리엔트의 수학 또는 구장산술에 비치고 있는 중국 수학의 내용이나 방법은 오늘날 초등학교에서의 수학 내용이나 방법과 유사한 점이 대단히 많이 있다. 그리고 중학교에서 다루고 있는 수학의 대부분은 고대 그리스의 수학 내용이나 방법과 관련이 있으며, 고등학교 수학에서 중세 유럽 및 근대 수학의 내용이나 방법이 그 주류를 이루고 있다.

수학사를 수학 학습 지도의 적절한 도구로 활용하기 위해서는, 역사적 관점을 바탕으로 되도록 그 역사적 순차성을 중시해야 하고, 시대에 따라 변화되어온 수학의 내용에 부합하는 수학의 방법도 함께 연구하여 이용해야 한다. 또 수학사를 도입했을 때 학생이 성취하게 될 유의미한 효과를 먼저 예측해보고, 그 효과를 거두기 위해 교수·학습 상황을 염두에 두면서 수학사 내용의 재구성을 수행해야 한다.

수학교실에서 수학사를 활용하는 구체적 방법에는 여러 가지가 있을 수 있으나, 앞에서 언급한 수학사의 활용 입장과 관련하여 다음과 같은 몇 가지를 간략하게 제시한다.

- 과거 수학자의 일화를 소개한다.
- 새로운 개념에 대한 역사적 소재를 제공한다.
- 학생에게 역사상의 문제를 이해시키고, 지금 학습하는 개념이 그 문제의 답임을 알게 한다.
- 수학사를 직접 가르친다.
- 과제학습의 형태로 수학사 관련 내용을 조사하게 한다.

한편, Reimer 등(1995)은 NCTM의 연보에서 초등학교 수업에 실제로 수학사를 활용할 수 있는 다양한 지도 방법을 다음과 같이 제시하고 있다.

- 역사적 환경을 만들어준다.
- 수학자에 관한 우표수집 활동을 시킨다.
- 추천도서로 수학자들의 위인전을 선택하여 읽어보게 한다.
- 수학자에 대한 전기나 일화를 읽고 독후감을 쓰게 한다.
- 수학자의 일화나 줄거리를 모아서 극본을 짜고 연극을 하게 한다.
- 미술시간에 수학자의 삶에 대한 한 장면을 선택해 그려보게 한다.
- 특별한 수학자들의 생일잔치를 열어준다.
- 수학자들이 발견한 것이나 수학자들이 발견을 위해 행했던 행동을 직접 경험해보도록 한다.

생각해 볼 문제

1. 역사적으로 나타난 여러 가지 수의 표기 방법을 조사하고, 각 표기 방법의 특징에 대하여 설명하시오.

2. 격자 곱셈 방법과 네이피어의 막대를 이용한 곱셈 방법을 조사하시오.

3. 비유클리드 기하의 출현이 인류 문명사에 미친 영향에 대하여 설명하시오.

4. 도형수(삼각수, 사각수, 오각수 등)와 관련된 여러 가지 성질에 대해 조사하시오.

5. 초등학교 교실에서 수학사를 활용하는 학습지도사례를 제시하시오.

■ 참고문헌 ■

김상화 (1999), 수학사를 도입한 초등학교 수학교재 개발 및 적용에 관한 연구, 인천교육대학교 교육대학원 석사학위논문.

김수미 (2004), 고대 수학자와 현대 예비교사들의 영(zero) 처리 오류 및 교수학적 시사점, 과학교육논총, 제16집, 경인교육대학교 과학교육연구소.

김용운·김용국 (1998), 數學史의 이해, 서울: 도서출판 우성.

신영미 (1993), 수학사와 수학교육, 서울대학교 대학원 석사학위논문.

우정호 (1998), 학교수학의 교육적 기초, 서울: 서울대학교 출판부.

이용률 외 (1997), 초등수학교육론, 서울: 경문사.

장혜원 (2003), Clairaut의 〈기하학 원론〉에 나타난 역사발생적 원리에 대한 고찰, 수학교육학연구, 제13권(3), pp. 351–364.

정동권 (1998), 수학 수업 개선을 위한 수학사의 활용, 科學教育論叢, 제10권 300–344, 인천교육대학교 과학교육연구소.

허민·오혜영 공역 (1994), 수학의 위대한 순간들, 서울: 경문사.

上垣 涉 (1990), 算數·數學授業を樂しくする數學史の話, 明治圖書.

______ (1992), 續算數·數學授業を樂しくする數學史の話, 明治圖書.

______ (1994), 數學史を數學教育に活用する視點 數學教育(No.438)94/6, pp. 5–12, 明治圖書出版株式會社.

柴田録治·浦田敏夫 (1994), これから教師になる人ための算數と數學, 東京; 株式會社 黎明書房.

片野善一郎 (1982), 算數授業に役立つ數學の話, 東京: 明治圖書出版株式會社.

_________ (1992), 數學史を活用した教材研究, 東京: 明治圖書.

Bednarz, N., Kieran, C. & Lee, L. (1996), *Approaches to algebra*, Kluwer Academic Publishers.

Clairaut, A. C. (1741), Eléments de Géométrie, 장혜원(역) (2005), 기하학 원론, 서울: 경문사.

Courant, R. and Robbins, H. (1961), *What is mathematics*, New York; Oxford Univ. Press.

Lakatos, I. *Proofs and Refutations — The logic of mathematical discovery*, 우정호(역) (1991), 수학적 발견의 논리, 서울: 민음사.

Lucas N. H. Bunt, Phillip S. Jones, & Jack D. Bedient (1988), *The historical roots of elementary mathematics*, Dover Pub. Inc.

NCTM (1989), *Historical topics for the mathematics classroom*, NCTM

(Yearbook 31).

_______ (1998), *The teaching and learning of algorithms in school mathematics*, NCTM 1998 Yearbook, NCTM Inc.

Reimer, W. & Reimer, L. (1995), Connecting Mathematics with Its History, *Connecting mathematics across the curriculum*, NCTM 1995 Yearbook, pp. 104–114. NCTM Inc.

Swetz, F., Faubel, J., Bekken, O., Johansson, B., & Katz, V. (1991), *Learn from the masters*, The Mathematical Association of America.

11

수학 학습에서의 평가

학생들의 수학 학습 정도를 평가하는 문제는 매우 어려운 문제이며, 평가의 목적이나 방법, 활용에 대한 다양한 논의가 있어왔다. 이 장에서는 교육평가의 전통적 관점, 기본적인 평가의 용어, 수학 학습 평가의 방향 및 도구의 개발에 대한 최근의 논의를 소개한다.

1. 교육평가의 전통적 관점

1) 교육평가의 전통적 개념

교육평가에 대한 논의는 교육과정에 대한 체계적 접근과 더불어 시작되었다. 교육과정이 교육학의 전문 분야로서 체계적으로 연구되기 시작한 것은 1920년경이며, 1949년에 타일러(Tyler)는 자신이 활발하게 참여했던 '8년 연구'의 경험과 그 이전의 교육과정 연구들을 종합하여 '교육과정과 수업의 기본 원리(Basic Principles of Curriculum and Instruction)'라는 제목의 책을 출판하였다. 여기서 타일러는 교육과정과 수업의 기본 요소로서 네 가지를 제시하고 있는데, 이는 오늘날의 용어로 말한다면 교육목표의 설정, 학습경험의 선정, 학습경험의 조직, 평가이다. 교육목표는 다른 세 가지 요소의 기준이 되며, 평가는 설정된 교육 목표의 달성 정도를 측정하기 위한 수단으로서 가치를 갖는다.

타일러가 말하는 교육목표의 한 가지 중요한 조건은 교육목표는 반드시 '학생의 행동변화'를 지적하여야 한다는 것이다. 이것이 의미하는 바는 두 가지이다.

첫째로 교육은 학생을 대상으로 하는 일이므로 반드시 학생에게 어떤 성과로 나타나야 한다는 것이다. 둘째로 교육목표는 그 달성 정도가 평가될 수 있는 것이어야 한다는 것이다. 그리고 이 점에서 타일러의 교육과정 모형에서 교육목표는 평가와 직접적인 관련을 맺고 있다.

이렇듯 타일러의 교육과정 모형에서 목표와 평가의 관련성은 블룸(Bloom) 등의 '교육목표 분류학(Taxonomy of Educational Objectives)'을 통하여 더욱 확고해졌다. 교육목표 분류학의 기본적인 목적은 교육목표를 객관적으로 기술함으로써 일관된 교육평가를 통하여 목표 달성 여부를 판단하게 하는 데 있다. 예를 들어, '수의 대소 관계를 안다'는 목표에 따른 수업을 진행한 두 교사가 목표 달성 여부를 평가하기 위하여 시행하는 평가의 방법이 다르다면 문제가 된다는 것이다. 그리고 이 문제는 '수의 대소 관계를 안다'는 교육목표의 의미가 두 교사 사이에 합의될 만큼 정확하지 않다는 것 때문에 생긴 것이다.

그래서 블룸 등은 '인지적 영역'과 '정의적 영역'에 걸쳐 교육목표를 체계화하였다. 인지적 영역에 포함되는 요소는 1.00 지식, 2.00 이해력, 3.00 적용력, 4.00 분석력, 5.00 종합력, 6.00 평가력의 6항목이며, 각각의 항목은 하위 항목을 가지고 있다. 예를 들어 1.00 지식은 다시 1.10 특정한 사실에 관한 지식, 1.20 용어에 관한 지식 등으로 세분화된다. 정의적 영역에 포함되는 요소는 1.00 감수, 2.00 반응, 3.00 가치화, 4.00 조직화, 5.00 인격화의 5개 항목이다.

이렇듯 교육목표를 평가와 관련지어 객관적으로 규정하고자 했던 타일러나 블룸의 노력은 메이거(Mager)에 이르러 '행동적 수업 목표'라는 형태로 나타나게 되었다. 메이거에 따르면 '안다', '이해한다', '감상한다' 등은 넓은 범위의 해석이 가능하여 잘못 해석될 가능성이 많은 용어이다. 반면 '쓴다', '암기한다', '문제를 푼다', '비교한다' 등은 잘못 해석될 여지가 비교적 없는 용어이며 교육목표는 이러한 용어로 진술되어야 한다는 것이다. 교육목표의 진술은 학습자가 목표를 달성했다는 증거를 나타내어 보일 때, 어떤 행동을 할 수 있는가를 구체적으로 명시할 때 유용하다는 것이 메이거의 기본 입장이다. 이러한 입장은 교육목표가 우선하며 그 달성 여부를 평가한다는 생각을 넘어서 평가할 수 있는 결과를 교육목표로 설정해야 함을 시사하고 있다.

교육의 개념이나 교육과정의 개념은 교육학에서 다양성을 지니고 있다. 이를테면 교육의 공학적 개념에서는 교육을 '인간 행동의 계획적 변화'라고 규정하며, 교육의 내재적 가치를 강조하는 피터즈(Peters)는 '문명된 삶의 형식에로의 성년식'으로 교육을 규정한다. 전통적으로 교육과정의 개념도 다양하였으며, 앞서 살펴본 타일러, 블룸, 메이거 등의 입장에 대하여 이홍우 교수는 공통적으로 '목표 모형'이라는 용어를 설정하고 있다. 그리고 지식의 구조를 강조했던 브루너(Bruner)의 학문

중심 교육과정 이론을 '내용 모형'으로 본다. 하지만 내용 모형에서는 학문적 내용 속에 내재되어 있는 가치를 추구하는 데 관심이 있으며 그 자체가 교육목표라고 보기 때문에 평가의 문제는 중요하게 다루어지지 않는다. 따라서 근대적 교육평가의 개념은 타일러에서 출발한 목표 모형에서 출발한 것으로 볼 수 있으며, 교육목표에 대한 달성 여부를 객관적으로 평가하려는 목적을 지니고 있다.[1)]

2) 전통적 평가 도구의 필요 조건

전통적 교육평가의 관점에서는 교육목표의 달성 여부를 객관적으로 평가하고자 하므로 이 목적을 수행하기 위한 평가 도구의 개발에 대한 많은 연구가 진행되어 왔다. 이 절에서는 수학 학습의 평가 상황에서도 자주 이용되는 이원분류표, 평가 도구의 타당도, 평가 도구의 신뢰도, 평가 문항의 변별도 개념에 대하여 알아보기로 한다.

(1) 이원분류표

이원분류표는 블룸의 교육목표 분류학 및 메이거의 교육목표의 행동적 진술과 깊은 관련을 맺고 있다. 이들이 공통적으로 주장하는 것 중 하나는 교육목표는 '어떤 내용에 대하여 어떤 행동을 보인다'는 형태의 구체적 내용과 구체적 행동이 결합된 형태로 나타나야 한다는 것이며, 블룸의 교육목표 분류학은 이 중에서 행동을 세분화한 것이다. 이러한 영향으로 수학 학습의 평가 상황에서 평가 도구의 내용 영역과 행동 영역을 구분하여 기술하는 것이 하나의 전통이 되어 왔다.

수학 학습의 평가와 관련된 내용 영역은 대개의 경우 전체적인 평가의 범위에 따라 구분된다. 수학 교육과정의 전 영역과 관련된 평가에서는 주로 교육과정의 내용 영역을 평가 도구의 내용 영역으로 이용한다. 2009 개정 교육과정에 따른 수학과 교육과정의 내용 영역은 수와 연산, 도형, 측정, 확률과 통계, 규칙성의 5개이다. 이렇듯 교육과정의 내용 영역을 활용하는 예로는 국가적으로 시행되는 국가 수준 교육성취도 평가나 대학수학능력시험을 들 수 있다. 한편, 평가하고자 하는 범위가 예를 들어 수와 연산 영역에 국한된 것이라면 이를 더욱 세분하여 나타낼 수 있다. 예를 들면, 덧셈, 뺄셈, 곱셈, 나눗셈, 혼합계산 등과 같이 구분하는 것이 될 것이다. 한편, 2012년에 시행되었던 PISA 2012에서 활용한 내용 영역은

---

1) 교육평가의 개념은 이외에도 여러 가지가 있으며, 이에 대해서는 김재춘 외(2000)를 참고할 수 있다. 이 장은 수학 학습의 평가와 관련되는 장이며 이에 대하여 주로 타일러의 전통적 개념과 현대적 개념을 대비시키고자 하므로, 평가에 대한 다른 개념에 대해서는 상세히 논하지 않기로 한다. 특히 교육학 분야에서는 교육평가와 교육측정을 엄격히 구분하는 경향이 있으나, 수학 학습의 평가는 이를 구분하는 단계까지는 이르지 않은 것으로 생각되므로 특별한 구분 없이 수학 학습의 평가라는 범주 속에 포함시키기로 한다.

공간과 모양, 변화와 관계, 불확실성과 자료, 양의 4개 내용 영역이었다.

수학 학습의 평가와 관련된 행동 영역은 전통적으로 블룸의 교육목표 분류학의 영향으로 지식, 이해, 적용, 분석, 종합, 평가로 구분하는 경향이 있었으나, 오늘날에는 전미수학교사협의회(NCTM)에서 제시한 수학적 사고의 사면체 모델에 따라 구분하는 경향이 보편화되어 가고 있다. 이는 수학적 사고를 알고리즘적 수학, 개념적 수학, 추론으로서의 수학, 문제 해결로서의 수학이라는 네 가지로 구분한 것으로, 이에 대응되는 행동 영역은 각각 계산, 이해, 추론, 문제 해결의 네 가지이다. 이러한 행동 영역의 구분이 활용되는 대표적인 평가는 대학수학능력시험이며, 국가 수준 교육성취도 평가에서는 의사소통을 포함하여 5가지의 행동 영역을 활용하고 있다. 또한, 2011년에 시행되었던 TIMSS 2011에서 활용한 행동 영역은 알기, 적용하기, 추론하기의 3개이며, 2012년에 시행되었던 PISA 2012에서 활용한 수학적 과정은 형식화하기, 이용하기, 해석하기의 3개이다.

이러한 내용 영역과 행동 영역에 따라 작성되는 이원분류표의 예는 다음과 같은 것이다. 그리고 이원분류표는 학습 목표의 도달 정도에 대한 해석을 위해 이용될 수 있다. 예를 들어 '수와 연산 영역에서는 우수하지만 도형 영역에서는 보통 수준이다' 또는 '계산력은 우수하지만 문제 해결력은 부족하다'와 같은 해석이 그러하다.

행동영역 / 내용영역	계산	이해	추론	문제 해결	의사소통
수와 연산					
도형					
측정					
규칙성					
확률과 통계					

(2) 평가 도구의 타당도

평가 도구의 타당도(validity)란 평가 도구를 통하여 재고자 하는 것이 평가에서 재고자 의도하는 학습 목표와 일치하는지의 기준으로, '재고자 하는 것을 재고 있는가'라는 질문으로 보통 표현되는 것이다. 예를 들어 사람의 키를 측정하기 위하여 자를 이용한다면 타당한 도구를 이용하는 것이지만 저울을 이용한다면 타당한 도구를 이용하는 것이 아니다. 학자에 따라서는 타당도를 다시 내용타당도, 구인타당도, 준거타당도로 세분하기도 하지만, 수학 학습의 평가 상황에서 주로 고려하게 되는 것은 내용타당도이다.

예를 들어, 수와 연산 영역의 계산력과 관련하여 '받아올림이 있는 두 자리 수의 덧셈을 할 수 있다'는 학습 목표의 도달 여부를 평가하기 위하여 '25 + 34 = □'라는 문항을 출제하였다면 이 문항은 덧셈 계산에서 받아올림을 요구하지 않으므로 타당도가 부족한 문항이라 할 수 있다. 또한 '㉠㉡ + ㉠ 7 = 75일 때 ㉠과 ㉡의 값을 구하여라'라는 문항을 출제하였다면 이는 계산력 이외에 '예상과 확인 전략'과 같은 문제 해결 전략까지 요구하는 문항으로 볼 수 있으므로, 타당도가 부족한 문항이라 할 수 있다.

수학 학습을 평가하는 상황에서 이용된 문항이 타당도가 있는 문항인지에 대한 판단은 수학교육 전문가가 내릴 수밖에 없다. 이는 문항의 난이도나 신뢰도, 변별도 등을 평가 결과로부터 통계적인 방법으로 계산할 수 있는 것과 대비되는 특징이다.

(3) 평가 도구의 신뢰도

평가 도구의 신뢰도(reliability)란 측정하려하는 것을 얼마나 안정적으로 일관성 있게 측정하였는지에 대한 기준이다. 예를 들어 사람의 키를 측정하기 위하여 자를 이용하는 데 측정할 때마다 결과가 다르게 나온다면 이 자는 신뢰도 있는 도구가 아닌 것이다.

신뢰도를 추정하는 방법으로는 동일한 측정 도구를 이용하여 동일한 대상에게 일정 기간을 두고 반복 측정하는 재검사법, 동일한 개념에 대해 두 개 이상의 다른 평가 도구를 개발하고 측정치간의 일치여부를 검증하는 복수양식법, 평가 도구를 임의로 반으로 나누어 각각을 독립된 척도로 보고 이들의 측정결과를 비교하는 반분법, 개별 문항을 검사점수로 하여 상관관계를 구하고 이들의 평균 상호상관관계를 신뢰도의 추정치로 하는 내적 일관성 분석법 등이 있다. 이들 방법은 각각의 장점과 단점을 가지고 있으나, 가장 널리 알려진 방법은 내적 일관성 분석법 중에서 크론바흐(Cronbach)의 알파(α) 계수를 구하는 방법이다. 크론바흐 알파 계수가 0.60이 넘을 때 신뢰도가 만족할만한 수준이라고 판단한다.

(4) 평가 문항의 변별도

평가 문항의 변별도는 평가 문항이 평가에 참여한 학생을 변별하는 정도를 말하는 것으로, 학생의 능력에 따라 답을 맞힐 확률의 분포를 나타낸다. 전반적으로 능력이 부족한 학생이 답을 맞힐 확률이 낮고 능력이 우수한 학생이 답을 맞힐 확률이 높을수록 그 문항의 변별도는 높은 것이다. 문항이 너무 쉬워서 능력 수준에 관계없이 대부분의 학생들이 맞추었다거나, 문항이 너무 어려워서 능력 수준에 관계없이 대부분의 학생들이 틀렸다면 그 문항은 변별도가 떨어지는 문항이라고 할 수 있다.

2. 수학 학습 평가 관점의 변화

1) 미국 전미수학교사협의회에서 제시한 평가 관점

전미수학교사협의회에서는 1990년대 미국의 수학교육에서 권장하는 평가 규준을 제시하고 있다. 학생의 수학 학습을 평가하면서 평가할 항목으로서 수학적 힘, 문제 해결, 의사소통, 추론, 수학적 개념, 수학적 절차, 수학적 성향의 일곱 가지를 제시하고 있다. 일곱 가지의 평가 항목 각각에 대한 하위 요소는 다음과 같다.

(1) 수학적 힘

- 수학 문제나 다른 과목의 문제를 해결하는 데 그들의 지식을 적용하는 능력
- 아이디어를 교환하기 위해 수학적 언어를 사용하는 능력,
- 개념과 과정에 대한 지식과 이해
- 수학에 대한 성향
- 수학의 본질에 대한 이해
- 수학적 지식의 이러한 측면들의 통합

(2) 문제 해결

- 문제 만들기
- 다양한 전략을 적용한 문제 해결
- 문제의 풀이
- 결과의 증명 및 해석
- 풀이의 일반화

(3) 의사소통

- 수학적 아이디어를 말하고, 쓰고, 설명하고, 시각적으로 표현하기
- 지필로, 구두로 또는 시각적 표현으로 제시된 수학적 아이디어의 이해와 해석
- 수학적 어휘와 기호 체계, 구조를 사용한 아이디어의 표현, 관계성의 기술, 상황의 모델링

(4) 추론

- 규칙성 인식 및 귀납적 추론을 사용한 가설 설정
- 추론을 이용한 수학적 명제에 대한 개연적 논증 전개
- 비례 추론과 공간 추론을 사용한 문제 해결

- 결론 내리기, 논증의 타당성 판단, 연역추론을 사용한 타당한 논증 구성
- 상황의 분석을 통한 공통 성질과 구조의 결정
- 수학의 공리적 성질 이해

(5) 수학적 개념

- 개념 정의, 구두 표현 및 분류
- 적절한 예와 반례의 확인 및 구성
- 기호와 도식, 모델을 이용한 개념 표현
- 한 가지 표현 방식을 다른 표현 방식으로 번안하기
- 개념의 다양한 의미나 해석의 인식
- 주어진 개념의 성질 밝히기, 특정 개념을 결정하는 조건의 인식
- 개념의 비교 및 대비

(6) 수학적 절차

- 언제 어떤 절차가 적절한지의 인식
- 절차의 각 단계에 대한 이유 제시
- 절차의 확실하고 효율적인 실행
- 절차의 결과에 대한 경험적 또는 분석적 입증
- 옳고 그른 절차의 인식
- 새로운 절차의 구성, 기존 절차의 확장 또는 수정
- 수학에서 절차의 성질과 역할의 음미

(7) 수학적 성향

- 문제를 풀고, 아이디어를 교환하고, 추론하기 위해 수학을 사용하는 것에 대한 자신감
- 수학적 아이디어를 탐구하고, 다른 문제 해결 방법을 찾는 데 있어서의 유연성
- 수학적 과제를 지속적으로 수행하려는 자세
- 수학을 행하는 데 있어서의 흥미, 호기심, 창의성
- 자신의 생각과 수행 결과를 모니터하고 반성하려는 경향
- 다른 과목과 일상의 경험에서 발생하는 상황에 수학을 적용하는 것의 가치 알기
- 문화에서 수학의 역할과, 도구와 언어로서의 수학의 가치에 대한 이해

이러한 일곱 가지 평가 항목은 1절에서 제시한 이원분류의 기준으로 본다면 행동 영역에 해당하는 것으로 볼 수 있을 것이다. 이 중에서 수학적 힘은 종합적인 성격을 지니고 있으며, 수학적 성향은 정의적인 영역에 가깝다. 따라서 이 두 가

지를 제외한 5가지는 각각 문제 해결, 의사소통, 추론, 이해, 계산이라는 국가 수준 교육성취도 평가의 행동 영역과 일치함을 알 수 있다.

또한, 전미수학교사협의회에서는 평가 규준집에서 강조되는 점을 제시하면서, 전통적인 평가와 비교하여 관심이 증가하는 영역과 감소하는 영역을 대비하고 있는데 이는 다음의 표와 같다. 이러한 평가 관점의 변화가 시사 하는 점을 찾아보면 다음과 같다. 첫째, 전통적으로 학습 목표의 도달 정도를 파악하는 관점에서의 평가보다는 평가 결과를 활용하여 학생의 수학 학습에 도움을 주어야 한다는 측면이 부각되고 있다. 둘째, 이원분류표로 세분화되는 형태의 기능보다는 전체적인 맥락에서의 평가의 중요성이 부각되고 있다. 셋째, 지필 검사뿐만 아니라 다양한 평가 기법의 활용을 권장하며 이 과정에서 계산기, 컴퓨터, 조작물을 이용할 수 있다. 넷째, 수학 학습의 평가를 위하여 표준화된 성취도 검사 결과뿐만 아니라 다양한 평가를 통한 정보를 동시에 고려해야 한다.

관심이 증가하는 영역	관심이 감소하는 영역
• 학생들이 수학에 대해 무엇을 알고 있으며 어떻게 생각하느냐를 평가함	• 학생들이 무엇을 모르느냐를 평가함
• 평가를 하는 것은 가르치는 것에 통합되어야 함	• 평가를 하는 것은 단지 등급을 정할 목적으로 정답의 개수를 세는 것임
• 광범위한 범위의 수학적 과제에 초점을 두고 수학의 전체적인 관점을 택하는 것	• 내용 – 행동의 이원분류 행렬에 의해 조직화된 특수하고 개별화된 많은 기능에 초점을 둠
• 많은 수학적 개념의 적용을 요구하는 문제 상황을 개발하는 것	• 한두 가지의 기능만을 요구하는 연습문제나 문장제를 이용함
• 지필 검사, 구두시험 및 시범 등 다양한 평가 기법을 사용하는 것	• 지필 검사만 이용함
• 평가에서 계산기, 컴퓨터, 조작물을 사용하는 것	• 평가 과정에서 계산기, 컴퓨터, 조작물을 배제함
• 성취 결과, 교육과정, 수업에 관한 정보를 체계적으로 수집하여 프로그램을 평가함	• 검사 점수에만 근거하여 프로그램을 평가함
• 표준화된 성취도 검사를 프로그램 성취 결과의 많은 지표 중의 하나로만 이용함	• 표준화된 성취도 검사를 프로그램 성취 결과의 유일한 지표로 이용함

2) 2015 개정 수학과 교육과정에서 수학 학습의 평가

2015 개정 수학과 교육과정에서 지향하는 평가의 방향은 다음과 같이 서술되어 있다.

나. 평가 방향[2)]

(1) 평가 원칙

(가) 수학과의 평가는 학생의 인지적 영역과 정의적 영역에 대한 유용한 정보를 수집·활용하여 학생의 수학 학습과 전인적 성장을 돕고 교사의 수업 방법을 개선하는 것을 목적으로 한다.

(나) 수학과의 평가는 교육과정에 제시된 내용의 수준과 범위를 준수하고, 교육과정에 제시된 목표, 내용, 교수·학습과 일관성을 가져야 한다.

(다) 수학과의 평가에서는 수학의 개념, 원리, 법칙, 기능뿐만 아니라 문제 해결, 추론, 창의·융합, 의사소통, 정보 처리, 태도 및 실천과 같은 수학 교과 역량을 균형 있게 평가한다.

(라) 수학과의 평가는 학습자의 수준을 고려하고 평가 목적과 내용에 따라 다양한 평가 방법을 활용한다.

(마) 평가 결과는 학생, 학부모, 교사 등에게 환류하여 학생의 수학 학습 개선을 도울 수 있게 한다.

(2) 평가 방법

(가) 수학과의 평가는 학습 결과 평가뿐만 아니라 과정 중심 평가도 실시하여 종합적인 수학 학습 평가가 될 수 있게 한다.

(나) 수업의 전개 국면에 따라 진단평가, 형성평가, 총괄평가를 적절히 실시하되, 지속적인 평가를 통해 다양한 정보를 수집하고 수업에 활용한다.

(다) 학생의 수학 학습 과정과 결과는 지필 평가, 프로젝트 평가, 포트폴리오 평가, 관찰 평가, 면담 평가, 구술 평가, 자기 평가, 동료 평가 등의 다양한 평가 방법을 사용하여 양적 또는 질적으로 평가한다.

① 지필 평가는 수학의 개념, 원리, 법칙을 이해하고 적용하는 능력과 문제 해결, 추론, 창의·융합, 의사소통 능력 등을 평가하는 데 활용할 수 있고, 선택형, 단답형, 서·논술형 등의 다양한 문항 형태를 활용한다.

② 프로젝트 평가는 수학 학습을 토대로 특정한 주제나 과제에 대해서 자료를 수집하고 분석, 종합, 해결하는 과정과 결과를 평가하는 방법으로, 문제 해결, 창의·융합, 정보 처리 능력 등을 평가할 때 활용할 수 있다.

③ 포트폴리오 평가는 일정 기간 동안 수학 학습 수행과 그 결과물을 평가하는 방법으로, 학생의 학습 내용 이해와 수학 교과 역량을 종합적으로 판단하고 학생의 성장에 대한 정보를 얻는 데 활용할 수 있다.

2) '가'절은 교수·학습 방향이며 이 장에서는 생략하였다.

④ 관찰 평가, 면담 평가, 구술 평가는 학생 개인 및 소집단을 관찰, 학생과의 대화, 학생의 발표를 통해 학생의 이해 정도와 사고 방법, 수행 과정 등을 평가하는 방법으로, 의사소통, 태도 및 실천 능력 등을 평가할 때 활용할 수 있다.

⑤ 자기 평가는 학생 스스로 자신의 이해와 수행을 평가하는 방법으로, 문제 해결과 추론 과정의 반성, 자신의 생각 표현, 태도 및 실천 능력 등을 평가할 때 활용할 수 있다.

⑥ 동료 평가는 동료 학생들이 상대방을 서로 평가하는 방법으로, 협력 학습 상황에서 학생 개개인의 역할 수행 정도나 집단 활동에 기여한 정도를 평가할 때 활용할 수 있다.

(라) 평가 내용이나 방법에 따라 학생에게 계산기, 컴퓨터, 교육용 소프트웨어 등의 공학적 도구와 다양한 교구를 이용할 수 있게 한다.

평가의 방향은 이전 교육과정에서 교수·학습 방향과 독립적인 장으로 구성되었던 것과 달리 2015 수학과 교육과정에서는 교수·학습 방향과 하나의 장으로 합쳐졌으며, 이 장의 '나'절로 제시되었다. 또한 2015 수학과 교육과정에서 제시하고자 하는 평가의 방향을 (1) 평가 원칙과 (2) 평가 방법으로 나누어 제시하였다는 점도 이전 교육과정과 달라진 점이다. 위와 같이 교육과정에 제시된 수학 학습의 평가 방향으로부터 다음과 같은 사실을 알 수 있다.

첫째, 수학 학습의 평가는 학생의 성장과 학습을 도울 수 있어야 한다.

둘째, 2015 수학과 교육과정에서 강조하고 있는 수학 교과 역량을 균형있게 평가할 수 있어야 한다.

셋째, 선다형 평가 외에 다양한 평가 방법을 활용해야 한다.

먼저 첫째로 강조하고 있는 것은 수학 학습 평가의 목적으로서 앞 절에서 살펴본 미국 수학교육에서 평가 관점의 전환과 일치하는 것이다. 초등학교에서 학생들의 수학 학습을 평가하는 목적으로서 수업 목표의 도달 정도를 평가한다는 전통적인 관점으로부터 이 결과를 학생의 학습과 교사의 수업 개선에 활용해야 한다는 측면을 더욱 부각시키고 있는 것이다. 특히 최근 들어 초등학교에서 소위 중간고사, 기말고사 등의 형태로 이루어져 왔던 일제고사는 폐지되고 있는 추세이며, 평가를 통하여 학생들의 학습을 도와야 한다는 점이 점차 강조되고 있는 추세이다.

둘째, 2015 수학과 교육과정에서는 문제 해결, 추론, 의사소통, 정보처리, 창의·융합, 태도 및 실천의 여섯 가지 수학 교과 역량을 강조하고 있다. 평가 방향에서도 수학 교과 역량의 균형 있는 평가를 강조하고 있을 뿐만 아니라, 평가 방법에서 지필 평가, 프로젝트 평가, 포트폴리오 평가, 관찰 평가, 면담 평가, 구술 평가, 자기 평가 등의 다양한 평가 방법에 따라서 평가하기에 적절한 수학 교과 역량을 제시하고 있다.

셋째, 전통적인 객관식 선다형 평가 또는 단답형 평가 외에도 다양한 평가 방법을 활용함으로써 평가의 결과뿐만 아니라 과정을 중시해야 한다는 것으로 근래 들어 강조되고 있는 수행평가와 깊은 관련을 맺고 있다[3]. 수행평가는 1990년대 후반부터 우리나라에 도입되기 시작하였으며, 앞의 절에서 서술한 미국의 현대적인 평가 관점이나 우리나라 2009 개정 수학과 교육과정에서 제시하는 평가의 방향을 구현하는 데 가장 근접해 있는 평가 방법이라고 할 수 있다. 따라서, 다음절에서는 수행평가의 개념과 도구 개발에 대하여 알아보고자 한다.

3. 수행평가의 개념과 실제

1) 수행평가의 개념

수행평가의 개념에 대하여 여러 학자의 정의가 있으나 이 중 가장 알기 쉬운 정의는 멕타이와 퀘라라(McTighe & Ferrara)의 정의로서 '선택형 지필 평가 이외의 다른 모든 방법으로 평가하는 방식'이다. 결과적으로 수행평가는 선택형 지필 평가가 지니는 약점을 보완하기 위해 제기된 평가 방법이라고 할 수 있다. 선택형 지필 평가가 지니는 중요한 문제점을 두 가지 지적할 수 있는데, 첫째는 학생들이 산출한 답에 도달한 사고 과정을 알 수 없다는 것이다. 둘째는 학생들이 정답을 했다는 사실이 해당 평가 문항에서 재고자 하는 지식을 알고 있는 것으로 판단할 수 없다는 것이다. 오히려 선택형 문항에 오답을 한 학생은 이 문항이 재고자 하는 것을 모르고 있는 것으로 판단할 수는 있다.

따라서 학생들이 알고 있는 것을 정확히 평가하고 평가 결과를 학생들에 대한 교수·학습과 통합하기 위해서는 선택형 지필 평가의 문제점을 보완하는 대안적인 평가 방법이 필요하며, 이러한 평가의 하나가 수행평가이다. 하지만 위에서 제시한 멕타이와 퀘라라의 정의에서는 수행평가의 구체적인 특징은 드러나지 않는다. 이러한 특징을 드러내는 것으로 허경철 외(1999)는 수행평가에 대한 여러 학자들

3) 최근 현장에서는 과정 중심 평가 또는 상시 평가 등의 용어를 이용하여 학생들의 학습에 도움을 줄 수 있는 다양한 평가를 나타내고 있다. 이 장에서는 과거부터 활용되어 온 용어의 일관성을 위하여 '수행평가'라는 용어를 활용하였다.

의 정의를 검토하여 '평가자가 피평가자들의 학습과제 수행 과정이나 결과를 직접 관찰하고, 관찰 결과를 전문적으로 판단하는 평가 방식'으로 정의하고 있다.

수행평가라는 용어는 참평가(authentic assessment)라는 용어와 혼용되기도 한다. 참평가는 실제 상황에서 수행되는 행위를 토대로 하여 이루어지는 평가를 의미하는 것으로 수행평가와 유사한 의미를 지니고 있다. 그러나 '100명의 학생에게 1번에서 100번까지 번호를 붙인 다음 번호 순서대로 원 모양으로 둘러서게 했을 때 15번과 마주보는 학생의 번호는 몇 번인가'와 같은 문제 상황을 지필 검사로 평가한다면 이는 수행평가는 될 수 있지만 참평가는 되지 못한다. 왜냐하면 실제 상황에서 평가하는 것이 아니라 실제 상황을 상상하면서 평가하게 되기 때문이다.

수행평가는 현대적인 평가 관점을 반영하는 것으로 많은 장점을 지니고 있기는 하지만, 전통적인 선택형 지필 검사에 비하여 단점 또한 지니고 있다. 박도순(2000)은 수행평가의 단점으로 비용의 문제, 시간과 노력의 문제, 채점의 객관성 문제, 내용타당도의 문제를 들고 있다.

첫째, 수행평가의 실시를 위해서는 교사들에 대한 훈련, 채점 체제 개발, 수행평가 과제 개발 등이 추가로 필요하게 된다. 따라서 전통적인 표준화 검사에 비하여 수행평가를 사용할 때에는 2배에서 약 10배까지 추가적인 비용이 소요된다.

둘째, 수행평가는 평가에 많은 시간과 노력을 요구한다. 수행평가에서는 학생들의 지적 능력뿐만 아니라 다양한 부분을 수시로 여러 번 평가하여 누적적인 평가를 해야 하므로 상당히 어렵고 많은 시간을 요한다.

셋째, 수행평가는 평가 시행과 채점에서 평가자간의 오류의 가능성이 크다. 수행평가에서는 평가자의 주관이 개입될 여지가 많으므로, 동일한 문제를 서로 다른 평가자가 평가하여 채점할 때 동일한 결과에 대하여 동일한 평가 결과가 나오기 힘들 수도 있는 것이다. 또한, 평가자의 특성에 따라 평가 목표와 관계없는 학생의 자세나 태도 때문에 감점하는 경우도 있을 수 있다.

넷째, 수행평가에서는 내용타당도가 결여되기 쉽다. 선택형 검사에서는 많은 문항을 출제하므로 다양한 평가 영역 또는 평가 목표를 포괄할 수 있지만 수행평가는 제한된 부분만을 측정한다는 것이다.

이러한 단점으로 인하여 실제로 초등학교 현장에서 모든 평가를 수행평가로 진행하는 데에는 어려움이 따르며, 대부분의 교사들은 전통적인 선택형 지필 평가를 이용하면서 부분적으로 수행평가를 활용하게 된다.

수학 학습을 평가하기 위하여 시도할 수 있는 수행평가 방법으로는 서술형 검사, 관찰, 면담, 프로젝트 등이 있으나 이 중에서 수학 교과에서 가장 보편적으로 활용할 수 있는 서술형 검사 도구의 제작에 대하여 알아보기로 한다.

2) 서술형 검사 도구의 제작

미국 과학회(National Academy of Science)에서는 수학 학습의 평가를 위한 길잡이가 되는 세 가지 원리를 제시하고 있다. 서술형 검사 도구를 제작하고자 할 때에 다음에 제시되는 내용의 원리와 학습의 원리, 형평성의 원리를 기본적으로 고려할 필요가 있다.

첫째는 **내용의 원리**(The Content Principle)로서, 평가는 배우는 학생들을 위해서 가장 중요한 수학 내용을 반영해야 한다는 것이다. 수학자들에게 매우 도전적인 문제라고 하더라도 평가의 대상이 되는 학년의 학생들에게는 중요하지 않을 수 있으며, 내용의 원리를 충족시키기 위한 기본 조건이 되는 것은 교육과정에 있는 내용을 평가해야 한다는 것이다. 교육과정에 있는 내용 중에서 어떤 내용이 더욱 중요한지는 여러 사람들의 의견의 일치가 필요할 수 있으며, 평가를 통하여 의도하는 교육 내용을 고려할 필요가 있다.

둘째는 **학습의 원리**(The Learning Principle)로서, 평가는 수학 학습을 향상하고 좋은 교육적인 연습을 제공해야 한다는 것이다. 중요한 내용을 평가하기는 하지만 대부분의 학생들이 특별한 사고 과정 없이 쉽게 답할 수 있는 평가 문항이라면 학생들은 학습의 필요를 느끼지 못할 것이다. 반대로 평가 문항이 너무 어려워서 학습한 것의 도움을 받지 못한다면 학생들의 학습 의욕이 저하될 것이다. 따라서 중요한 내용에 대하여 적절한 수준의 문항을 이용하여 평가함으로써 학생들의 학습 의욕을 고취시키고 보다 창의적인 사고를 유도하는 것이 중요하다.

셋째는 **형평성의 원리**(The Equity Principle)로서, 평가는 모든 학생들이 중요한 수학을 배우는 데 도움이 되어야 한다는 것이다. 이 기준은 특히 전통적인 평가의 관점 중에서 등급을 정하는 데 목적을 두는 것에 대한 비판과 직결되는 것으로, 학생들을 교육적인 기회의 바깥으로 걸러내는 데 평가를 사용해서는 안 된다는 것이다. 오히려 평가는 학생들의 능력을 길러 주기 위하여 사용되어야 한다는 것이다.

한편, 주관식 서술형 검사에서 특별히 주의할 점으로는 세 가지를 들 수 있다.

첫째, 학생들의 입장에서 문항이 제작되어야 한다. 이를 구체적으로 말하면 여러 개의 문항이 있다면 문항을 쉬운 것부터 어려운 것으로 배열해야 하며, 문항 수와 제한 시간을 고려하여 문항 수를 수험자의 능력에 맞게 적절히 조절해야 한다. 예를 들어, 세 자리 수의 덧셈과 관련된 문제로 학생들을 평가하고자 할 때 이를 처음 학습한 3학년 학생들과 6학년 학생들이 동일한 시간에 해결할 수 있는 문항의 수는 차이가 있으며 이를 고려할 필요가 있다.

둘째, 문항은 평가 목표와 관련되어야 하며 질문이 명료해야 한다. 이는 전통적 평가에서 내용 타당도와 관련되는 것으로, 재고자 하는 것을 재는 문항을 출제해야 한다는 것이다. 특히 서술형 평가에서는 문항에서 묻는 방식에 따라서 학생들의 답의 다양성의 폭이 커질 수 있으므로, 재고자 하는 목표를 잴 수 있는 한에서는 응답의 범위를 가능한 한 좁히는 것이 좋다. 예를 들어, '나눗셈 식 $8 \div 2 = 4$를 이용하는 문제를 만들 수 있다'는 평가 목표로 학생들의 문제 만들기 능력을 알아보고자 할 때, 다음의 세 문항을 비교해보자.

가. $8 \div 2 = 4$를 이용하여 해결할 수 있는 문장제를 만들어 보아라.
나. $8 \div 2 = 4$를 이용하여 해결할 수 있는 문장제를 만들어 보아라. 단, 문제의 처음은 '사과 8개를'로 시작하여야 한다.
다. $8 \div 2 = 4$를 이용하여 해결할 수 있는 문장제를 만들어 보아라. 단, 문제에는 '사과 8개를'과 '2개씩'이라는 말이 들어가야 한다.

학생들의 답이 다양할 수 있는 가능성은 '가' 문항이 가장 크며 '다' 문항이 가장 작다. 나눗셈 식을 활용한 문제를 만들 때 적절한 소재를 선택하는 능력은 나눗셈 능력이나 문제 만들기 능력과 큰 관련이 없다고 볼 수 있으므로, '가' 형태의 문제보다는 '나' 또는 '다' 형태의 문제로 응답을 제한하는 것이 바람직할 것이다. 그러나 '다' 문항은 응답을 너무 제한함으로써 평가 목표를 너무 축소하는 결과를 낳을 수 있다. 왜냐하면 나눗셈에는 등분제와 포함제가 있는데, '다' 문항처럼 '2개씩'이라는 말을 포함한다면 포함제만 만들 수 있기 때문이다. 따라서 위와 같은 평가 목표가 주어진 상황에서는 '나' 정도의 문항이 가장 적절하다고 할 수 있다.

셋째, 객관적인 채점을 고려하여 문항을 제작해야 한다. 서술형 평가에서 학생들이 답에 이르는 과정을 통하여 학생들의 수학 학습을 평가하고자 하므로 이 과정에 대한 적절한 판단을 내릴 수 있는 기준이 필요하게 된다. 아무리 좋은 문항을 이용하여 평가를 하더라도 객관적으로 채점하기 어려운 문항은 수행평가에서 이용하기 어렵다. 예를 들어, '다양한 문제 해결 전략을 활용할 수 있다'는 평가 목표에 대한 문항으로서 다음의 두 문항을 비교해 보자.

가. 주천이는 8세, 어머니는 38세라고 한다. 어머니의 나이가 주천이의 나이의 3배가 되는 것은 몇 년 후인지 두 가지 다른 전략으로 풀어보아라.
나. 주천이는 8세, 어머니는 38세라고 한다. 어머니의 나이가 주천이의 나이의 3배가 되는 것은 몇 년 후인지 표 만들기와 그림 그리기를 이용하여 풀어보아라.

위에서 '가' 문항은 채점하기 매우 어려운 문항이 될 수 있다. 왜냐하면, 학생들에게 '다른 전략'이라는 말의 의미가 정확히 전달되기 어려우므로 매우 다양한 수준의 풀이가 있을 수 있고 이에 대한 객관성 있는 채점 기준을 만들기 어려운 것이다. 하지만 '나' 문항과 같이 묻는다면 더욱 객관적인 채점 기준을 작성할 수 있을 것이다.

이렇게 서술형 검사 도구를 제작한 후에는 다른 교과전문가나 동료 교사의 검토를 받음으로써 문항의 완성도를 높일 수 있을 것이다. 서술형 검사도구에 적용할 수 있는 검토 기준으로 다음을 참고할 수 있다.

가. 문항 형태는 검사의 목적이나 내용에 알맞은가?
나. 문항은 의도하는 바를 명확히 제시하고 있는가?
다. 문항은 간결하고 정확한가?
라. 문항은 적절한 수준의 난이도를 갖고 있는가?
마. 문항은 편파적이지 않은가?
바. 부적절한 단서가 들어 있지 않은가?
사. 문항은 중요한 내용에서 출제되었는가?
아. 문항은 수업 시간에 배운 내용이나 자료를 활용할 수 있도록 출제되었는가?
자. 중복되는 내용이나 문항은 없는가?
차. 한 문항이 다른 문항의 답을 찾는 데 도움이 되는 경우는 없는가?
카. 각 문항에 할당된 시간은 적절한가?

4. 수학 학습 평가의 과제

서두에서 밝힌 바와 같이 수학교육학을 이루는 여러 분야 중에서 매우 어려운 분야의 하나가 학생들의 수학 학습에 대한 평가이다. 평가가 어려운 이유는 명시적으로 드러나지 않는 학생들의 수학 학습 정도를 명시적으로 판단해야 한다는 데에 있다. 예를 들어, 어떤 학생의 100m 달리기 기록이 14초라고 할 때 이것이 객관적으로 말해 주는 사실은 '이 학생은 100m를 14초에 달린다'는 것이다. 하지만 교육평가에서 나타나는 문제는 100m를 14초에 달린다는 사실로부터 다른 사실을 추론해 내어야 한다는 사실로부터 발생하게 된다. 예를 들면, '이 학생은 평소에 100m 달리기 연습을 게을리 하였다' 또는 '이 학생은 훈련만 잘 받으면 학교 대표 선수가 될 가능성이 있다', '이 학생은 영양 상태가 좋다' 등과 같은 것이다.[4)]

4) 학자에 따라서 교육평가의 의미 속에 가치 판단을 포함하기도 하고 포함하지 않기도 한다. 포함하지 않은 경우에 가치 판단은 평가자가 아니라 다른 제3의 존재에 의하여 이루어져야 한다고 본다. 그러나 수

평가는 기본적으로 학생들의 학습 목표에 대한 도달 정도를 측정하고자 하는 필요에서 출발하였다. 이러한 필요를 인정한다면 '평가는 왜 필요한가'라는 질문은 '학생들의 학습 목표에 대한 도달 정도를 측정하고자 하는 일이 왜 필요한가'라는 질문과 똑같아진다. 김응태 외(2004)는 수학교육학을 '수학의 학습지도의 개선을 위해 그와 관련된 분야의 연구를 하는 과학'으로 정의하고 있다. 이러한 정의에 따른다면 학생에 대한 수학 학습지도는 수학교육학의 핵심적인 문제이며, 이를 위하여 학생에 대한 정보를 수집하는 수단으로서 평가는 필요하다고 볼 수 있다. 그리고 평가가 발달해 온 역사는 학생에 대한 더욱 정확한 정보를 수집하고자 노력한 역사라고 할 수 있을 것이다.

하지만 수학 학습 평가에 대하여 신뢰할만한 평가 도구가 어느 정도로 개발되었는지를 말하기는 어렵다. 우리나라에서도 학교 교육이 시작된 이래로 지속적으로 평가는 이루어져 왔지만 모든 학생을 정확히 평가할 수 있는 도구가 있는지, 또는 존재할 수 있는지는 쉽게 답하기 어려운 문제이다. 간단한 예로 대학수학능력시험은 언제나 초미의 관심사가 되는 문제이며, 그 결과에 따라서 학생들은 자신의 진로를 결정하게 된다. 그러나 대학수학능력시험의 결과 점수가 높은 학생이 점수가 낮은 학생보다 대학에서 학습할 능력이 더욱 뛰어나다고 말할 수 있는지는 매우 어려운 문제이다.

이러한 평가의 어려움으로 인하여 메이거의 '수업 목표의 행동적 진술'에 이르러서는 평가 가능성이 수업 목표를 결정하는 방향이 뒤바뀐 결과를 낳기도 했던 것이다. 하지만 이는 그만큼 정해진 목표를 평가하는 도구 개발이 어려움을 말해주는 것이기도 하다. 나아가 평가할 수 없는 목표가 의미가 있는지의 문제를 제기할 수도 있다. 예를 들어 수학 학습의 목표로 '기본적인 계산 기능을 기른다'는 것을 목표로 가정해보자. 그렇다면 먼저 '기본적인 계산 기능'의 범위를 결정해야 할 것이다. 자연수의 사칙 계산만으로 할 것인지, 아니면 분수와 소수의 사칙계산까지 포함할 것인지를 결정해야 한다. 또한, 자연수의 사칙 계산에서 예를 들어 덧셈에서는 몇 자리 수의 덧셈까지를 기본적인 기능으로 볼 것인지도 결정해야 한다. 이까지의 결정은 교과전문가의 합의에 의하여 결정할 수도 있을 것이다. 이러한 결정에 따라서 '받아올림이 있는 두 자리 수의 덧셈'을 기본적인 계산 기능에 포함하기로 했다고 하자. 그런데 '$35+27$'은 해결하였지만 '$36+25$'는 해결하지 못한 학생이 있다고 하자. 그러면 이 학생은 기본적인 계산 기능이 있는 것인가, 없는 것인가? 또는 제시된 몇 개의 문항 중에서 몇 %를 해결하면 기본적인

학교육에서 평가의 현대적인 경향은 수업에서 교사가 활용하는 것이므로, 실질적으로 교사에게 평가 결과에 기초한 가치 판단까지 요구하고 있다고 볼 수 있다. 이 점에서 가치 판단까지 교육평가에 포함하는 것으로 보기로 한다.

계산 기능이 있는 것으로 판단할 수 있는 기준은 과연 결정 가능한 것인가?

블룸이 교육목표분류학을 만든 의도는 교육목표를 객관적으로 진술할 수 있는 틀을 제시함으로써 결과적으로 객관적인 평가를 가능하게 하는 데에 있었다. 하지만 이를 수학교육학에서 적용하기에는 어려움이 존재한다. 교육목표분류학을 만들 때 블룸의 생각은 수학뿐만 아니라 모든 교과에서 길러주어야 할 인지적 영역과 정의적 영역의 목표가 동일한 것으로 가정하였으나 수학교육자들은 그렇게 생각하지 않는다는 것이다. 이를 잘 보여주는 예로서 김응태 외(2004)는 '27 + 68'과 같은 문항은 지식수준이 이해 수준인지 아니면 십진기수법의 원리의 적용 수준의 문제인지를 구분하기 어려움을 지적한다. 비슷한 맥락에서 미국의 현대적 평가 관점에서도 이원분류에 따른 행동과 기능의 세분화를 관심이 감소하는 영역으로 보고 있는 것이다.

그러나 수학 학습의 평가에서 새로이 정립되고 있는 행동 영역 역시 아직은 여러 가지 문제점을 지니고 있다. 국내의 대규모 평가에서는 행동 영역으로서 계산, 이해, 추론, 문제 해결, 의사소통을 이용하고 있으며, 제3차 수학·과학 성취도 국제비교 반복 연구에서 활용한 행동 영역은 지식, 복잡한 절차의 수행, 단순한 절차의 수행, 문제 해결, 의사소통이다. 그러나 어느 평가에서도 행동 영역에 따라 해석한 결과를 제시하지 못했다. 즉 평가 결과로부터 '계산 능력은 우수하지만 문제 해결력이 부족하다'와 같은 결과를 제시한 평가가 없었다는 것이다. 기본적으로 위에서 설정된 행동 영역은 수학 교과 전문가들의 합의에 따라 구성된 수학적 사고라는 수학교육의 목표로부터 도출된 것이므로 그 타당성을 어느 정도 인정한다면, 문제는 행동 영역에 적절한 도구를 이용하지 못했기 때문일 가능성이 있다.

결과적으로 수학 학습에 대한 평가를 위하여 가장 중요한 과제는 주어진 학습목표에 대한 학생의 학습 상태를 객관적으로 판단해 줄 수 있는 평가 도구의 개발로 귀착된다. 구체적인 예를 하나 들어보자. 수학교육 분야의 어느 연구에서는 초등학생들의 문제 해결 전략의 선택에 대한 문제를 다루었다. 이 연구에서는 초등학교에서 다루고 있는 7가지 문제 해결 전략에 대하여 각각의 전략에 대하여 공신력 있는 기관에서 개발된 평가 도구를 활용하여 학생들이 선택하는 전략을 조사하였다. 그 결과 대부분의 전략에 대해서는 정도의 차이는 있지만 해당 전략을 선택한 학생들이 있었다고 한다. 하지만 '단순화하기 전략' 만큼은 선택한 학생이 한 명도 없었다고 한다. 그렇다면 학생들이 단순화하기 전략을 싫어하는 것인가, 아니면 이용한 도구가 단순화하기 전략에 대한 도구가 아닌 것인가?

한 가지 분명한 점은 수학 학습에 대한 평가의 관점은 항상 변화하고 있으며 그것은 주로 과거보다는 더 나은 방향으로 진행하고 있다는 것이다. 모든 학문이 그러하듯이 수학교육학 역시 성장 중에 있는 학문이며, 수학교육학의 여러 분야

중 수학 학습 평가의 분야는 상대적으로 발전시켜야 할 부분이 많은 분야라고 할 수 있다. 이러한 발전의 과정에서 전통적인 이원분류는 점차 약화되고, 선다형 문항 대신 수행평가를 이용하자는 주장도 나오게 되었다. 이렇듯 평가를 연구하는 목표는 무엇보다 수학교육에서 이루어지는 학생들에 대한 수학 교수·학습을 발전시키기 위한 것이며, 수학교육에 관련된 사람 모두는 이러한 일에 책임이 있다고 할 수 있다. 수학교육과 관련된 개개인이 접하게 되는 평가 장면에서 학생의 학습 상태에 대한 더욱 발전적인 평가를 시행하고자 하는 노력을 의식적으로 지속할 때 더욱 바람직한 평가 도구가 개발될 수 있을 것이며 이것이 평가 분야의 발전을 촉진시킬 수 있을 것이다.

생각해 볼 문제

1. 교육과정 책자를 보면 각각의 학년 단계에서 영역별로 학생들이 성취해야 할 목표를 찾을 수 있다. 이러한 목표를 한 가지 찾아보고, 그 목표에 타당한 평가 문항을 작성하여 보시오. 그리고 해당 단계의 교과서를 찾아서 자신이 만든 문항과 비교하여 보시오.

2. 다섯 명 정도의 학생이 모둠을 만들어 평가 목표를 설정하고 동시에 평가 문항을 만들어 보시오. 그런 다음 다섯 명 학생 각각이 만든 평가 문항을 비교해 보고, 어떤 문항이 가장 타당한 문항인지 논의하여 보시오.

3. 수학 학습에 대한 흥미, 자신감 등과 같은 정의적 영역이 학생의 수학적 능력과 어떠한 관련이 있는지 조사해 보시오.

4. 이원분류표를 작성하고, 초등학교 수학 교과서에서 한 학년을 택하여 이원분류표에 따라 평가문항을 작성하시오.

5. 초등학교 수학 교과서 내용 중에서 수행 평가 과제를 선정하고, 채점 기준을 제시하시오.

■ 참고문헌 ■

교육과학기술부 (2015). 초등학교 수학과 교육과정, 서울: 교육부.

김명숙 외 8인 (1999), 국가수준 교육성취도 평가 연구 Ⅱ : 사회·수학 영역 예비 문항 개발 및 현장 적용 연구, 서울: 한국교육과정평가원.

김수진 외 4인 (2013), TIMSS 2011 결과에 따른 수학·과학 교육 현황 국제 비교, 서울: 한국교육과정평가원.

김응태·박한식·우정호 (2004), 제2증보 수학교육학개론, 서울: 서울대학교출판부.

김재춘 외 3인 (2000), 교육과정과 교육평가, 서울: 교육과학사.

박도순 (2000), 문항작성방법론, 서울: 교육과학사.

박선화 외 2인 (2010), 수학에 대한 정의적 특성 향상 방안 연구, 서울: 한국교육과정평가원.

송미영 외 3인 (2013), OECD 국제 학업성취도 평가 연구: PISA 2012 결과보고서, 서울: 한국교육과정평가원.

이홍우 (1992), 교육의 개념, 서울: 문음사.

이홍우 (1992), 증보 교육과정탐구, 서울: 박영사.

허경철 외 4인 (1999), 수행평가 정책 시행 실태 분석과 개선 대책 연구, 한국교육과정평가원 연구보고 CRE 99-2.

National Academy of Science (1993), *Measuring what counts: A conceptual guide for mathematics assessment*, Washington, DC: National Academy Press.

NCTM (1989), *The curriculum and evaluation standards for school mathematics*, Reston, VA: NCTM, 구광조·오병승·류희찬 공역(1992), 수학교육과정과 평가의 새로운 방향, 서울: 경문사.

12

수학·학습 지도의 실제

이 장에서는 교실에서 이루어지는 수학 학습 지도를 염두에 두고, 교사가 수업 전에 미리 준비해야 하는 지도 계획과 수업 중에 실행할 수 있는 구체적인 지도 방법을 생각해 보고자 한다. 이를 위해 지도 계획의 필요성과 지도 계획의 종류를 간략히 살펴본 다음 구체적인 교수·학습 과정안의 작성에 대하여 살펴본다. 교수 원리와 교수 방법에 대해서는 8장에서 이미 자세히 다루었다. 따라서 이 장에서는 수업의 종류와 함께 구체적인 지도 방법의 선택 및 교재 연구에 대하여 고찰해 보기로 한다.

1. 수학·학습 지도 계획

1) 지도 계획의 필요성

교사가 교실에서 수업을 하기 위해서는 우선 계획을 제대로 세우는 일이 중요하다. 어느 교과를 막론하고 한정된 시간 내에 정해진 목표를 달성하려면 치밀한 계획이 필요하다. 특히 수학과는 과목의 특성상 체계적, 논리적 성격이 강하므로 적절한 지도 계획이 준비되어야만 효과적인 학습이 이루어질 수 있다.

교사는 수업에 앞서 학생의 실상을 파악함과 아울러 그에 맞는 목표, 내용, 지도 방법을 결정하고 지도 과정에 따른 시간 안배 및 교재·교구의 선택과 준비 상황 등을 검토해 두어야 한다. 주도면밀한 지도 계획을 세울 수 있다는 것은 바로 학습 지도의 계통성을 분명히 이해하고 수업의 흐름을 파악할 수 있음을 의미한다고 볼 수 있다. 또한 이러한 지도 계획의 준비는 교사 자신의 학습 지도에 대한 자기 평가를 가능하게 하여 앞으로의 지도를 개선해 나가는데 길잡이가 될 수 있을 것이다. 이와 같은 지도 계획 다음과 같은 이유에서 중요하다.

- 일관된 관점과 분명한 목표를 가지고 학습 지도를 할 수 있어, 학습 효과를 높일 수 있다.
- 수업에 임하기 전에 지도 내용과 지도 방법을 미리 생각하여 준비해 둠으로써 지도상의 강조점을 분명히 알고 수업을 흥미롭게 시작하고 아동을 적절히 참여시킬 수 있다.
- 지도 과정에서 예상되는 여러 가지 문제에 대하여 적절히 대처할 수 있고 불필요한 반복과 시행착오를 줄일 수 있다.
- 학습내용과 교사 자신에 대한 신뢰감을 갖고 수업에 임할 수 있다.
- 학습 지도 과정을 되돌아보고 더욱 개선된 지도 방법을 추구해 나갈 수 있다.

2) 지도 계획의 종류

지도 계획은 용도나 목적에 따라 교사가 얼마든지 다양하게 작성할 수 있다. 일반적으로 장기적 계획과 단기적 계획으로 나눌 수 있고, 장기적 계획으로는 학교 전체의 계획이나 학년별 계획, 또는 학기별 계획을 생각해 볼 수 있고, 단기적 계획으로는 각 단원별 계획이나 매 시간마다의 계획을 생각해 볼 수 있다. 이 때 특히 매 시간의 학습 지도를 위하여 세우는 계획서를 일반적으로 '교수·학습 과정안'[1]이라고 한다.

이러한 교수·학습 과정안 가운데서도 전개 과정에 따른 시간 배정으로부터 발문 계획 등에 이르기까지 수업 전개에 필요한 모든 것을 자세히 기록한 것을 지도 세안(細案)이라 한다. 그리고 본시의 학습 목표와 대체적인 전개 과정만 기록한 것을 지도 약안(略案)이라고 한다. 지도 계획의 종류를 불문하고, 그 작성에 있어서 유의할 점을 요약해 보면 다음과 같다.

- 목표를 명확히 한다.
- 지도할 내용과 계통성을 분명히 밝힌다.
- 학교 및 아동의 실태를 파악하고 거기에 맞는 적절한 활동 형태와 진행에 대한 계획을 세운다.
- 수업에 대한 여러 가지 아이디어를 명확히 하고 수업 평가 및 피드백을 제대

1) 전통적으로 '수업 지도안'이라는 말은 학생의 활동보다는 교사주도의 수업으로 진행되던 경우에 사용하던 용어이다. 따라서 교사와 학생의 활동이 균형을 이루도록 하기 위해서는 '교수·학습 과정안'이라는 용어를 사용하는 것이 바람직하다.

로 하기 위해 수업계획 및 반성을 기록된 형태로 남겨야 한다.

단지 교사가 아동들에게 가르치기를 원하는 것으로부터가 아니라 아동들이 이미 배운 것과 배우고 있는 것으로부터 전개해 나가는 과정으로 계획 세우기를 접근해야 한다.

3) 교수·학습 과정안의 작성

교수·학습 과정안은 교사가 목적하는 바에 따라 자신의 효율적인 지도과정을 간단히 작성해도 된다. 그러나 대표 수업이나 수업 연구에서 여러 사람의 참관 하에 실시하는 공개 수업의 경우 일반적으로 요구되는 관례적인 형식이 있다. 여기서는 교수·학습 과정안의 작성에서 요구되는 몇 가지 사항만 간략히 제시하기로 한다.

- **단원의 지도 목표** 이 단원의 지도 목표를 분명히 한다. 목표가 분명하지 않으면 수업의 효과가 기대될 수 없기도 하지만 수업의 흐름이 갈피를 잡지 못하게 되어 도중에 지도의 목표와는 다르게 엉뚱한 방향으로 벗어날 수 있다. 그리고 수업의 주제도 흐려지는 경우가 생길 수 있다.
- **단원의 지도 계획** 이 단원에 할당된 총 시간 수와 그 시간의 활용 계획 및 본시의 위치를 나타내도록 한다.
- **본시의 학습 목표** 본시의 학습 목표를 명확히 한다. 이것은 단원의 지도 목표로부터 도출되는 것이지만, 그것을 더욱 구체적으로 행동 특성화하여 기술하는 것이 바람직하다. 특히, 지도하는 교사가 목표를 좀 더 구체적으로 달성하기 위해 집중하도록 유도하기 위해서는 인지(개념, 기능)적 목표, 정의(태도, 의지)적 목표, 의사소통(표현, 정리)적 목표 등으로 좀더 세분할 필요가 있다. 그리고 인지적인 부분도 보다 세분하여 개념·이해와 기능적인 측면으로 구분할 수 있다.
- **지도 과정** 본시 학습 지도의 흐름을 구체적으로 나타낸다. 학생의 구체적인 학습 활동, 교사의 발문이나 지도 형태, 지도상의 유의점, 평가 계획 등을 보여준다. 지도 과정은 단원이나 학습 내용에 따라, 획일적으로 말할 수 없지만 대체적으로 '도입, 전개, 응용 및 발전 그리고 정리 및 평가'의 네 단계로 나눈다.

위에 제시한 항목 외에도 경우에 따라 다음과 같은 요소를 첨가할 수도 있다.

- **지도관** 더욱 높은 차원에서 이 단원의 위치나 의의 등을 분석한다.
- **학생관** 학생의 실태, 이 단원에 대한 학생의 능력, 준비의 정도 등에 대하여 기술한다.

- **교재관** 이 교재를 다루는 이유, 목표와의 관계 등에 대하여 기술한다.

4) 교수·학습 과정안의 예

여기서는 수학 교수·학습 과정안의 작성을 위해서 흔히 이용되는 일반적인 형식의 한 예를 먼저 제시한다. 그러나 수업의 목적에 따라서는 얼마든지 교사의 의도에 맞는 교수·학습 과정안을 재구성할 수 있다.

수학과 교수·학습 과정안 1

- 일시: 20○○년 9월 27일 (수) 제2교시
- 장소: 우리초등학교 제3학년 10반(남 17명, 여 15명)
- 지도교사: 최수학

1. 단원명: 원

2. 지도관

이 단원의 학습에서는 학생 각자가 문제를 해결하기 위하여 궁리한 생각을 바탕으로, 사물을 비교 분석하고 관계를 지어 봄으로써 개념을 찾아가는 태도를 육성·정착시키고자하는 데 역점을 두고자 한다. 그러기 위해 학생 각자가 가지고 있는 능력을 바탕으로 하여, 자기 나름대로의 학습 방법을 생각하고 거기에 맞추어 학습 활동을 해나가도록 하는 학습 지도를 계획하는 것이 중요하다고 생각한다. 더욱이 문제를 해결하는 과정에서 상호간에 논의하고 함께 상의하는 협조적인 태도를 기르는 것도 중요할 것이다. 특히, 구체물을 사용하여 시행착오적으로 조작하는 기회를 충분히 부여하여, 교재가 가지고 있는 수학적 성질을 학생 스스로 찾아낼 수 있도록 해야 한다.

3. 단원의 개관

이 단원에서는 2-1학기에서 직관적으로 이해하였던 원을 개념적으로 보다 정확하게 이해하기 위한 여러 가지 방법을 알아보고 원의 구성 요소인 원의 중심, 반지름, 지름을 정의한다. 또, 원의 반지름과 지름의 관계와 그 성질을 알아본다. 또한 거울을 이용하여 거울에 비치는 물체와 도형, 문자들을 관찰해 봄으로써 공간 감각을 기르고, 이를 바탕으로 5학년에서 학습하게 될 선(점) 대칭 도형의 개념을 직관적으로 경험하게 될 수도 있다. 그리고 우리 생활 주변에서 볼 수 있는 여러 가지 무늬들의 규칙을 찾아 그려보고 다른 규칙을 만들어 꾸며 보도록 한다. 이 단원은 자와 컴퍼스를 이용한 조작 활동과 놀이 활동을 결합하면 활동 중심의 흥미로운 수업을 이루어낼 수도 있다.

1) 단원 목표

－내용면(개념 및 기능)

① 원의 개념을 이해한다.

② 원의 중심, 반지름, 지름을 이해하고 반지름과 지름의 관계를 알 수 있다.

③ 컴퍼스를 이용하여 원을 능숙하게 그리면서, 여러 가지 모양으로 만들 수 있다.

④ 규칙에 따라 여러 가지 무늬를 꾸밀 수 있다.

－역량면(표현, 사고, 태도)

① 원이 동그라미와 다른 점, 거울에 비친 상, 규칙에 따른 무늬를 수학적 용어를 사용하여 말하거나 글로 표현할 수 있다.

② 거울에 비치는 상을 다양하게 만들어 관찰할 수 있다.

③ 일상생활 속에서 거울에 비친 상이나 아름다운 무늬의 규칙을 만나면 이를 수학적으로 설명할 수 있는 자신감을 갖는다.

④ 일상생활의 물체를 동그라미의 모양이 아니라 원의 개념으로 설명하려는 자세를 갖는다.

2) 지도 계획 총시간 수 10시수(400분)

지도구분	지도내용	배당 시간 수
제1차	원과 컴퍼스	3시수(차시 통합 1-2)
제2차	원을 이용하여 모양 만들고 꾸미기	4시수
제3차	단원평가(익힘책 활용)	1시수
제4차	재미있는 놀이, 문제 해결	2시수

(1) 개념·이해: 여러 가지 둥근 모양으로부터 원을 구별하고 조작 활동을 통하여 원의 의미를 설명할 수 있다.

(2) 기능: 구체물(자와 컴퍼스)을 이용하여 정확한 원을 그릴 수 있다.

(3) 태도: 더 많거나 더 큰 원을 비교할 수 있는 보다 좋은 방법을 찾아보려는 태도와 의지를 북돋운다.

4. 준비물

OHP, 여러 가지 둥근 모양과 원을 그린 화면, 끈(실), 두꺼운 종이와 압정, 자와 컴퍼스, A4용지

5. 교수 학습 과정안

	학습 활동	교사의 지도 활동	지도상의 유의점
도입	【선수학습 내용 확인】 • 둥근 모양을 찾아내는 것으로부터 원에 대하여 이야기한다. ▸ 원 ▸ 원을 닮은 모양 } 비교 【학습목표 제시】	• 여러 가지 둥근 모양을 제시하여 특징을 비교한다. T: 이것들 가운데 가장 동그란 모양은 어떤 특징이 있는지를 알아봅시다. T: 오늘은 원을 그리는 방법과 원의 중심과 반지름에 대해 알아보겠어요.	• 구체물을 보고 원인 것과 원이 아닌 것을 비교해 보는 것에서 2-1학기에서 배웠던 원의 의미를 직관적으로 회상해 보게 한다.
전개	【개괄적인 구상】 • 원을 만드는 다양한 방법을 생각한다. 1) 팔을 한 바퀴 돌린다. 2) 여러 사람이 손을 잡고 둥글게 선다. 3) 지우개를 실로 묶어서 돌려 본다 등등. 【구체적 조작 활동】 • 각자의 방법으로 실제로 해보기 • 두꺼운 종이를 사용하여 원을 그리기	T: 원을 만들기 위해서는 무엇을 가지고 어떻게 사용하면 좋을지 생각하여 말해 볼까요? T: 각각의 방법으로 정말 정확한 원을 만들 수 있을까요? 원의 모양이 변하지 않도록 하려면 어떻게 해야 할까요? T: 이제, 종이 위에 원을 직접 그려봅시다.	• 먼저 자기 나름대로의 방법을 여러 가지로 생각하고 발표해 보게 한다. • 컴퍼스를 사용해 본 경험이 있는 학생이 있으면 그 이외의 것으로도 원을 그리는 방법을 말해 보게 한다. • 압정과 종이를 사용하여 원을 그리는 방법을 분명히 인식시킨다.
응용	【약속하기】 • 조작 방법과 용어(원) • 기준이 되는 점(중심) • 정해진 길이(반지름) 【응용과 발전】 • 대안모색하기 • 여러 개의 원을 그리도록 한 다음 가장 많이, 가장 큰 원을 비교하기 • (심화)가장 큰 원 그리기	T: 자신들이 생각한 방법으로 동그라미가 제대로 그려졌는지 확인해 봅시다. T: 정확한 원을 그리기 위한 또 다른 방법은 어떤 것이 있을까요? T: 누가 더 많이, 더 크게 그렸는지를 알 수 있는 쉬운 방법이 있을까요? T: 주어진 종이 안에 그릴 수 있는 가장 큰 원을 그리는 방법을 찾아봅시다.	• 필요하다면 옆 친구하고 협력하여 그려보도록 한다. • 몇 개의 결과를 비교시켜 본다. • 원을 그리기 위한 순서 • 방법을 제대로 알고 있는지 확인한다. • 컴퍼스로 찍은 점의 개수를 세고, 각자 가장 크다고 하는 원들의 반지름을 비교한다. • 각자의 방법을 발표하며 비교/토론함.
정리	【정리】 • 그린 방법을 되돌아보아 원에 대하여 정리한다. ▸ 모두가 그린 그림의 비교 ▸ 공통점에 착안 ▸ 원의 의미 ▸ 용어: 원, 중심 ▸ (심화)종이에 그릴 수 있는 가장 큰 원	• 학생들이 직접 생각해낸 것과 준비된 교구로 그린 여러 가지 그림을 함께 제시하여 비교한다. T: 여러 가지 방법으로 원을 그렸는데 모두가 올바른 원이었습니까? T: 정확한 원을 그리려면 무엇과 무엇을 정확히 고정시켜야 되죠?	• 학생들이 그린 그림들을 비교하면서 원의 의미에 초점을 맞춘다. • 그린 그림을 분류해 보면서 원의 중심과 반지름에 대하여 정리한다. • 도달점을 확인한다.

수학과 교수·학습 과정안 2

지도과정(1-2차시 통합, 80분)

다음은 기존의 교수·학습 과정안[2])을 재구성하였다. 수학적인 생각과 태도를 신장시키기 위한 구체적인 교수·학습 과정안의 또 다른 예는 〈부록 1〉에 실었다.

≪하노이의 탑 속에 숨어있는 수학을 찾아 즐겨보자.≫

1. 본시의 제재에 대한 개관

이 제재는 *ADDENDA Series Grades 5-8 Patterns and Functions* (NCTM, 1994, pp. 11-12)로부터 발췌하여 교재화한 내용이다. 이 하노이의 탑(Tower of Hanoi) 문제는 1883년 프랑스의 오락 수학자 루카스(E. Lucas)가 최초로 언급했으며, 1884년 파빌(M. De Parvile)이 "*La Nature*"에 그 내용을 게재한 데서 유래하였다. 그 이후 이 문제는 유명한 수학적 퍼즐문제로 오늘날 많은 수학교실에서 그 가치를 발휘하고 있다.

실제로 64개의 원판이 끼어 있는 바라문 탑이 있어서, 원판을 하나 옮기는 데 1초씩 걸린다고 가정하고 모두 옮기는 데 걸리는 기간을 계산해 보면 그 결과는 다음과 같다.

$$2^{64}-1=18,446,744,073,709,551,615(\text{초})\fallingdotseq 5,849\text{억}(\text{년})$$

이는 우주의 역사를 200억년, 지구 탄생을 45억년으로 추정하는 한 가지 가설에 비추어보아도 실로 놀라운 사실이 아닐 수 없다.

2. 본 제재의 설정 이유

학생들 자신이 과제에 대한 어떤 신선함을 느낄 수 있고 흥미를 가지며, 다양하게 사고할 수 있는 수학 문제를 다루는 것이 필요하다. 학습자가 주체적·자주적으로 해결해 보려는 마음가짐에서 출발하여 해를 예상해 보고 해결 전략을 수립하며, 적극적으로 해결에 몰두하며 자신과 타인의 풀이를 비교·분석하고 평가하면서 수학적인 대화를 바람직하게 나누고, 오류를 찾아 이를 수정하는 일련의 과정을 경험하게 한다. 특히, 64개의 원판을 모두 옮기는 데 걸리는 시간을 먼저 예상해 보게 한 다음 실제의 값과 비교해 보도록 하면 학생들에게 자신들의 수 감각이 어떤지를 느끼도록 할 수 있다. 이러한 수업을 통해, "정말 재미있다",

---

2) 기존의 교수·학습 과정안은 1999년 1월 21일 일본 동경도 스기나미구 모모이 제3소학교에서 개최된 第 5회 한일초등수학교육공동연구발표회에서, 개최교 6학년을 대상으로 이용길·정동권(인천 중앙초등학교 교사·경인교대 교수)이 실제로 수업을 실시한 것이다.

"수학은 이래서 유익하다" 등과 같은 감정을 느끼고, 수학 문제의 해결이 특별한 것이라기보다 마치 일상생활의 일부분처럼 느껴진다면 수학교과를 통한 핵심역량과 인성적 요소까지도 달성될 수 있으리라 생각된다.

따라서 이와 같은 수학 교실의 현상을 감안하여, 먼저 "재미있을 것 같다", "풀어 보고 싶다"는 호기심의 발동이 가능하고 다양한 수준에서 접근할 수 있으며, 바람직한 탐구 기회를 충분히 누릴 수 있고 여러 가지 해결 방법을 자유롭게 탐구하도록 한다. 다만, 원판을 모두 옮기는 횟수에만 국한하지 않고 원판의 수에 따른 최소이동 횟수와 몇 번 기둥으로 옮겨가는 지에 대한 규칙, 그리고 각각의 기둥으로 옮겨가는 횟수들 사이의 관계에 따른 수학적 규칙의 아름다움을 느낄 수 있도록 하기 위해 "하노이의 탑"이라는 주제를 선정하였다. 이 주제를 통해 달성하고자 하는 교과의 목표와 인성교육의 목표를 정한 뒤, 창의적인 수업 운영 방법을 통해 인성교육의 덕목을 신장시킬 것으로 기대된다.

3. 본시의 수업에서 육성하고자 하는 수학적 사고와 태도

본시의 수업에서 육성하고자 하는 수학적 생각과 태도를 좀더 구체적으로 살펴보면 다음과 같다.

1-1) 단순화의 생각: 5개의 원판 이동에 따르는 번거로움을 느끼고, 원판의 수를 줄여 조작해 보려고 생각함으로써 최소 횟수에 대한 규칙을 발견하고, 문제 해결에서의 단순화의 유용성을 인식한다.

〈중략〉

3-1) 내용을 간결·명확하게 나타낸다거나 더 나은 것을 추구하려는 태도: 정답을 찾아내는 것에만 만족하지 않고, 방법이나 생각을 명확히 파악함으로써, 타인에게 자기 생각을 바르게 전달하고 반성할 수 있는 태도, 자신과 타인의 해결 과정이나 결과를 비교·검토함으로써, 사고·노력을 절약하려는 생각의 바탕 위에 좀 더 나은, 더욱 일반적인 방법을 추구하려는 태도를 육성한다.

4. 교수·학습 과정안 설계도

<table>
<tr><th>학년</th><th colspan="2">6 학년</th><th>관련 영역</th><th colspan="2">규칙성/ 문제 푸는 방법 찾기</th></tr>
<tr><td>학습주제</td><td colspan="5">• 하노이 탑 속에 들어있는 수학을 찾아 즐겨보자.</td></tr>
<tr><td>학습 목표</td><td colspan="5">[내용면]
• 원판의 이동 원리를 이해하고 그 원리에 맞게 실제로 원판을 옮길 수 있다(조작/기능).
• 수의 규칙을 표, 그림, 수식 등으로 나타낼 수 있다(표현).
[역량면]
• 원판의 수를 줄여 해보거나 표로 그리거나 귀납적으로 추측, 예상과 확인의 방법으로 규칙을 찾아 문제를 해결할 수 있다(추론, 문제 해결).
• 원판이나 기둥에 기호를 붙이고 이동 과정을 기호로 나타내는 방벙 등을 통해 기호화, 수량화하여 주어지거나 획득한 정보를 처리할 수 있다.(정보처리).
• 다른 사람을 설득하고 이해시킬 수 있는 효과적인 의사소통을 위해서는 결과를 조리 있게 나타내려고 하거나 다른 사람의 입장에서 생각해 보는 배려가 필요함을 느낀다(의사소통).
• 수량화, 기호화, 일반화 등의 표현으로 보다 나은 해법을 찾거나 조건을 바꾸어 새롭게 문제를 해결해보려는 마음가짐을 갖는다(수학적 태도).</td></tr>
<tr><td>인성교육 목표</td><td colspan="5">• 규칙을 바르게 사용하지 않을 때 생기는 문제점으로부터 준법정신의 필요를 일깨운다.
• 논리적인 문제 해결력을 위해서는 올바른 문제이해와 분별의 필요함을 느낀다.
• 다른 사람을 설득하고 이해시킬 수 있는 효과적인 의사소통을 위해서는 다른 사람의 입장에서 생각해 보는 배려가 필요함을 느낀다.</td></tr>
<tr><td>유형 구조</td><td colspan="2">관련 인성 덕목 구조</td><td>교육과정 내용 구조</td><td>학습 및 활동 형태</td><td>학습활동 구조에 따른 자료의 유형</td></tr>
<tr><td rowspan="3">유형 요소 설계</td><td>합리성(知)</td><td>☑ 논리
☑ 문제 해결
☐ 분별
☐ 의사결정
☑ 창의
☐ 통찰</td><td rowspan="3">☐ 교육과정 내용중심

☑ 수학교과 내에서의 주제중심

☐ 통합과정 에서의 주제중심</td><td>〈학습 형태〉
☐ 개별학습
☑ 집단학습
☐ 일제학습</td><td rowspan="3">☐ 시험지
☑ Work Sheet
☐ 종이
☐ TP 자료
☐ 보고서, 논문
☐ 일기, 소감문
☐ 사진, 그림
☑ 손 조작교구
☐ VTR
☐ CD
☑ 인터넷
☐ 창작, 역할놀이 대본
☐ 게임, 퍼즐목록
☐ 기타</td></tr>
<tr><td>감수성(情)</td><td>☐ 참, 거짓
☑ 심미
☐ 자연</td><td rowspan="2">〈활동 형태〉
☐ 지필활동
☐ 탐구활동
☐ 실험활동
☑ 놀이활동
☐ 기타 (구체적으로)
토론학습</td></tr>
<tr><td>존중성(意)</td><td>☐ 정직
☑ 준법
☐ 책임
☐ 포용
☐ 인내
☑ 의사소통
☐ 기타( )</td></tr>
<tr><td>매체 준비물</td><td colspan="5">• 학생: 구체적 조작 교구 하노이 탑(1인 1개씩)
• 교사: 문제를 인쇄한 학습지(조별 또는 개별)
• 교사: 웹자료(http://www.novelgames.com/flashgames/game.php?id=31)</td></tr>
<tr><td>지도상의 유의점 및 개선사항</td><td colspan="5">• 인성교육을 위해 교과학습을 재구성한다기 보다는 기존의 교과학습(주제학습)을 하면서 그 시간을 통해 인성교육을 병행하여 실시할 수 있는 요소들을 발견할 수도 있어야 한다.</td></tr>
</table>

5. 교수·학습 과정안

<table>
<tr><th>교사의 주된 발문</th><th>아동의 예상되는 반응</th><th>지도상의 유의점</th></tr>
<tr><td colspan="2">T1. 이 시간에는 재미있는 놀이를 해 보자.

다음과 같은 3개의 기둥이 있고, 그 중 맨 왼쪽 기둥에는 6개의 원판이 크기 순서대로 끼워져 있다. 이를 다른 기둥에 처음과 같은 크기 순서대로 옮겨 끼우려고 한다. 최소한 몇 번 이동해야 하는가?
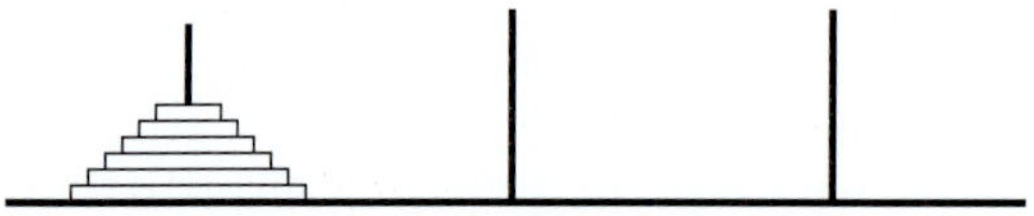</td>
<td rowspan="2">• 2인당 1세트씩 하노이 교구를 나누어주고 조건 없이 조작해 보게 한다.
http://www.novelgames.com/flashgames/game.php?id=31인터넷을 통해 하노이의 탑으로 옮기는 간단한 예시를 보여주면서 문제를 파악시켜도 된다. 이때 각자 예상하는 값을 5개 정도 적어두고 나중에 실제 값과 비교해 본다.
• 문제(조건)를 명확히 하려고 한다.
☞ [문제에 필요한 조건을 모두 다 확인하고 있는지를 통해 문제의 이해와 분별의 필요함을 강조한다. 특히 규칙을 제대로 사용하도록 하면서 준법의 필요성을 강조할 수도 있다.]
• 해결에 필요한 시간을 충분히 주면서 교구에서 원판의 수를 달리하여 단순화를 유도해 본다.
• 궤간 순시하면서 개별지도를 하고, 해결의 유형별로 발표시키기 위해 8절 도화지에 옮겨 쓰게 한다.
• 주로 덜 바람직한 해결의 경우부터 발표시켜 문제점을 수정하고 보완해 가도록 한다.
• (3)과 (5)는 직전의 횟수를 알아야 다음의 회수를 구할 수 있다는 불편성을 느끼게 한다.
• (4)는 2를 몇 번 곱하는지 파악하기가 쉽지 않다.
☞ [다양한 풀이 방법 속에서 독특하고 보다 나은(간단하고 명료한) 풀이 방법을 찾아보려는 태도의 필요와 중요함을 느끼도록 유도한다.]
☞ [원판의 수만큼 곱하고 1을 뺀다는 일반성의 장점을 인식하게 한다.]
• 이와 같은 번거로운 표현은 장차 학습하게 될 지수 표현에 대한 기초적인 경험으로 작용하게 된다.</td></tr>
<tr><td>T2. 어떤 문제인지 알겠는가?

T3. 어떻게 하라는 것인지 알았으면 지금부터 각 조별로 해결해보자.

T4. 지금까지 해결한 결과를 발표해 보자.

T5. (2)의 해결에 대하여 어떻게 생각하는가?

T6. (3)의 해결에 대하여 생각하는 바를 말해 보자.

T7. (3)과 (4)의 해결에 대한 차이점은 무엇이라고 생각하는가?</td>
<td>C1. 하나씩 옮기는가?
C2. 다른 것을 뛰어넘어도 되는가?
C3. 옮기는 도중에는 크기에 상관없는가?
C. (한동안 해결에 몰두한다.)
C5–C10. (다음과 같은 몇 가지 반응이 예상된다.
(1) 조작이 서툴러서 횟수 파악이 어렵다.
(2) 직접 조작하고 횟수를 센다.
(3) 단순화하고 표로 나타낸다.
<table><tr><td>원판수</td><td>1 2 3 4 5</td></tr><tr><td>이동횟수</td><td>1 3 7 15 31
2 4 8 16</td></tr></table>
31+32=63, 63+64=127이므로, 8개일 때는 127+128=255(회)
(4) 수 감각을 활용하여 해결한다.
<table><tr><th>원판 개수</th><th>이동 횟수</th></tr><tr><td>1</td><td>1=2−1</td></tr><tr><td>2</td><td>3=2×2−1</td></tr><tr><td>3</td><td>7=2×2×2−1</td></tr><tr><td>4</td><td>15=2×2×2×2−1</td></tr></table>
8개일 때는
$2\times2\times2\times2\times2\times2\times2\times2-1=2^8-1=255$
(5) 전후 관계를 찾아서 해결한다.
<table><tr><th>원판 개수</th><th>이동 횟수</th></tr><tr><td>1</td><td>1</td></tr><tr><td>2</td><td>3=1×2+1</td></tr><tr><td>3</td><td>7=3×2+1</td></tr><tr><td>4</td><td>15=7×2+1</td></tr></table>
15×2+1=31, 31×2+1=63, 63×2+1=127, 따라서 8개일 때는 127×2+1=255(회)</td></tr>
</table>

T8. 원판의 수가 많아져도 (2), (3), (5)와 같이 해결하겠는가?

(6) 작은 원판부터 차례로 ①, ②, ③, ④, ⑤와 같은 기호를 부여하고 조작 과정을 기록한다.

원판 수	이동 과정
1	① → 1
2	①②① → 3
3	①②①③①②① → 7
4	①②①③①②①④ ①②①③①②①→ 15

원판이 5개인 경우 각 원판의 이동횟수는 ①: 16, ②: 8, ③: 4, ④: 2, ⑤: 1와 같다. 따라서 원판이 8개일 때에는 ①이 128회 이동되고 차례로 반씩의 이동이 있으므로, 총 이동 횟수는 다음과 같다.

$1+2+4+8+16+32+64+128=255$

- (2), (3), (5)등의 해결에 대한 단점을 지적하지 못할 때는 T8과 같이 발문한다.
- (6)은 (5)에서 왜 "직전 횟수의 2배에 1을 더해야 하는지"에 대한 해답을 보여주고 있다.
- (6)과 같은 해결을 생각하지 못 할 때는 "원판의 이동 과정을 남이 알아보기 쉽게 할 수는 없을까?"와 같은 발문으로 기호화를 유도한다.

☞ [의사소통을 위해서는 다른 사람의 입장을 배려하려는 마음가짐의 필요성을 강조한다.]

T9. 원판의 수가 많아져도 빨리 이동 횟수를 알아낼 수 있으려면 어떻게 해야 할까?

C. 엄청나게 많이 옮겨야 될 것 같다. 1년, 100년, 수억 년 등

T10. 지금까지 해결한 문제를 바탕으로 다른 문제를 만들어 보자.

- 원판의 수, 기둥의 수, 기둥의 배열 방법, 이동 규칙 등을 달리 하는 문제를 만들 것으로 예상된다.

☞ [논리적이고 합리적인 생각을 바탕으로 창의적인 아이디어를 산출하려는 생각을 격려한다.]

T11. 학습지에 제시된 문제를 해결할 수 있는가. 64개를 옮기려면 대략 몇 번쯤 이동하면 될까?

T12. 선생님이 계산기로 계산해 보았다. 답을 적어 두었다가 여러분도 확인해 보아라.

T13. 오늘 공부한 내용에 대해 느낀 점이나 의문이 생기는 사항을 얘기해 보자.

> ■ 학습지 ■
> 하노이 탑의 비밀
> –지구의 종말은 언제?–
>
> 인도 바라문교에는 다음과 같은 문제가 해결되면 이 세상이 종말을 맞고 새 하늘이 열린다는 전설이 있다.
>
> 신이 천지창조이후 갠지즈강 근처에 3개의 다이아몬드 기둥을 세웠다. 그 중 하나의 기둥에 크기가 다른 64개의 황금 원판을 큰 원판부터 차례로 끼워두었다. 한번에 꼭 한 개씩 옮기면서 큰 것이 작은 것보다 위에 오지 않도록 모든 원판을 다른 한 기둥으로 옮겨라.
>
> 하나의 원판을 옮기는데 1초가 걸린다고 가정할 때, 모든 원판을 옮기는 데 얼마의 시간이 걸릴까?

C. 햐! 5849억 년이나.

- 원판을 모두 옮기는데 걸리는 시간을 먼저 예상하게 한 후에 실제로 계산하여 비교해 볼 수 있다.

$$2^{64}-1=18.4\times10^{18}\text{(초)}$$
$$\fallingdotseq 5849\text{(억년)}$$

따라서 하노이탑의 전설은 아직 이루어지지 않았다. 그렇다면 심화문제로 "인류의 역사(1만 년으로 가정) 이래 아직 한 번도 움직이지 않은 원판의 개수는 몇 개인가?"를 구해보는 가역적 사고를 유도할 수도 있다.

- 지수가 나오는 공학용 계산기보다는 반복수행이 가능한 일반 계산기를 사용하면 계산 수행 능력을 초과하므로 $2^{10}=1024$를 이용하되 1,024를 6회 곱한 다음 0의 개수를 이용하여 자릿값을 조절하려는 학생이 있는지도 살펴보도록 한다.

5) 지도 계획상의 유의점

이제까지는 지도 계획을 수립하기 위한 일반론과 그 예를 살펴보았는데, 여기서는 실제로 계획을 수립할 때 유의해야 할 몇 가지 사항을 살펴보도록 한다. 특히 발문과 학생의 오류를 중심으로 그 의미를 분석해 보도록 한다.

(1) 발문 및 학생의 반응에 대한 교사의 대응

교실에서의 학습 지도 활동에서 가장 중요한 것은 역시 학생과 교사 사이의 상호작용인데 이는 바로 발문 활동이라고 할 수 있다.

수학적 사고·태도를 이끌어낼 수 있는 좋은 발문을 하기 위해서는 어떻게 하면 좋은가에 대해 많은 연구와 논의가 있어 왔다. 그 가운데 좋은 발문을 하기 위해 갖추어야 할 조건을 간단히 요약하면 다음과 같다.

- 과제를 명확히 파악할 수 있을 것
- 반응에 대하여 정확한 진단을 내릴 수 있을 것
- 생각하거나 조작해보는 시간이 충분히 주어지도록 할 것
- 발문에 대하여 적절한 조언을 준비해 둘 것
- 가능한 한 사실 확인형이 되지 않도록 할 것
- 스스로 생각해 나가도록 하는 논리추구형이 되도록 할 것
- 때로는 자유롭게 사고할 수 있도록 하는 열린 발문을 활용할 것

(2) 조언과 오류의 발견 및 대응 계획 수립

교수·학습 과정안 작성에서 교사는 학생들이 흔히 범하기 쉬운 오류의 경향을 파악해 두고, 그에 대한 조언을 준비해 두는 것이 필요하다. 초등학교 학생들이 흔히 범하기 쉬운 오류 유형을 요약해 보면 다음과 같다.

저학년
- 구체적인 조작은 가능하지만 관념적 조작에 약하다.
- 답을 확인해 볼 때까지의 마음의 여유가 없다. 이것은 2개 이상의 여러 가지 답을 요구하고 있음에도 불구하고 1개만 구하고는 만족해하는 경우에서 알 수 있다.

중학년
- 형식이 표면적으로 닮은 것을 구분하여 판단하지 못한다.
- 형식에서의 규약의 중요성이 이해되고 있지 않다.

고학년
- 여러 개의 조건에 동시에 대응하는 사고가 불가능하다.
- 수학적인 용어나 표현상의 독특한 낱말의 의미를 이해하지 못한다.
- 문제가 되어 있는 대상을 여러 측면에서 본다던가, 관점을 바꾸어서 생각해 보는 유연성이 없다.

이러한 학생들의 약점을 교사가 사전에 파악하고 있으면서, 경우에 따라 적절히 대처할 수 있는 조언을 미리 준비해 둔다면 막상 지도에 임했을 때 예상 밖의 좋은 효과를 거둘 수 있을 것이다.

이외에도 소요 시간의 계획, 연습문제 또는 학습 과제의 부과, 평가 방법 등에 대한 고려가 있어야 할 것이다.

(3) 전략적 순간의 활용

신중하게 계획을 했음에도 불구하고 교사들은 순간순간 변화하는 환경에서 많은 새로운 결정들을 해야 한다. 그러한 순간에 대한 계획을 세우지 않았기 때문에 그런 상황을 이용하지 못한다면 곤란하다. 교사는 전략적 순간이 생겼을 때 그것을 인식해야 하고 그 때 새로운 것을 끌어들여 주의를 환기하고 환경을 정리해야 한다. 경험은 이러한 순간적인 현장 결정을 하는데 도움을 줄 것이다. 교사는 자신의 아동에 대해 잘 알수록 전략적 순간을 더 잘 보고 포착하게 된다.

다음은 전략적 순간에 관한 몇 가지 예이다(강완 외, 1999, p. 116에서 재인용).

1. 아이들이 수백 마리의 개미떼를 보고 흥분하여 교실로 들어온다. 당신이 그날 측정에 대한 수업을 계획했었다면 어떻게 하겠는가?
2. 어림셈에 관한 수업을 하고 있다. 계산기를 사용하여 3762.5×795.6을 구하게 하였다. 한 학생이 "끝자리를 계산하면 0이 나오는데, 왜 계산기에는 소수점 다음에 0이 없나요?" 라고 질문한다. 이 때 어림셈에 관한 수업을 계속할 것인가?

2. 지도 방법

1) 수업 및 지도 방법의 종류와 선택

교사는 여러 가지 지도 방법에 대하여 각각의 특징을 알고, 지도하고자 하는 목표와 교재에 맞추어 적절한 지도 방법을 선택해야 할 것이다. 여기서는 지도 방법에 따른 수업의 종류를 몇 가지로 나누어 간략히 살펴보도록 한다.

(1) 교사의 활동에 따른 분류

- 설명식 수업: 학생에게 일정한 지식이나 기능을 주입시킬 목적으로 교사가 설명해 나가는 수업

- 반복·훈련식 수업: 반복적인 연습을 통해 암기시켜 나가는 수업
- 문답식 수업: 교사가 학생에게 발문하고, 학생이 그에 대하여 응답하거나, 질문하고 그에 따라서 교사가 학생에게 관련되는 또 다른 발문을 하는 식으로 전개되는 수업

(2) 학생의 활동에 따른 분류

- 발견 학습: 학생에 의한 발견과 창조(재발견 또는 재창조)의 활동을 중심으로 하여 진행해 나가는 수업
- 문제 해결 학습: 교사가 계획하거나 교재에서 제시하고 있는 지필형 문제보다는 일상생활, 사회, 자연, 과학 등의 세계로부터 학생 스스로 문제를 찾아내어 해결해 보도록 하는 수업
- 프로그램 학습: 학습 내용을 몇 개의 작은 단계로 나누어, 그 각각의 단계를 학생 스스로, 자기 능력에 맞게 각자의 답을 맞추어가며 진행해 나가도록 고안된 수업

(3) 학생의 조직에 따른 분류

- 일제 수업: 교사가 학급 학생 전원을 대상으로 하여 동일한 내용을 같은 속도로 지도하는 수업
- 소집단 학습: 학급 학생들을 소수의 그룹으로 나누어서, 그 그룹 안에서의 학습 활동을 중심으로 하여 진행해 나가는 수업
- 개별학습: 학생 개개인이 자신에게 알맞은 내용을, 자기 능력에 맞추어 학습해 나가는 수업

(4) 교재의 조직에 따른 분류

- 계통 학습: 교과의 계통, 학문의 논리를 교재 선택이나 교재 구성의 바탕 원리로 하여 전개해 나가는 수업
- 생활 단원 학습: 미국의 MIC 교재처럼 학생의 생활, 경험을 교재 선택이나 교재 구성의 기본 원리로 하여 전개해 나가는 수업

(5) 교재의 내용에 따른 분류

- 문제중심 학습: 문제의 제시나 풀이를 중심으로 전개해 나가는 수업
- 주제중심 학습: 탐구할 주제를 중심으로 교재를 전개해 나가는 수업
- 과제중심 학습: 학생들이 완수해야할 자율학습 과제 또는 프로젝트를 계획 및 수행해 나가면서 운영하는 수업

이상에서 몇 가지 수업 형태를 여러 가지 관점에서 분류해 보았다. 각각의 수업 형태에 따른 특성과 장·단점을 잘 파악하여 실제 수업에서는 교사, 학생, 교재 등의 학습 요소와 목표를 종합적으로 검토한 가장 적절한 수업 형태를 선택해 나가도록 하는 것이 중요하다.

2) 교재 연구와 수업 구성의 관점

(1) 교재 연구

교재 연구의 내용이나 방법은 여러 가지로 다양할 수 있겠지만 중요한 것은 지도 목표를 분석하고 지도 내용과 지도 방법을 연구 검토하는 것으로 볼 수 있을 것이다.

첫째, 지도 목표의 분석이란 지도하고자 하는 교재를 통하여 학생에게 무엇을 체득시켜 주어야 하는 가에 대해 검토, 정리해 보는 것이다.

둘째, 지도 내용의 연구는 지도 내용의 배경적 연구와 구체적인 지도 내용의 연구로 나누어 생각해 볼 수 있다. 배경적 연구로는 수학적 배경의 연구, 수학사적 배경의 연구, 응용 수학적 배경의 연구 등이 있고, 구체적인 지도 내용의 연구로는 이루어지는 수업에 따른 도입이나 전개, 그리고 설명 방법과 예 등을 구체적으로 검토하거나 연습문제나 평가문제 등을 검토하는 것이다.

셋째, 지도 방법의 연구란 다음과 같은 사항에 대하여 검토하는 것이다.

- 학습 형태(일제 학습, 소집단 학습, 개별학습) 가운데 어느 것으로 할 것인가에 대한 검토
- 학습 주체(학생, 교사) 또는 학습 방법(발견식, 설명식)은 어떤 것으로 택할 것인가 등의 검토
- 교재·교구의 도입과 사용에 관한 검토
- 발문, 조언, 설명과 같은 교사의 발언에 대한 검토
- 판서 또는 프리젠테이션 계획에 대한 검토
- 학습의 실태, 학생의 준비 상태 등의 파악, 검토

(2) 수업 구성의 관점

수업은 다양한 요소, 다양한 측면을 포함하고 있으므로, 항상 완전한 수행이란 있을 수 없지만 수업을 효과적으로 구성하기 위한 몇 가지 관점을 다음과 같이 요약해 볼 수 있다.

- 문맥성 : 수업의 흐름을 일관성 있게 하는 것

- 흥미·관심 : 학생의 흥미와 관심을 불러일으키는 것
- 발견성 : 발견적이고 창조적인 수업을 하는 것
- 조작성 : 조작적 활동을 할 수 있도록 하는 것
- 다양성 : 다양한 개성, 다양한 해법에 순발력 있게 대응하는 것
- 평가성 : 평가의 관점, 방법을 명확히 해 두는 것

생각해 볼 문제

1. 〈수학과 교수·학습 과정안 2〉(<하노이의 탑 속에 숨어있는 수학을 찾아 즐겨보자.>)의 「3. 본시의 수업에서 육성하고자 하는 수학적 사고와 태도」(258쪽)는 5장의 『수학적 사고와 태도』를 바탕으로 일부분이 생략되어 있다. 생략된 부분을 다음의 둘 중 하나를 선택하거나 자신이 정한 새로운 분류에 따라 구분하여 추출하시오.

① 수학적 사고·태도라는 측면에서 방법에 관련된 사고, 내용에 관련된 사고, 수학적 태도로 구분

② 인지(개념, 기능)적 측면, 정의(태도, 의지)적 측면, 의사소통(표현, 정리)적 측면으로 구분

2. 본문에 예시한 몇 가지 교수·학습 과정안의 부족한 부분이나 보충 또는 생략할 필요가 있다고 판단하는 부분을 수정하여 개선된 교수·학습 과정안을 제안하시오.

3. 하노이탑의 원판 이동에서 발견한 규칙이나 원리, 해법을 정리해 보시오.

4. 초등학교 수학 교과서에서 자신이 선택한 한 시수(40분 또는 80분 통합차시)의 교수·학습 과정안을 작성하시오.

5. 여러 가지 수업 형태의 장단점에 대하여 논하시오.

▪ 참고문헌 ▪

강완 외 18인 공역 (1999), 초등수학 학습지도의 이해, 양서원.

박영배, 송상헌 (2001), 수학과 교육을 통한 인성교육 자료 개발 연구, 교과교육학연구, pp. 89–106, 한국교과교육학회.

우정호 (2000), 수학 학습-지도 원리와 방법, 서울대학교출판부.

이용길 (1999), 하노이 탑 속에 숨어있는 수학을 찾아 즐겨보자, 數學的な考え方·態度た育てる指導, pp. 21–24, 第5回 日韓算數教育共同研究會.

이용률 (1997), 수학능력을 기르기 위한 초등학교 수학의 지도 Ⅰ, 수학지도의 기초·기본, 경문사.

片桐重男 (1988), 수학적 생각의 구체화, 이용률, 성현경, 정동권, 박영배 역(1992), 경문사.

네가미세이야 지음, 서혜영 옮김 (2003), 하노이의 탑, 도서출판 해나무.

부록1

교수·학습 과정안

1. 단원명: 여러 가지 문제

2. 본시의 제재: 규칙 발견에 의한 문제 해결

3. 본시 수업에 대한 개요

(1) 본 題材의 설정 이유

세계화·정보화로 특징지어질 21세기를 주도할 자주적인 태도, 창조적인 사고 능력 및 합리적인 생활양식을 갖춘 바람직한 인재 양성을 위해 수학 교실에서 교사는, 아동으로 하여금 남(교사나 교과서)의 수학을 구경하게 했던, 즉 지식·기능의 전수에만 그쳤던 종래의 지도 방법에서 과감히 탈피하여, 문제를 발견하고 그 해결 방안을 탐구하여 결과를 미리 예상하고, 자신의 풀이를 되돌아보며 수정·보완하고, 自他의 해결 방법이나 그 결과를 비교·평가하며, 대상을 정확히 표현·처리하고, 보다 나은 해결 방안을 찾아 나서는 태도를 형성하도록 함은 물론, 수학의 장점을 제대로 인식하도록 하는, 즉 아동 스스로 자기 자신의 수학을 하는(Doing Mathematics) 경험을 충분히 시킬 場의 마련에 주력해야 할 것이다.

과거에도 이상과 같은 것들이 강조되지 않은 것은 아니지만, 지도에 대한 가시적인 효과가 잘 드러나지 않는다거나 구체적인 교재의 마련이 대단히 어렵다거나 하는 등의 이유로 실제 지도의 상황에서는 이상의 것들이 소홀하게 다루어진 것이 사실이다. 따라서 본 수업에서는 최근 수학과 교육과정에서 강조하고 있는, 아동의 체험적인 활동을 통한 주체적이고 자발적인 학습의욕의 촉진에 초점을 맞추어 아동의 수학에 대한 흥미, 관심 및 의욕을 고조시킬 수 있는 '규칙 찾기'를 제재로 설정하였다.

(2) 본시에 활용하는 教材에 대한 고찰

① Open-ended의 문제

정삼각형이 규칙적으로 나열된 아래 그림-1은, 관점 변경에 따라 여러 가지 문제를 만들 수 있어서, 발전적인 생각을 육성하기 위해 作問 활동에 효과적으로 활용될 수 있는 교재이다. 일본의 川崎市立 3개 小學校 5학년 11개 학급과 6학년 12개 학급의 아동에게, "작은 정삼각형을 정렬하여 만든 이 그림을 보고 각자가 문제를 만들되, 가능하면 많이 만들어라."라는 Open-ended의 문제를 주고 作問시킨 결과, 아동들은 여러 관점에서 고찰하여 면적 문제, 一筆性 문제, 대칭축의 개수 문제 등 25가지 유형 2140개의 문제를 만들었다고 한다.

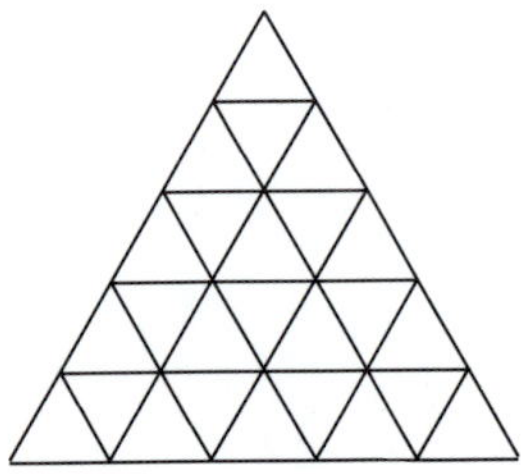

그림-1

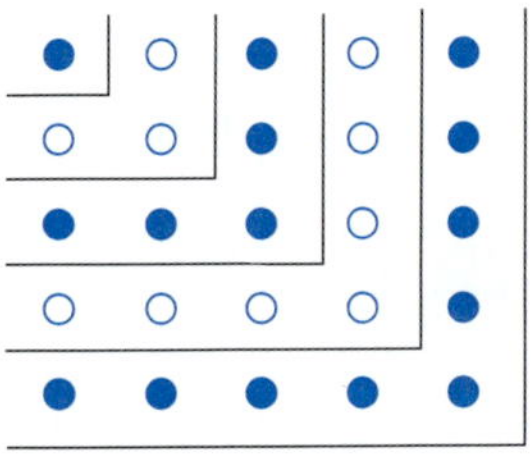

그림-2

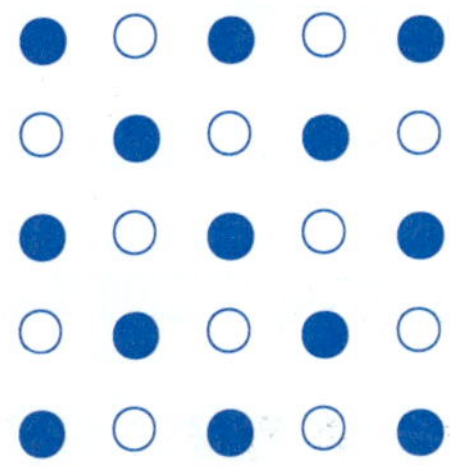

그림-3

② 본시의 활용 관점

여기서는, 삼각형의 개수를 알아보게 함으로써 Open-process에 초점을 맞추는 문제로 교재화한다. 즉, 아동들이 이 문제를 해결하는 과정에서 나타날 수 있는 여러 가지 방법을 음미하게 하고, 다양한 수학적인 생각(귀납, 단순화, 특수화, 도형화, 일반화 및 발전적인 생각 등)을 경험하게 하는 문제로 교재화하여 수학적인 생각의 좋은 점을 느끼도록 한다.

③ 본 교재의 발전적 고찰

주어진 문제(15단까지의 △의 총 개수 구하기)의 해결이 일단락되었다 하더라도, 이 원 문제를 바탕으로 하여 보다 발전적으로 다음과 같은 경우들에 대하여 고찰해 보게 함으로써, 더욱 고차적인 목표의 구현에 접근하게 될 것이다.

- △의 개수를 구하기 위해 '$1+3+5+\cdots+27+29=$'와 같은 식이 필요하다. 이는 단순히 △의 개수만을 구하기 위한 것이라기보다 연속되는 홀수의 합이라는 중요한 구조를 지니고 있다. 앞의 그림–2와 같은 四角數의 배열을

이용하여, 덧셈식과 곱셈식을 비교하게 하여 그 덧셈을 효율적으로 할 수 있는 공식

$$\underbrace{1+3+5+\cdots+(2n-1)}_{n\text{개}}=n^2$$

(1을 포함한 연속되는 홀수의 합은 그 덧셈식 속에 들어 있는 홀수의 개수의 제곱과 같음)의 발견 지도에도 주력한다.

- 앞의 그림-3을 이용하여, 이를 식으로 나타내게 하면 $1+2+3+4+5+4+3+2+1=25$와 같은 식을 얻게 될 것이며, 이는 그림-1에서도 바르게 놓인 △을 단에 따라 차례로 더하고, 거꾸로 놓인 ▽을 맨 아랫단에서부터 차례로 더하면 얻게 되는 식이다. 이와 같은 활동을 통해 하나의 식을 상황이나 목적에 따라 여러 가지로 변형할 수 있음도 알게 한다.
- 크고 작은 모든 △의 개수를 알아보는 활동을 하게 하여, 세어야 할 장면이 복잡한 경우 이를 능률적으로 셀 수 있기 위해서는, 적당한 관점에 따라 분류하여 세거나, 적당한 크기의 무더기를 만들어 세거나 또는 세려는 것과 일대일대응관계(함수관계)에 있는, 보다 세기 쉬운 것으로 대신하여 센다는 생각(방법)이 정착되도록 한다.
- 그림-1 또는 이의 확장된 그림을 관찰하게 함으로써, 평면 메우기(tessellation)의 기초를 파악시킬 수 있다. 합동인 정다각형으로 평면을 빈틈없이 메울 수 있는 경우는 정삼각형, 정사각형 그리고 정육각형뿐이다. 여기서는 정삼각형과 정육각형의 두 가지 경우가 모두 드러난다.

(3) 본시 수업 전개의 개관

① 문제의 형성·파악 단계

아동으로 하여금 주체적이고 적극적으로 문제를 만들어 보게 한다. 유인물에 제시된 그림을 보면서 잠시 생각하게 한 후, 알아보고 싶은 것이 무엇인지에 대해 발표하게 한다. 대부분 아동의 의견일 것으로 예상되는 가장 작은 △의 개수를, 15단까지의 경우로 확장하여 알아보게 한다.

② 해결방안의 탐색 단계

'어떻게 하면 해결할 수 있을까'를 궁리시킨다. 아동의 반응을 살펴가면서 기습 내용을 떠올리도록 유도하고, 해결 결과를 예상해 보거나 풀이의 개괄적 구상을 하게 한다.

③ 해결의 실행 단계

아동 각자가 생각한 방법으로 해결해 보게 한다. 귀납적인 생각이 유효한 장면에서 아동이 그런 생각을 할 엄두를 내지 못하고 있는 경우, 오히려 큰 수치의 경우를 제시함으로써 역으로 단순한 경우에 착안하여 규칙을 찾아보도록 유도한다. 효과적으로 덧셈을 하는 방법을 탐구시켜 교환성과 결합성을 이용한 식의 처리 능력을 향상시키며, 한 가지 量(독립변수로서 단의 수)의 변화에 따라 다른 量(종속변수로서 △의 수)이 어떻게 변화하는지, 즉, 변화하는 두 量 사이의 관계를 함수적인 생각에 의해 알아보게 한다.

④ 검증 및 발전의 단계

궤간 순시를 통해 파악해 두었던 몇 가지 유형의 풀이를 발표·비교시켜, 보다 나은 해법을 찾아보게 한 후 그 효율성을 느끼게 한다. 그리고 흥미, 관심 및 의욕을 더욱 고취시키기 위해 이 문제의 해결과 관련된 "Gauss의 덧셈 이야기" 및 "Pythagoras의 四角數" 등과 같은 수학사의 내용을 적절히 활용한다. 주어진 문제의 해결에 그치지 않고 이를 바탕으로 관점이나 조건을 달리하여('What If Not' Strategy) 다른 문제를 만들고 해결하는 활동을 유도한다. 끝으로 수업에 대한 소감을 발표하게 하여, 다시 한번 단순화, 특수화 및 귀납적인 생각에 의해 발견한 규칙의 좋은 점, 식으로의 표현에 대한 효율성과 일반화의 장점을 느끼게 하고, 아울러 아동들의 여러 발견에 대해 격려와 칭찬을 해줌으로써 수학에 대한 자신감을 가지도록 하여, 앞으로의 수학 학습에서도 自主的으로 다양한 수학적인 생각을 해 나갈 수 있도록 한다.

4. 준비물

교사 : • 영상 또는 슬라이드 자료(△이 5단까지 나열된 그림, Gauss의 덧셈, 四角數 그림, 각 풀이에 대한 장단점 요약)
- 도화지(아동 발표용 50장)
- 아동에게 배포할 학습지 50장
- 스프레이 풀 등

아동 : • 매직 펜(흑, 청, 적색)

5. 본시의 학습 목표

(1) 지식·기능: 삼각형의 배열상태에 주목하여 이를 덧셈식으로 나타내고 계산 결과를 효과적으로 알아내는 방법을 탐구·이해한다.

(2) 수학적인 생각: 따라서 변하는 두 수량 사이의 대응관계표를 작성하고, 표에 나타난 단순한 몇 가지 경우로부터 귀납하고 일반화함으로써 규칙을 찾아내는 경험을 한다.

(3) 수학적인 태도: 자신과 타인의 해법이나 결과를 비교·평가하여 보다 세련되고 간결·명확하게 표현·처리하려는 의욕을 가지며, 식이 지니는 효율성을 인식한다.

6. 본시의 교수·학습 과정안

교사의 주된 발문	예상되는 아동의 반응	지도상의 유의점
〈문제 형성·파악〉 T1. 여러분이 직접 문제를 만들고 그 문제를 해결하자. T2. 생각한 것을 발표하라.	C. 학습지를 열심히 읽는다. C1. 가장 작은 △의 개수를 구하고 싶다. C2. 마름모의 개수를 알아보고 싶다. C3. 작은 △의 변의 수를 구하고 싶다. C4. 평행사변형의 수를 구하고 싶다. C5. 큰 △의 넓이를 알아보고 싶다. C6. 육각형의 개수도 알아보고 싶다. C7. 크기에 관계없이 모든 △의 개수를 구하고 싶다.	☞해결할 문제를 스스로 결정해 보게 함으로써 학습에 대한 흥미와 의욕을 불러 일으키고 보다 적극적으로 해결하려는 자세를 유도한다. ☞궤간 순시를 하면서 대체적인 반응을 파악한다. ☞잠시 생각하게 한 후 발표시킨다. ☞다양한 반응이 예상된다. 대다수 아동은 작은 △의 수를 구하려고 할 것이다. 이와 같은 반응을 수용하여 그것을 본시에 해결할 문제로 정한다.
T3. 좋은 의견이 많군. 여러분의 의견대로 이 시간에는 가장 작은 삼각형의 개수를 15단까지의 경우 알아보기로 하자.	C. 우와 15단까지나!	☞5단까지만 구한다는 것은 너무 쉽다는 반응을 유도하고 15단까지로 정한다. 그리고 15단까지 배열된 그림을 OHP로 잠깐 보여 준다. ☞해결해야 할 문제가 어떤 것인지 아는가에 대해 확인하고 난 다음, 그 해결 방안을 구상해 보게 한다.
〈해결 방안의 탐색〉 T4. 어떻게 하면 해결할 수 있을까? T5. 이와 비슷한 문제를 풀어 본적이 있나? 그것을 바탕으로 생각할 수는 없을까?	C8. 그림을 그려서 세어 보면 된다. C9. 1단, 2단, 3단, 4단의 경우 알아보고 규칙을 찾으면 될 것 같다. C10. 개수를 표로 나타내면 될 것 같다. C11. 개수를 차례로 더해 나가면 될 것 같다.	☞잠시 동안만 시간을 주어 해결의 실행에 들어가지 않도록 하면서 풀이의 개괄적 구상을 하게 한다. •기습 내용으로부터 유추할 생각을 하고 있다.
T6. 대략 몇 개 정도 될 것 같은가?	C12. 100개 정도(자꾸 불어나니까) C13. 75개(5단의 3배이니까) C14. 엄청나게 많을 것 같다.	☞그 개수가 몇 개쯤 될 것 같은가를 대략 예상하게 함으로써 예측하는 태도를 형성하도록 한다. ☞해결방안이 구상되어 있는 아동의 수를 고려하여 다음 단계로 넘어간다.

〈해결의 실행〉 T7. 각자가 생각한 방법으로 해결해 보자.	C15. 한 변이 15단까지 되게 그림을 그려서 세어보고 있다. C16. 15단까지의 그림을 그리다가 번거로움을 느끼고 도중에 해결 방법을 바꾼다. C17. 어떻게 해야 할 지 엄두를 못 내고 있다. C18. 그림을 그리고 식으로 나타내고 있다. 1+3+5+7+…+25+27+29 (더하는 방법이 다양하게 나옴) C19. 간단한 몇 가지 경우를 바탕으로 규칙을 찾아보고 있다. 단의 수	1	2	3	4	… 누적 △의 수	1	4	9	16	… 3 5 7 … C20. 표로 나타내고 단의 수와 △의 수 사이의 대응규칙을 찾아 보고 있다. 단의 수	1	2	3	4	… 누적 △의 수	1	4	9	16	… 1×1 2×2 3×3 4×4 C21. 대응규칙으로부터 식을 세워 본다. ① △의 수=(단의 수)×(단의 수) ② 단의 수 : x, △의 수 : y $\Rightarrow y = x \times x$ C22. 작은 △의 넓이와 15단까지의 큰 △의 넓이의 비를 이용하여 구하고 있다.	☞대부분의 아동이 그림을 그릴 것으로 예상되지만 미리 막지 않는다. ☞궤간순시를 하면서 필요시 적절한 조언으로 개별지도를 한다. ☞조언은 광범위한 발문으로부터 점차 구체적인 발문으로 이행한다. ☞효과적으로 덧셈하는 방법을 탐구시킨다.(교환성, 결합성을 이용한 식의 처리능력) •하나의 양(단의 수)이 변해감에 따라 다른 양(△의 수)가 어떻게 변하는지 주목시킨다.(귀납적인 생각, 단순화의 생각, 일반화의 생각, 함수적인 생각) •두 양 사이의 관계를 간결·명확히 나타낼 방법을 탐구 시킨다.(단순화의 생각, 기호화의 생각, 대상을 간결·명확히 표현하려는 태도) •뛰어난 수 감각을 활용하고 있다. •변수를 도입한 식으로 나타냄으로써 식의 효율성을 이용하려고 한다. •기본 가정에 바탕을 두고 조리있게 행동하려 한다. ☞궤간순시를 하는 동안 몇 가지 풀이에 대해 유형별로 발표시킬 준비를 해 둔다. ☞해결이 끝난 아동은 켄트지에 크게 쓰도록 한다.(발표용)
〈검증 및 발전〉 T8. 각자 해결한 내용을 발표해 보자. 발표 내용을 잘 듣고 질문을 하라. T9. C15는 어떻게 해결했는지 설명해 보라. T10. C18은 어떻게 해결하였나?	C23. 한 변이 15cm되게 정삼각형의 그림을 그려서 직접 세어 보았다. C24. 그림을 그리고 식으로 나타내어 덧셈을 하였다. 1+3+5+7+9+11+13+15+17+19+21+23+25+27+29=225 ※ 다양한 방법으로 덧셈을 할 수 있다. ① 1+3=4, 4+5=9, 9+7=16, …, 169+27=196, 196+29=225	☞켄트지를 칠판에 붙이고 차례로 설명하게 하되, 설명시킬 순서를 고려한다. •규칙을 발견하여 문제를 해결하고자 하는 의욕이나 아이디어가 없다. ☞C23과 C24의 설명에 대해, "100단까지의 경우에도 그렇게 하겠는가?" 를 질문하여 귀납에 의해 규칙을 찾는 것의 편의성을 일깨운다.

	② 1+3+5+⋯+15+⋯+25+27+29 30 30 30 따라서, 30×7+15=225	☞덧셈 방법에 대하여 적절한 발문으로 자신과 타인의 방법을 비교·평가할 수 있는 기회를 준다.
T11. 왜 29까지 더했는가?	C25. 각 단에 있는 △의 수는 모두 홀수이고, 1단에는 1개, 2단에는 3개, 3단에는 5개, ⋯, 이와 같이 하면 15단에는 29개가 있다.	☞ "왜 29까지 더하는가?" 라는 질문을 아동들이 하지 않으면 교사가 T11과 같이 발문한다.
T12. C19는 어떻게 해결하였나?	C26. 규칙을 찾았다. 1단부터 5단까지 알아보면, (단의 순서×2)−1 이라는 식이 나온다. 따라서 15단에는 15×2−1=29가 된다. C27. 각 단에는 바른 △이 단의 순서와 같고 거꾸로 놓인 ▽이 △보다 하나씩 적다. 따라서 15단에는 15+14=29이다.	•C26과 C27은 모두 몇 가지 간단한 경우로부터 바람직하게 귀납 및 일반화하고 있다
	C28. 처음의 그림에서 규칙을 찾아 해결했다. 단의 순서: 1, 2, 3, 4, ⋯ 누적 △의 수: 1, 4, 9, 16 +3 +5 +7 3, 5, 7, ⋯ 과 같이 계속 커지므로 그 다음에는 9차이, 그 다음에는 11차이, 이렇게 계속하였다.	•1계차 수열에 주목하고 있으나 다소 복잡하다.
T13. C20은 어떻게 해결하였나?	C29. 표로 나타내고 단의 수와 △의 수 사이의 대응규칙을 찾아보았다. 단의 순서: 1, 2, 3, 4, ⋯, 15 누적 △의 수: 1, 4, 9, 16, ⋯, □ 1×1, 2×2, 3×3, 4×4, ⋯, 15×15	•수 감각을 발휘하여 우수한 해법을 찾은 것으로 평가된다. △의 수=(단의 수)×(단의 수)
T14. C21은 어떻게 해결하였나?	C30. 대응규칙으로부터 식을 세워보았다. 즉,.단의 수를 x, △의 수를 y라 하면, $y=x\times x$와 같은 관계식을 만들 수 있다.	•변수를 이용하여 일반화된 우수한 해법을 찾은 것으로 평가된다.
T15. C22의 해결 방법을 들어 보자.	C31. 작은 △의 밑변을 1, 그 높이를 x라 하면 작은 △의 넓이는 $1\times x\div 2$이다. 그런데 15단까지의 삼각형의 밑변과 높이는 각각 작은 △의 15배이다. 그러므로 큰 삼각형의 넓이는 $15\times(15\times x)\div 2$이고 이것은 작은 △의 넓이의 (15×15)배가 된다. 따라서, 작은 △의 개수는 225개이다.	•넓이를 이용하여 삼각형의 개수를 찾아보려는 또 다른 풀이, 보다 나은 생각을 찾아보려는 태도를 보이고 있다.

T16. 참 좋은 풀이 방법들이 많구나. C22~C29의 설명을 모두 이해하겠는가? T17. 선생님이 아는 재미있는 두 가지 이야기를 들려 주겠다.	C32. 잘 이해되지 않는 것도 있다.	☞풀이 방법 중 이해가 잘 되지 않는 점에 대하여, 그 아동 또는 다른 아동에게 보충 설명하게 하고, 교사도 도와준다. ☞C24의 ①, ② 또는 C29 및 C30의 방법을 발견한 아동이 있더라도 1+2+3+⋯+99+100을 기발하게 구한 Gauss의 이야기 및 1+3+5+7+⋯를 효과적으로 구할 수 있는 피타고라스의 방법을, 사각수의 그림(OHP)을 이용하여 설명하고, 아동의 발견에 대하여 칭찬해 준다.
T18. 각각의 방법에 대하여 장·단점을 느낀 대로 발표해 보자.	C33. 앞에서 C23의 방법은 15단까지 그림을 그려서 일일이 세어야 하므로 시간도 많이 걸리고 틀리기도 쉬울 것 같다. C34. 덧셈식으로 나타내어 처음부터 차례대로 더하는 것은 번거롭다. 그것을 곱셈식으로 바꾸는 것이 편리할 것 같다. C35. 표로 나타내어 어떤 규칙을 찾으니 간편해서 좋고, 문제의 뜻을 한눈에 파악할 수 있었다. 또, 시간도 적게 걸려서 그림을 그려 답을 구하는 것보다 훨씬 편리하다.	☞아동들 사이에서 활발한 논의가 이루어지도록 장을 마련해 준다. •보다 나은 방법을 추구하는 태도. •수 감각을 바탕으로 한 식의 조작 능력 및 식의 효율성의 장점 인식 ☞그림을 그려서 알아보는 경우에 대한 단점을 아무도 발표하지 않는 경우, "100단까지 배열한 경우에도 그림을 그려서 해결할 수 있는지"에 대해 질문해 봄으로써, 귀납에 의한 규칙 발견을 부추기고, 또 식으로의 표현에 대한 장점을 느끼게 한다.
T19. C34의 발표 내용에 대하여 어떻게 생각하는가?	C36. 표로 나타내어 답을 구하는 것은 그림으로 나타내어 해결하는 것보다 다소 어렵다. C37. 앞의 C29나 C30의 방법은 단의 수가 어떻게 바뀌어도 △의 수를 쉽게 알아낼 수 있다.	•일반화된 공식의 장점을 잘 파악하고 있다. •특수화의 생각
T20. 지금 해결한 이 문제를 바탕으로 다른 문제를 만들어 보자.	C38. 단의 수를 바꾸었을 때 △의 개수를 알아보는 문제 C39. 마름모의 개수를 알아보는 문제 C40. 평행사변형의 개수를 알아보는 문제 C41. △이 144개로 이와 같이 몇 단까지 나열할 수 있을까? C42. 크기에 관계없이 모든 삼각형의 개수를 구하는 문제 C43. 성냥개비로 이런 도형을 만들 때, 15단까지라면 몇 개의 성냥개비가 필요할까?	•C38, C39는 관점 변경에 의한 발전 •역사고형의 문제 •좀 더 일반화된 문제 •변의 길이에 착안한 대단히 가치 있는 문제 •이와 같은 '문제 만들기' 활동은 흔히 간과해 버리기 십상이다. 그러나 정보화시대를 주도할 능력, 즉 보다 광범위하고 바람직한 문제 해결력의 함양이라는 점에서 대단히 중요하다.
T21. 정말 훌륭한 문제를 많이 만들었다. 오늘 공부한 내용에 대하여 요약·정리해 보고, 느낀 점을 발표해 보자.		☞시간적 여유가 있다면 만든 문제를 풀어 보는 기회를 제공하고, 또 수업에서 느낀 점을 발표시켜 학습 내용의 요약·정리 및 규칙 발견에 의한 문제 해결의 장점을 인식하게 한다.

7. 평가의 관점

본시의 학습 목표로 설정한 사항들에 대하여, 이의 구현이 얼마나 이루어졌는가를 평가하기란 상당히 어려운 일이다. 문제 해결의 지도에서 그 과정을 평가할 수 있는 적절한 평가 방법이 아직 잘 개발되어 있지 않기 때문에, 본 수업에서는 궤간 순시를 하면서 또는 교사의 발문에 대한 아동의 반응을 보아가면서, 다음과 같은 3가지 측면에서 수시로 평가하여 그에 상응하는 적절한 조치를 취하기 위해 이를 활용함으로써, 보다 효율적인 수업의 진행이 이루어지도록 한다.

(1) 지식 · 기능의 측면

- 세어야 할 대상을 관점에 따라 적당히 분류하여 능률적으로 셀 수 있는가?
- 식으로 나타내고 그 결과를, 덧셈이나 곱셈의 성질을 써서 능률적으로 구하는가?
- △의 개수를 표로 나타내고 표를 제대로 읽어 내는가?

(2) 수학적인 생각의 측면

- 귀납이 유효한 장면에서 귀납적인 생각을 바탕으로 공통된 패턴을 찾아내는가?
- 규칙을 찾기 위해 단순화나 특수화의 생각을 활용하는가?
- 두 量 사이의 관계를, 함수적인 생각을 바탕으로 찾아낼 수 있는가?
- 주어진 문제의 해결에 그치지 않고 조건이나 관점을 바꾸어 보다 일반적인 경우나 다른 경우의 문제에 대해서도 발전적인 생각을 바탕으로 고찰하려 하는가?
- 자신이 해결한 결과를, 그림에 대응하는 식이나 표를 바탕으로 조리 있게 연역적으로 설명하려 하는가?

(3) 수학적인 태도의 측면

- 의문의 안목을 가지고서 대상이나 목적을 명확히 하려고 하는가?
- 보다 나은 해결이나 표현 · 처리 방안을 강구하려고 하는가?
- 自他의 사고, 해결 과정이나 결과를 비교 · 평가하여 보다 세련되게 하려고 하는가?
- 수학의 장점, 식이 지니는 利點을 이해하고 인정하려 하는가?

※ 학습지 내용

아래 그림은 한 변의 길이가 1cm인 정삼각형을 1단부터 5단까지 나열한 것입니다.

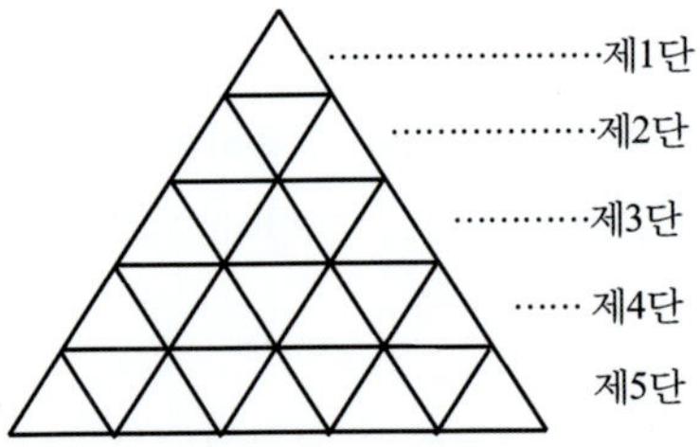

1. 우선, 이 그림을 바탕으로 하여 어떤 것을 알아보고 싶은지 써보세요.
2. 이것이 15단까지 있다면 정삼각형은 모두 몇 개나 있을까요?
3. 이 시간에 학습한 내용에 대하여 느낀 점을 써보세요.

부록2

2015 초등학교 교육과정

수학(제2015-80호)

1. 성격

수학과는 수학의 개념, 원리, 법칙을 이해하고 기능을 습득하여 주변의 여러 가지 현상을 수학적으로 관찰하고 해석하며 논리적으로 사고하고 합리적으로 문제를 해결하는 능력과 태도를 기르는 교과이다. 수학은 오랜 역사를 통해 인류 문명 발전의 원동력이 되어 왔으며, 세계화·정보화가 가속화되는 미래 사회의 구성원에게 필수적인 역량을 제공한다. 수학 학습을 통해 학생들은 수학의 규칙성과 구조의 아름다움을 음미할 수 있고, 수학의 지식과 기능을 활용하여 수학 문제뿐만 아니라 실생활과 다른 교과의 문제를 창의적으로 해결할 수 있으며, 나아가 세계 공동체의 시민으로서 갖추어야 할 합리적 의사 결정 능력과 민주적 소통 능력을 함양할 수 있다.

수학과 교육과정에서 초등학교 수학 내용은 '수와 연산', '도형', '측정', '규칙성', '자료와 가능성'의 5개 영역으로 구성된다. '수와 연산' 영역에서는 자연수, 분수, 소수의 개념과 사칙계산을, '도형' 영역에서는 평면도형과 입체도형의 개념, 구성 요소, 성질과 공간 감각을, '측정' 영역에서는 시간, 길이, 들이, 무게, 각도, 넓이, 부피의 측정과 어림을, '규칙성' 영역에서는 규칙 찾기, 비, 비례식을, '자료와 가능성' 영역에서는 자료의 수집, 분류, 정리, 해석과 사건이 일어날 가능성을 다룬다.

중학교 수학 내용은 '수와 연산', '문자와 식', '함수', '기하', '확률과 통계'의 5개 영역으로 구성된다. '수와 연산' 영역에서는 정수, 유리수, 실수의 개념과 사칙계산을, '문자와 식' 영역에서는 식의 계산, 일차방정식과 일차부등식, 연립일차방정식, 이차방정식을, '함수' 영역에서는 좌표평면, 그래프, 정비례와 반비례, 함수 개념,

일차함수, 이차함수를, '기하' 영역에서는 평면도형과 입체도형의 성질, 삼각형과 사각형의 성질, 도형의 닮음, 피타고라스 정리, 삼각비, 원의 성질을, '확률과 통계' 영역에서는 자료의 정리와 해석, 확률의 개념과 기본 성질, 대푯값과 산포도, 상관관계를 다룬다.

초등학교와 중학교에서 학습한 수학은 고등학교 수학 학습의 토대가 되고, 자연과학, 공학, 의학뿐만 아니라 경제·경영학을 포함한 사회과학, 인문학, 예술 및 체육 분야를 학습하는 데 기초가 되며, 나아가 창의적 역량을 갖춘 융합 인재로 성장할 수 있는 기반을 제공한다. 이를 위해 학생들은 수학의 지식을 이해하고 기능을 습득하는 것과 더불어 문제 해결, 추론, 창의·융합, 의사소통, 정보 처리, 태도 및 실천의 6가지 수학 교과 역량을 길러야 한다.

교과 역량으로서의 문제 해결은 해결 방법을 알고 있지 않은 문제 상황에서 수학의 지식과 기능을 활용하여 해결 전략을 탐색하고 최적의 해결 방안을 선택하여 주어진 문제를 해결하는 능력이고, 추론은 수학적 사실을 추측하고 논리적으로 분석하고 정당화하며 그 과정을 반성하는 능력이다. 창의·융합은 수학의 지식과 기능을 토대로 새롭고 의미 있는 아이디어를 다양하고 풍부하게 산출하고 정교화하며, 여러 수학적 지식, 기능, 경험을 연결하거나 타 교과나 실생활의 지식, 기능, 경험을 수학과 연결·융합하여 새로운 지식, 기능, 경험을 생성하고 문제를 해결하는 능력이다. 의사소통은 수학 지식이나 아이디어, 수학적 활동의 결과, 문제 해결 과정, 신념과 태도 등을 말이나 글, 그림, 기호로 표현하고 다른 사람의 아이디어를 이해하는 능력이고, 정보 처리는 다양한 자료와 정보를 수집, 정리, 분석, 활용하고 적절한 공학적 도구나 교구를 선택, 이용하여 자료와 정보를 효과적으로 처리하는 능력이다. 끝으로, 태도 및 실천은 수학의 가치를 인식하고 자주적 수학 학습 태도와 민주 시민 의식을 갖추어 실천하는 능력이다.

수학 교과 역량 함양을 통해 학생들은 복잡하고 전문화되어 가는 미래 사회에서 사회 구성원의 역할을 성공적으로 수행할 수 있고 개인의 잠재력과 재능을 발현할 수 있으며, 수학의 필요성과 유용성을 이해하고 수학 학습의 즐거움을 느끼며, 수학에 대한 흥미와 자신감을 기를 수 있다.

2. 목표

수학의 개념, 원리, 법칙을 이해하고 기능을 습득하며 수학적으로 추론하고 의사소통하는 능력을 길러, 생활 주변과 사회 및 자연 현상을 수학적으로 이해하고 문제를 합리적이고 창의적으로 해결하며, 수학 학습자로서 바람직한 태도와 실천 능력을 기른다.

(1) 생활 주변 현상을 수학적으로 관찰하고 표현하는 경험을 통하여 수학의 기초적인 개념, 원리, 법칙을 이해하고 수학의 기능을 습득한다.
(2) 수학적으로 추론하고 의사소통하며, 창의·융합적 사고와 정보 처리 능력을 바탕으로 생활 주변 현상을 수학적으로 이해하고 문제를 합리적이고 창의적으로 해결한다.
(3) 수학 학습의 즐거움을 느끼고 수학의 유용성을 인식하며 수학 학습자로서 바람직한 태도와 실천 능력을 기른다.

3. 내용 체계 및 성취기준

(1) 내용 체계

영역	핵심 개념	일반화된 지식	학년(군)별 내용 요소			기능
			1~2학년	3~4학년	5~6학년	
수와 연산	수의 체계	수는 사물의 개수와 양을 나타내기 위해 발생했으며, 자연수, 분수, 소수가 사용된다.	• 네 자리 이하의 수	• 다섯 자리 이상의 수 • 분수 • 소수	• 약수와 배수 • 약분과 통분 • 분수와 소수의 관계	(수) 세기 (수) 읽기 (수) 쓰기 이해하기 비교하기 계산하기 어림하기 설명하기 표현하기 추론하기 토론하기 문제 해결하기 문제 만들기
	수의 연산	자연수에 대한 사칙계산이 정의되고, 이는 분수와 소수의 사칙계산으로 확장된다.	• 두 자리 수 범위의 덧셈과 뺄셈 • 곱셈	• 세 자리 수의 덧셈과 뺄셈 • 자연수의 곱셈과 나눗셈 • 분모가 같은 분수의 덧셈과 뺄셈 • 소수의 덧셈과 뺄셈	• 자연수의 혼합 계산 • 분모가 다른 분수의 덧셈과 뺄셈 • 분수의 곱셈과 나눗셈 • 소수의 곱셈과 나눗셈	
도형	평면 도형	주변의 모양은 여러 가지 평면 도형으로 범주화 되고, 각각의	• 평면도형의 모양 • 평면도형과 그 구성 요소	• 도형의 기초 • 원의 구성 요소 • 여러 가지 삼각형	• 합동 • 대칭	만들기 꾸미기 그리기 구별하기

		평면도형은 고유한 성질을 갖는다.		• 여러 가지 사각형 • 다각형 • 평면도형의 이동		분류하기 활용하기 이름짓기 이해하기 채우기 추론하기 설명하기 규칙찾기 조작하기 표현하기 추측하기 확인하기 문제 해결하기
	입체도형	주변의 모양은 여러 가지 입체도형으로 범주화 되고, 각각의 입체도형은 고유한 성질을 갖는다.	• 입체도형의 모양		• 직육면체, 정육면체 • 각기둥, 각뿔 • 원기둥, 원뿔, 구 • 입체도형의 공간 감각	
측정	양의 측정	생활 주변에는 시간, 길이, 들이, 무게, 각도, 넓이, 부피 등 다양한 속성이 존재하며, 측정은 속성에 따른 단위를 이용하여 양을 수치화하는 것이다.	• 양의 비교 • 시각과 시간 • 길이(cm, m)	• 시간, 길이(mm, km), 들이, 무게, 각도	• 원주율 • 평면도형의 둘레, 넓이 • 입체도형의 겉넓이, 부피	비교하기 구별하기 (시각) 읽기 표현하기 이해하기 계산하기 측정하기 어림하기 그리기 추론하기 설명하기 활용하기 문제 해결하기
	어림하기	어림을 통해 양을 단순화하여 표현한다.			• 수의 범위 • 어림하기(올림, 버림, 반올림)	
규칙성	규칙성과 대응	규칙성은 생활 주변의 여러 현상을 탐구하는 데 중요하며 함수 개념의 기초가 된다.	• 규칙 찾기	• 규칙을 수나 식으로 나타내기	• 규칙과 대응 • 비와 비율 • 비례식과 비례배분	배열하기 표현하기 추측하기 규칙찾기 규칙정하기 설명하기 이해하기 확인하기 문제 해결하기
자료와 가능성	자료처리	자료의 수집, 분류, 정리, 해석은 통계의 주요 과정이다.	• 분류하기 • 표 • ○, ×, /를 이용한 그래프	• 간단한 그림그래프 • 막대그래프 • 꺾은선그래프	• 평균 • 그림그래프 • 띠그래프, 원그래프	분류하기 (개수) 세기 표만들기 그래프 그리기 표현하기 수집하기 정리하기 해석하기 설명하기
	가능성	가능성을 수치화하는 경험은 확률의 기초가 된다.			• 가능성	

						이해하기 활용하기 비교하기 문제 해결하기

(2) 성취기준

[초등학교 1~2학년]

(1) 수와 연산

수는 사물의 개수나 양을 나타내기 위해 발생하였다. 자연수는 수 세기를 통해 도입되며, 0과 자연수에 대한 덧셈, 뺄셈, 곱셈이 정의된다. 수는 수학에서 다루는 가장 기본적인 개념으로, 실생활뿐만 아니라 타 교과나 수학의 다른 영역을 학습하는 데 필수적이다. 또한 사칙계산은 수학 학습에서 습득해야 할 가장 기본적인 기능이며, 이후 학습을 위한 기초가 된다.

① 네 자리 이하의 수

[2수01-01] 0과 100까지의 수 개념을 이해하고, 수를 세고 읽고 쓸 수 있다.

[2수01-02] 일, 십, 백, 천의 자릿값과 위치적 기수법을 이해하고, 네 자리 이하의 수를 읽고 쓸 수 있다.

[2수01-03] 네 자리 이하의 수의 범위에서 수의 계열을 이해하고, 수의 크기를 비교할 수 있다.

[2수01-04] 하나의 수를 두 수로 분해하고 두 수를 하나의 수로 합성하는 활동을 통하여 수 감각을 기른다.

② 두 자리 수 범위의 덧셈과 뺄셈

[2수01-05] 덧셈과 뺄셈이 이루어지는 실생활 상황을 통하여 덧셈과 뺄셈의 의미를 이해한다.

[2수01-06] 두 자리 수의 범위에서 덧셈과 뺄셈의 계산 원리를 이해하고 그 계산을 할 수 있다.

[2수01-07] 덧셈과 뺄셈의 관계를 이해한다.

[2수01-08] 두 자리 수의 범위에서 세 수의 덧셈과 뺄셈을 할 수 있다.

[2수01-09] □가 사용된 덧셈식과 뺄셈식을 만들고, □의 값을 구할 수 있다.

③ 곱셈

[2수01-10] 곱셈이 이루어지는 실생활 상황을 통하여 곱셈의 의미를 이해한다.

[2수01-11] 곱셈구구를 이해하고, 한 자리 수의 곱셈을 할 수 있다.

(가) 학습 요소

- 덧셈, 뺄셈, 곱셈, 짝수, 홀수, +, −, ×, =, >, <

(나) 교수·학습 방법 및 유의 사항

- 자연수가 개수, 순서, 이름 등을 나타내는 경우가 있음을 알고, 실생활에서 수가 쓰이는 사례를 통하여 수의 필요성을 인식하게 한다.
- 수 세기가 필요한 장면에서 묶어 세기, 뛰어 세기의 방법으로 수를 세어 보고, 실생활 장면에서 짝수와 홀수를 직관적으로 이해하게 한다.
- 두 자리 수를 10개씩 묶음과 낱개로 나타내게 함으로써 위치적 기수법의 기초 개념을 형성하게 한다.
- 수를 분해하고 합성하는 활동은 20 이하의 수의 범위에서 한다.
- ‘더한다’, ‘합한다’, ‘~보다 ~ 큰 수’, ‘~보다 ~ 작은 수’, ‘뺀다’, ‘덜어 낸다’, ‘합’, ‘차’ 등의 일상용어를 사용하여 덧셈과 뺄셈의 의미에 친숙하게 한다.
- 덧셈은 두 자리 수의 범위에서 다루되, 합이 세 자리 수인 경우도 포함한다.
- 덧셈과 뺄셈을 여러 가지 방법으로 계산하는 활동을 통하여 연산 감각을 기르게 한다.
- 한 가지 상황을 덧셈식과 뺄셈식으로 나타내는 활동을 통하여 덧셈과 뺄셈의 관계를 이해하게 한다.
- □가 사용된 덧셈식과 뺄셈식은 □의 값을 직관적으로 구할 수 있는 수준으로 다룬다.
- 학생들에게 친근한 실생활 상황을 이용하여 덧셈과 뺄셈에 관련된 문제를 만들고 해결하게 한다.
- 곱셈의 의미는 배의 개념과 동수누가를 통하여 다루고, 1의 곱과 0의 곱은 실생활과 관련지어 다룬다.
- 수와 연산 영역의 문제 상황에 적합한 문제 해결 전략을 지도하여 문제 해결 능력을 기르게 한다.

(다) 평가 방법 및 유의 사항

- 덧셈과 뺄셈을 여러 가지 방법으로 계산하는 활동을 평가할 때에는 학생들

이 자유롭게 계산하도록 하는 데 초점을 두고 이를 지나치게 형식화하지 않도록 관찰, 면담 등의 다양한 방법을 이용한다.

(2) 도형

교실 및 생활 주변의 사물을 관찰함으로써 여러 가지 입체도형의 모양이나 평면도형의 모양을 파악할 수 있으며, 이는 평면도형에 대한 직관적인 이해로 확장된다. 평면도형이나 입체도형의 개념과 성질에 대한 이해는 실생활 문제를 해결하는 데 기초가 되며, 수학의 다른 영역의 개념과 밀접하게 관련되어 있다. 또한 도형을 다루는 경험으로부터 비롯되는 공간 감각은 수학적 소양을 기르는 데 도움이 된다.

1 입체도형의 모양

[2수02-01] 교실 및 생활 주변에서 여러 가지 물건을 관찰하여 직육면체, 원기둥, 구의 모양을 찾고, 그것들을 이용하여 여러 가지 모양을 만들 수 있다.

[2수02-02] 쌓기나무를 이용하여 여러 가지 입체도형의 모양을 만들고, 그 모양에 대해 위치나 방향을 이용하여 말할 수 있다.

2 평면도형과 그 구성 요소

[2수02-03] 교실 및 생활 주변에서 여러 가지 물건을 관찰하여 삼각형, 사각형, 원의 모양을 찾고, 그것들을 이용하여 여러 가지 모양을 꾸밀 수 있다.

[2수02-04] 삼각형, 사각형, 원을 직관적으로 이해하고, 그 모양을 그릴 수 있다.

[2수02-05] 삼각형, 사각형에서 각각의 공통점을 찾아 말하고, 이를 일반화하여 오각형, 육각형을 알고 구별할 수 있다.

(가) 학습 요소

- 삼각형, 사각형, 원, 꼭짓점, 변, 오각형, 육각형

(나) 교수·학습 방법 및 유의 사항

- 쌓기나무를 이용한 모양 만들기, 칠교판을 이용한 모양 채우기나 꾸미기를 통하여 도형에 대한 공간 감각을 기르게 한다.
- 입체도형의 모양이나 평면도형의 모양을 다룰 때 모양의 특징을 직관적으로 파악하여 모양을 분류하고, 분류한 모양을 지칭하기 위해 일상용어를 사용하게 할 수 있다.
- 입체도형의 모양과 평면도형의 모양을 이용한 모양 만들기와 꾸미기의 주

제는 학생들에게 친근한 소재인 동물, 탈 것, 건물 등으로 다양하게 제시한다.

- 쌓기나무로 만든 입체도형의 모양에 대해서 '~의 앞', '~의 오른쪽', '~의 위', '2층' 등을 사용하여 말하게 한다.
- 평면도형의 모양을 이용한 모양 꾸미기 활동에서는 스티커, 잡지에서 오려 낸 모양 종이 등을 활용하게 할 수 있다.
- 삼각형, 사각형, 원은 예인 것과 예가 아닌 것을 인식하고 분류하는 활동을 통하여 직관적으로 이해하게 한다.
- 삼각형과 사각형에 대한 직관적 이해를 통하여 도형의 이름과 변 또는 꼭짓점의 개수와의 관계를 파악하고, 그 관계를 일반화하여 오각형과 육각형을 구별하여 이름 지을 수 있게 한다.
- 도형 영역의 문제 상황에 적합한 문제 해결 전략을 지도하여 문제 해결 능력을 기르게 한다.

(다) 평가 방법 및 유의 사항

- 여러 가지 모양 만들기, 꾸미기, 채우기 활동을 평가할 때에는 과정 중심 평가를 한다.

(3) 측정

생활 주변에는 시간, 길이, 들이, 무게, 넓이 등 다양한 속성이 존재한다. 측정은 여러 가지 속성의 양을 비교하고, 단위를 이용하여 재거나 어림해봄으로써 양을 수치화하는 것이다. 측정 과정에서 경험하는 양의 비교, 측정, 어림은 수학 학습을 통해 길러야 할 중요한 기능이고, 이는 실생활이나 타 교과의 학습에서 유용하게 활용된다. 또한 측정을 통해 길러지는 양감은 수학적 소양을 기르는 데 도움이 된다.

① 양의 비교

[2수03-01] 구체물의 길이, 들이, 무게, 넓이를 비교하여 각각 '길다, 짧다', '많다, 적다', '무겁다, 가볍다', '넓다, 좁다' 등을 구별하여 말할 수 있다.

② 시각과 시간

[2수03-02] 시계를 보고 시각을 '몇 시 몇 분'까지 읽을 수 있다.

[2수03-03] 1시간은 60분임을 알고, 시간을 '시간', '분'으로 표현할 수 있다.

[2수03-04] 1분, 1시간, 1일, 1주일, 1개월, 1년 사이의 관계를 이해한다.

> 3 길이
>
> [2수03-05] 길이를 나타내는 표준 단위의 필요성을 인식하고, 1cm와 1m의 단위를 알며, 상황에 따라 적절한 단위를 사용하여 길이를 측정할 수 있다.
>
> [2수03-06] 1m가 100cm임을 알고, 길이를 단명수와 복명수로 표현할 수 있다.
>
> [2수03-07] 여러 가지 물건의 길이를 어림하여 보고, 길이에 대한 양감을 기른다.
>
> [2수03-08] 구체물의 길이를 재는 과정에서 자의 눈금과 일치하지 않는 길이의 측정값을 '약' 으로 표현할 수 있다.
>
> [2수03-09] 실생활 문제 상황을 통하여 길이의 덧셈과 뺄셈을 이해한다.

(가) 학습 요소

- 시, 분, 약, cm, m

(나) 교수·학습 방법 및 유의 사항

- 양의 비교는 직관적인 비교, 직접 비교, 간접 비교 등을 상황에 따라 알맞게 다룬다.
- 시각 읽기는 학생의 경험을 소재로 하고, 학생들이 모형 시계를 조작하며 '몇 시', '몇 시 30분', '몇 시 몇 분', '몇 시 몇 분 전' 등의 시각을 읽게 한다.
- 시간의 여러 가지 단위를 지도할 때 단위 사이의 관계를 이해하는 데 중점을 두고, 지나친 단위 환산은 다루지 않는다.
- 표준 단위를 도입하기 전에 여러 가지 임의 단위를 사용하여 구체물의 길이를 재어보게 한다.
- 측정 영역의 문제 상황에 적합한 문제 해결 전략을 지도하여 문제 해결 능력을 기르게 한다.

(다) 평가 방법 및 유의 사항

- '몇 시 몇 분 전'의 시각 읽기를 평가할 때 '5분 전', '10분 전', '15분 전' 등과 같이 실생활에서 자주 사용되는 경우를 다루고, '2시 48분'을 '3시 12분 전'으로 나타내는 것과 같이 복잡한 경우는 다루지 않는다.
- 1일, 1주일, 1개월, 1년 사이의 관계를 평가할 때에는 달력을 이용하여 그 관계를 이해하는지 파악하는 데 중점을 둔다.

(4) 규칙성

규칙성은 생활 주변에 존재하는 다양한 현상을 탐구하는 데 중요하며 함수 개념의 기초가 된다. 생활 주변이나 여러 현상에서 찾을 수 있는 규칙은 실생활의 복잡한 문제를 해결하는 데 유용하고, 규칙 찾기를 통해 추론 능력을 기를 수 있다.

> ① 규칙 찾기
> [2수04-01] 물체, 무늬, 수 등의 배열에서 규칙을 찾아 여러 가지 방법으로 나타낼 수 있다.
> [2수04-02] 자신이 정한 규칙에 따라 물체, 무늬, 수 등을 배열할 수 있다.

(가) 교수·학습 방법 및 유의 사항

- 물체나 무늬의 배열에서는 크기, 색깔, 위치, 방향 등에 대한 단순한 규칙을 다루고, 그 규칙을 말, 수, 그림, 기호, 구체물, 행동 등의 다양한 방법으로 표현하게 한다.
- 물체나 무늬의 배열에서 다음에 올 것이나 중간에 빠진 것을 추측하여 말하게 한다.
- 수의 배열뿐만 아니라 수 배열표, 덧셈표, 곱셈표를 활용하여 수의 규칙을 찾고, 자신이 정한 규칙에 따라 색칠하거나 ○, / 등으로 나타내게 한다.
- 자신의 규칙을 창의적으로 만들어보고, 다른 사람의 배열에서 규칙을 찾아보거나 규칙에 대해 서로 말하게 한다.
- 규칙성 영역의 문제 상황에 적합한 문제 해결 전략을 지도하여 문제 해결 능력을 기르게 한다.

(나) 평가 방법 및 유의 사항

- 규칙 찾기를 평가할 때 학생이 자신의 규칙이나 다른 학생의 규칙에 대해 의사소통하는 과정을 평가한다.

(5) 자료와 가능성

자료의 분류와 정리는 중요한 통계 활동이다. 다양한 자료를 분류하고 정리함으로써 미래를 예측하고 합리적인 의사 결정을 하는 민주 시민으로서의 기본 소양을 기를 수 있다.

1 분류하기
[2수05-01] 교실 및 생활 주변에 있는 사물들을 정해진 기준 또는 자신이 정한 기준으로 분류하여 개수를 세어보고, 기준에 따른 결과를 말할 수 있다.
2 표 만들기
[2수05-02] 분류한 자료를 표로 나타내고, 표로 나타내면 편리한 점을 말할 수 있다.
3 그래프 그리기
[2수05-03] 분류한 자료를 ○, ×, / 등을 이용하여 그래프로 나타내고, 그래프로 나타내면 편리한 점을 말할 수 있다.

(가) 학습 요소

- 표, 그래프

(나) 교수·학습 방법 및 유의 사항

- 분류하기에서는 학생들이 실생활에서 친근하게 느낄 수 있는 소재를 활용한다.
- 기준을 정하여 분류할 때 학생들이 정한 다양한 기준을 존중하되, 분명하지 않은 기준일 경우에는 분류하는 것이 어려움을 인식하게 한다.
- 표를 만들 때 자료가 중복되거나 빠지지 않도록 세어보는 방법을 함께 지도한다.
- 표와 그래프로 나타내기는 생활 주변에 있는 자료들을 활용하되, 그 기준이 분명하고 간단한 것을 다룬다.
- 자료와 가능성 영역의 문제 상황에 적합한 문제 해결 전략을 지도하여 문제 해결 능력을 기르게 한다.

(다) 평가 방법 및 유의 사항

- 분류하기를 평가할 때 학생들의 수준에 비해 어려운 분류 대상이나 분류 기준을 사용하지 않는다.

[초등학교 3~4학년]

(1) 수와 연산

수는 사물의 개수나 양을 나타내기 위해 발생하였다. 수 세기를 통해 도입된 자연수는 큰 수로 범위가 확장되며 자연수에 대한 사칙계산이 정의된다. 자연수로 나타낼 수 없는 양을 표현하기 위해 수 개념은 분수, 소수로 확장되고 각각에 대한 덧셈과 뺄셈이 정의된다. 수는 수학에서 다루는 가장 기본적인 개념으로, 실생활뿐만 아니라 타 교과나 수학의 다른 영역을 학습하는 데 필수적이다. 또한 사칙계산은 수학 학습에서 습득해야 할 가장 기본적인 기능이며, 이후 학습을 위한 기초가 된다.

① 다섯 자리 이상의 수

[4수01-01] 10000 이상의 큰 수에 대한 자릿값과 위치적 기수법을 이해하고, 수를 읽고 쓸 수 있다.

[4수01-02] 다섯 자리 이상의 수의 범위에서 수의 계열을 이해하고 수의 크기를 비교할 수 있다.

② 세 자리 수의 덧셈과 뺄셈

[4수01-03] 세 자리 수의 덧셈과 뺄셈의 계산 원리를 이해하고 그 계산을 할 수 있다.

[4수01-04] 세 자리 수의 덧셈과 뺄셈에서 계산 결과를 어림할 수 있다.

③ 곱셈

[4수01-05] 곱하는 수가 한 자리 수 또는 두 자리 수인 곱셈의 계산 원리를 이해하고 그 계산을 할 수 있다.

[4수01-06] 곱하는 수가 한 자리 수 또는 두 자리 수인 곱셈에서 계산 결과를 어림할 수 있다.

④ 나눗셈

[4수01-07] 나눗셈이 이루어지는 실생활 상황을 통하여 나눗셈의 의미를 알고, 곱셈과 나눗셈의 관계를 이해한다.

[4수01-08] 나누는 수가 한 자리 수인 나눗셈의 계산 원리를 이해하고 그 계산을 할 수 있으며, 나눗셈에서 몫과 나머지의 의미를 안다.

[4수01-09] 나누는 수가 두 자리 수인 나눗셈의 계산 원리를 이해하고 그 계산을 할 수 있다.

⑤ 분수

[4수01-10] 양의 등분할을 통하여 분수를 이해하고 읽고 쓸 수 있다.

[4수01-11] 단위분수, 진분수, 가분수, 대분수를 알고, 그 관계를 이해한다.

[4수01-12] 분모가 같은 분수끼리, 단위분수끼리 크기를 비교할 수 있다.

6 소수
[4수01-13] 분모가 10인 진분수를 통하여 소수 한 자리 수를 이해하고 읽고 쓸 수 있다.
[4수01-14] 자릿값의 원리를 바탕으로 소수 두 자리 수와 소수 세 자리 수를 이해하고 읽고 쓸 수 있다.
[4수01-15] 소수의 크기를 비교할 수 있다.
7 분수와 소수의 덧셈과 뺄셈
[4수01-16] 분모가 같은 분수의 덧셈과 뺄셈의 계산 원리를 이해하고 그 계산을 할 수 있다.
[4수01-17] 소수 두 자리 수의 범위에서 소수의 덧셈과 뺄셈의 계산 원리를 이해하고 그 계산을 할 수 있다.

(가) 학습 요소

- 나눗셈, 몫, 나머지, 나누어떨어진다, 분수, 분모, 분자, 단위분수, 진분수, 가분수, 대분수, 자연수, 소수, 소수점(.), ÷

(나) 교수·학습 방법 및 유의 사항

- 실생활에서 10000 이상의 큰 수가 쓰이는 경우를 찾고 큰 수와 관련하여 이야기하는 활동을 통하여 큰 수에 대한 양감을 기르고 필요성을 인식하게 한다.
- 10000 이상의 수를 비교하면서 수의 크기를 비교하는 방법을 찾아 설명하게 한다.
- 덧셈은 세 자리 수의 범위에서 다루되, 합이 네 자리 수인 경우도 포함한다.
- 곱셈은 '(두 자리 수)×(한 자리 수)', '(세 자리 수)×(한 자리 수)', '(두 자리 수)×(두 자리 수)', '(세 자리 수)×(두 자리 수)'를 포함한다.
- 나눗셈에서 '(두 자리 수)÷(한 자리 수)'는 나누어떨어지는 경우와 나누어떨어지지 않는 경우를 포함하여 몫과 나머지를 이해하게 하고, 나누는 수가 두 자리 수인 나눗셈에서는 '(두 자리 수)÷(두 자리 수)', '(세 자리 수)÷(두 자리 수)'를 다룬다.
- 한 가지 상황을 곱셈식과 나눗셈식으로 나타내는 활동을 통하여 곱셈과 나눗셈의 관계를 이해하게 한다.
- 덧셈, 뺄셈, 곱셈, 나눗셈을 하기 전에 계산 결과를 어림해 보고, 어림한 값을 이용하여 계산 결과가 타당한지 확인해보게 한다.
- 학생들에게 친근한 실생활 상황을 이용하여 덧셈, 뺄셈, 곱셈, 나눗셈에 관

련된 문제를 만들고 해결하게 한다.

- 자연수의 사칙계산에서 계산 원리를 이해하거나 계산 기능을 숙달하는 것이 목적이 아닌 경우에는 계산기를 사용하게 할 수 있다.
- 1보다 작은 양을 나타내는 경우를 통하여 분수의 필요성을 인식하게 하고, 분수를 도입할 때 '분모', '분자'를 사용한다.
- 소수의 덧셈과 뺄셈은 계산 원리를 이해할 수 있는 수준에서 간단히 다룬다.
- 수와 연산 영역의 문제 상황에 적합한 문제 해결 전략을 지도하고, 문제 해결 과정을 설명하게 하여 문제 해결 능력을 기르게 한다.

(다) 평가 방법 및 유의 사항

- 다섯 자리 이상의 수에 대해 평가를 할 때에는 수를 읽고 쓰는 것뿐만 아니라 수에 대한 양감과 필요성을 인식하게 할 수 있는 문제를 다룬다.
- 나눗셈에 대한 검산에서는 나눗셈식을 보고 곱셈식으로 나타내는 것보다 검산의 목적과 필요성을 이해하는지에 초점을 두고 평가를 한다.

(2) 도형

평면도형은 구성 요소의 특성에 따른 분류 활동을 통해 다양하게 범주화 될 수 있고, 각각의 평면도형은 고유한 성질을 갖는다. 평면도형이나 입체도형의 개념과 성질에 대한 이해는 실생활 문제를 해결하는 데 기초가 되며, 수학의 다른 영역의 개념과 밀접하게 관련되어 있다. 또한 도형을 다루는 경험으로부터 비롯되는 공간 감각은 수학적 소양을 기르는 데 도움이 된다.

① 도형의 기초

[4수02-01] 직선, 선분, 반직선을 알고 구별할 수 있다.

[4수02-02] 각과 직각을 이해하고, 직각과 비교하는 활동을 통하여 예각과 둔각을 구별할 수 있다.

[4수02-03] 교실 및 생활 주변에서 직각인 곳이나 서로 만나지 않는 직선을 찾는 활동을 통하여 직선의 수직 관계와 평행 관계를 이해한다.

② 평면도형의 이동

[4수02-04] 구체물이나 평면도형의 밀기, 뒤집기, 돌리기 활동을 통하여 그 변화를 이해한다.

[4수02-05] 평면도형의 이동을 이용하여 규칙적인 무늬를 꾸밀 수 있다.

③ 원의 구성 요소
[4수02-06] 원의 중심, 반지름, 지름을 알고, 그 관계를 이해한다.
[4수02-07] 컴퍼스를 이용하여 여러 가지 크기의 원을 그려서 다양한 모양을 꾸밀 수 있다.
④ 여러 가지 삼각형
[4수02-08] 여러 가지 모양의 삼각형에 대한 분류 활동을 통하여 이등변삼각형, 정삼각형을 이해한다.
[4수02-09] 여러 가지 모양의 삼각형에 대한 분류 활동을 통하여 직각삼각형, 예각삼각형, 둔각삼각형을 이해한다.
⑤ 여러 가지 사각형
[4수02-10] 여러 가지 모양의 사각형에 대한 분류 활동을 통하여 직사각형, 정사각형, 사다리꼴, 평행사변형, 마름모를 알고, 그 성질을 이해한다.
⑥ 다각형
[4수02-11] 다각형과 정다각형의 의미를 안다.
[4수02-12] 주어진 도형을 이용하여 여러 가지 모양을 만들거나 채울 수 있다.

(가) 학습 요소

- 직선, 선분, 반직선, 각, (각의) 꼭짓점, (각의) 변, 직각, 예각, 둔각, 수직, 수선, 평행, 평행선, 원의 중심, 반지름, 지름, 이등변삼각형, 정삼각형, 직각삼각형, 예각삼각형, 둔각삼각형, 직사각형, 정사각형, 사다리꼴, 평행사변형, 마름모, 다각형, 정다각형, 대각선

(나) 교수·학습 방법 및 유의 사항

- 구체적인 사례나 활동을 통하여 각을 도입하고, 각의 변이 반직선임을 알게 한다.
- 실생활에서 평면도형의 이동을 활용한 사례를 찾아서 이동에 따른 변화를 추론하고 설명하게 한다.
- 평면도형의 이동을 활용하여 자신만의 규칙적인 무늬를 만들고, 다른 사람이 만든 무늬에서 규칙을 찾아 설명하게 한다.
- 여러 가지 삼각형과 사각형을 이름 짓는 활동을 통하여 각 도형의 정의에 대해서 학생들 스스로 사고하게 한다.
- 여러 가지 사각형의 성질은 구체적인 조작 활동을 통하여 간단한 것만 다루고, 여러 가지 사각형 사이의 관계는 다루지 않는다.

- 도형 영역의 문제 상황에 적합한 문제 해결 전략을 지도하고, 문제 해결 과정을 설명하게 하여 문제 해결 능력을 기르게 한다.

(다) 평가 방법 및 유의 사항

- 직선, 선분, 반직선에 대한 평가에서는 정확한 정의나 표현보다 직선, 선분, 반직선을 서로 구별할 수 있는지에 중점을 둔다.
- 평면도형의 이동을 활용하여 모양의 변화나 무늬를 설명하게 할 때 설명 방법이 다양할 수 있음에 유의하여 평가한다.

(3) 측정

생활 주변에는 시간, 길이, 들이, 무게, 각도 등 다양한 속성이 존재한다. 측정은 여러 가지 속성의 양을 비교하고, 단위를 이용하여 재거나 어림해봄으로써 양을 수치화하는 것이다. 측정 과정에서 경험하는 양의 비교, 측정, 어림은 수학 학습을 통해 길러야 할 중요한 기능이고, 이는 실생활이나 타 교과의 학습에서 유용하게 활용된다. 또한 측정을 통해 길러지는 양감은 수학적 소양을 기르는 데 도움이 된다.

① 시각과 시간

[4수03-01] 1분은 60초임을 알고, 초 단위까지 시각을 읽을 수 있다.

[4수03-02] 초 단위까지의 시간의 덧셈과 뺄셈을 할 수 있다.

② 길이

[4수03-03] 길이를 나타내는 새로운 단위의 필요성을 인식하여 1mm와 1km의 단위를 알고, 이를 이용하여 길이를 측정하고 어림할 수 있다.

[4수03-04] 1cm와 1mm, 1km와 1m의 관계를 이해하고, 길이를 단명수와 복명수로 표현할 수 있다.

③ 들이

[4수03-05] 들이를 나타내는 표준 단위의 필요성을 인식하여 1L와 1mL의 단위를 알고, 이를 이용하여 들이를 측정하고 어림할 수 있다.

[4수03-06] 1L와 1mL의 관계를 이해하고, 들이를 단명수와 복명수로 표현할 수 있다.

[4수03-07] 실생활 문제 상황을 통하여 들이의 덧셈과 뺄셈을 이해한다.

④ 무게

[4수03-08] 무게를 나타내는 표준 단위의 필요성을 인식하여 1g과 1kg의 단위를 알고, 이를 이용하여 무게를 측정하고 어림할 수 있다.

[4수03-09] 1kg과 1g의 관계를 이해하고, 무게를 단명수와 복명수로 표현할 수 있다.

[4수03-10] 실생활에서 무게를 나타내는 새로운 단위의 필요성을 인식하여 1t의 단위를 안다.
[4수03-11] 실생활 문제 상황을 통하여 무게의 덧셈과 뺄셈을 이해한다.
⑤ 각도
[4수03-12] 각의 크기의 단위인 1도(°)를 알고, 각도기를 이용하여 각의 크기를 측정하고 어림할 수 있다.
[4수03-13] 주어진 각도와 크기가 같은 각을 그릴 수 있다.
[4수03-14] 여러 가지 방법으로 삼각형과 사각형의 내각의 크기의 합을 추론하고, 자신의 추론 과정을 설명할 수 있다.

(가) 학습 요소

- 초, 도(°), mm, km, L, mL, g, kg, t

(나) 교수·학습 방법 및 유의 사항

- 시각과 시간의 의미는 구체적인 상황 속에서 구별하여 사용할 수 있는 정도로 이해하게 한다.
- 실제로 재거나 어림하는 측정 활동을 통하여 시간, 길이, 들이, 무게, 각도에 대한 양감을 기르게 한다.
- 시간, 길이, 들이, 무게의 단위를 지도할 때 단위 사이의 관계를 이해하는 데 중점을 두고, 지나친 단위 환산은 다루지 않는다.
- 길이, 들이, 무게, 각도를 측정할 때 측정도구의 눈금에 일치하지 않는 측정값을 '약'으로 표현하게 한다.
- 측정 영역의 문제 상황에 적합한 문제 해결 전략을 지도하고, 문제 해결 과정을 설명하게 하여 문제 해결 능력을 기르게 한다.

(다) 평가 방법 및 유의 사항

- 무게 단위 사이의 관계에 대해 평가할 때 1g과 1t 사이의 단위 환산은 다루지 않는다.

(4) 규칙성

규칙성은 생활 주변에 존재하는 다양한 현상을 탐구하는 데 중요하며 함수 개념의 기초가 된다. 생활 주변이나 여러 현상에서 찾을 수 있는 규칙은 실생활의 복잡한 문제를 해결하는 데 유용하고, 규칙 찾기를 통해 추론 능력을 기를 수 있다.

① 규칙 찾기 [4수04-01] 다양한 변화 규칙을 찾아 설명하고, 그 규칙을 수나 식으로 나타낼 수 있다. [4수04-02] 규칙적인 계산식의 배열에서 계산 결과의 규칙을 찾고, 계산 결과를 추측할 수 있다.

(가) 교수·학습 방법 및 유의 사항

- 규칙적인 계산식의 배열에서 계산 결과의 규칙을 찾는 활동을 할 때 계산기를 사용하게 할 수 있다.
- 규칙성 영역에 적합한 문제 해결 전략을 지도하고, 문제 해결 과정을 설명하게 하여 문제 해결 능력을 기르게 한다.

(나) 평가 방법 및 유의 사항

- 규칙을 식으로 나타낼 때 혼합 계산식, 일반항을 나타낸 식 등을 이용해야 하는 복잡한 문제는 다루지 않는다.
- 규칙적인 계산식의 배열에 대한 평가에서는 계산 결과의 규칙을 추측하고 확인하는 데 중점을 둔다.

(5) 자료와 가능성

자료의 수집, 분류, 정리, 해석은 통계의 주요 과정이다. 다양한 자료를 수집, 분류, 정리, 해석함으로써 미래를 예측하고 합리적인 의사 결정을 하는 민주 시민으로서의 기본 소양을 기를 수 있다.

① 자료의 정리 [4수05-01] 실생활 자료를 수집하여 간단한 그림그래프나 막대그래프로 나타낼 수 있다. [4수05-02] 연속적인 변량에 대한 자료를 수집하여 꺾은선그래프로 나타낼 수 있다. [4수05-03] 여러 가지 자료를 수집, 분류, 정리하여 자료의 특성에 맞는 그래프로 나타내고, 그래프를 해석할 수 있다.

(가) 학습 요소

- 그림그래프, 막대그래프, 꺾은선그래프

(나) 교수·학습 방법 및 유의 사항

- 그래프로 나타내면 자료의 특성을 알아보는 데 편리함을 설명하게 한다.
- 꺾은선그래프를 그릴 때 변화의 경향이 잘 드러날 수 있도록 눈금의 크기를 적절히 선택하게 한다.
- 간단한 그림그래프, 막대그래프, 꺾은선그래프의 특성을 비교하여 자료의 특성에 맞는 그래프로 나타내게 한다.
- 자료와 가능성 영역의 문제 상황에 적합한 문제 해결 전략을 지도하고, 문제 해결 과정을 설명하게 하여 문제 해결 능력을 기르게 한다.

(다) 평가 방법 및 유의 사항

- 꺾은선그래프에서는 변화의 경향을 파악하는지에 중점을 두어 평가한다.

[초등학교 5~6학년]

(1) 수와 연산

수는 사물의 개수나 양을 나타내기 위해 발생했으며, 자연수, 분수, 소수가 사용된다. 수 세기를 통해 도입된 자연수 개념을 바탕으로 수 개념이 분수와 소수까지 확장되고, 각각에 대한 사칙계산이 정의된다. 수는 수학에서 다루는 가장 기본적인 개념으로, 실생활뿐만 아니라 타 교과나 수학의 다른 영역을 학습하는 데 필수적이다. 또한 사칙계산은 수학 학습에서 습득해야 할 가장 기본적인 기능이며, 이후 학습을 위한 기초가 된다.

① 자연수의 혼합 계산

[6수01-01] 덧셈, 뺄셈, 곱셈, 나눗셈의 혼합 계산에서 계산하는 순서를 알고, 혼합 계산을 할 수 있다.

② 약수와 배수

[6수01-02] 약수, 공약수, 최대공약수의 의미를 알고 구할 수 있다.

[6수01-03] 배수, 공배수, 최소공배수의 의미를 알고 구할 수 있다.

[6수01-04] 약수와 배수의 관계를 이해한다.

③ 분수의 덧셈과 뺄셈
[6수01-05] 분수의 성질을 이용하여 크기가 같은 분수를 만들 수 있다.
[6수01-06] 분수를 약분, 통분할 수 있다.
[6수01-07] 분모가 다른 분수의 크기를 비교할 수 있다.
[6수01-08] 분모가 다른 분수의 덧셈과 뺄셈의 계산 원리를 이해하고 그 계산을 할 수 있다.
④ 분수의 곱셈과 나눗셈
[6수01-09] 분수의 곱셈의 계산 원리를 이해하고 그 계산을 할 수 있다.
[6수01-10] '(자연수)÷(자연수)' 에서 나눗셈의 몫을 분수로 나타낼 수 있다.
[6수01-11] 분수의 나눗셈의 계산 원리를 이해하고 그 계산을 할 수 있다.
⑤ 분수와 소수
[6수01-12] 분수와 소수의 관계를 이해하고 크기를 비교할 수 있다.
⑥ 소수의 곱셈과 나눗셈
[6수01-13] 소수의 곱셈의 계산 원리를 이해한다.
[6수01-14] '(자연수)÷(자연수)', '(소수)÷(자연수)' 에서 나눗셈의 몫을 소수로 나타낼 수 있다.
[6수01-15] 나누는 수가 소수인 나눗셈의 계산 원리를 이해한다.
[6수01-16] 소수의 곱셈과 나눗셈의 계산 결과를 어림할 수 있다.

(가) 학습 요소

- 약수, 공약수, 최대공약수, 배수, 공배수, 최소공배수, 약분, 통분, 기약분수

(나) 교수·학습 방법 및 유의 사항

- 자연수의 혼합 계산은 계산 순서에 중점을 두고, 지나치게 복잡한 혼합 계산은 다루지 않는다.
- 약수와 배수는 실생활에서 활용되는 경우를 찾아 자연수 범위에서 다룬다.
- 최대공약수와 최소공배수는 두 수에 대해서 구하게 한다.
- 분모가 다른 분수의 크기 비교에서 수 감각을 이용하여 추론하고 토론하는 활동을 하게 한다.
- 분수의 나눗셈은 '(분수)÷(자연수)', '(분수)÷(분수)', '(자연수)÷(분수)'를 다룬다.
- 소수의 곱셈과 나눗셈은 계산 원리를 이해하는 수준에서 간단히 다루고, 복잡한 계산은 계산기를 사용하게 할 수 있다.
- 수와 연산 영역의 문제 상황에서 문제 해결 전략 비교하기, 주어진 문제에

서 필요 없는 정보나 부족한 정보 찾기, 조건을 바꾸어 새로운 문제 만들기, 문제 해결 과정의 타당성 검토하기 등을 통하여 문제 해결 능력을 기르게 한다.

(다) 평가 방법 및 유의 사항

- 최대공약수와 최소공배수에 대한 평가에서 소인수의 곱으로 나타내어 구하는 방법은 다루지 않는다.
- 분수의 사칙계산에서 기약분수로 나타낼 것을 요구하지 않을 경우, 계산 결과를 기약분수가 아닌 분수로 나타내는 것도 허용한다.
- 분수의 통분을 이용한 문제에서 공통분모로 최소공배수뿐만 아니라 분모의 곱과 같은 공배수도 이용할 수 있게 한다.

(2) 도형

입체도형은 구성 요소의 특성에 따른 분류 활동을 통해 다양하게 범주화 될 수 있고, 각각의 입체도형은 고유한 성질을 갖는다. 평면도형이나 입체도형의 개념과 성질에 대한 이해는 실생활 문제를 해결하는 데 기초가 되며, 수학의 다른 영역의 개념과 밀접하게 관련되어 있다. 또한 도형을 다루는 경험으로부터 비롯되는 공간 감각은 수학적 소양을 기르는 데 도움이 된다.

① 합동과 대칭
[6수02-01] 구체적인 조작 활동을 통하여 도형의 합동의 의미를 알고, 합동인 도형을 찾을 수 있다.
[6수02-02] 합동인 두 도형에서 대응점, 대응변, 대응각을 각각 찾고, 그 성질을 이해한다.
[6수02-03] 선대칭도형과 점대칭도형을 이해하고 그릴 수 있다.
② 직육면체와 정육면체
[6수02-04] 직육면체와 정육면체를 알고, 구성 요소와 성질을 이해한다.
[6수02-05] 직육면체와 정육면체의 겨냥도와 전개도를 그릴 수 있다.
③ 각기둥과 각뿔
[6수02-06] 각기둥과 각뿔을 알고, 구성 요소와 성질을 이해한다.
[6수02-07] 각기둥의 전개도를 그릴 수 있다.
④ 원기둥과 원뿔
[6수02-08] 원기둥을 알고, 구성 요소, 성질, 전개도를 이해한다.
[6수02-09] 원뿔과 구를 알고, 구성 요소와 성질을 이해한다.

> 5 입체도형의 공간 감각
> [6수02-10] 쌓기나무로 만든 입체도형을 보고 사용된 쌓기나무의 개수를 구할 수 있다.
> [6수02-11] 쌓기나무로 만든 입체도형의 위, 앞, 옆에서 본 모양을 표현할 수 있고, 이러한 표현을 보고 입체도형의 모양을 추측할 수 있다.

(가) 학습 요소

- 합동, 대칭, 대응점, 대응변, 대응각, 선대칭도형, 점대칭도형, 대칭축, 대칭의 중심, 직육면체, 정육면체, 면, 모서리, 밑면, 옆면, 겨냥도, 전개도, 각기둥, 각뿔, 원기둥, 원뿔, 구, 모선

(나) 교수·학습 방법 및 유의 사항

- 실생활에서 같은 무늬 찾기, 종이 겹쳐 오리기, 도장 찍기, 데칼코마니 등 구체적인 조작 활동을 통하여 도형의 합동의 의미를 알게 한다.
- 실생활에서 선대칭도형과 점대칭도형의 예를 찾아 설명하게 한다.
- 선대칭도형과 점대칭도형의 성질을 이용하여 각 도형의 나머지 부분을 그리게 한다.
- 직육면체의 전개도에서 수직인 면과 평행한 면을 찾게 하여 전개도로부터 입체도형을 추측할 수 있게 한다.
- 각기둥의 전개도는 간단한 형태만 다루고, 각뿔과 원뿔의 전개도는 다루지 않는다.
- 한 직선을 중심으로 직사각형, 직각삼각형, 반원을 돌리는 활동을 통하여 원기둥, 원뿔, 구를 만들어 보게 한다.
- 모형을 이용하여 입체도형의 구성 요소와 성질을 확인하게 한다.
- 도형 영역의 문제 상황에서 문제 해결 전략 비교하기, 주어진 문제에서 필요 없는 정보나 부족한 정보 찾기, 조건을 바꾸어 새로운 문제 만들기, 문제 해결 과정의 타당성 검토하기 등을 통하여 문제 해결 능력을 기르게 한다.

(다) 평가 방법 및 유의 사항

- 선대칭도형과 점대칭도형 그리기를 평가할 때 점판이나 격자를 이용하여 쉽게 그릴 수 있게 한다.

- 입체도형의 전개도에 대한 평가는 전개도가 될 수 있는 것과 될 수 없는 것을 구별하는 데 중점을 둔다.
- 쌓기나무로 만든 입체도형의 위, 앞, 옆에서 본 모양에 대한 평가를 할 때에는 간단한 모양을 이용한다.

(3) 측정

생활 주변에는 길이, 넓이, 부피 등 다양한 속성이 존재한다. 측정은 여러 가지 속성의 양을 비교하고, 단위를 이용하여 재거나 어림해봄으로써 양을 수치화하는 것이다. 측정 과정에서 경험하는 양의 비교, 측정, 어림은 수학 학습을 통해 길러야 할 중요한 기능이고, 이는 실생활이나 타 교과의 학습에서 유용하게 활용된다. 또한 측정을 통해 길러지는 양감은 수학적 소양을 기르는 데 도움이 된다.

① 어림하기

[6수03-01] 실생활 장면에서 이상, 이하, 초과, 미만의 의미와 쓰임을 알고, 이를 활용하여 수의 범위를 나타낼 수 있다.

[6수03-02] 어림값을 구하기 위한 방법으로 올림, 버림, 반올림의 의미와 필요성을 알고, 이를 실생활에 활용할 수 있다.

② 평면도형의 둘레와 넓이

[6수03-03] 평면도형의 둘레를 재어보는 활동을 통하여 둘레를 이해하고, 기본적인 평면도형의 둘레의 길이를 구할 수 있다.

[6수03-04] 넓이를 나타내는 표준 단위의 필요성을 인식하여 $1cm^2$, $1m^2$, $1km^2$의 단위를 알며, 그 관계를 이해한다.

[6수03-05] 직사각형의 넓이를 구하는 방법을 이해하고, 이를 통하여 직사각형과 정사각형의 넓이를 구할 수 있다.

[6수03-06] 평행사변형, 삼각형, 사다리꼴, 마름모의 넓이를 구하는 방법을 다양하게 추론하고, 이와 관련된 문제를 해결할 수 있다.

③ 원주율과 원의 넓이

[6수03-07] 여러 가지 둥근 물체의 원주와 지름을 측정하는 활동을 통하여 원주율을 이해한다.

[6수03-08] 원주와 원의 넓이를 구하는 방법을 이해하고, 이를 구할 수 있다.

④ 입체도형의 겉넓이와 부피

[6수03-09] 직육면체와 정육면체의 겉넓이를 구하는 방법을 이해하고, 이를 구할 수 있다.

[6수03-10] 부피를 이해하고, $1cm^3$, $1m^3$의 단위를 알며, 그 관계를 이해한다.

[6수03-11] 직육면체와 정육면체의 부피를 구하는 방법을 이해하고, 이를 구할 수 있다.

(가) 학습 요소

- 이상, 이하, 초과, 미만, 올림, 버림, 반올림, 가로, 세로, 밑변, 높이, 원주, 원주율, cm^2, m^2, km^2, cm^3, m^3

(나) 교수·학습 방법 및 유의 사항

- 삼각형의 넓이는 높이가 삼각형의 외부에 있는 것도 다룬다.
- 원주율을 나타내는 3, 3.1, 3.14 등은 정확한 값이 아님을 알고 상황에 따라 적절하게 선택하여 사용할 수 있게 한다.
- 원주율, 원주, 원의 넓이, 입체도형의 겉넓이와 부피 등을 구할 때 복잡한 계산은 계산기를 사용하게 할 수 있다.
- 겉넓이와 부피를 구하는 방법에 대하여 다양한 추론을 하고, 자신의 추론 과정을 다른 사람에게 설명하게 한다.
- 측정 영역의 문제 상황에서 문제 해결 전략 비교하기, 주어진 문제에서 필요 없는 정보나 부족한 정보 찾기, 조건을 바꾸어 새로운 문제 만들기, 문제 해결 과정의 타당성 검토하기 등을 통하여 문제 해결 능력을 기르게 한다.

(다) 평가 방법 및 유의 사항

- 원주율과 관련하여 계산이 지나치게 복잡한 문제는 다루지 않는다.
- 넓이 단위 사이의 관계에 대해 평가할 때 $1cm^2$와 $1km^2$ 사이의 단위 환산은 다루지 않는다.

(4) 규칙성

규칙성은 생활 주변에 존재하는 다양한 현상을 탐구하는 데 중요하며 함수 개념의 기초가 된다. 생활 주변이나 여러 현상에서 찾을 수 있는 규칙이나 두 양 사이의 대응 관계는 실생활의 복잡한 문제를 해결하는 데 유용하고, 규칙 찾기를 통해 추론 능력을 기를 수 있다. 또한 비와 비율 개념은 비례적 사고를 개발하는 데 도움이 된다.

① 규칙과 대응

[6수04-01] 한 양이 변할 때 다른 양이 그에 종속하여 변하는 대응 관계를 나타낸 표에서 규칙을 찾아 설명하고, □, △ 등을 사용하여 식으로 나타낼 수 있다.

2 비와 비율

[6수04-02] 두 양의 크기를 비교하는 상황을 통해 비의 개념을 이해하고, 그 관계를 비로 나타낼 수 있다.

[6수04-03] 비율을 이해하고, 비율을 분수, 소수, 백분율로 나타낼 수 있다.

3 비례식과 비례배분

[6수04-04] 비례식을 알고, 그 성질을 이해하며, 이를 활용하여 간단한 비례식을 풀 수 있다.

[6수04-05] 비례배분을 알고, 주어진 양을 비례배분 할 수 있다.

(가) 학습 요소

- 비, 기준량, 비교하는 양, 비율, 백분율, 비례식, 비례배분, : , %

(나) 교수·학습 방법 및 유의 사항

- 두 양의 대응 관계는 덧셈식, 뺄셈식, 곱셈식, 나눗셈식 중 하나로 표현되는 간단한 경우만 다룬다.
- 두 양을 비교할 때 한 양을 기준으로 다른 양이 몇 배가 되는지를 나타낼 필요성을 인식하게 하면서 비의 개념을 도입한다.
- 비율의 의미를 다룰 때 타 교과 및 실생활에서 비율이 적용되는 간단한 사례를 사용할 수 있다.
- 규칙성 영역의 문제 상황에서 문제 해결 전략 비교하기, 주어진 문제에서 필요 없는 정보나 부족한 정보 찾기, 조건을 바꾸어 새로운 문제 만들기, 문제 해결 과정의 타당성 검토하기 등을 통하여 문제 해결 능력을 기르게 한다.

(다) 평가 방법 및 유의 사항

- 비율을 평가할 때 속력, 인구밀도, 축척, 농도 등을 구하는 문제는 다루지 않는다.

(5) 자료와 가능성

자료의 수집, 분류, 정리, 해석은 통계의 주요 과정이고, 사건이 일어날 가능성을 수치화하는 경험은 확률의 기초가 된다. 다양한 자료를 수집, 분류, 정리, 해석하고, 생활 속의 가능성을 이해함으로써, 미래를 예측하고 합리적인 의사 결정을 하는 민주 시민으로서의 기본 소양을 기를 수 있다.

> 1 평균
> [6수05-01] 평균의 의미를 알고, 주어진 자료의 평균을 구할 수 있으며, 이를 활용할 수 있다.
> 2 자료의 정리
> [6수05-02] 실생활 자료를 그림그래프로 나타내고, 이를 활용할 수 있다.
> [6수05-03] 주어진 자료를 띠그래프와 원그래프로 나타낼 수 있다.
> [6수05-04] 자료를 수집, 분류, 정리하여 목적에 맞는 그래프로 나타내고, 그래프를 해석할 수 있다.
> 3 가능성
> [6수05-05] 실생활에서 가능성과 관련된 상황을 '불가능하다', '~아닐 것 같다', '반반이다', '~일 것 같다', '확실하다' 등으로 나타낼 수 있다.
> [6수05-06] 가능성을 수나 말로 나타낸 예를 찾아보고, 가능성을 비교할 수 있다.
> [6수05-07] 사건이 일어날 가능성을 수로 표현할 수 있다.

(가) 학습 요소

- 평균, 띠그래프, 원그래프, 가능성

(나) 교수·학습 방법 및 유의 사항

- 평균을 구하는 방법뿐만 아니라 그 의미를 직관적으로 파악하게 한다.
- 띠그래프와 원그래프를 지도할 때 신문, 인터넷 등에 있는 표나 그래프를 소재로 활용할 수 있게 한다.
- 원그래프를 그릴 때에는 눈금이 표시된 원을 사용하게 한다.
- 복잡한 자료의 평균이나 백분율을 구할 때 계산기를 사용하게 할 수 있다.
- 막대그래프, 꺾은선그래프, 그림그래프, 띠그래프, 원그래프의 특성을 비교하여 목적에 맞는 그래프로 나타내게 한다.
- 가능성을 수로 표현할 때 0, $\frac{1}{2}$, 1 등 직관적으로 파악되는 경우를 다룬다.
- 자료와 가능성 영역의 문제 상황에서 문제 해결 전략 비교하기, 주어진 문제에서 필요 없는 정보나 부족한 정보 찾기, 조건을 바꾸어 새로운 문제 만들기, 문제 해결 과정의 타당성 검토하기 등을 통하여 문제 해결 능력을 기르게 한다.

(다) 평가 방법 및 유의 사항

- 평균을 구하는 것뿐만 아니라 평균이 사용된 상황에서 그 의미를 파악하는지 평가한다.

4. 교수·학습 및 평가의 방향

가. 교수·학습 방향

(1) 교수·학습 원칙

(가) 수학과의 교수·학습은 학생이 수학과 교육과정에 제시된 목표를 달성하고 전인적으로 성장하도록 돕는 것을 목적으로 한다.

(나) 수학과의 교수·학습은 교육과정에 제시된 내용의 수준과 범위를 준수하고, 교육과정에 제시된 목표, 내용, 평가와 일관성을 가져야 한다.

(다) 문제 해결, 추론, 창의·융합, 의사소통, 정보 처리, 태도 및 실천과 같은 수학 교과 역량을 함양하기 위한 교육 환경을 조성하고, 이에 적합한 교수·학습을 운영한다.

(라) 학년군별 내용의 배열 순서가 반드시 교수·학습의 순서를 의미하는 것은 아니므로, 교수·학습 계획을 수립하거나 학습 자료를 개발할 때에는 내용의 특성과 난이도, 학교 여건, 학생의 수준 등을 고려하여 내용, 순서 등을 재구성할 수 있다.

(마) 교육과정에 제시된 내용을 지도한 후 학습 결손이 있는 학생에게는 보충 학습, 우수 학생에게는 심화 학습의 기회를 추가로 제공할 수 있다.

(2) 교수·학습 방법

(가) 수학과의 수업은 학생의 능력과 수준 등을 고려하여 설명식 교수, 탐구 학습, 프로젝트 학습, 토의·토론 학습, 협력 학습, 매체 및 도구 활용 학습 등을 적절히 선택하여 적용한다.

① 설명식 교수는 교사가 설명과 시연을 통해 수업을 주도하는 교수·학습 방법으로, 수업 내용을 구조화하여 체계적으로 지도하는 데 효과적이

다. 이때, 교사는 학생의 적극적인 수업 참여를 유도하고, 사고를 촉진하는 발문을 적절히 활용한다.

② 탐구 학습은 학생이 중심이 되어 수학 개념, 원리, 법칙을 발견하고 구성하는 교수·학습 방법으로, 학생 스스로 자료와 정보로부터 지식을 도출하거나 지식의 타당성을 확인하는 능력을 기를 수 있게 한다.

③ 프로젝트 학습은 특정 주제나 과제를 탐구하기 위해 계획을 수립하고 수행하여 결과물을 산출하거나 발표하는 교수·학습 방법으로, 개인별 또는 집단별로 실시할 수 있다.

④ 토의·토론 학습은 특정 주제에 대해 협의하거나 논의하는 교수·학습 방법으로, 의사소통이 지니는 상호 협력적인 면을 강조한다. 이를 통해 학생들이 교과 내용을 폭넓게 이해하고 논리적이고 비판적으로 추론하며 다른 사람의 의견을 비판적으로 수용하고 자신의 주장을 효과적으로 표현하는 능력을 기를 수 있게 한다.

⑤ 협력 학습은 모둠 내의 상호작용, 의사소통, 참여를 통해 공동의 학습 목표에 도달하도록 하는 교수·학습 방법으로, 다른 사람을 존중하고 배려하며 모둠 내의 역할을 이해하고 책임감을 기를 수 있게 한다.

⑥ 매체 및 도구 활용 학습은 학생의 수준과 학습 내용에 적합한 매체와 도구를 활용하여 흥미를 유발하고 학습의 효율성과 다양성을 도모하는 교수·학습 방법으로, 시청각 자료, 멀티미디어나 인터넷 등의 컴퓨터 활용 매체와 교구, 계산기, 교육용 소프트웨어 등의 도구를 이용한다.

(나) 문제 해결 능력을 함양하기 위한 교수·학습에서는 다음 사항을 강조한다.

① 문제를 해결할 때에는 문제를 이해하고 해결 전략을 탐색하며 해결 과정을 실행하고 검증 및 반성하는 단계를 거치도록 한다.

② 협력적 문제 해결 과제에서는 균형 있는 책임 분담과 상호작용을 통해 동료들과 협력하여 문제를 해결하게 한다.

③ 수학적 모델링 능력을 신장하기 위해 생활 주변이나 사회 및 자연 현상 등 다양한 맥락에서 파악된 문제를 해결하면서 수학적 개념, 원리, 법칙을 탐구하고 이를 일반화하게 한다.

④ 문제 해결력을 높이기 위해 주어진 문제를 변형하거나 새로운 문제를 만들어 해결하고 그 과정을 검증하는 문제 만들기 활동을 장려한다.

(다) 추론 능력을 함양하기 위한 교수·학습에서는 다음 사항을 강조한다.

① 관찰과 탐구 상황에서 귀납, 유추 등의 개연적 추론을 사용하여 학생 스스로 수학적 사실을 추측하고 적절한 근거에 기초하여 이를 정당화

할 수 있게 한다.

② 수학의 개념, 원리, 법칙을 도출하는 과정과 수학적 절차를 논리적으로 수행하게 한다.

③ 추론 과정이 옳은지 비판적으로 평가하고 반성하도록 한다.

(라) 창의·융합 능력을 함양하기 위한 교수·학습에서는 다음 사항을 강조한다.

① 새롭고 의미 있는 아이디어를 다양하고 풍부하게 산출할 수 있는 수학적 과제를 제공하여 학생의 창의적 사고를 촉진시킨다.

② 하나의 문제를 여러 가지 방법으로 해결하게 하고, 해결 방법을 비교하여 더 효율적인 방법을 찾거나 정교화하게 한다.

③ 여러 수학적 지식, 기능, 경험을 연결하거나 수학과 타 교과나 실생활의 지식, 기능, 경험을 연결·융합하여 새로운 지식, 기능, 경험을 생성하고 문제를 해결하게 한다.

(마) 의사소통 능력을 함양하기 위한 교수·학습에서는 다음 사항을 강조한다.

① 수학 용어, 기호, 표, 그래프 등의 수학적 표현을 이해하고 정확하게 사용하며, 수학적 표현을 만들거나 변환하는 활동을 하게 한다.

② 수학적 아이디어 또는 수학 학습 과정과 결과를 말, 글, 그림, 기호, 표, 그래프 등을 사용하여 다른 사람과 효율적으로 의사소통할 수 있게 한다.

③ 다양한 관점을 존중하면서 다른 사람의 생각을 이해하고 수학적 아이디어를 표현하며 토론하게 한다.

(바) 정보 처리 능력을 함양하기 위한 교수·학습에서는 다음 사항을 강조한다.

① 실생활 및 수학적 문제 상황에서 적절한 자료를 탐색하여 수집하고, 목적에 맞게 정리, 분석, 평가하며, 분석한 정보를 문제 상황에 적합하게 활용할 수 있게 한다.

② 교수·학습 과정에서 적절한 교구를 활용한 조작 및 탐구 활동을 통해 수학의 개념과 원리를 이해하도록 한다.

③ 계산 능력 배양을 목표로 하지 않는 교수·학습 상황에서의 복잡한 계산 수행, 수학의 개념, 원리, 법칙의 이해, 문제 해결력 향상 등을 위하여 계산기, 컴퓨터, 교육용 소프트웨어 등의 공학적 도구를 이용할 수 있게 한다.

(사) 태도 및 실천 능력을 함양하기 위한 교수·학습에서는 다음 사항을 강조한다.

① 수학을 생활 주변과 사회 및 자연 현상과 관련지어 지도하여 수학의 필

요성과 유용성을 알게 하고, 수학의 역할과 가치를 인식할 수 있게 한다.

② 수학에 대한 관심과 흥미, 호기심과 자신감을 갖고 수학 학습에 적극적으로 참여하게 하며, 끈기 있게 도전하도록 격려하고 학습 동기와 의욕을 유발한다.

③ 학생 스스로 목표를 설정하고 학습을 수행하며 학습 결과를 평가하는 자주적 학습 습관과 태도를 갖게 한다.

④ 수학적 활동을 통하여 정직하고 공정하며 책임감 있게 행동하고 어려움을 극복하기 위해 도전하는 용기 있는 태도, 타인을 배려하고 존중하며 협력하는 태도, 논리적 근거를 토대로 의견을 제시하고 합리적으로 의사 결정하는 태도를 갖고 이를 실천하게 한다.

(아) 의미 있는 발문을 하기 위하여 교수·학습에서 다음 사항에 유의한다.

① 학생의 사고를 촉진하는 다양한 발문을 통해 상호작용이 활발한 교실 환경을 구축하고 학생의 능동적 수업 참여를 독려한다.

② 학생의 인지 발달과 경험을 고려하여 발문을 하고, 발문에 대한 학생의 반응을 의미 있게 처리한다.

(자) 개인차를 고려하여 수준별 수업을 운영할 때에는 다음 사항에 유의한다.

① 학습 목표를 효과적으로 달성하기 위해 교실 내에서 개인차를 고려한 소집단을 구성하거나 수준별 학급을 구성하여 교수·학습을 전개한다.

② 수준별 수업을 위해 집단을 편성할 때에는 학생 개인의 능력과 수준, 적성과 희망, 교사 수급과 유휴 교실 등의 학교 상황을 고려한다.

③ 수준별 수업은 내용 요소를 차별화하기보다는 내용의 깊이나 접근 방법에 차이를 두어 진행한다.

나. 평가 방향

(1) 평가 원칙

(가) 수학과의 평가는 학생의 인지적 영역과 정의적 영역에 대한 유용한 정보를 수집·활용하여 학생의 수학 학습과 전인적 성장을 돕고 교사의 수업 방법을 개선하는 것을 목적으로 한다.

(나) 수학과의 평가는 교육과정에 제시된 내용의 수준과 범위를 준수하고, 교육과정에 제시된 목표, 내용, 교수·학습과 일관성을 가져야 한다.

(다) 수학과의 평가에서는 수학의 개념, 원리, 법칙, 기능뿐만 아니라 문제 해결, 추론, 창의·융합, 의사소통, 정보 처리, 태도 및 실천과 같은 수학 교과 역

량을 균형 있게 평가한다.

(라) 수학과의 평가는 학습자의 수준을 고려하고 평가 목적과 내용에 따라 다양한 평가 방법을 활용한다.

(마) 평가 결과는 학생, 학부모, 교사 등에게 환류하여 학생의 수학 학습 개선을 도울 수 있게 한다.

(2) 평가 방법

(가) 수학과의 평가는 학습 결과 평가뿐만 아니라 과정 중심 평가도 실시하여 종합적인 수학 학습 평가가 될 수 있게 한다.

(나) 수업의 전개 국면에 따라 진단평가, 형성평가, 총괄평가를 적절히 실시하되, 지속적인 평가를 통해 다양한 정보를 수집하고 수업에 활용한다.

(다) 학생의 수학 학습 과정과 결과는 지필 평가, 프로젝트 평가, 포트폴리오 평가, 관찰 평가, 면담 평가, 구술 평가, 자기 평가, 동료 평가 등의 다양한 평가 방법을 사용하여 양적 또는 질적으로 평가한다.

① 지필 평가는 수학의 개념, 원리, 법칙을 이해하고 적용하는 능력과 문제 해결, 추론, 창의·융합, 의사소통 능력 등을 평가하는 데 활용할 수 있고, 선택형, 단답형, 서·논술형 등의 다양한 문항 형태를 활용한다.

② 프로젝트 평가는 수학 학습을 토대로 특정한 주제나 과제에 대해서 자료를 수집하고 분석, 종합, 해결하는 과정과 결과를 평가하는 방법으로, 문제 해결, 창의·융합, 정보 처리 능력 등을 평가할 때 활용할 수 있다.

③ 포트폴리오 평가는 일정 기간 동안 수학 학습 수행과 그 결과물을 평가하는 방법으로, 학생의 학습 내용 이해와 수학 교과 역량을 종합적으로 판단하고 학생의 성장에 대한 정보를 얻는 데 활용할 수 있다.

④ 관찰 평가, 면담 평가, 구술 평가는 학생 개인 및 소집단을 관찰, 학생과의 대화, 학생의 발표를 통해 학생의 이해 정도와 사고 방법, 수행 과정 등을 평가하는 방법으로, 의사소통, 태도 및 실천 능력 등을 평가할 때 활용할 수 있다.

⑤ 자기 평가는 학생 스스로 자신의 이해와 수행을 평가하는 방법으로, 문제 해결과 추론 과정의 반성, 자신의 생각 표현, 태도 및 실천 능력 등을 평가할 때 활용할 수 있다.

⑥ 동료 평가는 동료 학생들이 상대방을 서로 평가하는 방법으로, 협력 학습 상황에서 학생 개개인의 역할 수행 정도나 집단 활동에 기여한

정도를 평가할 때 활용할 수 있다.

(라) 평가 내용이나 방법에 따라 학생에게 계산기, 컴퓨터, 교육용 소프트웨어 등의 공학적 도구와 다양한 교구

찾아보기

ㅊ

ㅋ

ㅌ

기타

제4판

초등수학교육의 이해

지은이 김수미 · 강홍규 · 권석일 · 남진영
박문환 · 서동엽 · 송상헌 · 유현주
이종영 · 임재훈 · 정영옥
펴낸이 조경희
펴낸곳 경문사
펴낸날 2005년 8월 25일 1판 1쇄
2022년 2월 28일 4판 5쇄
등 록 1979년 11월 9일 제1979–000023호
주 소 04057, 서울특별시 마포구 와우산로 174
전 화 (02)332–2004 팩스 (02)336–5193
이메일 kyungmoon@kyungmoon.com

값 20,000원

ISBN 979–11–6073–022–7